新编

XINBIAN

PUTONG GAODENG XUEXIAO JUNSHI KE JIAOCHENG

普通高等学校军事课教程

主编 ◆ 易文安　赵云

国防科技大学出版社
·长沙·

图书在版编目（CIP）数据

新编普通高等学校军事课教程/易文安，赵云主编. —长沙：国防科技大学出版社，
2019.7（2020.7 重印）

ISBN 978 - 7 - 5673 - 0545 - 8

Ⅰ.①新…　Ⅱ.①易…②赵…　Ⅲ.①军事科学—高等学校—教材　Ⅳ.①E

中国版本图书馆 CIP 数据核字（2019）第 138243 号

国防科技大学出版社出版发行

电话：（0731）87000353　邮政编码：410073

责任编辑：周 蓉　责任校对：周伊冬　装帧设计：张亚婷

新华书店总店北京发行所经销

长沙长大成彩印有限公司印装

*

开本：787×1092　1/16　印张：19.5　字数：462 千字

2019 年 7 月第 1 版　2020 年 7 月第 2 次印刷

ISBN 978 - 7 - 5673 - 0545 - 8

定价：39.80 元

新编普通高等学校军事课教程
编委会

主　编　易文安　赵　云

副主编　鲁　赢　邢启明　肖学祥

参编人员（按姓氏笔画排序）

刘鹤松　李　琳　杨　斌　张　明

张志勇　陈　磊　侯春牧　谭雪平

习近平主席在党的十九大报告中指出："我们的军队是人民军队，我们的国防是全民国防。我们要加强全民国防教育，巩固军政军民团结，为实现中国梦强军梦凝聚强大力量！"加强普通高等学校大学生国防教育，是全民国防教育的重要基础。

2019年1月，根据《中华人民共和国国防法》《中华人民共和国兵役法》《中华人民共和国教育法》以及国务院、中央军委有关文件精神，结合我国高等教育发展、国防和军队建设发展的实际情况，为适应立德树人根本任务和强军目标根本要求，服务军民融合发展战略实施和国防后备力量建设，增强学生国防观念、国家安全意识和忧患危机意识，提高学生综合国防素质，教育部、中央军委国防动员部联合制订并印发了新版《普通高等学校军事课教学大纲》（以下简称《大纲》）。

根据新版《大纲》要求，军事课是普通高等学校学生的必修课程，要以习近平强军思想和习近平总书记关于教育的重要论述为遵循，全面贯彻党的教育方针、新时代军事战略方针和总体国家安全观。普通高等学校通过军事课教学，让学生了解掌握军事基础知识和基本军事技能，增强国防观念、国家安全意识和忧患危机意识，弘扬爱国主义精神，传承红色基因，提高学生综合国防素质。

依据新版《大纲》最新要求，着眼国防和军事领域的新变化、新要求、新趋势，国防科技大学军事基础教育学院组织专家教授和一线教师，在总结过去编写教材经验的基础上，把国防和军事领域的新形势、新理论、新知识与当前国家对学生军事课教学的新要求结合起来，努力打造一本优质军事课教材，着重突出权威性、规范性和创新性。

依据新版《大纲》对教学内容的要求，本教材分为军事理论篇和军事技能篇。第一章到第五章为军事理论教学部分，包括中国国防、国家安全、军事思想、现代战争、信息化装备；第六章到第九章为军事技能训练部分，包括共同条令教育与训练、射击与战术训练、防卫技能与战时防护训练、战备基础与应用训练。

教材内容在编写上体现"四新"，即贯彻落实"十八大"以来党中央、中央军委决策指示，深入贯彻落实习近平强军思想，研究分析国际战略和国家安全的新形势，充分体现总体国家安全观、世界新军事革命对国防的新要求，充分反映战争形态、作战样式、世界主要大国军事战略和军事力量发展的新变化。

教材的表现形式突出创新性和实用性。教材获得中国人民解放军官方唯一在线军训平台"国防在线"客户端的授权，用多媒体教学资源拓展纸质教材内容，让教材成为"互联网+"新形态一体化精品教材。教材中的军事技能篇，嵌入"国防在线"军事技能教学视频，学生通过扫描二维码即可学习部队优秀教官、训练尖兵和特战队员的视频教学示范。

同时，教材还具有可读性、知识性和趣味性。教材采用双色排版，图文结合，设置资料链接、思考题，便于普通高等学校军事训练课程教学更好地开展，便于当代大学生更好地阅读和参考。

教材由国防科技大学军事基础教育学院易文安、赵云担任主编，鲁赢、邢启明、肖学祥担任副主编。各部分完成人分别是：第一章赵云、张明，第二章张明、赵云，第三章陈磊、谭雪平，第四章杨斌、鲁赢，第五章张志勇、鲁赢，第六章邢启明、侯春牧，第七章易文安、刘鹤松、李琳，第八章邢启明、侯春牧、肖学祥，第九章刘鹤松、易文安、邢启明。军事理论篇由赵云定稿，军事技能篇由易文安定稿，易文安、赵云、鲁赢、邢启明、肖学祥等集体统稿。教材由军事科学院军事法制研究院杜立平副院长审读。

教材编写过程中，参考、吸收、借鉴了有关专家学者的研究成果，在此表示诚挚的谢意。受学术水平和研究能力的限制，不足和缺憾之处在所难免。望各位专家和广大高校师生不吝赐教，给予批评指正，以便修订完善。

编 者

2019年7月

/ 目录 /

下篇　军事技能篇

（注：带＊为必讲或必训课目，其余为选讲或选训课目。）

上篇
军事理论篇

第一章 中国国防

第一章 中国国防

教学目标

理解国防内涵和国防历史，树立正确的国防观；了解我国国防体制、国防战略、国防政策以及国防成就，激发学生的爱国热情；熟悉国防法规、武装力量、国防动员的主要内容，增强学生国防意识。

国防伴随着国家的产生而产生，并随着国家的发展而发展，亦随着国家的消亡而消亡。有国必有防，无防国不立，防强则国安。国泰民安是人民群众最基本、最普遍的愿望。美好生活的背后必须有强大的国防作为支撑。只有国防强大，才能保障人民拥有更加充实的幸福感和安全感，中华民族才能以更加昂扬的姿态屹立于世界民族之林。没有一支强大的军队，没有一个巩固的国防，中华民族伟大复兴的中国梦就难以真正实现。我们的军队是人民军队，我们的国防是全民国防。我们要加强全民国防教育，巩固军政军民团结，为实现中国梦强军梦凝聚强大力量。

第一节 国防概述

国家的生存与发展，历来与国防息息相关，国防是国家生存与发展的安全保障。

一、国防的内涵

国防，是国家为防备和抵抗侵略，制止武装颠覆，保卫国家的主权、统一、领土完整和安全所进行的军事及与军事有关的政治、经济、外交、科技、文化、教育等方面的活动，是国家生存与发展的安全保障。

国防的基本内容包括国防建设和国防斗争。国防建设包括武装力量建设，边防、海防、空防、人防及战场建设，国防科技与国防工业建设，国防动员建设，国防法规建设，国防教育，以及与国防相关的交通运输、信息通信、医疗卫生、能源、水利、气象、航天等方面的建设。国防斗争，即国防力量的运用，包括综合运用军事、政治、经济、外交、文化等多种方式进行维护国防安全的对抗性活动。

（一）国防的主体

国防的主体，是指国防活动的实行者。就法律的角度而言，国防的主体是国防权利的享有者和国防义务的承担者，也是国防法律的遵守者和实施者。

1. 国家机关

国家机关包括国家的权力机关、行政机关、军事机关、审判机关、法律监督机关等。国家机关是以特殊的强制力为后盾的组织，能够排除各种干扰，消除敌对因素，充分行使国家权力。

2. 武装力量

武装力量是国家或政治集团所拥有的各种武装组织的统称，是国家或政治集团执行其对内对外政策的主要暴力工具。国防建设以武装力量建设为主要内容，国防斗争以武装力量运用为主要手段。

3. 政党

政党是代表某一阶级、阶层或集团并为维护其利益而斗争的政治组织。体现国家利益的政党在国防活动中必然要发挥重要的作用。我国实行共产党领导的多党合作制，《宪法》明确规定了中国共产党的领导地位，其中也包括对国防的领导。各民主党派有对国防建设提出建议、献计献策的权利，有对危害国防利益的行为进行劝阻、制止和控告的权利，有维护国防利益的各项义务。

4. 社会团体

社会团体是群众性的组织。我国的社会团体主要有中华全国总工会、中国共产主义青年团、中华全国妇女联合会、中华全国青年联合会、中华全国学生联合会、中华全国工商联合会等。各个社会团体是将广大人民群众与党和国家紧密联系起来的重要纽带，在国防活动中有着不容忽视的积极作用。

5. 企事业单位

企事业单位承担着国防科研生产、国防教育、国防动员、兵役等国防任务。《中华人民共和国国防法》（以下简称《国防法》）对企事业单位的国防义务进行了明确规定。例如：企业事业单位应当依法完成民兵和预备役工作，协助兵役机关完成征兵任务，按照国家的要求承担国防科研生产任务，等等。

6. 公民

我国《宪法》规定："中华人民共和国公民有维护祖国的安全、荣誉和利益的义务，不得有危害祖国安全、荣誉和利益的行为"，"保卫祖国、抵抗侵略是中华人民共和国每一个公民的神圣职责"，"依照法律服兵役和参加民兵组织是中华人民共和国公民的光荣义务"。

（二）国防的对象

国防的对象，是指国防所要防备和抵御的行为。根据《国防法》的界定，国防的对象主要包括外敌侵略和武装颠覆。

1. 外敌侵略

侵略指一国对他国领土、主权的侵犯和对他国人民的掠夺、奴役的活动。它的形式多种多样，以武装侵略最为明显。国防所要防备和抵抗的是"侵略"，而不仅仅是"武装侵略"。

2. 武装颠覆

根据《宪法》，我国是实行社会主义制度和人民民主专政的国家，那些以推翻社会主义制度、推翻人民民主政权、分裂国家为目的的颠覆活动，如果以武装的形式进行，如武装暴乱、武装叛乱等，就必须运用国防力量来制止。

（三）国防的目的

国防的目的，概括而言就是要捍卫国家的主权、统一、领土完整和安全，其根本目的就是保卫包括国家安全利益和国家发展利益在内的国家利益。

1. 捍卫国家主权

从国际法的角度看，一个国家的主权指该国独立自主地处理自己对内对外事务的最神圣权力。国家和主权不可分割，主权是国家区别于其他社会集团的特殊属性，是国家存在的根本标志。对内，它是一种统治权；对外，它是一种独立权。一个国家的主权一旦被剥夺，其他的一切，包括国家尊严、领土完整、传统的生活方式、基本的政治制度和经济发展等，统统无从谈起。因此，捍卫国家的主权独立，始终是第一位的、根本的目的和任务。

2. 维护国家统一

国家的统一是指国家由一个中央政府对领土内的一切居民和事务行使完整的管辖权，不允许另立政府或分割国家的管辖权。对我国而言，还面临着完成国家统一、反对国家和民族的分裂的国防任务。台湾是中国领土不可分割的一部分，完成两岸统一大业，是中华民族的根本利益和共同愿望所在。

3. 保卫国家领土

领土，是在一国主权下的区域，包括一国的领陆、领水，领陆和领水之下的底土，以及领陆和领水之上的领空。领土是国家存在和发展的自然物质前提，是构成国家的基本要素之一。领土是国家行使其主权的空间，也是国家主权行使的对象。国家的领土被侵占，主权必然要遭到侵犯。因此，国防捍卫国家主权的独立，必然要保卫国家领土的完整。

4. 保障国家安全

维护国家的安全，也是国防的主要目的之一。国家的安全，不仅表现为国家的生存得到可靠的保障，还表现为国家的发展得到可靠的保障。

5. 维护和平，反对侵略

《国防法》第八条规定："中华人民共和国在对外军事关系中，维护世界和平，反对侵略扩张行为。"这是我国对外军事关系的基本方针，也是我国在国防活动中必须遵循的一项基本政策。

（四）国防的手段

国防的手段，是为达到国防目的而采取的方法和措施。《国防法》将国防的手段和范围界定为："军事活动，以及与军事有关的政治、经济、外交、科技、教育等方面的活动。"

1. 军事活动

国防的主要手段是军事手段。对付武装入侵和武装暴乱最根本的和最有效的莫过于采取军事手段。军事手段是解决国家之间各种矛盾的最后手段，是最具有威慑作用的手段。

2. 与军事有关的政治活动

国家的政治指导思想和路线，决定国防的方向、方针和原则；国家的政治制度，决定国防的根本体制。与军事有关的政治活动，包括制定和颁布国防法律法规、发布国防动员令、确定国家边界、划设领海基线等。

3. 与军事有关的经济活动

经济是国防的基础。社会经济制度决定国防活动的性质，社会经济状况决定国防建设的水平。现代条件下，无论是国防建设还是国防斗争，都广泛采用经济开发、经济动员、经济制裁等经济手段。

4. 与军事有关的外交活动

外交与国防有着密切联系，其中的国防外交，既是国家外交的重要组成部分，也是国防活动的一个重要方面。国防外交主要涉及国家与国家之间、军事集团与军事集团之间的军事政治关系、军队关系、军事战略关系、军事科技关系和军事经济关系等。

5. 与军事有关的科技活动

与军事有关的科技活动包括国防科技和国防工业两大类活动。国防科技，是指直接用于国防领域的自然科学及应用技术的统称，其发展水平是衡量国防现代化水平的重要标志。国防工业，亦称军事工业，是指研制和生产武器装备、军用器材、军需用品及国防所需特殊物资的工业。通常包括兵器工业、军用航空工业、军用舰船工业、军用电子工业、军用核工业、军需工业等。

二、国防的类型

国家的政治制度和国家政策决定国防的类型，不同政治制度和国家政策下的国防类型不一样。目前世界各国的国防类型归纳起来主要有四种，即自卫型、联盟型、中立型和扩张型。

（一）自卫型

自卫型指以防止外敌入侵为目的，在国防建设上主要依靠本国的力量，广泛争取国际上的同情和支持，维护本国的安全、周边地区和世界的和平与稳定。

我国的政治制度和国家政策决定了我国采取的是自卫型国防。我国向世界公开承诺，永远不称霸，不做超级大国，不首先使用核武器或以核武器相威胁，不对无核国家和地区使用核武器，不侵略别国，以反对侵略、维护世界和平、保卫国家的安全与发展为国防的根本宗旨。

（二）联盟型

联盟型指为了弥补自身力量的不足，以联盟的形式联合一部分国家来进行防卫。联盟型国防可分为一元体系联盟和多元体系联盟。前者是以某一大国为盟主，其余国家处于从属地位；后者的联盟国则是伙伴关系，通过共同协商，确定联盟大计。

（三）中立型

中立型指中小国家为了保障本国的安全，严守和平中立的国防政策，制定总体防御战略和寓兵于民的防御体系。

（四）扩张型

扩张型指某些大国对外奉行霸权主义侵略扩张政策，将其他国家和地区纳入自己的势力范围，对其进行侵略、颠覆和渗透等扩张活动。

三、国防的历史与启示

习近平主席指出："要认真学习党史、国史，知史爱党，知史爱国。"全民国防教育要通过国防历史知识教育，把"知史爱党，知史爱国"落到实处。在人类社会的历史长河中，我国国防经历了无数个强盛与衰落的交替，给我们留下了宝贵的国防遗产和深刻的历史教训。

（一）中国古代国防

我国古代的国防意识和国防教育是与战争紧密相连的，主要是围绕着维护"社稷安危"展开的。大约在公元前 21 世纪，中国古代社会开始由原始氏族公社制社会进入奴隶制社会，出现了国家，国防也随之产生。

春秋战国时期，各诸侯国之间连年征战，使国防观念迅速得到强化，形成了诸如"义战却不非战""非攻兼爱却不非诛""足食足兵""以正治国，以奇用兵""富国强兵""文武相济""尚战、善战、慎战""不战而屈人之兵"等思想，表明春秋战国时期对武备和国防的重视，国防思想已经上升到理论的高度，全面奠定了古代军事思想的基础，标志着我国古代军事思想在这个时期已经基本成熟。现存最早、影响最深的《孙子兵法》，就是这个时期的杰出作品。其他影响较大的还有《吴子》《孙膑兵法》《司马法》《尉缭子》《六韬》等。此外，诸子百家的大量的军事论述，共同形成了我国军事学术史上的第一个高峰，为我国国防理论打下了坚实的基础。在此基础上也形成较为完整的战争观，并提出了普遍的战争指导和军队建设原则。

公元前 221 年，秦统一六国，结束了历史上的长期分裂局面，建立了第一个中央集权的封建国家，标志着中国封建社会进入一个新的历史阶段。汉唐两朝是中国封建社会的盛世，国防理论得到进一步丰富发展，形成了研究军事战略的"兵权谋"，研究战役、战术的"兵形势"，研究军事天文、气象的"兵阴阳"，研究兵器、装备的制造和运用技巧的"兵技巧"，这四大类理论构成一个较为完整的国防理论体系。

宋朝至清朝前期，军事上进入冷、热兵器并用时代，武学纳入国家教育体系。北宋初期采用了以文制武的政策，结果导致了重文轻武，国防衰弱。宋仁宗时期，开办了武学，后又设武举，为军队培养、选拔了大批军事人才，同时也繁荣了军事学术。明清两朝将武举推向更深层次，甚至出现文人谈兵、武人弄文的局面，大量军事著作面世，军事思想研究向体系化发展。

从总体上来说，我国古代国防理论主要有："以民为体""居安思危"的国防指导思想；"富国强兵""寓兵于农"的国防建设思想；"爱国教战""崇尚武德"的国防教育思想；"不战而胜""安国全军"的国防斗争策略等。在这些思想和策略的指导下，中华儿女成功粉碎了无数次外敌入侵，为中华民族的繁衍生息、国家的发展提供了基本的生存条件。

为了防备和抵御外敌侵犯，我国古代修建了许多国防工程。值得一提的是长城的修建。自秦始皇统一六国之后开始修建，后经各朝代多次修建连接，至明代形成了西起嘉峪关、东至山海关的万里长城。

（二）中国近代国防

19世纪上半期，西方资本主义国家为了开辟新的销售市场和原料产地，加紧对外侵略扩张，抓住中国的"国防不固、军队不精"这一致命弱点，开始了对中国赤裸裸地侵略。

从1840年鸦片战争到中华人民共和国成立的一百多年间，由于当时统治阶级的腐败，国力日趋空虚，国防日益衰弱，在外国列强弱肉强食的政策下，中华民族屡遭外敌的侵略欺辱。

从1840年到1911年辛亥革命的七十年间，英、美、法、俄、日、德、意等国家的侵略者践踏我国的国土，抢掠我国的财物，屠杀我们的同胞，参与损害我国主权的罪恶活动。在此期间，外国侵略者还强迫腐败的清政府签订了500多个不平等条约。香港被迫割让给了英国，澳门被葡萄牙霸占，台湾及澎湖列岛被日本占领，旅顺、胶州湾、广州湾等地成了外国列强的租借地。当时中国的海岸线上，竟找不到一个中国自己享有主权的港口，外国商船和军舰可以在中国内河、领海任意航行，自由停泊于各通商口岸；外国人在中国境内犯罪，中国政府无权审理；外国人在租界地实行殖民统治，形成了"国中之国"，甚至指挥中国的外交。

1911年爆发的辛亥革命，虽然推翻了清朝的统治，彻底废除了封建专制制度，建立了中华民国，但并没有改变中国任人宰割的历史。帝国主义国家通过扶植各派军阀作为自己的代理人，加紧对中国的控制掠夺；各派军阀争权夺利，连年混战。中国依然是有边不固，有海无防，人民有家难安。

（三）中国现当代国防

1919年五四运动揭开了中国反帝反封建的资产阶级民主革命的新篇章。1921年7月，中国共产党的成立，把中国人民救亡图存斗争推向新的阶段，中国工人阶级开始登上历史舞台。

1931年9月18日，日本发动了"九·一八事变"。面对日本帝国主义的野蛮侵略，蒋介石却奉行"攘外必先安内"的方针，一味奉行不抵抗政策，出卖民族利益，使东北大片国土迅速沦陷。1937年7月7日，日本发动"卢沟桥事变"，进一步扩大了对中国的侵略，中华民族到了生死存亡的紧要关头。中国共产党高举团结抗日的旗帜，肩负起救民族于危难的神圣使命，力促国共合作，中华民族同仇敌忾共御外侮，经过艰苦卓绝的抗战，终于在1945年8月取得了我国近代历史上第一次抗击外敌侵略的完全胜利。

抗日战争胜利后，中国人民迫切需要一个和平安全的休养生息的环境，中国共产党顺民心，从民愿，不计前嫌，准备与国民党第三次携手，合作建国，但蒋介石背信弃义，妄图消灭中国共产党及其所领导的军队。经过四年的解放战争，中国人民终于推翻了国民党的反动统治。

1949年10月1日，中华人民共和国成立，中国国防史翻开了新的历史篇章。20世纪50年代的抗美援朝战争中，中国人民志愿军发扬高度的爱国主义、国际主义和革命英雄主义精神，以劣势装备打败了以美国为首的"联合国军"，保卫了新生的共和国，赢得了和平建设的环境。20世纪60至80年代，我军还胜利进行了几次保卫边海疆的作战，有效捍卫了国家主权和领土完整。

新中国成立之初，在一穷二白的基础上，在中国共产党的领导下，中国人民在较短的时间内就建立起相对完整的国防体系，并成功研制了"两弹一星"，提升了中国在世界上的影响力。改革开放以来，一方面，国防和军队建设坚持在大局下行动，有力地支援了国家经济建设；另一方面，随着我国国力的增强，党中央及时提出了国防建设和经济建设要两头兼顾、协调发展的方针，坚持富国与强军相统一，实现了国防和军队现代化水平的整体跃升。

党的十八大以来，强军兴军开创了新局面。着眼于实现中国梦强军梦，制定新形势下军事战略方针，全力推进国防和军队现代化。通过召开古田全军政治工作会议，发扬我党我军光荣传统和优良作风，人民军队政治生态得到有效治理。国防和军队改革取得历史性突破，形成"军委管总、战区主战、军种主建"的新格局，人民军队组织架构和力量体系实现革命性重塑。加强练兵备战，有效遂行海上维权、反恐维稳、抢险救灾、国际维和、人道主义救援等重大任务，武器装备加快发展，军事斗争准备取得重大进展。人民军队在中国特色强军之路上迈出坚定步伐。

（四）中国国防的启示

综合来看，国防的兴衰是与政治、经济、军事状况密切相关的。纵观我国几千年的国防史，不难发现，当政治开明、经济繁荣、军事强大、民族团结、国家统一的时候，国防就强大；当政治腐败、经济衰落、军事孱弱、民族分裂、国内混乱的时候，国防就衰弱。

1. 忧患意识是国防巩固发展的前提

古人云："安而不忘危，存而不忘亡，治而不忘乱。"居安思危方能有备无患。和平环境的客观存在容易使人忘却忧患，沉醉于和平景象之中，滋生和平麻痹的思想，从而埋下了沦亡的祸根。历史的教训告诫我们，要时刻保持忧患意识，时刻牢记"天下虽安，忘战必危"。

2. 经济发展是国防强大的基础

国防的强大有赖于经济的发展，早在春秋时期齐国的政治家管仲就提出"富国强兵"的思想，战国时期的商鞅提出"兵不强不可以摧敌，国不富不可以养兵"，富国是强兵之本。

3. 政治开明是国防巩固的根本

政治与国防紧密相关，国家的政治是否开明，制度是否进步，直接关系到国防能否巩固，只有开明的政治才是固国强兵的根本。

4. 国家统一和民族团结是国防强大的关键

纵观我国几千年的历史，凡是国家统一、民族团结的时期，国防就强大；凡是国家分裂、民族矛盾尖锐的时期，国防就衰弱。

四、现代国防观

当今社会，社会信息化与经济全球化相互交织，从而使现代国防呈现出全新的特征，需要树立新型国防观。

（一）综合国防观

当前我国国家安全内涵和外延比历史上任何时候都要丰富，时空领域比历史上任何时候都要宽广，内外因素比历史上任何时候都要复杂，需要坚持总体国家安全观，牢固树立综合国防观。

1. 国防对抗综合化

现代国防绝非单纯的武力较量，而是在综合国力的基础上，以军事手段为主，在政治、经济、科技、外交、文化等多种手段配合下进行的总体较量。现代国防已经成为综合国力的对抗，而且国防不仅依赖于国家的现实实力，而且还依赖于国家的潜力，以及将潜力转化为现实实力的能力。

2. 国防目的广泛化

一方面表现在应对的安全威胁多样化，国防目的除了要维护传统的军事安全、政治安全、经济安全外，还要维护科技安全、文化安全、信息安全、生态安全、资源安全、核安全等。另一方面表现在国家利益空间范围更加广泛，网络信息空间、太空、国际海底区域和极地、海外等成为国家利益的新空间，维护这些新兴空间的安全自然成为国防的重要目的。

3. 国防手段多样化

现代国防的斗争是以军事力量角逐为主的多种斗争形式的综合对抗，不仅继续以双方军事实力在战场上进行武力较量为基本形式，而且也通过非武力斗争的形式进行角逐，如政治斗争、心理斗争、经济斗争、科技斗争，以及外交谈判、军备竞赛、军备控制等。

（二）信息国防观

随着信息时代的到来，信息传播方式超越了传统的时空观念，信息疆域不再以地缘、领土、领海、领空进行识别，而是以带有综合影响力的信息辐射空间划分。信息疆域改变了原有的国家空间结构，国家主权由传统的陆、海、空、天向信息空间扩展，信息主权已悄然成为国家主权的新内容和国际角逐的新领域。

国家安全的概念不仅包括维护传统意义上的国家主权与领土完整，而且包括捍卫信息主权不受侵犯。信息安全已经成为国家安全中的重要因素，直接影响到国家的政治和社会稳定、政权安全、经济发展。在未来战争中，谁占领了信息网络技术的制高点，谁就拥有了战争的主动权。当前，西方国家凭借其技术优势，对发展中国家的内部事务进行信息渗透和控制，扩大自己的信息疆域；而另一些信息技术落后的国家正逐步丧失信息主权。因此，捍卫信息主权成为维护国家主权的核心内容之一。

这就要求我们必须确立保卫国家信息疆域和信息边界的新主权观，从整个国家到每个公民，都要转变传统的"陆防""海防""空防"观念，强化"信息主权""信息国防"意识，自觉在信息空间筑起信息主权的安全防线。

【资料链接】

习近平总书记谈网络安全

"网络空间是亿万民众共同的精神家园。网络空间天朗气清、生态良好，符合人民利益。网络空间乌烟瘴气、生态恶化，不符合人民利益。谁都不愿生活在一个充斥着虚假、诈骗、攻击、谩骂、恐怖、色情、暴力的空间。互联网不是法外之地。利用网络鼓吹推翻国家政权，煽动宗教极端主义，宣扬民族分裂思想，教唆暴力恐怖活动，等等，这样的行为要坚决制止和打击，决不能任其大行其道。利用网络进行欺诈活动，散布色情材料，进行人身攻击，兜售非法物品，等等，这样的言行也要坚决管控，决不能任其大行其道。"

——摘自习近平总书记在网络安全和信息化工作座谈会上的讲话

（三）全民国防观

马克思主义认为，人民群众是历史的主人。毛泽东同志指出："战争的伟力之最深厚的根源，存在于民众之中。""中国必须建立强大的国防军，必须建立强大的经济力量，这是两件大事。……这两件事都有赖于同志们和全体人民解放军的指挥员、战斗员一道，和全国工人、农民及其他人民一道，团结一致，协同努力，方能达到目的。"

当前，我国已经进入全民网络的时代。在信息化时代，由于信息技术的军民通用性和信息网络的相互关系性，不管是国家、地区、组织、集团，还是个人，也不管是军人还是普通网民，都有可能会"闯入"重要的信息网络，实施信息战。所以，信息化战争和信息化国防不再是军人独占的"舞台"，而是国家、非政府组织，乃至普通的网民都可参与的普遍行动。

我国是工人阶级领导的以工农联盟为基础的社会主义国家，国防的根本目的是保护广大劳动人民的根本利益，应以广大人民群众为国防的基本力量，把维护国家安全的权利交给人民，使人民不但能够充分运用创造出来的巨大物质和精神财富去维护国家安全，而且能够充分发挥在国防实践活动中的巨大创造力。维护国家安全是全国各族人民根本利益所在，要加强国家安全教育，增强全党全国人民国家安全意识，推动全社会形成维护国家安全的强大合力。

第二节 · 国防法规

国防法规，是调整国防和武装力量建设领域各种社会关系的法律规范的总和，是国家法律体系的重要组成部分，是加强国防和武装力量建设的基本法律依据。其主要作用是以法律的形式确定并以国家强制力为手段，保障国防建设和国防斗争的顺利进行。

一、国防法规体系

国防法规体系，是指由不同层次、不同门类的国防法律规范构成的有机整体。不同层次表现为国防法规之间的纵向联系，可按不同的立法机关区分为不同效力等级的法律、法规；不同门类表现为国防法规之间的横向联系，可按不同的调整领域区分为不同的门类。

（一）按立法权限区分为四个层次

我国的国防法规，按立法权限区分为四个层次。第一个层次是法律，是由全国人民代表大会及其常务委员会制定的。目前主要为《国防法》、《国家安全法》、《兵役法》、《国防动员法》、《现役军官法》、《军官军衔条例》、《军事设施保护法》、《预备役军官法》、《人民防空法》、《国防教育法》、《香港特别行政区驻军法》、《澳门特别行政区驻军法》、《刑法》第七章"危害国防利益罪"和第十章"军人违反职责罪"等。第二个层次是法规，是由国务院和中央军委制定的。由中央军委制定的为军事法规，由国务院制定或由国务院与中央军委联合制定的为军事行政法规。第三个层次是规章，由军委各部门、各军兵种、各战区制定的为军事规章，由国务院有关部委与军委有关部门联合制定的为军事行政规章。第四个层次是地方性法规，是由省、自治区、直辖市人民代表大会及其常务委员会制定的贯彻执行国家国防法规的实施办法、实施细则、补充规定等。

（二）按调整领域划分为十六个门类

我国的国防法规按调整领域不同，可以划分为十六个门类：国防基本法类，国防组织法类，兵役法类，军事管理法类，军事刑法类，军事诉讼法类，国防经济法类，国防科技工业法类，国防动员法类，国防教育法类，军人权益保护法类，军事设施保护法类，特区驻军法类，紧急状态法类，战争法类，对外军事关系法类。不同门类的国防法规调整、规范不同领域的国防和军事活动。

经过若干年的建设，我国的国防法律、法规基本形成覆盖全面、结构合理、内部协调、科学严谨的体系，对国防建设起到了促进作用。

二、主要国防法规内容介绍

（一）《中华人民共和国国防法》

《中华人民共和国国防法》（简称《国防法》）是根据《宪法》制定的一部综合性调整和规范国防与武装力量建设的基本法律，于 1997 年 3 月 14 日由第八届全国人民代表大会第五次会议通过，2009 年修正。

《国防法》共有十二章七十条。主要包括：总则，国家机构的国防职权，武装力量，边防、海防和空防，国防科研生产和军事订货，国防经费和国防资产，国防教育，国防动员和战争状态，公民、组织的国防义务和权利，军人的义务和权益，对外军事关系，附则。

《国防法》是我国国防方面的基本法律，在国家法律体系中占有重要位置。它是《宪法》关于国防方面的原则规定的具体化，同时又是我国所有军事法律法规中最基本的法律，是军事法体系的母法。

（二）《中华人民共和国兵役法》

《中华人民共和国兵役法》（简称《兵役法》）是规定国家兵役制度的法律规范，是公民服兵役的法律依据。1955 年 7 月 30 日，第一届全国人民代表大会第二次会议审议通过新中国第一部《兵役法》。1984 年 5 月 31 日，第六届全国人民代表大会第二次会议审议通过了第二部《兵役法》，后经 1998 年、2009 年和 2011 年三次修正。

2011 年修正后的现行《兵役法》共十二章七十四条，对我国现行的兵役制度，兵员的平时征集与战时动员，士兵与军官的现役和预备役，民兵、预备役人员的军事训练，高等院校和高级中学学生的军事训练，现役军人的优待和退出现役的安置，以及对违反《兵役法》的惩处，都做了明确规定。

《兵役法》的颁布和实施是完善我国兵役制度的基本措施，是加强军队建设国防后备力量建设的必要条件，也是进行全民国防教育和增强全民国防观念的重要依据。

（三）《中华人民共和国国防动员法》

《中华人民共和国国防动员法》（简称《国防动员法》）于 2010 年 2 月 26 日经第十一届全国人民代表大会常委会第十三次会议表决通过，自 2010 年 7 月 1 日起实施。

《国防动员法》共十四章七十二条。主要包括：总则，组织领导机构及其职权，国防动员计划、实施预案与潜力统计调查，与国防密切相关的建设项目和重要产品，预备役人员的储备与征召，战略物资储备与调用，军品科研、生产与维修保障，战争灾害的预防与救助，国防勤务，民用资源征用与补偿，宣传教育，特别措施，法律责任，附则。

国防动员是《国防法》确立的一项国防基本制度，《国防动员法》对于依法加强国防动员建设，增强国防潜力，维护国家安全与发展具有十分重要的意义。

（四）《中华人民共和国国防教育法》

《中华人民共和国国防教育法》（简称《国防教育法》）于 2001 年 4 月 28 日经第九届全国人民代表大会常委会第二十一次会议表决通过，2018 年修正。

《国防教育法》共六章三十八条，主要包括：总则，学校国防教育，社会国防教育，国防教育的保障，法律责任，附则。

制定《国防教育法》，有利于增强全民国防观念，建设和巩固国防，有利于提高全民素质，促进国防建设和经济建设协调发展，使国防教育工作的各个方面、各个环节都有明确的可以遵循的法律规范。

三、公民的国防义务和权利

公民的国防义务，是指由《宪法》、法律规定的公民在国防方面应当履行的责任。公民的国防权利，是指《宪法》、法律赋予公民在国防活动中享有的权力和利益。每一个公民都必须履行相应的国防义务，也享有相应的国防权利。

（一）公民的国防义务

国防义务是法定义务、法律义务，是由国家强制力保证其落实的。根据《宪法》《国防法》等相关法律法规规定，我国公民的国防义务主要有维护国家统一和安全、履行兵役、支持国防建设、接受国防教育、支前参战、保护国防设施、保守国防秘密等方面的义务。

1. 维护国家统一和安全的义务

我国《宪法》第五十二条规定："中华人民共和国公民有维护国家统一和全国各民族团结的义务。"维护国家统一，主要是指：维护国家领土的完整，任何公民都不得破坏、变更和以其他各种形式分裂国家领土；维护国家政权的统一，不允许任何公民以各种方式分裂国家政权，破坏国家的统一，不允许任何人以任何方式把国家主权割让给外国。

我国《宪法》第五十四条规定："中华人民共和国公民有维护祖国的安全、荣誉和利益的义务，不得有危害祖国的安全、荣誉和利益的行为。"维护国家的安全，主要是指维护国家的领土、主权不受侵犯，国家各项机密得以保守，社会秩序不被破坏。

2. 履行兵役的义务

我国《宪法》第五十五条规定："保卫祖国、抵抗侵略是中华人民共和国每一个公民的神圣职责。依照法律服兵役和参加民兵组织是中华人民共和国公民的光荣义务。"我国《国防法》第五十条规定："依照法律服兵役和参加民兵组织是中华人民共和国公民的光荣义务。"我国《兵役法》第三条规定："中华人民共和国公民，不分民族、种族、职业、家庭出身、宗教信仰和教育程度，都有义务依照本法的规定服兵役。"

3. 支持国防建设的义务

我国《国防法》第五十三条规定：“公民和组织应当支持国防建设，为武装力量的军事训练、战备勤务、防卫作战等活动提供便利条件或者其他协助。”这项义务的核心是支持和协助。拥军优属是我党我军的光荣传统和独有的政治优势，对于建设国防、巩固国防具有重要意义。全体公民要深刻认识军队在国防建设中的地位和作用，积极支持军队的建设，“让军人成为全社会尊崇的职业”，在全社会形成尊重、爱护军队的良好风尚，并从各方面大力支持军队平时的各项工作和战时的各种作战勤务。同时要积极支持民兵、预备役部队建设。

4. 接受国防教育的义务

国防教育是国家为防备和抵抗侵略，制止武装颠覆，保卫国家的主权统一、领土完整和安全，对全体公民所进行的一种具有特定目的和内容的教育活动，是国家整体教育事业的组成部分。国防教育是建设和巩固国防的基础，是增强民族凝聚力、提高全民素质的重要途径。国家通过立法把国防教育作为公民的法律义务规定下来。我国《宪法》第二十四条规定：“在人民中进行爱国主义、集体主义和国际主义、共产主义的教育。”我国《国防法》第五十二条规定：“公民应当接受国防教育。”我国《国防教育法》第五条进一步强调：“中华人民共和国公民都有接受国防教育的权利和义务。”2001年8月31日第九届全国人民代表大会常务委员会第二十三次会议通过《关于设立全民国防教育日的决定》，确定每年9月第三个星期六为全民国防教育日。

5. 支前参战的义务

我国《国防法》第四十七条规定：“一切国家机关和武装力量、各政党和各社会团体、各企业事业单位和公民，在和平时期必须依照法律规定完成动员准备工作；在国家发布动员令后，必须完成规定的动员任务。”《兵役法》第五十条规定：“预备役人员、国防生随时准备应召服现役，在接到通知后，必须准时到指定的地点报到。”第五十一条规定：“战时根据需要，国务院和中央军事委员会可以决定征召三十六周岁至四十五周岁的男性公民服现役，可以决定延长公民服现役的期限。”在战争发生时，为了应对敌人突然袭击，抵抗侵略，适龄公民应当积极响应祖国的战时征召。除了随时准备应征服现役外，还要在政府的领导下，在当地军事指挥机关的组织下，积极担负战备勤务，支援前线作战，如支前送武器弹药、给养，后运伤员，守护重要军事设施和交通运输线路，参加军警民联防等。

6. 保护国防设施的义务

国防设施是指国家直接用于国防目的的建筑、场地和设备，包括军事设施、人民防空设施、国防交通设施和其他用于国防目的的设施。国防设施是国防建设的成果，是国防活动的依托，是抵抗侵略、保卫祖国的物质条件，在巩固国防、维护国家安全利益方面具有重要作用。国家采取一切必要措施保护国防设施。《国防法》第五十二条规定：“公民和组织应当保护国防设施，不得破坏、危害国防设施。”《中华人民共和国军事设施保护法》进一步明确规定：“中华人民共和国的所有组织和公民都有保护军事设施的义务。禁止任何组织或者个人破坏、危害军事设施。任何组织或者个人对破坏、危害军事设施的行为，都有权检举、控告。"

7. 保守国防秘密的义务

国防秘密是指关系国家安全和利益，在一定时间内只限一定范围人员知悉的军事或与军事有关的政治、经济、外交、科技和教育等方面的事项。国防秘密的主要表现形式是国防秘密信息和国防秘密载体。我国《宪法》第五十三条原则规定："中华人民共和国公民必须遵守《宪法》和法律，保守国家秘密。"《中华人民共和国保守国家秘密法》第三条规定："一切国家机关、武装力量、政党、社会团体、企业事业单位和公民都有保守国家秘密的义务。"《国防法》第五十二条进一步规定："公民和组织应当遵守保密规定，不得泄露国防方面的国家秘密，不得非法持有国防方面的秘密文件、资料和其他秘密物品。"

（二）公民的国防权利

国家从法律和物质上保障公民和组织享有国防权利。根据《国防法》等国防法律法规的规定，公民享有国防建设建议、制止和检举危害国防行为、损失补偿、抚恤优待和安置等方面的国防权利。

1. 国防建设建议权

《国防法》第五十四条规定："公民和组织有对国防建设提出建议的权利。"建议权，就是公民有权对国防建设的指导思想、方针原则、规章制度、措施方法等提出改进意见。此项权利是公民依《宪法》相应的对国家事务的建议权在国防建设方面的体现。我国《宪法》第四十一条规定："中华人民共和国公民对于任何国家机关和国家工作人员，有提出批评和建议的权利。"公民的批评建议权，体现了我国人民当家做主的社会主义性质。

2. 制止、检举危害国防行为权

《国防法》第五十四条规定：公民和组织"有对危害国防的行为进行制止或者检举的权利"。制止权，就是公民有权采取一定的方式方法使危害国防的行为停止下来，从而维护国防利益。检举权，就是在危害国防的行为发生以后，公民有权进行揭发。对违法犯罪行为进行制止、检举是公民享有的一项普遍性权利，在国防领域也不例外。国家和社会保护行使此项权利的公民，使之免于因此而受到打击报复或其他损害。

3. 损失补偿权

《国防法》第五十五条规定："公民和组织因国防建设和军事活动在经济上受到直接损失的，可以依照国家有关规定取得补偿。"公民享有受到公平待遇的普遍性权利，当公民因国防建设和军事活动而在经济上受到直接损失时，有权依照国家有关规定请求补偿。必须明确的是，有些补偿措施是在战后落实的，不能把预先得到补偿作为接受动员、接受征用的条件。战时，国家可以先征用，战后再补偿。

4. 抚恤、优待和安置权

按照相关国防法律法规，在履行国防义务的同时，军人及其家属享有某些特殊的权利。一是抚恤。烈士或因公牺牲、病故的现役军人的家属由政府发给一次性抚恤金。二是优待。对烈士家属、牺牲病故军人家属、现役军人及其家属，残疾军人和退出现役的军人，在教育、住房和社会福利等方面，给予照顾和优待。民兵、预备役人员和其他人员依法参加军事训练，担负战备勤务、防卫作战任务时，国家和社会保障其享有相应的待遇，按照有关规定对其实行抚恤优待。三是安置。国家妥善安置退出现役的军人，因战、因公致残或者致病的残疾军人退出现役后，县级以上人民政府应当及时接收安置。

（三）国防义务与国防权利的关系

国防义务与国防权利是辩证统一的。《宪法》规定："任何公民享有《宪法》和法律规定的权利，同时必须履行《宪法》和法律规定的义务。"没有无义务的权利，也没有无权利的义务。任何人都不能只尽义务而不享有权利，也不能只享有权利而不尽义务。公民只有认真履行法定的国防义务，才能享有相应的国防权利；不履行国防义务的公民，就没有资格享有相应的国防权利。

国防义务与权利的一致性，体现了国家与公民之间一种平等的法律关系。一方面，国家赋予公民各项国防权利，并保证其权利的行使；另一方面，公民应当自觉维护国家的安全与利益，严格履行各种国防义务。权利和义务相互促进、相互转化。公民履行国防义务的自觉性越高，能力越强，越有利于国防建设事业的发展，也就越有利于公民享有国防权利；而公民真正享有了相应的国防权利，就能激发其"天下兴亡，匹夫有责"的使命感，提高其履行国防义务的积极性和创造性。

【资料链接】

公民和组织应当履行维护国家安全的义务

2015 年 7 月 1 日，第十二届全国人民代表大会常务委员会第十五次会议审议通过《中华人民共和国国家安全法》。其中，第七十七条规定了公民和组织应当履行下列维护国家安全的义务：

（一）遵守《宪法》、法律法规关于国家安全的有关规定；

（二）及时报告危害国家安全活动的线索；

（三）如实提供所知悉的涉及危害国家安全活动的证据；

（四）为国家安全工作提供便利条件或者其他协助；

（五）向国家安全机关、公安机关和有关军事机关提供必要的支持和协助；

（六）保守所知悉的国家秘密；

（七）法律、行政法规规定的其他义务。

任何个人和组织不得有危害国家安全的行为，不得向危害国家安全的个人或者组织提供任何资助或者协助。

第三节 国防建设

国防建设是为维护国家安全、提高国防能力而进行的各方面的建设。国防建设包括精神建设和物质建设两个方面，主要内容包括：武装力量建设，战场建设，边防、海防、空防、人防和外层空间防御建设，战略物资的储备，国防工业建设和国防科学技术研究，对公民进行国防教育，国防法规建设，国防交通、通信方面的建设等。重点是武装力量建设。

一、国防体制

国防体制，是国家为组织和实施国防活动而建立的组织体系及相应制度，包括国防领导体制、武装力量体制、国防动员体制、国防经济体制、国防科技与武器装备管理体制等。

国防领导体制，是指国家领导国防活动的组织体系及相应制度，包括国防领导机构的设置、职能划分和相互关系等。主要包括最高统帅、国防决策机构、国防指挥机构、国防行政机构、国防协调机构、国防咨询机构、国防监察机构和各级地方军事机构的设置、职权区分、相互关系等制度。其基本功能是，平时对国防建设和各个领域的战备活动实施有效的领导，战时对各种武装组织的作战和各个领域支持战争的活动实施统一的指挥。

我国根据《宪法》《国防法》及其他有关法律，建立和完善国防领导体制。国家对国防活动实行统一的领导。新中国成立以来的各个历史时期，国防领导体制进行了多次调整，在实践中不断发展和完善。

（一）中共中央的国防领导职权

根据《国防法》的规定，我国的武装力量受中国共产党领导。中共中央在国防事务中发挥决定性的领导作用。

（二）全国人民代表大会及常务委员会的国防职权

全国人民代表大会是最高国家权力机关，它的常设机关是全国人民代表大会常务委员会。全国人民代表大会选举中央军事委员会主席；根据中央军事委员会主席的提名，决定中央军事委员会其他组成人员的人选。全国人民代表大会依照《宪法》规定，决定战争和和平的问题，并行使《宪法》规定的国防方面的其他职权。全国人大常委会依照《宪法》规定，决定战争状态的宣布，决定全国总动员或者局部动员，并行使《宪法》规定的国防方面的其他职权。

（三）国家主席在国防方面的职权

国家主席根据全国人大及其常委会的决定，宣布战争状态，发布动员令，并行使《宪法》规定的国防方面的其他职权。

（四）国务院在国防方面的职权

国务院领导和管理国防建设事业，行使下列职权：编制国防建设发展规划和计划；制定国防建设方面的方针、政策和行政法规；领导和管理国防科研生产；管理国防经费和国防资产；领导和管理国民经济动员工作和人民武装动员、人民防空、国防交通等方面的有关工作；领导和管理拥军优属和退役军人安置工作；领导国防教育工作；与中央军事委员会共同领导民兵的建设和征兵工作，以及边防、海防、空防的管理工作；行使法律规定的与国防建设事业有关的其他职权。

（五）中央军事委员会在国防方面的职权

中央军事委员会领导全国武装力量，行使下列职权：统一指挥全国武装力量；决定军事战略和武装力量的作战方针；领导和管理人民解放军的建设；向全国人大或者全国人大常委会提出议案；制定军事法规，发布决定和命令；决定人民解放军的体制和编制；任免、培训、考核和奖惩武装力量成员；批准武器装备体制和发展规划、计划，协同国务院领导和管理国防科研生产；会同国务院管理国防经费和国防资产；行使法律规定的其他职权。

（六）中央国家安全委员会在国防方面的职能

为有效维护国家安全，2013年11月十八届三中全会公报提出：设立中央国家安全委员会，完善国家安全体制和国家安全战略，确保国家安全。中央国家安全委员会作为中共中央关于国家安全工作的决策和议事协调机构，向中央政治局、中央政治局常务委员会负责，统筹协调涉及国家安全的重大事项和重要工作。设立国家安全委员会，有效推动了党和国家国防领导管理体制的改革完善，有利于加强集中统一领导，优化情报信息保障，建立健全国防决策咨询制度，提高国防决策科学化水平。

二、国防战略

国防战略，是国家在特定时期内为防备和抵抗侵略、制止武装颠覆、保卫国家主权和安全而制定的行动准则，是国家内外政策在国防安全领域的集中体现。《国防法》第四条规定，我国国防"实行积极防御战略"。

积极防御战略思想是中国共产党军事战略思想的基本点。新中国成立以来，积极防御军事战略方针经历了多次调整，不论环境、利益和实力如何变化，中国的国防政策始终是防御性的，在军事上严守自卫立场，决不先发制人，决不对外侵略扩张和争夺霸权，国防的根本任务就是抵抗侵略、保卫祖国、保卫人民的和平劳动。

中国的社会主义性质和国家根本利益，以及走和平发展道路的客观要求，决定中国必须毫不动摇坚持积极防御战略思想。长期以来，正是基于坚持这一战略思想的坚定性、稳定性和连续性，坚决不搞侵略扩张，不称霸，不争霸，才使我国赢得了相对和平稳定的国际环境，赢得了国际社会的广泛认同和理解，赢得了国家发展的重要战略机遇期，也为世界其他国家维护国家安全、处理国际安全问题提供了重要借鉴。中国再发展、再强大，也不会放弃走和平发展道路，不会背离积极防御战略思想的本质，不会违背时代潮流走上武力扩张之路。

新时代条件下，坚定不移地坚持积极防御战略思想，是中国特色社会主义的本质要求，是我们走和平发展道路的应有之义，符合国家发展战略和和平外交政策，符合人民的根本利益和世界发展潮流，也是对慎战、备战、止战的战略文化传统的继承和发扬。同时，要有效维护国家安全、保障和平发展，必须赋予积极防御战略思想新的时代内涵和表现形式。

一是立足打赢信息化局部战争。当前和今后一个时期，因外部因素引发局部战争和武装冲突的可能性现实存在。根据国家面临的军事安全威胁和我军信息化建设加速发展的实际，基于陆、海、空、天、电、网的多维战场环境，必须把军事斗争准备的基点放在打赢信息化局部战争上。

二是创新基本作战思想。着眼信息化局部战争的特点规律和制胜机理，发扬我军机动灵活的战略战术传统，坚持灵活机动、自主作战的原则，你打你的、我打我的。把握体系作战这个信息化战争的本质，始终把制信息权放在夺取战场综合控制权的核心地位，着眼破敌作战体系进行精确打击，运用诸军兵种一体化作战力量，实施信息主导、精打要害、联合制胜的体系作战。

三是优化军事战略布局。根据我国地缘战略环境、面临的安全威胁和军队担负的战略任务，构建全局统筹、分区负责、相互策应、互为一体的战略部署和军事布势。既要关注陆地、海洋、空中等传统安全领域，还要关注太空、网络空间等新型安全领域，加强海外利益攸关区国际安全合作。

四是坚持战略指导原则。战略指导原则是战略指导思想的具体展开和延伸，是指导战略全局所必须遵循的基本准则。这些原则主要包括：服从服务于国家战略目标；营造有利于国家和平发展的战略态势；保持维权维稳平衡；努力争取军事斗争战略主动；运用灵活机动的战略战术；立足应对最复杂最困难的情况；发挥人民军队特有的政治优势；发挥人民战争的整体威力；积极拓展军事安全合作空间。

三、国防政策

国防政策是国家制定的一定时期内指导国家防务的基本行动准则，是国家政策的重要组成部分。中国的社会主义国家性质，走和平发展道路的战略抉择，独立自主的和平外交政策，"和为贵"的中华文化传统，决定了中国始终不渝奉行防御性国防政策。回顾新中国国防政策七十年的发展历程，可以概括出以下六条具有普遍意义的基本原则。

（一）坚持党的领导

坚持中国共产党对国防的领导，是国家安全和发展的根本保证。党和国家分别设立中央军事委员会，组成人员和对军队的领导职能完全一致，既保证党对军队的绝对领导，又恰当地规定了军队在国家体制中的地位。党对军队实行领导的基本制度，是党委统一的集体领导下的首长分工负责制。省军区、军分区、人民武装部，实行军队系统和地方党的委员会的双重领导制度。

（二）坚持战略防御

我国的国防政策始终是防御性的，决不对外侵略扩张和争夺霸权，军事上严守自卫立场。坚持防御、自卫和后发制人原则，实行积极防御，坚持"人不犯我、我不犯人、人若犯我、我必犯人"，强调遏制战争与打赢战争相统一，强调战略上防御与战役战斗上进攻相统一。

（三）坚持独立自主

独立自主是我国国防现代化的基本方针。像中国这样一个人口众多、幅员辽阔的大国，必须以国内力量为主，独立自主、自力更生地建设和巩固国防。从国情军情出发制定国防政策和军事战略，独立自主地处理一切国防安全事务，以自力更生为主建设国防工业和国防科技体系，发展中国特色的军事理论，依靠自己的力量捍卫国家主权。

（四）坚持全民自卫

我国的国防是全民的国防。坚持和发展人民战争的战略思想，始终依靠人民建设和巩固国防，是我们的真正优势和力量所在。实行精干的常备军与强大的国防后备力量相结合，在加强现役部队建设的同时，高度重视民兵、预备役部队建设；按照平战结合、军民结合、寓兵于民的方针，不断调整和完善国防动员体制，提高国防动员能力；探索人民群众参战支前的新途径，发挥人民战争的整体威力。

（五）坚持协调发展

发展经济和加强国防，始终是我国现代化建设的两大战略任务。国家坚持以经济建设为中心，国防建设必须服从和服务于这个大局，紧密配合这个大局。同时，国家必须在经济发展的基础上推进国防现代化，形成与经济实力相协调、与国家安全需要相适应的军事实力。军队要加强质量建设，走中国特色的精兵之路，走投入较少、效益较高的现代化建设道路，走复合式、跨越式的发展道路。

（六）坚持维护和平

维护世界和平，反对侵略扩张行为，是我国国防的重要目标和任务。中国的前途同世界的前途紧密相连，中国的国防同世界的和平息息相关。坚持维护和平，是保障国家安全和发展与履行国际义务的统一。中国反对霸权主义和强权政治，反对战争政策、侵略政策和扩张政策，反对军备竞赛，支持一切有利于维护世界和地区和平、安全、稳定的活动。一支强大的中国军队，是维护世界和平稳定、服务构建人类命运共同体的坚定力量。

总之，就新时代的中国国防政策而言，坚决捍卫国家主权、安全、发展利益，是新时代中国国防的根本目标；坚持永不称霸、永不扩张、永不谋求势力范围，是新时代中国国防的鲜明特征；贯彻落实新时代军事战略方针，是新时代中国国防的战略指导；坚持走中国特色强军之路，是新时代中国国防的发展路径；服务构建人类命运共同体，是新时代中国国防的世界意义。

四、国防成就

新中国成立后，特别是改革开放以来，国防现代化建设在探索中不断前行，军事斗争准备扎实推进，国防科技和武器装备水平显著提升，军队组织形态经过改革不断迈向现代化，军队正规化水平不断提高，新型军事人才培养成效明显，逐渐探索走出了一条军民融合式发展的新路子。

（一）国防领导体制日臻完善

新中国成立以来的各个历史时期，国防领导体制进行了多次调整，在实践中不断发展和完善。1982年12月，第五届全国人民代表大会第五次会议通过的现行《宪法》规定，设立中华人民共和国中央军事委员会，领导全国的武装力量。中央军事委员会实行主席负责制，对全国人大及其常委会负责。《宪法》明确肯定了党在国家生活中的领导作用，包括党对军队的领导。中央军委既是国家的中央军委，又是党的中央军委。这就确立了党和国家高度集中统一行使领导职权的国防领导管理体制。

2016年1月11日，新的军委机关调整组建，按照"军委管总、战区主战、军种主建"的总原则，把总部制改为多部门制，由原来的总参谋部、总政治部、总后勤部、总装备部四总部，改为军委办公厅、军委联合参谋部、军委政治工作部、军委后勤保障部、军委装备发展部、军委训练管理部、军委国防动员部、军委纪律检查委员会、军委政法委员会、军委科学技术委员会、军委战略规划办公室、军委改革和编制办公室、军委国际军事合作办公室、军委审计署、军委机关事务管理总局十五个职能部门。如图1-1所示。

（二）武装力量建设阔步前进

新中国成立时，人民解放军主要是单一的陆军，没有空军，海军刚刚成立。陆军也基本上是步兵，炮兵和装甲兵部队极为有限。新中国成立后，人民解放军迅速发展起来，建立了空军和陆军的炮兵、装甲兵、工程兵、铁道兵等技术兵种部队，并都形成了作战能力，空军和陆军各技术兵种都有部队参加抗美援朝战争。随着军事技术的发展，相继组建了战略导弹部队、电子对抗部队和陆军航空兵部队。人民解放军全面履行了保卫祖国、保卫人民和平劳动的根本职能，胜利完成了保卫国防作战任务，守卫边疆、海

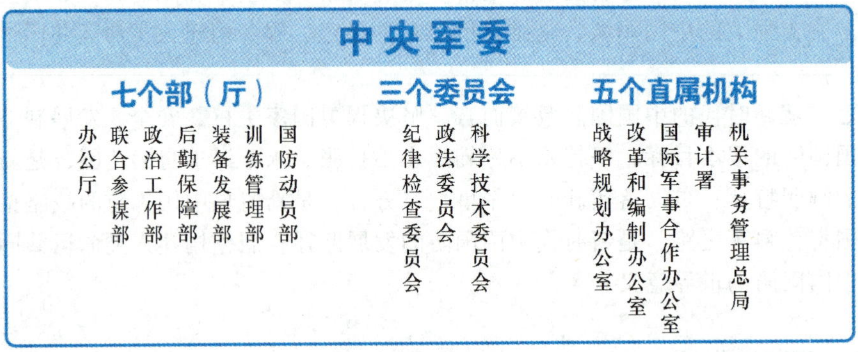

中央军委

七个部（厅）	三个委员会	五个直属机构
办公厅 联合参谋部 政治工作部 后勤保障部 装备发展部 训练管理部 国防动员部	纪律检查委员会 政法委员会 科学技术委员会	战略规划办公室 改革和编制办公室 国际军事合作办公室 审计署 机关事务管理总局

图 1-1 军委机关职能配置和机构设置

疆，依法履行香港、澳门防务职责，震慑、打击危害国家安全和统一的各种分裂、破坏活动，为国家繁荣发展提供了可靠的安全保障；参加抢险救灾，保护人民生命财产，支援国家建设，有力支持了国家经济社会发展；参加国际维和、反恐、公海护航活动，为维护地区和世界和平发挥了重要作用。经过多次精简整编和七十年的现代化建设，人民解放军已经规模适度，结构明显优化，现代化水平和作战能力大幅提高，成为陆军、海军、空军、火箭军、战略支援部队等诸军兵种合成的强大人民军队。此外，还建立了中国人民武装警察部队，建立了民兵与预备役相结合的后备力量体制。

（三）国防科工水平大幅提升

国防科技工业是衡量一个国家综合国力的重要标志之一，也是国防现代化建设的一个重要方面。新中国成立七十年来，我国的国防科技工业从无到有，从小到大，从落后到先进，形成门类齐全、综合配套的科研实验生产体系，取得了一大批具有国内或国际先进水平的科研成果，为我军现代化建设和切实增强我国的综合国力做出了重要贡献。

真正的核心关键技术是花钱买不来的，靠进口武器装备是靠不住的，走引进仿制的路子是走不远的。要在激烈的国际军事竞争中掌握主动，就必须大力推进科技进步和创新，大幅提高国防科技自主创新能力。我军在一些基础性、前沿性、战略性技术领域取得了重大突破，在攀登科技高峰征程上实现了新的飞跃。创新驱动发展战略大力实施，创新型国家建设成果丰硕，天宫、蛟龙、天眼、悟空、墨子、大飞机等重大科技成果相继问世。2018 年 12 月，"北斗三号"基本系统正式向全球提供导航服务，中国"北斗"距离全球组网的目标迈出了实质性的一步。在国防科技进步的推动下，我军武器装备信息化、体系化程度不断提高，形成了品种比较齐全，结构比较合理，体系逐步完善，主战装备、电子信息装备与保障装备配套发展的装备体系。

（四）国防法规建设成效显著

在党和政府的高度重视下，国防法规建设取得了显著成效。全国人民代表大会及其常务委员会、国务院、中央军委、各军兵种、各战区（军区）、各省、自治区、直辖市等制定了多门类多层次多领域的国防法律法规，有效调整了国防领域中各种关系，为加强国防和武装力量建设提供了基本法律依据，为全面提高部队战斗力、做好战争准备、赢得战争胜利提供了根本保障。

一个现代化国家必然是法治国家，一支现代化军队必然是法治军队。我们推进强军事业、建设强大国防和军队，没有法治引领和保障是不行的。习近平主席指出："深入推进依法治军、从严治军，是全面推进依法治国总体布局的重要组成部分，是实现强军目标的必然要求。"党的十九大报告指出："全面从严治军，推动治军方式根本性转变，提高国防和军队建设法治化水平。"党的十八大以来，我国军事法治建设工作在深化国防和军队改革中有序推进，依法治军、从严治军方略更为深入人心，广大官兵的法治信仰和法治思维不断强化，依法治军方式根本性转变初见成效，具有我军特色的军事法规制度体系建设加快推进。

五、军民融合

《国防法》第四条规定："国家在集中力量进行经济建设的同时，加强国防建设，促进国防建设与经济建设协调发展。"《国防法》第三十条规定："国防科技工业实行军民结合、平战结合、军品优先、以民养军的方针。"

党和国家历来高度重视经济建设和国防建设融合发展。新中国成立以来，我们党根据不同历史时期国家安全和发展实际，不断探索开拓具有中国特色的经济建设和国防建设协调发展之路，取得了巨大成就，国家综合实力和国防实力显著增强。

党的十八大以来，党中央把军民融合发展确立为兴国之举、强军之策，做出一系列重要论述和重大决策。

一是把军民融合发展上升为国家战略。党的十八届三中全会把军民融合发展改革纳入全面深化改革总体布局加以推进。党中央成立中央军民融合发展委员会，强化对军民融合发展的集中统一领导。

二是战略指导和规划统筹显著加强。中共中央、国务院、中央军委印发《关于经济建设和国防建设融合发展的意见》，首次从中央层面明确了军民融合发展的重点。国务院、中央军委颁布实施《经济建设和国防建设融合发展"十三五"规划》，勾画出"十三五"时期军民融合发展蓝图。

三是重点领域军民融合深化拓展。"军转民""民参军"步伐加快，军民科技协同创新加速推进，"北斗"导航系统、国产大型客机 C919、"华龙一号"等研发应用取得重大突破。

四是区域性军民融合蓬勃发展。各省（自治区、直辖市）制定推进军民融合发展的具体意见和规划计划，设立各类专项领导小组和专门办事机构。国家军民融合创新示范区创建活动有序开展，一批信息共享、投资融资、孵化转化平台相继建成。

党的十九大报告进一步明确指出："坚持富国和强军相统一，强化统一领导、顶层设计、改革创新和重大项目落实，深化国防科技工业改革，形成军民融合深度发展格局，构建一体化的国家战略体系和能力。"军民融合发展是实现发展和安全兼顾、富国和强军统一的必由之路。要加快形成全要素、多领域、高效益的军民深度融合发展格局，促进经济建设和国防建设协调发展、平衡发展、兼容发展。

推动军民融合发展，军地双方都要深化认识，更新思想观念，打破利益壁垒，做到应融则融、能融尽融。海洋、太空、网络空间对我国安全和发展的重要性日益凸显，要把这些领域作为军民融合的重点突出出来，合力建设海洋强国、航天强国、网络强国。

第四节　武装力量

武装力量是国家或政治集团所拥有的各种武装组织的统称。《国防法》第三章第十七条规定："中华人民共和国的武装力量属于人民。它的任务是巩固国防，抵抗侵略，保卫祖国，保卫人民的和平劳动，参加国家建设事业，全心全意为人民服务。"这就明确了我国武装力量的性质和任务，为我军保持人民军队的性质宗旨，履行党和人民赋予的使命任务提供了法律依据。

一、中国武装力量的性质和宗旨

中华人民共和国的武装力量属于人民，紧紧地同人民站在一起，全心全意为人民服务，以广大人民的利益、全民族的利益为出发点和归宿。不得有自己特殊的利益，也不得为任何少数人或狭隘集团的私利服务；始终同人民群众保持最密切的联系，同甘共苦，生死相依，一刻也不脱离群众，更不能凌驾于群众之上成为压迫、剥削、奴役人民群众的工具；全体官兵在为人民服务的奋斗中，要求做到完全、彻底、大公无私，为了人民的利益不惜牺牲个人利益乃至生命。

全心全意为人民服务的宗旨，是由中国武装力量的阶级性质和历史使命决定的。马克思列宁主义认为，军队从属于一定的阶级，为一定的阶级利益服务。人民解放军是由中国共产党缔造和领导的新型人民军队。无产阶级的历史任务，就是这支军队的历史任务；中国共产党全心全意为人民服务的宗旨，就是这支军队的宗旨。中国革命和建设各个历史阶段所面临的任务都是艰巨复杂的，人民军队要完成党和国家赋予的使命，必须紧紧地和全国人民站在一起，团结和依靠广大人民群众。人民军队的成员大都来自工农，同人民群众血肉相连，有着共同的利益和奋斗目标，也决定了这支军队能够彻底实现全心全意为人民服务的宗旨。

全心全意为人民服务的宗旨，是中国武装力量建立的根本目的和最高原则，由此规定了军队的全部职能、全部工作和建军的其他原则。人民军队在长期的战斗历程中，坚定不渝地信守和履行全心全意为人民服务的宗旨，使其成为全军团结战斗的政治思想基础和行动准则，显示了强大的凝聚力、向心力和战斗力。人民军队赢得了全国各族人民群众的衷心爱戴和全力支持，从小变大，由弱变强，同人民群众一起，推翻了帝国主义、封建主义、官僚资本主义的反动统治，为建立和巩固人民民主专政的国家政权，为保卫祖国和建设祖国做出了卓越贡献。

二、中国武装力量的使命任务

《国防法》第二十二条对中国武装力量的使命任务进行了明确规定：中国人民解放军现役部队是国家的常备军，主要担负防卫作战任务，必要时可以依照法律规定协助维护社会秩序；预备役部队平时按照规定进行训练，必要时可以依照法律规定协助维护社会秩序，战时根据国家发布的动员令转为现役部队。中国人民武装警察部队担负国家赋予的安全保卫任务，维护社会秩序。民兵担负战备勤务、防卫作战任务，协助维护社会秩序。

实现国家战略目标，贯彻总体国家安全观，对创新发展军事战略、有效履行军队使命任务提出了新需求。主要体现在：要适应维护国家安全和发展利益的新要求，更加注重运用军事力量和手段营造有利战略态势，为实现和平发展提供坚强有力的安全保障；适应国家安全形势发展的新要求，不断创新战略指导和作战思想，确保能打仗、打胜仗；适应世界新军事革命的新要求，高度关注应对新型安全领域挑战，努力掌握军事竞争战略主动权；适应国家战略利益发展的新要求，积极参与地区和国际安全合作，有效维护海外利益安全；适应国家全面深化改革的新要求，坚持走军民融合式发展道路，积极支援国家经济社会建设，坚决维护社会大局稳定，使军队始终成为党巩固执政地位的中坚力量和建设中国特色社会主义的可靠力量。

面对国家安全环境的深刻变化和强国强军的时代要求，人民军队在新时代的使命任务是：为巩固中国共产党领导和社会主义制度提供战略支撑，为捍卫国家主权、统一、领土完整提供战略支撑，为维护国家海外利益提供战略支撑，为促进世界和平与发展提供战略支撑。这"四个战略支撑"深刻阐明了我军的政治属性、根本职能、战略功能、国际责任，构成了一个相辅相成、缺一不可的统一整体。

三、中国武装力量的构成

《国防法》第二十二条规定："中华人民共和国的武装力量，由中国人民解放军现役部队和预备役部队、中国人民武装警察部队、民兵组成。"

（一）中国人民解放军

中国人民解放军是中华人民共和国武装力量的骨干，是抵抗侵略、保卫祖国、维护国家主权和安全的主要力量。中国人民解放军由现役部队和预备役部队组成。

1. 现役部队

（1）陆军

陆军成立于 1927 年 8 月 1 日，是人民解放军的主要军种，是主要在陆地遂行作战任务的军种。陆军是党最早建立和领导的武装力量，历史悠久，敢打善战，战功卓著，为党和人民建立了不朽功勋。

陆军包括机动作战部队、边海防部队、警卫警备部队等，下辖五个战区陆军、新疆军区、西藏军区等。主要由步兵、炮兵、装甲兵、工程兵、通信兵、防化兵等兵种，以及特种部队和侦察、测绘、气象等专业部队组成。陆军已由单一兵种发展成为诸兵种合成的现代陆军。

陆军对维护国家主权、安全、发展利益具有不可替代的作用。正按照机动作战、立体攻防的战略要求，加快实现区域防卫型向全域作战型转变，提高精确作战、立体作战、全域作战、多能作战、持续作战能力。

（2）海军

海军成立于 1949 年 4 月 23 日，是海上作战行动的主体力量，担负着保卫国家海上方向安全、领海主权和维护海洋权益的任务，主要由潜艇部队、水面舰艇部队、航空兵、陆战队、岸防部队等兵种组成。

海军在国家安全和发展全局中具有十分重要的地位。下辖东部战区海军（东海舰队）、南部战区海军（南海舰队）、北部战区海军（北海舰队）和海军陆战队等。2012年 9 月，我国第一艘航空母舰"辽宁舰"交接入列。我国发展航空母舰，对于建设强大海军和维护海上安全具有深远意义。

海军按照近海防御、远海防卫的战略要求，加快推进近海防御型向远海防卫型转变，构建合成、多能、高效的海上作战力量体系，提高战略威慑与反击、海上机动作战、海上联合作战、综合防御作战和综合保障能力。着力提升近海综合作战力量现代化水平，完善综合电子信息系统装备体系，提高远海机动作战、远海合作与应对非传统安全威胁能力，增强战略威慑与反击能力。加快建造新型国产潜艇、驱逐舰、护卫舰和飞机，加强综合保障基地和海上后勤保障平台建设，装备新型大型综合补给舰、大型万吨级制式医院船以及救护艇、救护直升机。

（3）空军

空军成立于 1949 年 11 月 11 日，是空中作战行动的主体力量，担负着保卫国家领空安全和领土主权、保持全国空防稳定的任务，主要由航空兵、空降兵、地面防空兵、雷达兵、电子对抗部队、信息通信部队等组成。

人民空军孕育于革命战争年代，创建于新中国成立之初，在血与火的洗礼中发展壮大，为解放沿海岛屿、捍卫人民政权、保卫祖国领空，为支援社会主义建设、完成抢险救灾等重大任务，建立了不朽功勋。特别是在抗美援朝战争中，空军发扬"空中拼刺刀"精神，同世界头号空中强敌美国空军进行殊死搏斗，创造了世界空战史上的奇迹。

空军在国家安全和军事战略全局中具有举足轻重的地位和作用。现下辖东部战区、南部战区、西部战区、北部战区、中部战区五个战区空军和一个空降兵军。空军正按照空天一体、攻防兼备的战略要求，加快实现国土防空型向攻防兼备型转变，提高战略预警、空中打击、防空反导、信息对抗、空降作战、战略投送和综合保障能力。发展新一代作战飞机、新型地空导弹、新型雷达和大型运输机等先进武器装备，完善预警、指挥和通信网络，提高战略预警、威慑和远程空中打击能力，加快建设一支空天一体、攻防兼备的强大人民空军。

（4）火箭军

火箭军由原第二炮兵发展而来，于 2015 年 12 月 31 日正式成立，是中央军委直接掌握使用的战略部队，是我国实施战略威慑的核心力量，主要担负遏制他国对我国使用核武器、遂行核反击和常规导弹精确打击任务，由核导弹部队、常规导弹部队、作战保障部队等组成。

我国于 1956 年开始发展战略导弹武器，1957 年组建战略导弹科研、训练和教学机构，1959 年组建第一支战略导弹部队，1966 年 7 月 1 日正式成立第二炮兵。20 世纪 70 年代后期，确立建设中国特色的精干有效战略导弹部队的目标。90 年代，组建常规导弹部队，进入了核与常规导弹力量协调发展的新阶段。经过几十年的建设，火箭军已形成核常兼备、固液并存、射程衔接、战斗部种类配套的武器装备体系，建设成为一支精干有效的战略力量，具备陆基战略核反击能力和常规导弹精确打击能力。

火箭军在维护国家主权、安全中具有至关重要的地位和作用。正按照核常兼备、全域慑战的战略要求，增强可信可靠的核威慑和核反击能力，加强中远程精确打击力量建设，增强战略制衡能力。

（5）战略支援部队

2015 年 12 月 31 日，中国人民解放军战略支援部队成立。战略支援部队主要是将战略性、基础性、支撑性都很强的各类保障力量进行功能整合后组建而成的，包括战场环境保障、信息通信保障、信息安全防护、新技术试验等保障力量。成立战略支援部队，有利于优化军事力量结构、提高综合保障能力。

战略支援部队主要的使命任务是，支援战场作战，为联合作战行动提供有力的战场支持，以实现打赢信息化局部战争的目标。战略支援部队不是一支单独的作战力量，它将与陆军、海军、空军、火箭军等军种的行动融为一体，形成一体化的联合作战行动，战略支援部队贯穿于作战的全过程，渗透到每一个作战行动中，将成为战争制胜的关键力量。

战略支援部队是维护国家安全的新型作战力量，是新质作战能力的重要增长点。正按照体系融合、军民融合的战略要求，推进关键领域跨越发展，推进新型作战力量加速发展、一体发展。

（6）联勤保障部队

着眼于构建具有我军特色的现代联勤保障体制，2016 年 9 月 13 日我军专门组建了联勤保障部队。包括仓储、卫勤、运输投送、输油管线、工程建设管理、储备资产管理、采购等力量，下辖无锡、桂林、西宁、沈阳、郑州五个联勤保障中心，以及解放军总医院、解放军疾病预防控制中心等。

联勤保障部队是实施联勤保障和战略战役支援保障的主体力量，是中国特色现代军事力量体系的重要组成部分。正按照联合作战、联合训练、联合保障的要求，加快融入联合作战体系，提高一体化联合保障能力。

2. 预备役部队

预备役部队是以预备役人员为基础，现役军人为骨干，按照军队统一的体制编制组成的武装力量。自 2020 年 7 月 1 日起，预备役部队全面纳入军队领导指挥体系，由现行军地双重领导调整为党中央、中央军委集中统一领导。预备役部队组建于 1983 年，于 1986 年正式列入中国人民解放军编制序列。1995 年全国人大常委会通过《中华人民共和国预备役军官法》，1996 年中央军委为预备役军官评授军衔，1997 年公布的《中华人民共和国国防法》明确规定人民解放军由现役部队和预备役部队组成。预备役部队编有预备役师、旅、团，主要按地域进行编组，以省建师，以地（州、市）建旅（团），或跨地（州、市）建师（旅），跨县（市、区）建团。预备役部队已发展成为由陆军、海军、空军和火箭军的预备役部（分）队组成的重要后备力量，正加快由数量规模型向质量效能型，由直接参战型向支援保障型转变，由补充一般兵员向补充技术兵员为主转变。

（二）中国人民武装警察部队

中国人民武装警察部队是我国武装力量的重要组成部分，平时主要担负维护国家政治安全和社会稳定、海上维权执法等任务，战时配合人民解放军进行防卫作战。中国人民武装警察部队，在新中国建立后逐步发展起来，其间经过多次体制调整。落实党的十九大关于"建设现代化武装警察部队"的要求，按照"军是军、警是警、民是民"的原则，中共中央印发了《中共中央关于调整中国人民武装警察部队领导指挥体制的决定》，自 2018 年 1 月 1 日零时起，武警部队由党中央、中央军委集中统一领导，实行"中央军委—武警部队—部队"领导指挥体制，不再列国务院序列。中央和国家机关有关部门、地方各级党委和政府与武警部队各级相应建立任务需求和工作协调机制。

2018 年 7 月 1 日零时起，海警队伍整体划归武警部队领导指挥，组建中国人民武装警察部队海警总队，称中国海警局。截至 2018 年底，原武警所属的森林、黄金、水电部队已经分别整体移交应急管理部、自然资源部和国务院国资委，公安消防部队转到地方成建制划归应急管理部，公安警卫部队转到地方由同级公安机关管理，公安边防部队转到地方成建制划归公安机关。

武警部队现由内卫部队、机动部队、海警部队、院校科研机构和训练机构组成。武警总部是武警部队的领导指挥机关，下设参谋部、政治工作部、后勤部、纪委四部委。武警内卫部队包括省（自治区、直辖市）总队，地区级设武警支队，县级设武警中队。

武警部队是国家处置公共突发事件、维护社会稳定的骨干和突击力量。武警部队按照多能一体、有效维稳的战略要求，加强执勤、处突、反恐、海上维权和行政执法、抢险救援等能力建设，完善以执勤处突和反恐维稳为主体的力量体系，提高以信息化条件下执勤处突能力为核心的完成多样化任务的能力。

（三）民兵

民兵是不脱离生产的群众武装组织，是中国人民解放军的助手和后备力量，担负参加社会主义现代化建设、执行战备勤务、参加防卫作战、协助维护社会秩序和参加抢险救灾等任务。

在国务院、中央军委统一领导下，全国的民兵工作由中央军委国防动员部主管。省军区、军分区和县（市）人民武装部是本地区的民兵领导管理机关；乡（镇）、街道和企事业单位设立的人民武装部，负责民兵工作的具体组织与实施；地方各级人民政府对民兵工作实行统一计划和部署。

民兵组织分为基干民兵组织和普通民兵组织。基干民兵组织编有应急队伍、联合防空、情报侦察、通信保障、工程抢修、交通运输等支援队伍，以及作战保障、后勤保障、装备保障等储备队伍。民兵建设注重调整规模结构，改善武器装备，推进训练改革，提高以支援保障打赢信息化局部战争能力为核心的完成多样化军事任务的能力。

四、人民军队发展历程

20世纪20年代，在严酷的斗争和血的教训中，中国共产党逐渐深刻认识到，没有革命的武装就无法战胜武装的反革命，就无法担起领导中国革命的重任，就无法夺取中国革命的胜利，就无法改变中国人民和中华民族的命运。1927年8月1日，南昌城头一声枪响，拉开了中国共产党武装反抗国民党反动派的大幕，标志着中国共产党独立领导革命战争、创建人民军队的开端。人民军队一路走来，紧跟党和人民事业发展步伐，在战斗中成长，在继承中创新，在建设中发展，革命化、现代化、正规化水平不断提高，威慑和实战能力不断增强。人民军队已经由过去单一军种的军队发展成为诸军兵种联合的强大军队，由过去"小米加步枪"武装起来的军队发展成为基本实现机械化、加快迈向信息化的强大军队。

（一）革命战争时期

人民军队在党领导的二十二年武装革命斗争中，以无往不胜的英雄气概、坚韧不拔的革命毅力、灵活机动的战略战术、英勇顽强的战斗作风，克服了各种难以想象的艰难困苦，打败了国内外异常凶恶的敌人，夺取了土地革命战争、抗日战争、解放战争的伟大胜利，推翻了压在中国人民头上的"三座大山"，以鲜血和生命为建立人民当家做主的新中国奠定了牢固根基，彻底扭转了中华民族近代以来落后挨打的被动局面。

1927至1937年的土地革命战争时期，是人民军队从无到有，逐渐成长并开始走向成熟的重要时期。在这期间，中国共产党把马克思主义的普遍原理与中国革命战争的具体实践相结合，不但形成了一条马克思主义的政治路线，而且形成了一条马克思主义的军事路线；开创了建立农村革命根据地，以农村包围城市，武装夺取政权的中国革命道路；确立了人民军队的建军原则，形成了红色游击战争的战略战术和红军作战的基本原则；进行了举世闻名的长征，成功地实现了战略转移。

抗日战争时期，中国共产党领导的人民军队坚持贯彻党的全面抗战路线和持久战的战略总方针，将红军改编为八路军、新四军，开赴抗日前线，形成了华北、华中、华南和东北四大敌后战场，与正面战场相配合，并逐渐上升为坚持持久抗战的主要战场，成为坚持和夺取抗战胜利的中坚力量。

全国解放战争，是中国共产党领导的，为推翻帝国主义、封建主义、官僚资本主义的反动统治，夺取新民主主义革命胜利而进行的伟大的人民革命战争。战略防御阶段，人民解放军粉碎了国民党军全面进攻和重点进攻，不仅数量规模逐渐扩大，而且官兵军政素质、技战术水平和作战能力也明显提高。战略进攻阶段，人民解放军在各战场相继展开攻势作战，并大大加强了自身建设。战略决战阶段，人民解放军先后进行辽沈、淮海、平津三大战役，国民党的主要军事力量基本上被摧毁，人民解放军在决战中不断进行重组和整编，走向统一和正规化。三大战役结束后，人民解放军坚决执行"将革命进行到底"的命令，实施战略追击，迅速解决残敌，解放广大国土，全国解放战争取得胜利。

（二）社会主义革命及建设时期

中华人民共和国成立后，人民军队积极投身社会主义革命和建设，胜利进行抗美援朝战争和多次边境自卫作战，打出了国威军威，为巩固新生人民政权、形成中国大国地位、维护中华民族尊严提供了坚强后盾。

1949年10月到1953年12月，是人民解放军现代化、正规化建设的初步展开阶段。这一阶段，在完成军事、政治任务的同时，人民解放军的建设开始由低级阶段向高级阶段转变，建立健全各级领导机关，组建新的军兵种，颁布共同条令，建立统一的后勤体系，改善武器装备，初步建成了诸军兵种合成军队，初步实现了统一的指挥、统一的制度、统一的编制、统一的纪律、统一的训练，增强了各项工作的组织性、计划性、准确性和纪律性，为全面开展正规化、现代化建设打下了良好的基础。

1950年10月至1953年7月，中国人民解放军以志愿军形式进行了抗美援朝战争。抗美援朝战争是新中国成立后被迫进行的第一场反侵略战争。由于武器装备处于绝对劣势和在异国作战人地生疏，战争的困难程度和复杂程度超过了人民军队历史上的任何一次战争。中国人民志愿军在中共中央、中央军委的正确领导下，在中朝两国人民的全力支援下，同朝鲜人民军并肩作战，取得战争的伟大胜利。这场战争打出了国威军威，奠定了新中国的国际地位，显示了中国人民真正站立起来的雄姿。

以1953年底1954年初全国军事系统党的高级干部会议的召开为开端，人民解放军进入了现代化、正规化建设的全面展开阶段。中共中央、中央军委把建设一支优良的现代化革命军队作为军队建设的总方针总任务，以革命化为基本方向、现代化为中心任务、正规化为重要基础，确立了积极防御的军事战略方针，进一步调整编制体制、加强合成军队的质量建设，颁布政治工作条例和实行义务兵役制、薪金制和军衔制三大制度，开展统一正规的军事训练，建立独立完整的现代化国防工业体系。经过几年努力，人民解放军的现代化、正规化水平明显提高，军队面貌发生了深刻变化。

20世纪60年代以后，人民军队的建设曲折发展。在中共中央、中央军委领导下，经过全军官兵的努力，军队建设仍取得了显著成绩：提出"以我为主"的军队建设方针，开始探索适合国情军情特点的现代化、正规化建设道路；备战整军，掀起群众性的大练兵热潮和开展向雷锋、"好八连"等先进典型学习活动，推动了军事训练的深入开展和部队思想政治建设；在极端困难的情况下相继研制试制成功"两弹一星"等尖端武器，增强了国防战略防御能力，提高了中国的国际地位；胜利进行边境自卫反击作战，履行了保卫国家主权、安全和领土完整的神圣使命。

（三）改革开放时期

改革开放以来，人民军队有力服务和保障国家改革发展稳定大局，有效应对国家安全面临的各种威胁，坚决打击一切形式的分裂破坏活动，积极参与对外军事交流合作和联合国维和行动，为维护中国共产党领导和我国社会主义制度，为维护国家主权、安全、发展利益，为维护我国发展的重要战略机遇期，为维护地区和世界和平提供了强大力量支撑。

1978 年 12 月召开的中共十一届三中全会，实现了新中国成立以来党的历史上具有深远意义的伟大转折，中国进入改革开放和社会主义现代化建设新时期。20 世纪 80 年代，中共中央、中央军委根据国际国内形势的变化，对战争与和平问题做了科学的分析和判断，做出国防和军队建设指导思想实行战略性转变的重大决策，即从立足于早打、大打、打核战争的临战准备状态转到和平建设轨道上来。这是建军理念上的一次重大突破，也是我军历史上的一次伟大的战略决策。我军坚定不移走中国特色精兵之路，向着"精兵、合成、高效"的目标大步前进。具体表现在：坚决贯彻积极防御战略方针，通过重大演训活动取得现代条件下诸军兵种协同作战经验，防卫作战能力不断提升；精简整编和体制改革成效显著，顺利完成裁军 100 万任务，陆军整编为集团军，部队编成更趋科学合理，军队正规化建设向前迈进了一大步；贯彻"军民结合、平战结合"的方针，国防科技工业进入发展新阶段，武器装备现代化程度不断提高，国防尖端技术实现一系列新突破；人民军队胜利进行保卫边海疆作战，出色履行了保卫国家领土和维护国家主权的神圣职责；全军官兵自觉服从国家经济建设大局，参加和支援国家大中型重点工程建设，开展科技助民和支援贫困地区经济开发，积极参加抢险救灾，在社会主义现代化建设中发挥了重要作用，做出了重大贡献。

进入 20 世纪 90 年代，国防和军队建设的国内外环境发生深刻变化。东欧剧变，苏联解体，西方敌对势力肆意扬言要搞垮中国；国内改革开放不断深入发展，社会主义市场经济体制逐步建立，社会观念多样多元化。同时，以信息技术为核心的高新技术突飞猛进，对军事领域产生深刻的影响，特别是 1991 年爆发的海湾战争，引发了向信息化战争转变的世界性的新军事革命浪潮。在这种新形势下，中共中央、中央军委准确把握世界新军事革命发展趋势和国家安全态势，提出"打得赢""不变质"两个重大历史性课题，确定实现机械化和信息化建设双重跨越的历史任务，对军队建设和军事斗争准备做出一系列战略规划和部署。人民军队按照"五句话"总要求，认真贯彻新时期军事战略方针，着眼完成"两个根本性转变"，积极推进中国特色军事变革，始终把思想政治建设摆在各项建设的首位，深入推进体制编制及相关制度改革，大力探索军事训练的新路子、新模式，实施科技强军战略和开展科技大练兵活动，积极参加国家经济建设和抗洪抢险救灾工作，开创了国防和军队现代化建设新局面。

进入新世纪，我军着眼履行新世纪新阶段的历史使命，加速推进中国特色军事变革，抓紧做好军事斗争准备，不断提高应对危机、维护和平、遏制战争、打赢战争的能力。人民军队以推动国防和军队建设科学发展为主题、以加快转变战斗力生成模式为主线，大力培育当代革命军人核心价值观，积极推进向信息化条件下军事训练转变，加快高新技术武器装备发展,圆满完成抗击"非典"、汶川抗震救灾、亚丁湾护航、利比亚撤侨、也门撤侨等多样化任务,推动了国防和军队建设全面协调可持续发展。

(四)人民军队建设进入新时代

党的十八大以来,以习近平同志为核心的党中央着眼实现"两个一百年"奋斗目标、实现中华民族伟大复兴的中国梦,立足国家安全和发展战略全局,坚持和发展马克思主义军事理论,围绕国防和军队建设做出一系列重要论述,确立了"建立一支听党指挥、能打胜仗、作风优良的人民军队"的党在新时代的强军目标,明确了把人民军队建设成为世界一流军队的时代课题,布局展开了强军兴军的战略举措,全力推进国防和军队建设,开创了强军兴军新局面。

我军扭住忠诚于党、听党指挥这一军队建设的核心,始终把坚持党对人民军队的绝对领导作为强军之魂,高度重视从思想上政治上建设和掌握部队,召开古田全军政治工作会议,鲜明提出了我军政治工作时代主题,开启了思想建党、政治建军的新篇章。

适应强国强军时代要求深化改革,人民军队组织架构和力量体系实现革命性重塑。打破长期实行的总部体制、大军区体制、大陆军体制,形成"军委管总、战区主战、军种主建"新格局,调整组建五大战区、军委机关十五个职能部门,领导指挥体制实现历史性变革。(军队领导管理体系架构图如图1-2所示;军队作战指挥体系架构图如图1-3所示。)裁减军队员额30万,调整军兵种比例,建设现代化联勤保障部队,部署展开武警部队改革,部队规模结构和力量编成得到优化。深化军队院校、科研机构、训练机构改革,打造军队院校教育、部队训练实践、军事职业教育"三位一体"新型军事人才培养体系。推进军事政策制度调整改革,完善法规制度和政策机制,为新体制运行提供有力保障。通过大变革大重塑,人民军队体制一新、结构一新、格局一新、面貌一新。

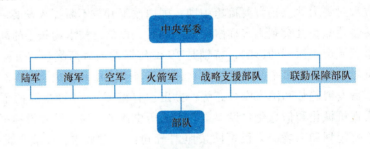

图1-2 军队领导管理体系架构图

图1-3 军队作战指挥体系架构图

　　我军聚焦能打胜仗强化练兵备战，军事斗争准备取得重大进展。制定新时代军事战略方针，引领我军积极进取、主动塑造，军事力量建设和运用实现拓展提升。树立战斗力标准，大抓实战化军事训练，大抓战斗精神培育，大抓联合作战和新型军事人才培养，建设联合后勤、打仗后勤，把我军练兵备战带到一个新水平。实施科技兴军战略，构建军民融合创新体系，发展高新技术武器装备，国防科技和武器装备建设加快由跟跑并跑向并跑领跑转变，我国自主设计建造的航空母舰列装服役，歼－20、运－20等一批先进武器装备列装部队，"天河二号"超级计算机、"北斗二号"卫星工程等一批关键技术实现重大突破。开展钓鱼岛维权斗争，划设东海防空识别区，组织海空力量出岛链常态巡航和国际维和，实施海外护航撤侨行动，建立吉布提海外保障基地，加强边境管控、反恐维稳等，有效维护了国家主权、安全、发展利益，提振了国威军威，增强了民族自信心自豪感。

　　十九大报告指出："国防和军队建设正站在新的历史起点上。面对国家安全环境的深刻变化，面对强国强军的时代要求，必须全面贯彻新时代党的强军思想，贯彻新形势下军事战略方针，建设强大的现代化陆军、海军、空军、火箭军和战略支援部队，打造坚强高效的战区联合作战指挥机构，构建中国特色现代作战体系，担当起党和人民赋予的新时代使命任务。适应世界新军事革命发展趋势和国家安全需求，提高建设质量和效益，确保到二〇二〇年基本实现机械化，信息化建设取得重大进展，战略能力有大的提升。同国家现代化进程相一致，全面推进军事理论现代化、军队组织形态现代化、军事人员现代化、武器装备现代化，力争到二〇三五年基本实现国防和军队现代化，到本世纪中叶把人民军队全面建成世界一流军队。"

第五节　国防动员

　　国防动员是国防活动的重要组成部分，是国家实现寓军于民、军民融合的国防发展战略的重大举措，在国家安全和发展中具有重要地位。

一、国防动员的内涵

　　国防动员与战争紧密相连，是战争活动的重要组成部分和前提条件，因此最早被称作战争动员。

　　国防动员，是指国家为应对战争或其他安全威胁，使社会诸领域的全部或部分由平时状态转入战时状态或紧急状态的活动。

　　国防动员的行为主体是国家，国防动员的对象是国防潜力资源，国防动员的实质是将国防潜力转化为国防实力。

二、国防动员的重要意义

第一，国防动员是应对战争的重要措施。战争是实力的较量，任何不具备强大实力的国家，要赢得战争的胜利是不可想象的。战争动员不仅能够通过平时的准备，为战争实施积聚强大的战争潜力，而且可以通过建立一套平战转换机制，使这种潜力在战争爆发后迅速转化为实力，从而为保障战争的胜利奠定必要而坚实的物质基础。另外，战争动员还是遏制危机的有效手段。许多国家通过战争动员积聚力量和显示使用力量的决心，有效地制止了战争的爆发。

第二，国防动员是应对紧急突发事件的有效措施。当遇到某类突发事件时，通过动员国家、军队和社会的力量，处置各种自然或人为的事故与灾难，维护人民群众的生命财产安全。例如，2008 年 5 月 12 日汶川地区发生大地震后，国家进行了成功的国防动员。在初期救援阶段，我国共出动人民解放军和武警部队 13 万多人、民兵数万人参与抗震救灾，我国气象、通信等相关部门也加入救灾的行列之中。一场大规模动员应急行动以前所未有的速度和效率迅速展开，为取得抗震救灾胜利发挥了重要作用。

第三，国防动员是支援经济和社会发展的重要手段。动员建设实行"平战结合、军民结合、寓军于民"的原则，和平时期动员建设的成果可以直接为经济建设服务。加强动员建设还可以节约国防开支，有利于国家集中力量发展经济。和平时期，国家的中心任务是提高社会生产力，改善人民生活，对国防建设不可能有过多的投入，因此必须提高国防建设的效益，用有限的国防经费，获得尽可能强的国防力量。一个有效的办法就是建设精干的常备军，大力加强后备力量建设，健全和完善动员体制机制，做到"平时少养兵，战时多出兵"。这样，不仅可以经常保持较强的国防整体威力，为国家提供可靠的安全保障，而且可以减轻国家负担，促进经济和社会的发展。

三、国防动员的主要内容

国防动员的内容主要包括武装力量动员、国民经济动员、人民防空动员、交通战备动员、政治动员等。

（一）武装力量动员

武装力量动员，是指国家为适应战争需要，扩充和调整军队及其他武装组织所进行的活动。战争是武装力量的直接对抗，各个领域的动员活动都是围绕着武装力量的作战行动来进行的。因此，武装力量动员是战争动员的核心内容。武装力量动员通常包括现役部队动员、预备役部队动员和民兵动员。现役部队动员，是指将人民解放军各军兵种部队和武装警察部队从平时编制转为战时编制，按动员计划进行扩编，达到齐装满员，并按照国家战略计划实施战略展开；预备役部队动员，是指预备役部队成建制转服现役；民兵动员，是指组织发动民兵担负参战支前任务。

（二）国民经济动员

国民经济动员，是国家将经济部门、经济活动和相应的体制从平时状态转入战时状态所进行的活动。国民经济动员是战争动员的基础和重要内容，对于充分发挥国家的经济潜力，提高军品生产能力，及时满足战争对各种物资和勤务保障的需求，具有重要的作用。

国民经济动员，主要包括工业动员、农业动员、财政金融动员、科学技术动员、医疗卫生动员等。工业动员，就是国家调整和扩大工业生产能力，增加武器装备及战争需要的工业品产量的活动。农业动员，就是国家调整和挖掘农业生产潜力，维护农业设施，增加粮食、棉花、油料、肉类及其他农副产品的产量和国家征购量，满足战争和人民生活对农产品的需求。财政金融动员，是指国家为保证战争需要而采取的筹措和分配资金，维持财政金融秩序的活动。现代战争需要巨额的资金保障，筹措资金是财政金融动员的主要任务。科学技术动员，是指为保障战争对科学技术的需要，国家统一组织和调整科研机构、科研人员、科研设备、资料及成果所进行的活动。医疗卫生动员，是指统一调度和使用医疗卫生方面的人力、药品器材、设备和设施，满足战争对于医疗卫生的需要所进行的活动。

（三）人民防空动员

人民防空动员，是国家发动和组织人民群众防备敌人空袭、消除空袭后果所进行的活动。在现代战争中，远距离精确打击成为重要的作战样式，大、中城市和经济基础设施面临的空袭威胁日益严重。人民防空动员对于减轻空袭危害，减少人民群众生命和财产损失，保持后方稳定，保存战争潜力，具有重要的作用。

人民防空动员主要包括人防预警动员、群众防护动员、重要经济目标防护动员、人防专业队伍动员等。世纪之交的几场局部战争表明，空袭经济目标、摧毁国防潜力对战争的进程和结局具有决定性影响，搞好重要经济目标防护动员十分重要。而且，随着各种灾害的日益增多，人防专业队伍承担的各种救灾任务也会大大增加。

（四）交通战备动员

交通战备动员，是国家统一管制各种交通线路、设施、工具和通信系统，组织和调动交通、通信专业力量为战争服务的活动。包括交通运输动员和通信动员。交通运输动员，是指国家为了适应战争需要，组织和利用各种交通运输线路、设施和工具，进行人员、物资和装备输送的活动。交通运输动员主要包括铁路、公路、水路和航空等运输方式的动员。通信动员的主要任务是对国家通信网络实行统一管制，征集和调用民用通信资源和力量，组织通信防卫，抢修抢建通信线路和设施，确保军队指挥顺畅、军地联络通畅。

交通和通信是人员、物资和信息流动的物质载体，交通战备动员对于保障军队的机动和其他人员、物资的前送后运，保障作战指挥和通信联络的畅通，具有重要的作用。

（五）政治动员

政治动员，是国家为进行战争而开展的宣传、教育、组织工作和外交活动。政治动员是国防动员的一项重要内容，并为其他领域的动员活动提供思想和组织保证。

政治动员在平时主要表现为国防教育。其内容主要包括国防理论、国防历史、军事技能和国防法规等方面的教育，目的是增强国防观念和维护国家安全的意识，提高履行国防义务的自觉性。国防教育的对象为全民，重点是国家机关工作人员、武装力量组成人员和青年学生。

政治动员在战时主要是指在中国共产党的领导下，政府、军队和社会团体等动员主体，组织和运用各种舆论宣传工具，对全体军民进行爱国主义和革命英雄主义教育，使之增强国防观念，坚定打败敌人、夺取胜利的决心和信心。

 思考题

1. 如何认识和贯彻落实现代国防观？
2. 公民的国防权利和义务包括哪些内容？
3. 在国防建设中如何贯彻落实军民融合发展战略？
4. 中国的武装力量由哪几部分组成？
5. 国家利益的拓展对中国武装力量的使命任务提出了哪些新需求？

第二章 国家安全

教学目标

正确认识和把握国家安全的内涵，理解我国总体国家安全观，深刻认清国际形势新变化、战略格局新特点、安全环境新挑战，准确把握国家安全面临的新态势，增强忧患意识、危机意识和使命意识。

党的十九大报告明确指出："国家安全是安邦定国的重要基石，维护国家安全是全国各族人民根本利益所在。"当今时代，国家安全内涵和外延比历史上任何时候都要丰富，时空领域比历史上任何时候都要宽广，内外因素比历史上任何时候都要复杂，维护国家安全的任务也比以往更加艰巨。总体国家安全观的提出，适应了我国国家安全面临的新形势需要，是我国国家安全体系在新层面的战略总部署。

第一节　国家安全概述

国家安全，是指国家的主权、领土、政治制度、人民生命财产等处于不受外部或内部威胁的状态。我国国家安全工作应当坚持总体国家安全观，以人民安全为宗旨，以政治安全为根本，以经济安全为基础，以军事、文化、社会安全为保障，以促进国际安全为依托，维护各领域国家安全，构建国家安全体系，走中国特色国家安全道路。

一、国家安全的相关概念

准确界定国家安全的相关概念及范畴，是有效维护国家安全的逻辑前提。

（一）安全

"安全"在汉语中是指没有危险，不受威胁，不出事故。在古代汉语中，"安全"常作为动词使用，指保护、保全；在现代汉语中，常作为形容词使用，指平安的、无危险的，用以描述某种状态。

英语中的 secure、security、safe、safety，都有"安全"的意思。其中"security"一词接近国家安全战略学中的"安全"本义，包含两层含义：一是指安全的状态，即安全感；二是指安全保障防卫措施与安全机构等。

结合中外对"安全"的定义，可以认为"安全"本身包括两层基本含义：一方面，安全是主体没有危险的状态，客观上没有威胁或危险，主观感受上没有恐惧或担忧；另一方面，安全是主体免于危险、消除威胁的一种能力，主要表现在主体为消解内外危险和威胁而采取维护安全行动的过程中。

（二）国家安全

各国对"国家安全"的内涵和外延的认识不统一。

美国的"国家安全"概念最初主要涉及国家的军事、政治和外交斗争，传统安全观注重国家面临的军事威胁及威胁国际安全的军事因素，把军事安全视为国家安全的核心。后来，国家安全逐渐扩展到非传统安全领域，包括反恐怖袭击、经济安全、信息安全、生态安全、防止核扩散，甚至打击走私贩毒、跨国犯罪等。2001年"9·11"事件后，反恐及国土安全成为美国国家安全的第一要务，2002年《美国国家安全战略报告》称恐怖主义是美国的首要威胁，恐怖主义与大规模杀伤性武器的结合是严重威胁，美国把对这些威胁进行先发制人的打击作为国家安全战略的基石。2010年《美国国家安全战略报告》强调经济、教育、科技、能源、核扩散、互联网与太空活动对国家安全的影响，特别是近年来美国特别强调网络安全，可见美国国家安全的定义不断扩大，涵盖的领域越来越广泛。

俄罗斯对"国家安全"有自己的定义。1992年《俄罗斯联邦安全法》把"国家安全"定义为："安全是个人、社会和国家生死攸关的利益受到保护的状态。"1996年俄联邦总统《关于国家安全报告》对"国家安全"的定义是："国家安全可以理解为国家利益免受内外部威胁的受保护状态；这一状态能够确保个人、社会和国家向前发展。"2009年《俄罗斯联邦2020年前国家安全战略》报告称"国家安全"是个人、社会和国家既没有内部危险，也没有外部威胁，公民的《宪法》权利、自由及应有生活质量和水平，以及俄联邦主权领土完整、持续发展、国防和国家安全得到保障的一种状态。

我国对"国家安全"进行了权威的定义。2015年7月1日第十二届全国人大常委会第十五次会议审议通过的《中华人民共和国国家安全法》中第二条规定："国家安全是指国家政权、主权、统一和领土完整、人民福祉、经济社会可持续发展和国家其他重大利益相对处于没有危险和不受内外威胁的状态，以及保障持续安全状态的能力。"

二、坚持总体国家安全观

每个国家都有自己的国家安全观。国家制度不同、经济社会发展阶段不同、所处的安全环境不同，国家安全观也不相同。即使是同一个国家，也会随着国家所处的安全形势的发展变化适时调整自己的国家安全观。

冷战结束后，传统安全观已转向维护政治、军事、经济、科技、文化、环境等诸多方面安全的综合安全。因此，政治安全、国土安全、军事安全、经济安全、文化安全、社会安全、科技安全、信息安全、生态安全、资源安全、核安全成为当今国家安全的重要内容，其中，政治安全、国土安全和军事安全属于传统安全范畴，其他安全则属于非传统安全范畴。

（一）总体国家安全观的提出

维护国家安全是党和国家事业发展的重要保障，也是党和国家事业的重要组成部分。党的十八大以来，以习近平同志为核心的党中央高瞻远瞩，科学把握国家安全形势变化新特点和新趋势，继承和发展了新中国成立以来党和国家有关维护国家安全的一系列重要理论，深入总结维护国家安全取得的经验，审时度势提出总体国家安全观这一重大战略思想，从而把对国家安全的认识提升至新的高度和境界。

2014年4月15日，习近平主席在主持召开中央国家安全委员会第一次会议时，首次提出总体国家安全观："要准确把握国家安全形势变化新特点新趋势，坚持总体国家安全观，走出一条中国特色国家安全道路。"

（二）总体国家安全观的内涵

总体国家安全观对国家安全的内涵和外延的概括，可以归结为五大要素和五对关系。

1. 五大要素

五大要素，就是以人民安全为宗旨，以政治安全为根本，以经济安全为基础，以军事、文化、社会安全为保障，以促进国际安全为依托。

以人民安全为宗旨，就是要坚持以民为本、以人为本，坚持国家安全一切为了人民、一切依靠人民，真正夯实国家安全的群众基础。以政治安全为根本，就是要坚持党的领导和中国特色社会主义制度不动摇，把制度安全、政权安全放在首要位置，为国家安全提供根本政治保证。以经济安全为基础，就是要确保国家经济发展不受侵害，促进经济持续稳定健康发展，提高国家经济实力，为国家安全提供坚实物质基础。以军事、文化、社会安全为保障，就是要注意这些领域面临的大量新情况新问题，遵循不同领域的特点规律，建立完善强基固本、化险为夷的各项对策措施，为维护国家安全提供硬实力和软实力保障。以促进国际安全为依托，就是要始终不渝走和平发展道路，在注重维护本国安全利益的同时，注重维护共同安全，推动建设持久和平、共同繁荣的和谐世界。

2. 五对关系

五对关系，就是既重视外部安全，又重视内部安全，对内求发展、求变革、求稳定、建设平安中国，对外求和平、求合作、求共赢、建设和谐世界；既重视国土安全，又重视国民安全，坚持以民为本、以人为本，坚持国家安全一切为了人民、一切依靠人民，真正夯实国家安全的群众基础；既重视传统安全，又重视非传统安全，构建集政治安全、国土安全、军事安全、经济安全、文化安全、社会安全、科技安全、信息安全、生态安全、资源安全、核安全等于一体的国家安全体系；既重视发展问题，又重视安全问题，发展是安全的基础，安全是发展的条件，富国才能强兵，强兵才能卫国；既重视自身安全，又重视共同安全，打造人类命运共同体，推动各方朝着互利互惠、共同安全的目标前行。

（三）总体国家安全观的构成

2014 年 4 月 15 日，在中央国家安全委员会第一次会议上，习近平主席重点论述了 11 个领域的安全，包括政治安全、国土安全、军事安全、经济安全、文化安全、社会安全、科技安全、信息安全、生态安全、资源安全、核安全。

随着社会发展，总体国家安全观涉及的领域不断拓展。《国家安全法》第三十三条规定："国家依法采取必要措施，保护海外中国公民、组织和机构的安全和正当权益，保护国家的海外利益不受威胁和侵害。"在 11 个领域安全的基础上，增加了海外利益安全。总体国家安全的主要领域由原来的 11 个扩展到 12 个。同时，增加了 4 个新兴领域安全，即太空安全、深海安全、极地安全和生物安全。至此，形成了总体国家安全"12 + 4"的整体框架。"12"包括政治安全、国土安全、军事安全、经济安全、文化安全、社会安全、科技安全、信息安全、生态安全、资源安全、核安全、海外利益安全；"4"包括太空安全、深海安全、极地安全和生物安全。如图 2 - 1 所示。

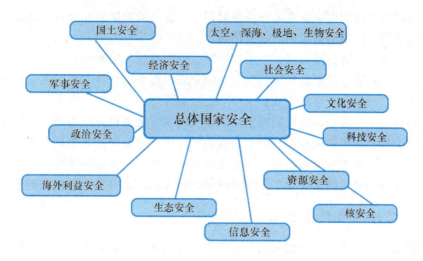

图 2 - 1　总体国家安全观的构成

（四）总体国家安全观的意义

总体国家安全观是对国家安全理论的重大创新，是对中国特色社会主义理论体系的丰富和发展，是全党智慧的结晶。

总体国家安全观，全面系统阐述了中国特色国家安全观，明确了当代中国国家安全的内涵、外延、宗旨、目标、手段、路径等，阐明了国家重点安全领域以及各领域之间的关系。同时也强调把发展和安全作为国家战略的两个轮子，科学辩证地阐述二者之间的关系，发展是安全的基础，安全是发展的条件，两者必须兼顾起来。总体国家安全观，强调坚持底线思维，强调增强忧患意识，勇于应对所面临的诸多挑战与风险，居安思危，始终绷紧国家安全这根弦，把保证国家安全作为头等大事。总体国家安全观，突破了传统国家安全观的局限，摒弃零和思维，强调共同安全，打造国际安全和地区安全的命运共同体。

总体国家安全观是对过去提出的综合安全观的升级，在重视人民、政治、经济、军事等安全问题的同时还特别突出国际安全问题，统筹了国内外两个安全大局，协调了中央、地方、外交、军事乃至宣传方面的力量。总体国家安全观的提出，适应了我国国家安全面临的新形势需要，是我国国家安全体系在新层面的战略总部署。

三、维护我国国家安全的基本原则

受各国传统文化和现实情况的影响，不同的国家维护国家安全会采取不同的原则。维护我国国家安全，应重点坚持以下原则。

（一）坚持中国共产党的绝对领导

国家安全是安邦定国的重要基石。维护国家安全，是中国特色社会主义建设事业顺利推进的重要保障，也是实现国家长治久安和中华民族伟大复兴的重要基础。必须毫不动摇坚持中国共产党对国家安全工作的绝对领导，这是维护国家安全的必然要求，也是发挥党总揽全局、统筹协调作用的重要体现。

国家安全事务具有高度敏感、复杂的性质，既需要运筹帷幄也需要令行禁止，必须通过集中统一、高效权威的领导体制实现对国家安全事务的领导。我国建立国家安全领导体制遵循了这一规律。党的十八届三中全会决定设立中央国家安全委员会，完善国家安全体制和国家安全战略，确保国家安全。中央国家安全委员会作为中共中央关于国家安全工作的决策和议事协调机构，向中央政治局、中央政治局常务委员会负责，统筹协调涉及国家安全的重大事项和重要工作。主要职责是制定和实施国家安全战略，推进国家安全法治建设，制定国家安全工作方针政策，研究解决国家安全工作中的重大问题。

（二）坚持国家利益至上

国家利益是指一个主权国家在国际社会中生存需求和发展需求的总和。国家利益是国家安全行为的逻辑起点，也是国家安全行为的根本动力。国家利益可以划分为核心利益、重大利益、一般利益三个层次。

核心利益是关乎国家生存的利益，一旦受到破坏，将造成灾难性损害。对于核心利益，不能做出任何妥协。当其受到严重威胁时，应采取包括战争在内的一切手段来加以维护和捍卫。核心利益具有相对稳定的特点。重大利益是指对国家安全和发展具有重要利害关系的利益，一旦受损，将严重损害国家安全，干扰国家正常发展，需要通过综合博弈来维护。国家利益的构成并非一成不变，如某种重大利益在特定条件下也可能转化为核心利益。而一般利益对国家的生存和发展并无全局性影响，但对前两类利益的维护与实现具有重要价值，是保证国家地位和人民福利的重要条件，需要灵活应对和处置。把握国家利益至上原则，还应坚持国家利益高于地方利益，整体利益高于局部利益，在维护本国国家利益的同时要兼顾他国合理关切。

（三）坚持以人民安全为宗旨

人民安全是国家安全最核心的部分，其他安全都应统一于人民安全。人民安全高于一切，是唯物史观和中国共产党的性质宗旨在国家安全领域的必然要求和集中体现。人民群众是维护国家安全最为可靠的力量源泉。要从人民群众那里获得力量，就必须为人民群众谋取实实在在的利益，进而赢得人民群众的信任。

国家安全的根基在人民，力量在人民，人民对国家的认同和支持是维护国家安全的不竭动力。必须紧紧依靠人民群众，充分调动人民群众的爱国热情，最大限度发挥人民群众的积极性和创造力，广泛凝聚民心、士气、智慧和力量，打造全民参与的"大安全"格局，夯实国家安全的群众基础。

人民安全是国家安全的基石和归宿。只有建立在人民安全基础上，国家安全才成为有源之水、有本之木。历史经验表明，在任何时候、任何情况下，人民安全感越强，爱国主义精神越高涨，国家安全就越有依靠；反之，人民离安全越远、越缺乏安全感和归属感，国家安全就越脆弱、越容易被打破。维护国家安全不仅需要强大武装力量的支撑，更要依靠广大人民群众的坚强支持。只有充分保障人民群众的安全利益和当家做主的权利，增强人民群众实现中华民族伟大复兴的中国梦的责任感和使命感，才能切实打牢国家安全的群众基础和人民防线。

（四）坚持共同安全

牢固树立开放条件下的安全思维，努力实现自身安全和共同安全的统一，为国家安全构筑牢固的战略依托。维护国家安全，应当坚持互信、互利、平等、协作，积极同外国政府和国际组织开展安全交流合作，履行国际安全义务，促进共同安全，维护世界和平。2013年，习近平主席在莫斯科国际关系学院演讲时深刻指出："这个世界，各国相互联系、相互依存的程度空前加深，人类生活在同一个地球村里，生活在历史和现实交汇的同一个时空里，越来越成为你中有我、我中有你的命运共同体。……我们主张，各国和各国人民应该共同享受安全保障。各国要同心协力，妥善应对各种问题和挑战。越是面临全球性挑战，越要合作应对，共同变压力为动力、化危机为生机。面对错综复杂的国际安全威胁，单打独斗不行，迷信武力更不行，合作安全、集体安全、共同安全才是解决问题的正确选择。"

我国要立足国内，放眼国际，高举和平发展、合作共赢的旗帜，坚持互信、互利、平等、协作，在积极维护拓展我国利益的同时，积极同外国政府和国际组织开展安全交流合作，履行国际安全义务，促进共同安全，维护世界和平，从打造经济共同体开始，进而形成安全共同体、利益共同体，最终推动构建人类命运共同体。

第二节　国际战略形势

一个国家的安全环境首先存在于世界安全的整体状态中，维护国家安全，筹划国家安全战略，无不受外部战略环境的制约和影响。国际战略形势的发展变化、世界主要战略力量间关系的调整及世界军事战略格局走向等构成了影响一个国家安全的大背景。

一、国际战略形势的主要影响因素

国际战略形势，是国际关系中影响国家安全的全局性、长期性发展趋势，主要内容包括国际重大问题、重要因素、主要战略力量、关键事件、主导潮流的发展过程和趋向。它是宏观、总体的走向或新的趋势，是对各类国际事件归纳概括得出的科学结论。

国际战略形势判断考察的因素主要包括时代特征、国际战略格局、大国安全关系、世界军事形势和国际秩序等。

（一）时代特征

时代特征，是指整个世界在一定历史发展阶段总的标志，具有全球性和战略性特点，对国家安全战略的影响是根本性和全局性的。在人类社会发展演进过程中，以生产关系和社会形态、国际社会矛盾焦点和斗争主题为标志的时代特征，反映了社会不同发展阶段的基本规律和阶段性变化，反映了一定时期内世界政治经济矛盾的主要方面和政治经济斗争的主要潮流和趋势，对国家安全的基本政策和策略等具有根本性影响。

（二）国际战略格局

国际战略格局，是指国际关系中的主要战略力量在一定历史时期内相互联系、相互作用而形成的具有全局性、相对稳定的结构及其基本态势，反映了主要国际政治行为体的力量对比和基本的战略关系。分析和研究国际战略格局，有助于从总体上了解世界各主要国家在国际政治中的地位和战略利益方面的矛盾、需求，以及对国际形势及其可能的发展趋向做出基本的估计。在国际战略格局中，拥有强大经济、军事实力和政治影响力的国家（国家集团）扮演主要角色，起着主导作用，通常被称为"极"或战略力量。

（三）大国安全关系

大国安全关系，是指世界大国之间在安全领域形成的合作、竞争和斗争的关系状态。大国是塑造国际战略格局、影响世界和平稳定的主要力量，大国安全关系的性质、表现形态，对国家外部安全环境具有重要影响。大国竞争不仅存在于传统的政治、军事领域，更多表现为围绕世界市场、战略资源、地缘政治、国际规则和国际秩序的竞争。与此同时，利益的相互交织和应对全球性共同挑战的需要，改变了过去国家间那种非黑即白的关系，呈现出合作中有竞争、协调中有斗争的态势。以传统的对抗性思维和零和理念区分敌友、判断安全威胁，已经不能适应维护国家安全和发展利益的需要。

（四）世界军事形势

世界军事形势，是指世界主要国家军事力量和军事斗争发展变化在一定时期内形成的态势和状态，主要包括军事冲突形势与战争威胁、军事安全关系和军备竞争形态等。战争与和平问题一直是人类社会面临的最基本、最重大的战略问题，对战争与和平的判断，既是国家安全战略的基本任务，也是制定国家安全战略的重要基础。其中，最重要的就是要判断战争威胁来源、形态和性质，准确把握世界军事发展潮流和发展趋势。军事安全关系反映了国家间政治关系的好坏、深浅，是判断一国与另一国政治外交关系的核心标志，军事互信是深层政治互信，军事上敌对是根本性敌对。

（五）国际秩序

国际秩序，是指国际体系中各行为主体之间的相互关系及其相应的行为规则和保障机制。它一旦建立并得到有效维护，就会形成无形的力量，反作用于世界格局。从根本上看，国际秩序集中反映了世界各主要国家、重要力量的利益需求，是相互间实力较量和矛盾冲突的结果。世界各国关于建立和维护某种国际秩序的主张、构想及为之所进行的种种努力，实际上都是各国为谋求本国利益而推行的外交战略的集中体现。一些国家对现状的不满、对国际政治经济权力的要求，往往首先表现在对国际秩序的挑战上。国际秩序是否被破坏或取代，成为国际战略形势变迁的风向标。把握国际秩序的变化，就抓住了国际战略形势发展的重要线索。

二、国际战略形势现状与发展趋势

当今世界正在发生前所未有之大变局。国际形势正进入冷战结束后新一轮变革动荡与分化重组期，国际格局和国际体系深刻调整。霸权主义、强权政治和新干涉主义有所上升，世界范围内领土主权争端、大国地缘竞争、军事安全较量、民族宗教矛盾等问题更加凸显，保护主义、民粹主义、狭隘民族主义升温，地区热点问题此起彼伏，军备竞争、恐怖主义、网络安全等传统安全威胁和非传统安全威胁相互交织，导致局部动荡频繁发生，和平发展道路坎坷不平。尽管国际形势急剧变化，但和平与发展的时代主题没有变，世界多极化和经济全球化深入发展的大趋势没有变，国际力量对比有利于保持世界形势总体稳定的大环境没有变，和平、发展、合作、共赢的时代潮流更加强劲。

（一）国际力量对比正在发生历史性变化

国际政治经济发展的不平衡，决定了国际力量此消彼长是人类历史的必然和常态。西方发达国家整体实力在走下坡路，而新兴市场国家和发展中国家整体实力不断上升，国际力量对比日益朝着相对均衡的方向发展。一方面发达国家软硬实力双双受挫，整体实力相对下降。虽然西方发达国家经济总量仍占世界经济总量的50%以上，仍保持国际体系中的主导地位，但深层次体制性弊端、结构性矛盾难以解决，相对衰退进程仍在持续。美国受阿富汗战争、伊拉克战争和国际金融危机的影响，实力削弱，经济总量占世界经济比重持续下降，国家债务数额屡创新高，导致政府机构多次停摆。美国经济实力相对减弱的影响正向政治、外交、安全、军事和文化等领域扩散蔓延，其操控国际关系和国际事务已力不从心。欧盟深陷债务危机，经济复苏乏力，高失业率、人口老龄化问题、难民问题突出，多个国家饱受财政赤字困扰，欧盟威信和国际地位受到前所未有的损害。另一方面，与之形成鲜明对比的是新兴市场国家和发展中国家整体实力快速上升，在世界经济复苏与增长进程中发挥着举足轻重的作用。近年来，新兴国家和发展中国家对世界经济增长平均贡献率已达80%。特别是中国、俄罗斯、印度、巴西、南非等新兴市场国家，成为世界经济保持增长的重要引擎。

总的来看，发达国家与新兴市场国家利益交融日益加深，政治上相互借重、经济上相互依存、安全上相互合作的趋势持续发展，但发达国家对维护其既得利益与优势地位的紧迫感和焦虑感上升，不断通过政治、经济等多种手段阻滞和规制新兴力量的发展势头。发达国家"抱团"倾向明显，重视协调应对新兴市场国家崛起，但相互间龃龉不断，在塑造国际秩序、应对债务危机等方面分歧不时显现。新兴力量之间共识进一步增多，整体国际影响力持续增强，但内部仍存利益分歧与摩擦。

（二）全球治理体系正在发生历史性变化

进入新世纪，全球化深入发展，其影响已从经济领域扩展到政治、安全、社会和文化等多个领域。经济发展不充分、不平衡问题导致部分国家"碎片化"趋势加剧。治理问题引发的社会政治问题与民族宗教矛盾等因素相互渗透，不断恶化地区动荡局势。随着恐怖主义、重大疫情、粮食安全、资源能源安全、网络安全、气候变化、生态环境恶化等全球性问题日益突出，全球治理机制弊端逐步显现，治理难度空前加大。

联合国作为由主权国家组成的最大国际组织，仍在国际体系中具有不可替代的重要作用。上合组织（上海合作组织）、东盟（东南亚国家联盟）、非盟（非洲联盟）、阿盟（阿拉伯国家联盟）、拉共体（拉美和加勒比国家共同体）等地区组织作用日益增强。二十国集团、亚太经合组织、金砖国家等影响稳步上升。二十国集团已成为世界经济治理的主要平台。金砖国家成为新兴市场国家合作的重要平台，合作领域不断拓展，合作内容不断丰富。新兴市场国家加强政治、经济、安全、科技、人文等领域合作，谋求改革不合理的传统国际制度和规则，推动构建全球治理制度与规则的新范式，努力增加在国际组织和国际规则中的话语权，参与和改进全球治理体系的能力不断提升。

总的来说，全球治理体系调整与改革需求不断上升，几个西方国家凑在一起就能决定世界大事的时代已经一去不复返，全球治理正在从列强通过战争、殖民、划分势力范围等方式争夺利益和霸权，向各国通过制定国际规则、相互协调关系和利益的方式演进。新兴市场国家与发达国家围绕全球经济治理、新兴领域规制主导权展开激烈博弈。

（三）全球地缘政治格局正在发生重大变化

亚太地区成为全球经济发展速度最快、潜力最大、合作最为活跃的地区，是世界经济复苏和发展的重要引擎。亚太在世界经济版图中的地位不断提升，全球战略重心从跨大西洋地区加速转向亚太地区。亚太地区成为国际战略竞争和博弈的一个焦点，全球各主要力量纷纷加大对亚太地区的战略投入，亚太地区出现利益交融与战略博弈并存的新态势。

特朗普上台后，美国全球战略总体呈收缩态势，突出重点、重心东移，积极介入朝鲜、伊朗和阿富汗问题，高调推出印太战略，即调整亚太军事部署，不断强化军事同盟体系，推动形成美国主导的印度、日本、澳大利亚为主轴的亚洲安全架构，力图牢牢掌握对亚太事务的控制权。

俄罗斯提出东方战略和欧亚联盟构想，强化西线战略部署的同时，加快战略东向，对亚太和远东地区的关注不断加大，积极参与亚太地区一体化进程，逐步加强核力量和海空军力在东部方向的部署，力图成为欧亚并重的"双头鹰"和多极世界中有影响力的独立一极。

日本安倍政权力图扩大战略影响，积极推动印太战略与印度东进战略对接，积极谋求西进南下，渗入印度洋。加强与美、澳战略协作，加大对越、菲等国支持。对华政策竞争性、对抗性更强。

印度继续强化在印度洋军事存在，力图形成瞰制北印度洋的地缘优势。面对美、日拉拢，莫迪政府顺势回应，在加入核供应国集团、"入常"等问题上得到美国支持，在对华遏制上加大与美、日战略配合。印度力推南向东进战略，企图将印度洋变为"印度之洋"，强化同周边国家关系，影响中南半岛，辐射南海地区，力图成为掌控世界地缘新枢纽的重要一极。

澳大利亚将国家安全战略聚焦亚太，将亚太视为国家安全与繁荣的重点区域，强调抓住机遇深度融入亚太。澳大利亚积极推动和支持美国的印太战略，深化澳美军事同盟，不断升级澳美在亚太和印太地区的联合军事演习规模，并竭力将澳大利亚打造成印太战略最为重要的军事枢纽。

面对地区格局深度调整和大国博弈加深，东南亚国家联盟（简称东盟）坚持联合自强和平衡多元外交，在加强自身一体化进程的同时，努力推进"10＋X"机制，积极抢抓地区多边安全合作主导权，力图成为大国战略博弈的平衡者。越、菲、新等国加紧在中美之间寻找新的平衡点，越美军事合作升级，新加坡积极响应印太战略。东南亚部分国家主动与日、印、澳加强对接，积极提升经贸、军事等领域合作水平。

（四）综合国力竞争日益激烈

冷战后经济全球化浪潮高涨，极大地促进了技术、资本、产品、信息和人才在全球范围内自由流动和配置，加深了各国经济的相互联系和相互依赖。随着新一轮科技革命、产业革命、军事革命加速推进，综合国力竞争在经济、科技、军事等领域全面展开，这将从根本上影响世界发展进程和走向。

各国发展模式之争加剧，抢占未来科技和产业发展制高点的战略竞争更趋激烈，国际经济结构和产业布局正面临新的重大调整。以新材料技术、新能源技术、工业机器人技术、人工智能技术、互联网技术等为标志的新一轮科技革命和产业革命孕育兴起，正在引发社会生产、生活方式的巨大变化，也必将引起国际政治及国际格局的深刻变化。

世界新军事革命深入发展，大国军事领域竞争日趋激烈。武器装备远程精确化、智能化、隐身化、无人化趋势明显，太空和网络空间成为各方战略竞争新的制高点，战争形态加速向信息化战争演变。世界主要国家积极调整国家安全战略和防务政策，加紧推进军事转型，重塑军事力量体系。大国军事竞争呈螺旋式上升之势。美军在总结反思近几场局部战争经验教训基础上推动二次转型，加紧实施第三次抵消战略，不遗余力进行军事技术和体制创新。俄罗斯围绕建设"职业化、常备化、精干化"军队深入推进"新面貌"军事改革，提出"创新型军队"建设理论，着力打造信息化新型军事力量。英国、法国、德国、日本、印度等国也不断采取新的重大军事举措。围绕谋取军事优势地位、争夺军事战略主动权的国际竞争进一步加剧。

三、世界主要国家军事力量及战略动向

当前，世界战略格局正在发生深刻调整，国际范围内安全威胁日益复杂化、多元化，世界新军事革命加速向前推进，战争形态呈现出不同于以往的新面貌、新特征。为适应新的形势和任务，世界主要军事大国都在加速推进军事改革，深入调整军事战略，力求在军事竞争中占据主动地位。

（一）美国军事力量及战略动向

美国长期秉持霸权主义思想，特朗普上任后，制定印太战略，稳步推进"重建美军"计划，加大对中国的遏制与竞争力度，其军事战略调整实质性展开，体现出四个方面的显著特点。

1. 将中国视为主要战略对手的战略目标更加清晰

2017年底，特朗普在《国家安全战略报告》发布演讲中毫不隐讳地指出，除恐怖主义外，中、俄、朝、伊四国为当前美国面临的主要威胁，中、俄为美国的对手国家。新版《国家安全战略报告》明确将中国定位为"战略上的竞争对手"。这反映了美国对中国军力发展及战略威胁的强烈担忧，也标志着其主要战略重心的加速转换。

2. 强化同盟体系，借力周边牵制中国的战略举措明显强化

面对中国近年来的全面迅速崛起，美国对华战略从"接触与遏制"向"竞争与遏制"转变。2017年11月，特朗普提出印太战略，将亚太再平衡战略触角向南亚延伸，旨在寻求一个自由而开放的印太地区；强化与印度深层合作，支持其利用领土争议问题纷扰中国；加深与蒙古的军事交流，提升其作为蒙古"第三邻国"的地缘优势；深化美韩、美日同盟关系，利用朝核问题进一步挤压中国的战略选择空间。美国的这一系列举措，充分表明其借助中国周边势力在亚太地区挑起事端、打乱中国发展进程的意图已经诉诸行动。

3. 抢占新领域制高点的战略步伐显著加快

美国在21世纪以来的四次军事战略调整中，都十分强调维持在太空、网络、电磁等新型领域的优势。特朗普政府在新版《国防战略报告》中指出"空中、陆地、海洋、太空与网络空间等每个领域都存在竞争"，美国除继续保持传统的军事优势外，还十分重视全球公共空间对形成军事核心能力的影响。2017年4月，美军将"联合跨部门太空作战中心"改名为"国家太空防御中心"，将工作重点从试验转向作战。2019年正式成立美国太空司令部，进一步提升太空作战能力。美国防部优先在网络防御、重组运营方面投资，并将其不断整合到各种军事行动中，加强在深海、极地和太空的主权宣示和利益争夺。

4. 塑造多能新型军队的战略计划加速落实

特朗普执政后，于2017年1月27日签发了"重建美国武装部队"的总统指令，强调"不允许别国的军事力量超过我们"，停止了奥巴马政府的裁军计划，着力重建军备，建立具有决定性优势的联合部队，以求打造一支更为强大的美军；美国还着力加强军事联盟，吸引新的合作伙伴，发展致命、敏捷、有弹性的力量态势，强化动态力量运用，等等。一系列举措旨在全面提升美军军力，使美军能够在全球多维条件下拥有区域介入、行动自由和兵力投送能力，确保美国的绝对优势。

（二）俄罗斯军事力量及战略动向

冷战结束后，俄罗斯军队继承了苏联军队的大部分遗产，无论从数量还是质量上看，俄罗斯仍然是世界军事大国。冷战结束后初期，由于受俄罗斯总体国家战略以及自身整体实力下降等因素的影响，俄罗斯军队建设经历过一段非常困难的时期。近些年来，随着俄罗斯经济逐步复苏，其大国雄心重新燃起。针对新的战略环境和安全威胁，俄罗斯对军事战略进行了大幅调整。

1. 明确北约为主要威胁

冷战结束后初期，俄罗斯一度认为，社会制度和意识形态与西方接轨会赢得西方的支持和帮助，俄罗斯和西方的关系将化敌为友。但是，美国等西方国家有步骤挤压俄罗斯战略空间的行动，彻底改变了俄罗斯的想法，使之对国家面临的安全威胁做出了新的判断。2014 年颁布的《俄罗斯联邦军事学说》指出：北约在俄罗斯边界附近的进攻力量不断加强，积极部署全球反导防御系统。北约加强军事力量，将是俄罗斯面临的主要外部危险。这些新的判断表明，俄罗斯已经判明北约的战略企图，并做好了以强硬方式应对北约的准备。

2. 优先加强核遏制和空天防御能力

核力量是俄罗斯战略威慑力量的主体。长期以来，俄罗斯一直非常重视核武器的重要作用，突出使用核武器维护国家利益的坚决性，建立可靠的"三位一体"战略核力量，维持核武器的实战化水平，确保核遏制的有效性。注重发展空天防御力量，将空天防御力量视为保障国家安全的非核战略威慑力量。2015 年，俄罗斯组建空天军，加快锻造空天作战力量。优先改造已有的战略导弹系统，并加强新型战略导弹的研制，加紧太空监视系统、反卫星系统、超音速武器及未来航空系统的研制步伐，为抢占核领域和空天领域的主导权奠定可靠基础。

3. 常规部队建设注重提高快速反应与机动能力

2014 年《俄罗斯联邦军事学说》指出："军事冲突将表现出快捷性、可选择性和对目标的高破坏性，以及兵力兵器的高速机动和各种机动部队集群的运用。" 在主要战略方向，部队编组除了重视常备力量集团以外，俄军也注重强化中小型部队的灵活编组和快速部署能力。俄军近年来举行的军事演习，均把跨区战略战役机动作为例行演练内容。在军种结构方面，俄军还决定在空降兵、海军陆战队、空军分队基础上组建特种作战力量，以提高部队快速机动与反应能力。除此之外，俄军还通过战备突击检查、建立武器装备储备基地等措施，使部队保持良好的战备状态，满足快速战略战役机动的需求。

4. 大力推进军队体制编制调整

2008 年 10 月开始，俄罗斯进行了以军事体制编制改革为核心，以提高部队战备水平与作战能力为宗旨，以恢复军事强国地位为根本目标的"新面貌"军事改革。俄高层力求通过对俄军指挥体制、部队编制、人员结构、后勤和院校体制的全面调整，实现指挥体制扁平化、网络化和部队结构模块化、小型化的目标，以适应未来作战的需要。

经过多年的努力，俄军在指挥体制方面，建立了"政令相对分离"的军事体制，进一步确立了国防部长在军队中的核心领导地位，精简和改组了包括国防部和总参谋部在内的中央指挥机关，大幅压缩了军种总司令部的职能。2011年将原航天兵和空军空天防御力量合并组建空天防御兵。2015年8月将空军与空天防御兵合并，组建新军种——空天军，最终实现"三军种两兵种"结构。将原有六大军区调整为"西部、南部、中央和东部"四大军区，成立四大战役战略联合司令部。经过调整，俄军在整体结构上更为精干、灵活，新建立的战区指挥体制基本具备了联合作战、联合训练和联合保障的能力。

（三）日本军事力量及战略动向

日本于1970年首次提出了"专守防卫"的军事战略方针。冷战后，日本又对军事战略进行了多次调整，分别提出了"主动先制""拒止与拓展"和"动态防卫"军事战略方针。在战略性质上，由"积极防卫"进一步发展演变为更具攻击性的"动态防卫"；在力量建设上，强调建设一支以军事高技术和信息能力为支撑的机动防卫力量；在力量运用上，由注重"静态威慑"转变为"动态威慑"，强调武力的实战化运用。2018年12月，安倍晋三内阁发布了新版《防卫计划大纲》和与之配套的《中期防卫力量整备计划》，标志着日本军事战略开始了新一轮的调整。

1. 战略指导强调"联合机动防卫"

近年来，随着美国战略重心东移和亚太再平衡战略、印太战略的实施，美国对日本的战略借重明显上升。同时，日本国内政治日益右倾化，也促使民族主义和右翼思潮迅速抬头。安倍政府在外交与安全政策上回归自民党既有路线，在中日钓鱼岛争端上坚持强硬路线，极力渲染"中国威胁"，积极开展修改和平宪法、解禁集体自卫权、建设正规国防军等。在这一背景下，日本将军事战略方针进一步调整为"联合机动防卫"。在对安全威胁的战略判断上，突出强调朝鲜和中国的威胁，将俄罗斯作为重点防范对象；在军事力量建设上，强调通过构建综合国防体制，建设高效联合的军事力量，不断发展壮大自身军事实力。

2. 军事部署重心向西南方向转移

日本军事部署重心的调整，主要源其对周边安全威胁的判断。日本认为，朝鲜持续发展核武器及弹道导弹，对日本的安全构成了重大而紧迫的威胁。日本《防卫计划大纲》（2013年）和《中期防卫力量整备计划》正式确定："自卫队将首先以加强西南方向的防卫态势为重点，优先建设确保海空优势的防卫力量，这是实际遏制和应对各种事态的前提。自卫队将努力确立广泛的后方支援基础，重视建设机动展开能力。为保证在西南地区有事时自卫队能够迅速且持续地应对，有必要增强后方支援能力。"在上述战略思想和战略规划的指导下，日本近年来持续地紧锣密鼓地开展了相应的军事部署。

3. 军队建设强调提高机动防卫能力

在历年《防卫计划大纲》中，日本政府先后提出了"基础防卫力量构想"、"多能、弹性、有效的防卫力量"、"机动防卫力量"与"统合机动防卫力量"。2018年12月发布的新版《防卫计划大纲》提出了"多次元统合防卫力"概念，日本将深化旧版大纲提出的统合机动防卫力量的方向性，确保机动且持续地实施统合运用，同时有机地融合包括太空、网络、电磁波等在内的全部领域的能力，在从平时至有事的各阶段，能够持续常态化地实施灵活且具备战略性的活动，作为真实有效的防卫力量，构筑多次元统合防卫力量。

4. 注重发挥日美同盟的作用

长期以来，日本一直把日美同盟作为军事战略的重要支柱之一，在安全上依靠美国。日本认为，现阶段日美同盟对确保日本和平与安全必不可少，驻日美军在慑止和应对地区不测事态上发挥着重要作用，在日本战略环境日益严峻的情况下，加强日美同盟对确保日本安全、应对全球性安全问题至关重要。

（四）印度军事力量及战略动向

从发展历程看，印度军事战略是在继承英国当年的殖民主义安全战略和军事战略的基础上逐步发展形成的。印度在独立之初就确立了以"主宰南亚、控制印度洋、做一个有声有色的世界大国"为主要内容的国家战略总目标。印度在总体战略部署上强调"西攻、北防、南下、东进"，即向西对巴基斯坦采取攻势，对北面的中国采取战略防御，向南控制印度洋，向东通过马六甲海峡进入西太平洋，争取在各方向的军事优势，扩大其战略影响，支撑其向大国迈进的战略目标。

1. 加强边境地区的军事部署

印度将中国视为最大潜在威胁，始终高度重视针对中国的各种战备活动。印度认为，中印边境的军事斗争将主要体现在对争议地区的控制与反控制上。因而，印度将军事斗争准备的重点转变为应付中小规模边境武装冲突，强调以"攻势防御"作战思想为指导，突出"攻防平衡"，通过完善战备制度、加强战场建设、强化军事训练等措施，提高部队作战能力。其中，在战略部署上，印度强调要加强边境地区对华军事部署，不断完善边境防御体系，加强前沿地区军事存在，提高部队的快速反应和应急作战能力，继续在边境地区对华保持强大的军事压力。

2. 加大对印度洋的控制力度

作为印度洋沿岸大国，海洋对印度来说具有重大战略意义。印度一直将印度洋视为"印度之洋"。印度三面环海，印度半岛伸入印度洋，纵深达1600千米，海岸线长达7500多千米，拥有200万平方千米的专属经济区。特别是随着经济全球化的深入发展，印度洋已成为世界举足轻重的海上通道，关乎全球贸易与石油运输安全。印度认为，要想成为世界大国，确保自身的安全和发展，扩大自身影响力，必须加强对印度洋的战略控制。为实现上述战略目标，印度大力加强海军力量建设。

3. 更加重视核武器的威慑作用

在威胁判断上，印度将巴基斯坦视为主要现实威胁，将中国视为最大潜在威胁。印度将核武器作为实现国家战略目标的重要工具，在核战略上谋求对巴基斯坦形成核优势，与中国形成核平衡。在这一思想指导下，印度不顾国际社会反对，进行了多次核试验，事实上已迈入有核国家行列。

4. 积极推进东进战略

20世纪90年代初，印度前总理拉奥正式提出东向战略，要把印度与生机勃勃的亚洲重新联结起来，这成为印度东向战略的起点。最初，东向战略主要是一个外交和经济方面的战略，但随着中国的快速发展和美国战略重心东移，印度不仅积极面向东部诸国加强经贸联系，而且还将合作领域延伸至防务安全等敏感领域。2014年，莫迪上台后将东向政策升级为东向行动政策。当前，印度正在借助美国实施印太战略之机，积极推进东进战略，意图积极融入亚太，在东南亚、东亚和西太平洋地区发挥影响，从而在地区秩序构建中发挥关键作用。

第三节　中国国家安全形势

国家安全形势是一定时期内对国家安全产生直接、间接影响作用的各种背景情况和条件的总和。维护国家安全，筹划国家安全战略，必须首先对国家安全形势做出客观、全面的综合分析和判断，以此明确国家安全面临的主要机遇、风险和挑战，判定国家安全形势发展趋势，为国家安全战略决策提供科学依据。判断国家安全形势，应根据国际战略形势、国家地缘安全环境的基本特点，对周边安全和国内安全各个方面进行整体性研判，形成综合性结论。

一、影响国家安全形势的主要因素

国家安全形势主要包括国际战略环境、周边安全环境和国内安全环境，三者之间既相互联系又相互制约。

（一）国际战略环境

国际战略环境是指一定时期内影响国家安全战略的外部客观情况和条件。中国国家安全环境首先存在于世界安全的整体状态之中，国际战略形势的发展变化、世界主要力量间关系的调整及世界军事战略格局走向等构成了影响中国国家安全环境的"大气候"。准确判断中国所面临的国际战略环境，是谋划国家安全战略、进行战略决策、定下战略决心的重要依据。我国的快速发展将深刻改变世界和地区战略格局，我国与外部世界的关系在发生深刻变化，与国际社会的互联互动也变得空前紧密。特别是随着我国更深地融入世界经济，更深入地参与全球治理，国家战略环境的发展变化对于国家安全的影响更为密切和直接，内外联动更加深入频繁。

（二）周边安全环境

周边安全环境，是在一定时期内，周边国家（或地区）影响国家安全的各种条件和因素的总和。它是影响国家安全与发展最直接和最重要的外部因素。我国的"周边"可分为三个层次：一是"小周边"，指的是与我国有着直接领土或领水接壤的邻国；二是"中周边"，即我国外交重点经营的周边四片区域（东北亚、东南亚、南亚与中亚）；三是"大周边"，指的是将四片连为一体，并且向东西两线推进，向西扩展到里海与波斯湾一线，包括中亚与中东有关国家，向东南延伸到大洋洲，包括澳大利亚与南太平洋岛国。我们通常探讨的周边安全环境主要指的是"小周边"和"中周边"。分析周边安全环境，重点应把握以下几个方面。

1. 地缘环境

地缘环境，是人类活动与地理环境相互作用而形成的一定空间范围内政治、经济、军事等因素的总和。国家间地缘关系越紧密，相互的影响和制约就越大。在地缘关系范畴中，周围的邻国由于地理相邻、文化相近或相同、历史渊源深厚、交往互动频繁，而往往成为影响国家安全与发展的战略依托带。"周边"也因此成为一个地缘政治概念。稳定、友好的周边环境是国家和平发展的基本条件。

地理邻接国家易产生纠纷矛盾，包括历史、文化、民族、宗教、领土主权、海洋权益、资源利用、战略通道等。这些矛盾和问题已成为周边国家脆弱和敏感的"神经"，易受到各国国内或国际因素刺激而引发关系紧张，甚至导致危机和冲突。同时，也易被他国特别是域外大国所利用，导致冲突长期化、扩大化、国际化。

2. 战略力量对比与地区秩序

国家周边安全环境在很大程度上受制于其所处地区各战略力量的消长。这些战略力量既包括地区大国、力量集团，也包括域外大国。由于各战略力量是动态发展的，一旦各方力量对比发生重大变化，就可能破坏原有格局。既有格局的维护者与旧格局挑战者之间的矛盾斗争不可避免。与之相伴随，各战略力量发展变化导致的权力、利益需求变化将冲击原有地区秩序，使之与新战略力量和权利格局相一致，并最终形成新的地区秩序。分析战略力量对比，以及由此引起的地区格局与地区秩序的发展变化，是把握地区安全环境的基本切入点。

3. 主要威胁及威胁程度

威胁判断是筹划国家安全战略的核心问题，是制定战略目标及战略指导的主要依据。按照威胁的范围、领域、性质和程度等，威胁可以区分为内部威胁和外部威胁，传统威胁和非传统威胁，现实威胁和潜在威胁，全面威胁和局部威胁，主要威胁、次要威胁和一般威胁等。正确判断外部威胁，必须站在维护国家利益的高度，从考察国际利益矛盾和力量对比入手，紧紧抓住有无威胁以及威胁程度这一中心问题，对周边国家（集团）敌对势力的动向和企图逐个进行分析和评估。特别是要分清各种威胁的性质和程度，找出对国家全局利益危害最大、最主要的威胁，判明有无导致政治、经济、军事等安全领域重大危机或冲突的可能性，并进而对斗争的主次对象和敌我友各方可能的行动与企图得出明晰、准确的结论，并作为战略决策的直接依据。

（三）国内安全环境

外因是变化的条件，内因是变化的根据。内部的安全与稳定，是国家生存与发展的基础，也是维护国家外部安全的前提。国内安全环境涉及的领域和内容繁多，重点应把握以下三个方面。

1. 社会基本特征

社会基本特征，是指国家所处的历史阶段及主要特征，它反映了国家所处的历史方位、时代特点和基本社会矛盾。把握住社会基本特征，就能正确了解威胁国内安全的根源，并对各类国内安全问题的性质、程度和发展演变有一个准确的判断，也才能厘清各类安全威胁在国内安全总体格局中的排序和轻重缓急。

2. 政治安全形势

国内政治安全形势，是指在一定时期内，国内的阶级（阶层）、民族、宗教（教派）、政治集团之间相互关系的基本状况及其对国家统一、政局稳定和政权得失的影响。分析国内政治安全形势，重点在于分析判断国内敌对势力颠覆政权、分裂国家的图谋和动向，各种矛盾激化引发政局动荡、社会动乱和突发危机事件的可能性，以及国内民族、宗教、派别之间的矛盾、冲突等影响国家稳定与安全的各类因素。由于国内敌对势力与外部势力往往相互勾结，国内政治安全形势常带有复杂的国际背景，分析时应把握好它们之间的互动关系和连锁反应。

3. 经济安全形势

经济安全形势，是指国民经济发展和经济实力受到威胁的状况。在经济全球化、信息化时代，国内国际因素均对国家经济的稳定安全运行有重要影响。在分析国内经济安全形势时，须综合国内国际情况，从总的国家经济安全角度进行研判。其内容包括金融、资源、产业、财政等多个方面的安全状况。

此外，分析国内安全环境，还应关注文化安全、科技安全、信息安全、生物安全、公共卫生安全、生态环境安全等方面。

二、我国地缘环境概况及地缘安全

我国处在欧亚大陆东部，太平洋西岸，处在亚洲大陆板块与太平洋海洋板块的交接部位，属于陆地濒海国家。我国所处的地理位置和环境决定了我国地缘安全环境的基本特点。

（一）邻国众多，国家安全面临的威胁和潜在隐患多

中国背陆向海，周边邻国众多。在陆地上与我国接壤的国家有 14 个，从东向西依次是：朝鲜、俄罗斯、蒙古、哈萨克斯坦、吉尔吉斯斯坦、塔吉克斯坦、阿富汗、巴基斯坦、印度、尼泊尔、不丹、缅甸、老挝、越南。与我国隔海相邻的国家还有韩国、日

本、菲律宾、文莱、马来西亚、印度尼西亚等国。

邻国众多对我国安全的影响是复杂的。地缘政治规律表明：一个国家的邻国多，现实威胁和潜在隐患就多；邻国强，现实与潜在的安全威胁就大。在周边的这些邻国中，有的过去曾经侵略过我国，并且目前仍然是经济大国或军事大国，有着雄厚的综合国力和军事实力，具有对我国安全造成重大影响的能力；有的邻国之间积怨很深，严重对立，一旦它们之间爆发战争或武装冲突，必将影响我国边境安全；有的国家内部不稳定因素很多，一旦发生大的内乱，必将对我国边境造成很大压力；有的国家的居民与我国边境地区的居民属于同一民族，一旦这些邻国国内的狭隘民族主义泛起，可能会引起我国国内的民族纠纷；有的国家的居民与我国某些地区的居民信奉同一宗教，一旦这些国家内的宗教派别斗争加剧或者某些极端教派掌权，就可能增加我国国内相关地区的不稳定因素；还有一些国家与我国之间存在着历史遗留下来的边界领土争议或海洋国土划界的争议，存在着可能引发边界事件甚至武装冲突的隐患。

（二）边界漫长、海域辽阔，边界和海洋权益纠纷多

我国陆地面积约960万平方千米，海域面积约470多万平方千米。陆地边界长2万多千米，大陆海岸线长1.8万多千米，海岛约6000多个。由于受历史因素的影响，我国边界存在争议的地方较多。在陆地上，我国曾与苏联、印度、越南存有边界领土之争。目前，主要存在的陆地边界争议是和印度的边界划分。

海洋国土存在的争议则更大。1982年4月，第三次联合国海洋会议上通过的《联合国海洋法公约》，首次以国际法的形式，对领海、毗连区、大陆架、专属经济区等做了具体规定。专属经济区，是指领海以外并邻接领海的区域，其宽度从领海基线起不超过200海里。专属经济区的规定唤醒了沿海国家开发和维护海洋资源的意识，进而引发了争夺海洋岛屿、海洋国土、海洋资源和海洋通道的新一轮较量，使世界的许多热点集中到海洋上。由于中国与海上邻国之间没有400海里以上的海洋空间，因此，各自宣布的专属经济区不可避免地出现重叠。其中，中国与朝鲜、韩国之间存在关于黄海、东海大陆架划分问题，中国与日本之间存在关于东海大陆架划分、钓鱼岛的归属问题，中国南海存在"岛屿被侵占、海域被分割、资源被掠夺"的问题。

（三）地处大国利益交汇区，国家安全受大国战略博弈影响大

中国及其周边地区是世界上人口最密集，社会、经济发展最不平衡的地区。世界人口过亿的国家多集中在该地区，它们是：中国、印度、印度尼西亚、俄罗斯、日本、巴基斯坦、孟加拉国、菲律宾。

中国周边地区也是世界上大国强国最集中的地区。在中国周边国家中，俄罗斯、日本、印度等国都是世界或地区大国。俄罗斯是一个拥有大量尖端科技、先进武器和核武器的世界大国，又与我国有着数千千米的共同边界。虽然俄罗斯的战略重心在欧洲，但其大部分国土位于亚洲，在太平洋有着漫长的海岸线和大片海洋国土，这决定了俄罗斯在该地区具有重要战略利益。日本是当今世界的经济大国，与我国有着历史、文化和经济的密切关系，也是一个曾经侵略过我国的国家。近年来，日本不仅巩固其经济大国地

位，而且还谋求成为世界政治大国，希望在亚太地区和国际事务中发挥更大的作用，以确保日本在该地区的安全利益，并为此不断加强其军事实力。印度是仅次于我国的最大的发展中国家和人口最多的国家，也是南亚举足轻重的国家，政治、经济、军事潜力巨大，且其国家战略已经由东向政策升级为东向行动政策。世界最强大的国家美国虽然不与我国相邻，但其军事力量却在我国周边一些国家长期部署，并与某些国家签订有军事协定。美国认为其在东亚有重大的战略利益，对东亚地区事务也一直不断地进行干涉。

事实上，世界公认的五大力量中心，除欧洲外，美、中、俄、日均交汇于此；世界核俱乐部的主要成员，事实上的有核国家，在我国周边构成世界最密集的核分布圈。众多邻国当中强国、大国多，必然给我国安全带来很大的压力。

三、新形势下的国家安全

随着新中国成立以来特别是改革开放以来四十多年的发展，中国特色社会主义建设取得巨大成就，经济发展、政治安定、民族团结、社会稳定的良好局面得到长期保持。特别是十八大以来我国的经济实力、科技实力、国防实力、国际影响力又上了一个大台阶，综合国力、核心竞争力、抵御风险能力显著增强。各国加大对我国借重与合作，外部环境对我国总体有利，国家安全形势总体可控，我国仍将处于可以大有作为的重要战略机遇期。但是也要看到，我国快速发展使得西方对我国的疑虑和戒备不断加深，对我国的战略防范和遏制进一步增强，我国外部安全压力增大。而随着我国经济社会持续发展和深刻变革，各种矛盾和问题相互作用，可以预料和难以预料的安全风险增加。我国面临的风险挑战依然严峻。习近平主席深刻指出："从国家安全面临的威胁来看，主要存在国家被侵略、被颠覆、被分裂的危险，改革发展稳定大局被破坏的危险，中国特色社会主义发展进程被打断的危险。"

（一）美国加强对我国防范和遏制

面对中国不断上升的综合国力和对外影响力，美国对华政策深度调整。美国认为中美的竞争领域不断扩大，美国要摒弃以往的战略，与中国开启全方位的战略竞争。美国对华战略正从"接触与遏制"向"竞争与遏制"转变。

为规制和阻遏我国发展，美国加大利用所谓民主、人权及台湾等问题牵制我国。插手南海、东海等热点问题，不断挑战我国底线。持续炒作"中国威胁论"，抹黑我国国际形象；加强对我国周边渗透，侵蚀我国战略依托和基础；加紧对我国实施西化、分化战略，加大意识形态攻势，着力把互联网等新兴媒体打造成对华渗透的主要平台。在军事上，美国加紧建立全球和地区反导系统，不断加强在亚太的军事前沿部署和活动力度，在东亚地区频繁开展更具威慑性和针对性的联合军演，使我国面临更大军事威胁。

（二）我国海上安全环境更趋复杂

我国拥有广泛的海洋战略利益，海上方向对国家安全和发展战略全局的影响愈加凸显。党的十八大做出了建设海洋强国的重大决策，十九大又提出了加快建设海洋强国的战略部署。建设海洋强国成为中国特色社会主义事业的重要组成部分。

近年来，在全球海洋热点问题急剧升温和我国实力快速上升等因素的综合作用下，部分周边中小国家对解决海洋领土问题的紧迫感和焦虑感增强，我国周边地区的海权争夺明显加剧，对我国政治、经济和战略利益的牵制增大。日本、越南、菲律宾等纷纷制定和实施具有扩张性的海洋战略，利用《联合国海洋法公约》的局限性断章取义，在东海、南海岛礁归属和海域划界问题上接连发难，干扰我国正常维权执法和生产作业，竭力推动南海问题国际化、多边化。东海方向，中日围绕钓鱼岛主权争端和海域划界的斗争更加复杂。美国不断加大对东海、南海地区干涉力度。一方面谋求与亚太盟友开展更为广泛的军事合作，鼓动日、澳、印军事介入南海及东盟国家联巡南海，推进与菲、越、印尼海上安全合作，尤其是加大军援和售武。另一方面，美军自身不断加强在南海地区的军事存在，正从后台走向前台，步步逼近。

总的来说，我国海上方向的局面依然严峻复杂，将长期面对遏制与反遏制、分裂与反分裂、侵权与反侵权等矛盾和斗争。

（三）周边地区热点敏感问题多，国家安全易受影响

我国周边历来就是一个有多元背景、多个热点、多样冲突蛰伏的地区。当前，我国周边安全环境总体稳定，睦邻友好、互利合作是周边国家关系的主流。然而随着大国战略竞争加剧，周边地区出现了一些新的变化，周边热点问题进入新一轮集中爆发时期，领土主权争端、大国地缘竞争、军事安全较量、地区军备竞赛、民族宗教矛盾等问题更加凸显，围绕周边热点问题发生危机冲突的可能性有所增加，我国周边安全面临更为复杂的局面。

在我国周边地区，热点问题集中。印巴在克什米尔问题上的争端还没有解决，南亚地区的紧张局势难以真正消除；阿富汗国内局势动荡不安，对周边国家影响巨大；中亚地区各大国及相关国家对石油的争夺日趋激烈，可能导致冲突；日俄北方四岛领土之争是影响两国关系的主要障碍，短期内难以解决；日韩围绕独岛（竹岛）的争端没有停止；朝鲜核问题时起时伏，威胁东北亚地区安全。在周边地区的众多热点问题中，有些与我国直接相关，有些对我国影响很大，不可避免地对我国国家安全产生影响。

（四）实现和维护国家统一的任务依然艰巨

近年来，两岸关系保持和平发展的良好势头，但"台独"分裂势力仍在竭力煽动两岸敌意和对立，阻挠两岸交流合作，分裂祖国的危险始终存在。台湾问题事关国家统一和长远发展。解决台湾问题、实现祖国完全统一，是全体中华儿女共同愿望，是中华民族根本利益所在。必须继续坚持"和平统一、一国两制"方针，推动两岸关系和平发展，推进祖国和平统一进程。

随着我国综合国力和国际影响力持续提升，边疆地区发展稳定的局面日益巩固。我国维护国家统一、打击分裂暴恐活动的举措得到更多理解和支持，国际舆论持续改善，客观、理性的声音不断增多。同时，必须深刻认识反分裂斗争的长期性、复杂性、尖锐性。"东突"势力不断变换手法，打着"民主""人权""宗教自由"的幌子，骗取国

际社会同情与支持，实际上是以分裂国家为目标，以极端宗教思想为指导，以暴力恐怖为手段，破坏国家统一和民族团结。反对民族分裂，维护祖国统一，是国家最高利益所在，也是各族人民根本利益所在。

正如习近平总书记在党的十九大报告中所指出："我们坚决维护国家主权和领土完整，绝不容忍国家分裂的历史悲剧重演。一切分裂祖国的活动都必将遭到全体中国人坚决反对。我们有坚定的意志、充分的信心、足够的能力挫败任何形式的'台独'分裂图谋。我们绝不允许任何人、任何组织、任何政党、在任何时候、以任何形式、把任何一块中国领土从中国分裂出去！"

（五）新兴领域安全面临诸多挑战

我国面临的新兴领域安全威胁主要包括太空、网络空间、海外、极地、深海等领域，其中尤其以太空、网络空间和海外利益安全威胁最为突出。

太空和网络空间成为军事竞争新的制高点，世界大国在太空和网络空间的战略竞争日趋激烈。世界主要大国纷纷制定太空、网络空间领域军事战略，加速发展太空、网络高新技术武器和军事力量，我国面临的军事压力和新型安全压力不断增大。

太空是国际战略竞争制高点。世界主要国家围绕进出、利用和控制太空，纷纷制定太空战略，发展太空军事力量。美国将获取压倒性的太空军事优势视为保持其总体战略优势、赢得未来战争的决定性因素，全面谋求太空能力优势、技术优势、联盟优势和规则优势，积极发展太空及临近空间进攻手段。俄罗斯将外空防御与反击力量视为重要的战略遏制手段，组建空天防御部队，全力维持在利用空间能力方面"第一梯队国家"地位。日本、印度大力发展太空支援作战能力和反卫武器系统。随着有关国家加紧争夺太空资源，我国在太空领域面临多元挑战和危险。我国一贯主张和平利用太空，为应对新的竞争，必须密切跟踪掌握太空态势，维护太空安全。

网络空间是经济社会发展新支柱和国家安全新领域。网络空间国际战略竞争日趋激烈，不少国家都在发展网络空间军事力量。有关国家相继出台网络空间安全战略，加紧建设网络战部队，研发网络空间武器装备，利用网络优势挑战我国网络安全。在网络空间，由于网络和信息核心技术的缺乏，我国整体上处于弱势地位。在国家层面，保证信息安全、确保信息系统和信息基础设施稳定运转的任务艰巨。在军事层面，网络战已成为新型作战样式，我军未来作战主动权面临着巨大的挑战和考验。面对网络空间斗争新形势，只有加快网络空间力量建设，提高网络空间态势感知、网络防御能力，才能支援国家网络空间斗争和参与国际合作，遏控网络空间重大危机，保障国家网络与信息安全，掌握新型安全领域军事竞争战略主动权。

海外利益安全问题凸显。经过四十多年改革开放和十多年"走出去"战略的实施，我国已成为全球第一货物贸易大国和主要对外投资大国。我国企业、机构和人员大规模"走出去"，海外利益的广度和深度不断拓展，海外利益成为我国国家利益的重要组成部分。与此同时，国际安全环境发生复杂深刻变化，各种传统和非传统安全问题点多面广，我国海外利益拓展面临阻力加大、摩擦增多、风险上升的严峻局面，维护国家海外利益安全的任务日益繁重。海外利益安全主要包括海外能源资源安全、海上战略通道安全，以及海外中国公民、组织和机构的安全。我国海外经济利益和能源资源产地分布比较密集的区域，有相当一部分是矛盾丛生、问题成堆、战乱不断的高风险地区。国际和地区局势动荡、恐怖主义、海盗活动、重大自然灾害等都可能对我国海外利益安全构成威胁，特别是国际恐怖主义活动对我国海外利益造成的威胁不容忽视。

（六）国家政治安全和社会稳定面临新挑战

我国正处于全面建成小康社会的关键期、改革开放攻坚期，也处在社会矛盾凸显期，经济社会问题相互叠加，人民内部矛盾和其他矛盾相互交织，国内问题和国际问题相互影响，政治安全和社会稳定面临新的挑战。

意识形态领域斗争日趋复杂激烈。随着我国快速发展壮大，一些西方国家的焦虑感不断上升，对我国的戒备和防范心理越来越重，千方百计对我国发展进行牵制和遏制。西方敌对势力加大对我国实施西化、分化的力度，加紧对我国进行意识形态攻势，攻击我们的政治制度、治理方式和发展模式，利用民族、宗教、人权等问题挑起矛盾，竭力煽动制造非法聚集事件甚至重大政治性事件。我们同西方敌对势力之间渗透和反渗透、破坏和反破坏、颠覆和反颠覆的斗争是长期的、复杂的、尖锐的。

经济社会转型期的各种社会矛盾凸显。我国进入经济体制深刻变革、社会结构深刻变动、利益格局深刻调整、思想观念深刻变化的时期，人民内部各种具体利益矛盾十分复杂，群体性事件和个人极端事件时有发生，对国家安全和社会稳定造成一定威胁。

总之，我国国家安全形势总体是稳定的，仍处于发展的重要战略机遇期。我们要准确把握国家安全形势变化新特点新趋势，坚持总体国家安全观，坚持底线思维，放眼全局谋一域，把握形势谋大事，以"登东山而小鲁""登泰山而小天下"的气度和胸襟，不畏浮云遮望眼，善于拨云见日，正确处理各种安全威胁和挑战，走出一条中国特色国家安全道路，为实现中华民族伟大复兴提供坚强安全保障。

 思考题

1. 总体国家安全观的内涵是什么？
2. 当前国际战略形势对我国国家安全的影响有哪些？
3. 如何以总体国家安全观为指导维护我国国家安全？
4. 影响国家安全形势的主要因素有哪些？
5. 简述我国地缘安全环境的基本特点。

第三章 军事思想

教学目标

　　了解军事思想的内涵及其形成与发展历程，了解外国代表性军事思想，熟悉我国军事思想的主要内容、地位作用和现实意义，理解习近平强军思想的科学含义和主要内容，使学生树立科学的战争观和方法论。

　　军事思想的研究对象是战争、军队和国防问题。军事思想来源于军事实践，又对军事实践具有指导作用。军事思想正确与否，直接关系到军事实践的成效，关系到战争的胜负。面对世界新军事革命的挑战，在大力推进军队组织形态、军事人员和武器装备现代化的同时，应高度重视创新和发展军事思想。

第一节 军事思想概述

任何一门理论，都有独立的研究对象和内容，有其自身固有的规律。从理论上弄清军事思想的基本概念和特性，理解军事思想的历史发展，有利于准确把握军事思想的特殊性与针对性，理解军事思想的发展规律。

一、军事思想的内涵

军事思想是关于战争、军队和国防基本问题的理性认识，是人们长期从事军事实践活动的经验总结和理论概括。它来源于军事实践，又指导军事实践，并接受军事实践检验，随着军事实践的发展而发展。

军事思想是军事科学中的综合性基础理论，从总体上考察和回答军事领域的普遍性、根本性问题，揭示军事领域的一般规律，提出军事斗争和军事建设的基本方针及基本指导原则，为人们研究和解决军事问题提供总体性理论指导。

军事思想的基本内容大体可分为军事哲学和军事实践基本指导原则两个层次。前者主要包括战争观和军事方法论等；后者主要包括战略思想、作战指导思想、军队建设思想和国防思想等。

二、军事思想的发展历程

随着社会生产力的发展，战争规模的扩大，以及科学技术水平的不断提高，军事思想经历了一个由浅入深的演进过程。

（一）古代军事思想

远古时代，人类对军事问题的认识普遍处于蒙昧状态，往往把战争发生和胜负的原因归结为"天意""神旨"等。随着私有财产和阶级的产生，战争成为阶级斗争的最高形式。与此同时，人类对战争问题的认识进一步贴近客观实际，迷信色彩有所淡化。

在中国古代，春秋以前已出现专门的军事文献《军政》《军志》，在《尚书》《周易》等著作中也包含一些军事思想。春秋战国时期，社会剧烈变革，争霸、兼并战争频繁激烈，加之军事技术的进步和学术思想的百家争鸣，有力地促进了军事思想的发展，使中国古代军事思想出现了一个前所未有的兴盛时期，涌现了孙武、吴起、孙膑等一批兵学家，产生了《孙子兵法》《吴子》《司马法》《孙膑兵法》《六韬》等一大批兵学著作。唐代的《唐太宗李卫公问对》对以往兵书进行了探讨，对《孙子兵法》提出的虚实、奇正、攻守等原则进行了论述。唐代李筌的《太白阴经》论述了战争的取胜因素等内容。北宋时期，朝廷组织编纂的《武经七书》是中国古代第一部军事教科书。

明代戚继光的《纪效新书》和《练兵实纪》从实践中总结出带有革新内容的军事思想，茅元仪编纂的《武备志》是一部军事百科全书性的著作。这些兵书都进一步丰富和发展了中国古代军事思想。

【资料链接】

中国第一部军事教科书：《武经七书》

北宋神宗时，为了开办武学，培养军事人才，宋神宗下令国子监从众多兵书中选出一批精粹之作作为教材，受命参与这项工作的朱服、何去非等人历时三年，最后确定并校订了《孙子兵法》《吴子》《六韬》《司马法》《黄石公三略》《尉缭子》和《唐太宗李卫公问对》七部兵书，并将其正式颁布为武学必读之书，统称《武经七书》，又名《武学七书》。这是我国第一部军事教科书，是中国兵学的奠基之作，在中国军事史上产生了重大影响。

古代的外国军事思想，以古希腊军事思想和古罗马军事思想为突出代表。史书记载了古希腊军事统帅埃帕米农达、马其顿国王亚历山大三世、迦太基军事统帅汉尼拔、古罗马军事改革家马略、奴隶起义军领袖斯巴达克等人的军事实践活动。这一时期涌现出不少代表性军事著作，如希罗多德的《历史》、修昔底德的《伯罗奔尼撒战争史》、色诺芬的《远征记》、恺撒的《高卢战记》和《内战记》等书，从中可反映出古代欧洲一些国家的军事思想。

（二）近代军事思想

近代军事思想发展的总体特征有：一是欧洲一些国家在文艺复兴运动和产业革命的推动下率先实行军事思想的变革，资产阶级军事思想体系得到确立；二是人类军事思想发生革命性变化，以马克思主义军事理论为代表的无产阶级军事思想宣告诞生。

15 和 16 世纪之交，欧洲军事思想领域出现了近代化的萌芽，主要代表作是意大利政治家马基雅维利的《战争艺术》等。17 至 18 世纪，欧美各国资本主义迅猛发展，促使战争和军队建设从形式到内容发生了巨大变革，欧美军事思想的近代化过程随之达到高潮。其成果集中体现在克劳塞维茨的《战争论》和若米尼的《战争艺术概论》中。这两部著作均在总结拿破仑战争经验的基础上产生，标志着世界近代资产阶级军事思想体系的基本确立。

19 世纪末至 20 世纪初，世界资本主义体系发展到帝国主义阶段，各种军事理论大量出现。代表性的有：美国马汉提出海权论，英国麦金德提出大陆心脏说，德国鲁登道夫提出总体战理论，意大利杜黑提出制空权理论，英国富勒提出机械化战争论，英国利德尔·哈特提出间接路线战略等。

无产阶级军事思想，作为一种崭新的军事思想体系，也是在近代确立的。19 世纪中后期，为适应工人运动发展的需要和迎接无产阶级暴力革命，马克思和恩格斯共同创立了马克思主义军事理论。他们运用辩证唯物主义和历史唯物主义，首次正确揭示了战争和军队同社会生产方式之间的内在联系，阐明了军事领域的若干基本规律，确立了军事问题认识论和方法论的科学原则，创立了关于城市工人武装起义、无产阶级军队和人民战争及其战略战术原则的学说。马克思主义军事理论的诞生，是人类军事思想发展史上一次划时代的伟大革命，为人们研究、解决军事领域的问题提供了科学的观点和方法，为无产阶级军事思想的发展奠定了坚实的理论基石。

俄国十月社会主义革命后，无产阶级军事思想得到蓬勃发展。列宁从帝国主义和无产阶级革命时代的特点与俄国的实际出发，创立了关于战争与革命、武装起义和建设工农红军、实行全民战争等学说，为马克思主义军事理论谱写了新篇章。斯大林等继承和发展了马克思列宁主义的军事理论，制定了苏维埃国家军队和国防建设的基本原则，对决定战争命运的诸因素及其相互关系、战略与策略等问题进行了论述，全面建立起苏联军事思想体系。

鸦片战争之后，中国传统兵学受到西方军事思想的严重冲击。林则徐、魏源等有识之士提出"师夷长技以制夷"的主张。在"洋务运动"中，清政府在"器利兵精"和"自强以练兵为要，练兵又以制器为先"的思想指导下，开始兴办中国近代军事工业，引进、仿造西式的枪炮、战舰，编练军队。在中法战争和中日甲午战争中，清军虽战败，但国防建设思想、作战指导思想和作战方式却向近代化迈进了一步。以孙中山为代表的资产阶级革命党人，在共产国际和中国共产党的帮助下，提出以党治军、军队与国民相结合，进而成为群众的武力的建军方针，并在军队中建立党代表和政治工作制度，在建军思想上迈出了重大的一步。

（三）现（当）代军事思想

第二次世界大战结束到 20 世纪 70 年代后期，以美国和苏联为首的两大国际政治、军事集团之间进行了长期的冷战。随着双方核力量由比较悬殊到相对均势的发展变化，军事思想也在相应调整。在战争指导原则方面，核战略理论、冷战理论、有限战争理论及特种战争理论等相继提出。军队和国防建设的指导方针，由原来的优先发展核武器，调整为既重视发展核军备，同时不放松发展常规力量，以适应打赢核威慑条件下不同规模和强度的常规战争的需要。这一时期，在广大第三世界国家和地区的人民革命武装斗争中，游击战理论得到了一定的发展。

20 世纪 80 年代后，随着新科技革命在世界范围内蓬勃兴起，大量新技术用于军事目的，促使军事领域发生新的变革。和平与发展成为时代主题，世界格局向多极化方向发展，武装冲突和局部战争频繁发生。局部战争尤其是海湾战争，使用高新技术武器装备种类、数量繁多，现代化程度高。这些都有力地推动了各国现代军事思想的发展，集中体现为着重探索现代条件特别是高技术局部战争的客观规律及指导原则，探索在这种新的战争形态下军队建设和国防建设的指导方针及原则。如美国提出了低强度冲突理论和空地一体战思想等。

产生和形成于中国革命战争年代，并在中华人民共和国成立后继续丰富和发展的毛泽东军事思想，其中关于战争观和方法论的学说、人民军队思想、人民战争思想、人民战争的战略战术思想和国防建设思想，既深刻揭示了中国革命战争、人民军队建设和国防建设的特殊规律，又反映了军事领域的一般规律，是无产阶级军事思想发展史上的一座丰碑。

中国军事思想不断丰富和发展，先后形成了邓小平新时期军队建设思想、江泽民国防和军队建设思想、胡锦涛国防和军队建设思想和习近平强军思想，不断推动着党的军事指导理论创新发展。

三、军事思想的地位和作用

军事思想在军事科学中居于重要的地位，对军事实践具有指导作用。

（一）军事思想是军事实践的根本指南

军事思想是军事实践的能动反映、理论概括，揭示军事领域的一般规律，是军事实践的行动指南。人类战争实践证明，在客观物质条件许可的范围内，军事思想正确与否决定着战争的胜败。军事思想对军事领域的规律反映得愈深刻、愈正确，它对军事实践的指导作用也就愈大。毛泽东军事思想在中国半殖民地半封建社会的背景下，从敌强我弱的实际情况出发，指导中国革命战争取得了伟大胜利。

（二）军事思想是研究各门具体军事学科的理论基础和根本方法

军事思想对具体军事学科的指导，首先，体现在提供基本的军事观点，或者说揭示一般规律上。例如，毛泽东同志揭示了战争的本质是"保存自己，消灭敌人"，这是战争的基本规律，它贯彻于战略战役战术的始终。战略学、战役学和战术学在研究如何战胜敌人的过程中，就要运用这一基本规律。其次，体现在提供正确的方法论上。例如，毛泽东同志强调战略、战术计划的制定，要遵循用力省而成功多的原则，要立足于最困难情况往最好处努力。

（三）军事思想对其他社会实践有着重要的借鉴意义

军事思想是战争和军事规律的总结，而战争和军事活动都是社会实践活动，因此军事思想本质上也是社会实践活动规律的反映，因而对政治、经济、外交等各个领域的社会实践都有借鉴指导作用。例如，孙子兵法适用于商战和体育竞争等各个领域。体育比赛中重视对进攻和防御战术的研究和运用，市场竞争中借鉴军事思想提出的许多巧妙的策略和艺术等，都说明军事思想对其他领域具有广泛的借鉴意义。

第二节　外国军事思想

　　学习和了解外国军事思想，并对其加以甄别、借鉴和扬弃，取其精华，去其糟粕，对于发展和创新我国军事思想具有重要意义。

一、主要内容与特点

（一）外国古代军事思想

　　古希腊、古罗马等奴隶制国家，为了掠夺奴隶和财物、扩张领土、建立霸权，频繁发动战争。在长期的战争实践中，涌现出许多著名的将领和统帅，产生了丰富的军事思想。

　　古希腊的军事思想概括起来主要有：认识到战争是由根本利害矛盾引起的，战争的目的是为了谋求城邦、国家利益和霸主地位；战争的胜败取决于政治、军事、经济、精神等条件；作战前必须对双方的军力、财力、人力等方面的长处和短处进行认真的分析对比；注意激励军队的士气；立足以优势力量建立己方胜利的信心；采取出乎敌人意料的行动使之惊慌失措。

　　古罗马军事思想源于古希腊而又有所发展，主要表现在：进一步认识到战争有正义与非正义之分；把军事作为实现政治目的的工具，而政治又是配合军事行动达成军事目的的手段；通过外交广泛联盟，孤立对手，恩威并举，实现自己的目的；主张以进攻为主、防御为辅，即使在被迫处于防御地位时，也总是通过向敌后等薄弱处进攻，力求改变攻防态势，变防御为进攻；主张建立一支忠于自己的部队，以金钱、土地、建筑等物质利益保证部队的忠诚；以精神鼓励和严格的纪律保持部队的战斗力。

（二）外国近代军事思想

　　近代军事思想是在热兵器战争和机械化战争时代的军事实践中发展起来的。这一时期发生的两次军事革命和两次世界大战，极大地推动了近代军事思想的发展。

　　1. 外国近代前期军事思想

　　近代前期是资产阶级军事思想体系得到确立、无产阶级军事思想开始登上历史舞台的时代。17至19世纪，欧美各国相继确立资本主义生产方式，完成了产业革命，催生了以热兵器的广泛使用为标志的第二次军事革命。枪、炮等热兵器成为战场上的主要兵器，海军进入铁甲舰时代，军队组织结构、体制编制、指挥体制、作战方式、兵役制度、后勤保障等发生巨大变化。英国资产阶级革命战争、美国独立战争、拿破仑战争、美国内战等一系列新的战争实践，推动了欧美军事思想的变革。

　　近代前期欧洲军事思想变革的成果，集中体现在18世纪末至19世纪前期的拿破仑战争艺术，以及克劳塞维茨所著《战争论》和若米尼所著《战争艺术概论》两部军事理论名著之中。这两部著作均在总结拿破仑战争经验的基础上产生，标志着近代资产阶级军事思想体系的基本确立。

拿破仑是法国资产阶级杰出的统帅和军事家。拿破仑继承法国资产阶级大革命初期的传统，废除雇佣兵制，代之以征兵制和志愿兵制，广泛地动员和征集农民当兵，建立了一支新型的能征善战的强大的资产阶级军队，兵力最多时达百万之众。拿破仑唯才是举，不拘一格选拔将帅。平时注意教育训练，积极改善装备，特别注重发展炮兵、骑兵。在世界军事史上，从拿破仑开始炮兵正式定为一个兵种，这对世界炮兵发展起了重大的推动作用。这些都对资产阶级军队建设及其作战理论发展产生了深远的影响。

拿破仑的军事思想主要包括：强调要积极采取攻势行动，为了达到消灭敌人的目的，把积极发动进攻作为主要手段；要善于集中兵力，即在必要的时候，在必要的地点，集中比敌人在此时此地更为强大的兵力；强调快速机动和突然性，注重出奇制胜；重视国家军事组织的完善和军队骨干力量的培养；等等。这些使资产阶级作战思想发展到顶峰，引起了西方军事界的广泛关注。

2. 外国近代后期军事思想

19世纪末20世纪初，世界资本主义进入帝国主义阶段。为帝国主义服务的战略理论和作战理论应运而生，鼓吹对外扩张的各种军事思想大量出现。美国马汉提出海权论，主张建立并运用优势的海军和其他海上力量去控制海洋，进而通过夺取制海权控制世界。德国施利芬制定了施利芬计划，提出先发制人、突然袭击、为达到战争目的不惜践踏国际法等侵略扩张理论，为德国在两次世界大战中实施战争指导提供了重要理论依据。英国麦金德提出大陆心脏说，认为"谁统治东欧，谁将统治心脏地带；谁统治心脏地带，谁将统治世界岛；谁统治世界岛，谁将统治全世界"。

第一次世界大战结束后，列强纷纷以坦克、飞机、潜艇、航空母舰等机械化兵器大量装备军队，并在总结第一次世界大战经验教训的基础上，提出了一系列新的军事思想。德国地缘政治学家豪斯霍弗尔把麦金德提出的大陆心脏说加以利用和发展，为希特勒的侵略政策制造舆论。鲁登道夫提出系统的总体战理论，强调动员国家一切力量、使用一切手段进行战争。意大利的杜黑、英国的特伦查德、美国的米切尔等人，认为空中力量在现代战争中有决定性作用，主张建立并优先发展独立的空军。英国的富勒和利德尔·哈特、法国的戴高乐和德国的古德里安等人，认为现代战争中的决定性制胜手段是高度装甲化机械化的机动突击力量。戴高乐主张把小型职业军队作为军队建设的发展方向。利德尔·哈特提出间接路线战略，认为在战争指导上应尽量采取迂回打击的方式。

第二次世界大战是一场全球规模的空前激烈的机械化战争。交战双方大量使用坦克、装甲车、飞机、火炮、航空母舰和潜艇等机械化武器装备，并首次使用雷达、火箭、导弹、原子弹等新式武器和技术，出现了诸军兵种大规模合同作战、登陆与抗登陆作战、潜艇战与反潜战、航母编队作战、空袭与反空袭作战、空降与反空降作战及战略性的游击战等一系列新的作战类型和形式。战争形态和作战方式的变化对军事思想的发展产生了重大影响，国家战略和战略联盟思想、大兵团作战思想、战役和合同战术思想、游击战争思想及军兵种建设思想等得到进一步发展和完善。

20 世纪初期，列宁在领导俄国十月革命和保卫苏维埃政权的国内战争实践中，创造性地发展了马克思主义的军事理论，深刻地揭示了战争的本质和根源，阐明了无产阶级对待战争和暴力革命的态度，创立了关于战争与革命、武装起义和建设工农红军、实行全民战争等学说。列宁逝世后，斯大林在领导苏联红军和国防建设及卫国战争的实践中，继承和发展了马克思列宁主义的军事理论，阐述了决定战争命运的诸因素及其相互关系、战略与策略等问题，制定了苏联国防和军队建设的基本原则，全面建立起苏联军事思想体系。列宁、斯大林的军事理论，是无产阶级政党组织领导革命战争和进行国防与军队建设的科学指南，是被压迫民族、被压迫人民争取民族独立和解放的思想武器。

（三）外国现代军事思想

第二次世界大战结束后，形成了以美国和苏联为首的两大军事集团相互对抗的国际战略格局，双方在核威慑背景下进行了近半个世纪的冷战。核武器技术与火箭技术和制导技术相结合而产生的核导弹系列，成为威胁全人类生存的毁灭性武器，使世界笼罩在核战争的阴云中。冷战时期，美、苏双方都曾认为，核战争是现代战争的主要样式，核武器决定现代战争的命运。核战略理论成为双方制定防务政策、战略方针和建军原则的基本依据。拥有核武器的各军事大国都制定了以核战略为核心的军事战略。

冷战初期，美国凭借在核武器方面的垄断和绝对优势地位，奉行核武器制胜理论和大规模报复战略，主张压缩陆军，发展空军、海军，大量装备核武器，准备与苏联打全面核战争。苏联在打破美国的核垄断后，针锋相对地提出准备全面打赢核战争的火箭核战略，认为未来的战争是一场全面的火箭核大战，主要作战方式是火箭核突击，把军队建设的重点放在发展火箭核武器、建设战略火箭军方面。20 世纪 60 年代以后，随着苏联在战略核力量方面逐步取得对美国的大体均势，美、苏双方军事思想都进行了相应调整，核威慑论成为主流。美国先后采取灵活反应战略和现实威慑战略，相继提出有限战争理论及特种战争理论，在继续发展战略核力量和准备打全面核战争的同时，主张建立一支多样化的军事力量，以适应打赢核威慑条件下不同规模和强度的常规战争的需要。苏联也不再把全面的火箭核大战视为唯一战争样式，提出了协调发展各种军事力量和准备打常规战争的方针。80 年代初美国里根政府上台后，奉行以"重振美国军威"为目标的新灵活反应战略，实施拦截战略导弹的"星球大战"计划，谋求对苏联的压倒性战略优势，并进一步发展了有限战争理论，提出低强度冲突理论和空地一体战理论。苏联在戈尔巴乔夫时期，则把防止一切战争作为根本性任务，提出"合理足够"的建军指导思想，把"非进攻性防御"当作军事行动的基本类型。美、苏尽管对核武器和核战争作用等问题的认识有过一些变化，但都始终把核军备与核威慑作为推行国家政策的重要手段。

20 世纪 90 年代，随着高新技术特别是信息技术在军事领域的广泛应用，世界军事领域兴起了一场新的军事革命，即以信息化为核心的第四次军事革命。在世界新军事革命的推动下，现代战争呈现出灵敏及时准确的侦察定位，快速反应和机动，中远程精确打击和陆、海、空、天、电、网的多维一体联合作战等新的特点。海湾战争、科索沃战争、阿富汗战争特别是伊拉克战争的实践表明，信息化条件下的战争正在成为体系对体系、系统对系统的整体力量的较量。

新军事革命的发生和战争形态的变化，有力地推动了现代军事思想的发展。信息时代的战争理论成为现代军事思想的新的主题，集中体现为着重探索现代战争特别是信息时代战争的客观规律及指导原则，探索信息时代国防和军队建设的指导方针及原则。

二、《战争论》军事思想

《战争论》作者克劳塞维茨（1780—1831），如图3-1所示，普鲁士军事理论家和军事历史学家。克劳塞维茨亲身经历了法国资产阶级革命时期的军事改革和战争实践，对法国资产阶级革命和拿破仑战争经验教训进行了系统总结，为写《战争论》奠定了基础。

图 3-1　克劳塞维茨

（一）"三位一体"为基础的战争观

克劳塞维茨把战争比作一个奇怪的"三位一体"。"三位一体"，是指战争具有暴烈性、概然性和偶然性、从属性三种基本属性。

战争的暴烈性使得战争是一种盲目的自然冲动。他指出，战争最原始的属性是暴烈性，这种属性源自人类最基本的搏斗形式。战争要素原有的暴烈性具有三种自然趋势：一是以打垮对方为唯一目的，二是无限制地使用暴力，三是无限制地使用各种手段。

战争的概然性和偶然性使得战争是一种自由的精神活动。这两种性质中，前者主要就战争的客观特点而言，后者则主要就战争的主观特点而言。克劳塞维茨认为，正是因为战争的主客观特性，使人们可能通过概然性的计算或主观能动作用的发挥而尽早结束战争，从而使战争的暴烈性在现实战争中得到了纠正，或者说得到了遏制。

战争的政治从属性使得战争是一种纯粹的理智行为。包含三层意思：政治引起战争，战争是政治的产物；政治支配战争，政治不只是引起战争，而且还像一只无形的手始终支配着战争；政治不能违背战争的特性。

（二）多因素制为主体的战略理论

1. 战略要素论

克劳塞维茨战略理论的一个重要特色就在于他首次提出了战略要素问题。他认为战略通常由五种要素构成，即精神要素、物质要素、数学要素、地理要素、统计要素。精神要素主要指统帅的才能、军队的武德和民族精神、政府的智慧、作战地区的民心等；物质要素主要指军队的数量、编成、各兵种的比例等；数学要素主要指作战线构成的角度、向心运动和离心运动等有计划价值的几何数值；地理要素主要指制高点、山脉、江河、森林、道路等；统计要素主要指一切补给手段。克劳塞维茨认为精神要素是战争中最重要的问题之一。

2. 以政统军论

克劳塞维茨认为战略就是为达到战争目的而对战斗的运用，也就是使政治目的、军事目标和暴力手段这三者之间协调一致，确定政治目的，明确军事目标，以及规定暴力手段。在这个过程中起决定作用的是政治因素。

首先，政治目的决定战争中的军事目标和为达到这个目标应使用多少力量。克劳塞维茨认为，"政治目的的性质、我方或敌方的要求的大小和我方的整个政治状况，事实上对战争起着最有决定性的影响"。

其次，战略主要是由政治家而不是由军事家制定的。克劳塞维茨明确指出："确定战争主要路线和指导战争的最高观点不能是别的，只能是政治观点。"如果对政治关系没有详细的了解，就不可能制定出战争所需的战略，而政治家对政治关系最了解，所以战略主要由政治家制定。

3. 尽敌为上论

克劳塞维茨在第一篇第二章"战争中的目的和手段"中指出："在战争所能追求的目的中，消灭敌人军队永远是最高的目的。"他认为"战争是迫使敌人服从我们意志的一种暴力行为"。迫使敌人服从我们的意志是战争的政治目的，而打垮敌人，使其无力抵抗则是军事目的。只有在军事上打垮敌人，才能使敌人在意志上屈服。

（三）攻防兼重为特色的作战思想

1. 攻势防御论

攻势防御，指的是目的消极但手段积极的防御；消极防御，指目的和手段都消极的防御。克劳塞维茨明确主张攻势防御，反对消极防御。他指出："防御这种作战形式绝不是单纯的盾牌，而是由巧妙的打击组成的盾牌。"

2. 民众战争论

克劳塞维茨认为民众在战争中的地位十分重要。他指出："虽然单个居民对于战争的影响像一滴水对于大河一样是微不足道的，但全国居民对于战争的影响绝不是无足轻重的，它像暗中不断燃烧的火焰一样破坏着敌人的根基。"基于这种认识，他提出"民众武装是一种巨大的防御力量"的观点，提醒战争指导者要善于利用民众武装。

3. 进攻顶点论

进攻的顶点，指的是适时停止进攻的时刻。也就是说，"大多数战略进攻只能进行到它的力量还足以进行防御以等待媾和的那个时刻为止。超过这一时刻就会发生剧变，就会遭到还击，这种还击的力量通常比进攻的力量大得多"。超越进攻顶点不利，过早停止进攻，同样也是一种损失。进攻的顶点是战争中客观存在的，不以人的意志为转移的，克劳塞维茨认为在进攻中不能超越顶点。

第三节　中国古代军事思想

中国古代军事思想是中国传统文化的珍贵遗产，数千年来不断发展完善，形成独具特色的东方兵学体系，成为世界军事思想体系的重要组成部分。中国古代军事思想，是指中国奴隶社会、封建社会时期的政治家、思想家和军事家关于战争、军队等一系列军事问题的理性认识，是中国古代各历史时期人们军事实践经验的理论升华。

一、主要内容

尽管古代军事家、将帅及不同学派对战争等问题的看法不完全相同，但其总体上的思想倾向还是比较一致的。

在对战争的认识方面，主张重道慎战，文事武备并重，强调义兵必胜，坚持以战止战（即以正义战争制止和消火非正义战争），追求和平，反对穷兵黩武；在国防建设方面，主张奖励耕战，富国强兵，居安思危，有备无患；在建军治军方面，主张创建听从指挥、善战敢战的"节制之师"，并视需要组建新军，治军则提倡令文齐武，礼法互补，以治为胜，制必先定，兵权贵一，教戒素行，气艺并重，赏罚分明，恩威并施，励士练锐，精兵良器，将帅贤明，智勇双全，三军齐心；在后勤保障方面，主张聚财积力，足食强兵，取用于国，因粮于敌；在兵役方面，坚持寓兵于民，兵民结合，因势改制等；在战略和作战指导方面，提倡先计后战，全胜为上，灵活用兵，因敌制胜，并围绕"致人而不致于人"（即争夺战争主动权）这一战争宗旨提出知彼知己、因势定策、伐谋伐交、兵者诡道、出奇制胜、避实击虚、各个击破、造形任势、示形动敌、我专敌分、出其不意、攻其无备、善择战机、兵贵神速、先机制敌、后发制人、巧用地形等原则；在哲学思辨方面，注重事物的普遍联系和相互依存，从宏观的角度指导军事问题，以发展的观点看待军事斗争，以能动的立场指导军事斗争等。

二、主要特点

中国古代军事思想，除具有军事思想所共有的阶级性、时代性和实践性等特征外，由于它根植于中国特有的社会土壤，吸吮着中国特有的文化营养，反映了中国特定历史时期的战争实践，因而相对于其他国家军事理论而言，又具有中华民族的基本特征。

（一）历史悠久，著述丰厚

在古典军事理论发展史上，中国古代军事思想的早熟是举世公认的。我国有史可查的最早的兵书大约初始于西周，《周礼》中的《夏官司马》就具有军事著作的内容特征。《尚书》中的"誓"类似后代的战争动员令。《孙子兵法》是中国古代影响最大、流传最广的兵书，被公认为"世界第一兵书"。中国军事思想不仅历史悠久，而且著述浩如烟海，蔚为壮观。据不完全统计，仅我国史籍著录的上起周秦、下至辛亥革命时期的兵书，大约有3000多部。正因为如此，中国历来有"兵法之国"的美称。

（二）舍事言理，宏观思考

中国古代军事理论家在观察分析军事问题时，总是将军事与政治、经济、人文、自然、心理、艺术等有关因素系于一起，以"欲明兵法，先明方略；欲明方略，先明史事"的严肃的史学态度和很高的军事哲学修养，从哲学高度观察、评论战争，解释战争运动的条件，揭示战争和战争指导规律。这种"舍事言理"论述军事问题的优良传统，使得中国军事思想具有较强的哲学思辨性、较高的理论概括性、较深远的宏观超前性和较广泛的社会通用性等特点。

（三）崇尚道义，追求和平

中国古代军事思想一直把崇尚道义、追求和平作为研究军事问题的价值取向。这是中华民族的传统思想文化的积淀及其在军事思想中的反映。早在先秦时期，兵家就把"止戈为武"作为思考战争问题的逻辑起点。《司马法》中指出："杀人安人，杀之可也；攻其国，爱其民，攻之可也；以战止战，虽战可也。"明确把"安人""爱其民""止战"作为进行战争的目的。《孙子兵法》中则把"道"作为战争取胜的首要因素，把"不战而屈人之兵"作为军事战略的最高境界。"先王之道，以和为贵，贵和重人，不尚战也。"这种传统观念代代相传，发扬光大，成为中国古代军事思想的一个基本特征。

（四）注重谋略，力求智取

在中国古代军事理论宝库中，丰富多彩的奇谋方略最引人注目。翻开中国古代的历史典籍，其中对战争的记述，无不在运筹帷幄的谋略上浓墨重彩，而在战争经过的描写上则是惜墨如金。历代兵学家对战争经验和谋略进行了系统的理论总结，如《孙子兵法》中提出"十二诡道"，《百战奇法》《三十六计》中概括出130多条战争法则。这些耳熟能详的奇法妙计，是熔炼中国传统谋略思想而形成的智慧结晶。

三、《孙子兵法》军事思想

《孙子兵法》作者孙武（如图3-2所示），春秋末期齐国人，中国古代著名的军事家、思想家，被尊称为"兵圣""孙子"，被誉为"东方兵学的鼻祖"。《孙子兵法》是中国古代最著名的兵书，也是世界现存最古老的军事理论著作。

《孙子兵法》全书十三篇，篇次有序，立论有体。《计篇》《作战篇》《谋攻篇》，论述战争中诸因素决定

图3-2 孙武

战争胜负的基本原理，从战略、谋略层面考虑、处理战争问题。《形篇》《势篇》《虚实篇》，论述作战的基本原理，阐明指导作战时的基本原则。《军争篇》《九变篇》《行军篇》，论述如何采取对敌作战的实际行动。《地形篇》《九地篇》《火攻篇》，论述利用自然环境条件的问题。《用间篇》，是战争理论、原理、原则的结论，并论述情报的意义和作用。

《孙子兵法》揭示了战争与作战的基本规律，蕴涵着丰富的军事思想，对战争的认识、战略思想、作战指导思想、治军思想的阐述深度和广度都前无古人。

（一）战争观

孙子站在新兴地主阶级立场上，用中国古代朴素的唯物论思想和原始的辩证法思想观察战争，形成了独特的战争观。主要表现在以下三个方面。

1. 重战

孙子旗帜鲜明地从理论上重视战争，认为"兵者，国之大事，死生之地，存亡之道，不可不察也"。对战争的认识，实现了从"凶器"到"国之大事"的飞跃。

2. 慎战

孙子充分认识到战争给国家和民众带来的巨大灾难和损失："凡兴师十万，出征千里，百姓之费，公家之奉，日费千金；内外骚动，怠于道路，不得操事者，七十万家。"因此，孙子提醒国君和将帅，对待战争要慎之又慎，做到"非利不动，非得不用，非危不战"。

3. 备战

孙子认为战前要做好充分准备，"无恃其不来，恃吾有以待也；无恃其不攻，恃吾有所不可攻也"，要做到"以虞待不虞"。

（二）战略思想

《孙子兵法》蕴含着丰富的战略思想，即战争全局谋划筹策思想。如首篇讲"计"和"庙算"，第二篇讲"作战"，第三篇讲"谋攻""全胜"和"不战而屈人之兵"。这些都是国君和统帅对战争全局的谋划和指导，都是战略的内容。归纳起来，《孙子兵法》的战略思想主要有以下几个方面。

1. 知彼知己，先计先算

孙子强调战前对战争全局进行总体计划和筹策，定出可行的战略方针。而这种计划筹策的基础是知彼知己，调查研究。

孙子在《谋攻篇》中指出："知彼知己，百战不殆；不知彼而知己，一胜一负；不知彼，不知己，每战必殆。"这就正确地指明了在进行战略谋划时，必须从敌我双方的客观实际出发，否则就必然失败。在知彼知己这个问题上，把知彼放在知己之前，是因为知彼比知己更重要和更不容易做到。孙子在《地形篇》进一步指出："知彼知己，胜乃不殆；知天知地，胜乃可全。"强调在知彼知己基础上，还应知晓天时和地利，才能保证常胜不败。孙子认为"不知敌之情者，不仁之至也，非人之将也，非主之佐也，非胜之主也"。战争是要付出巨大代价的，而国君、将帅却因不知敌之情而招致失败，就是不仁之至。因此，孙子十分重视"用间"，主张不惜代价以做到"先知"敌之情。因此在第十三篇专述"用间"的重要性和方法。

在充分做到知彼知己的基础上，孙子提出"计"和"庙算"，意思是战争决策者在庙堂里计算、筹划战争，也就是制定战略方针，进行战略决策。孙子是以决定战争胜负的基本因素为依据计算和分析战争的。首先依据"五事"的"道、天、地、将、法"对战争的胜负进行总体地评估和计算；进而以"七计"具体比较衡量战争双方"主孰有道？将孰有能？天地孰得？法令孰行？兵众孰强？士卒孰练？赏罚孰明？"孙子进一步指出："夫未战而庙算胜者，得算多也；未战而庙算不胜者，得算少也。多算胜，少算不胜，而况无算乎！"如果在战前计算周密则得胜的条件多，这种情况下筹划出来的战略方针和计划就切实可行，取胜的可能性就大。相反，取胜的可能性就小。而战前不进行庙算筹划，没有制定出胜敌的战略方针，取胜的可能性是没有的。

2. 充分准备，未战先胜

充分准备，未战先胜，是一个带有全局性、根本性的战争准备的战略思想。《形篇》中道："胜兵先胜而后求战，败兵先战而后求胜"，"昔之善战者，先为不可胜，以待敌之可胜。不可胜在己，可胜在敌"。"先胜""先为不可胜"强调的是在战争之前就使自己具备取得战争胜利的条件，不打无准备之仗、不打无把握之仗。

总的来看，孙子认为战争准备主要有三个方面：一是思想上的准备，或者说是政治上的准备。孙子认识到战争最重要的准备是政治条件的准备。《形篇》中指出："修道而保法，故能为胜败之政。"认为修明政治，确保法制，才能掌握胜败的决定权。《计篇》中说："道者，令民与上同意者也，可与之死，可与之生，民弗诡也。"二是物质上的准备。包括武器装备的"具器械"准备："驰车千驷，革车千乘"，"甲胄矢弩，戟盾蔽橹，丘牛大车"等；军需物资准备方面，孙子提出要有丰足的"辎重""粮食"和"委积"，"军无辎重则亡，无粮食则亡，无委积则亡"。三是搞好临战状态的作战准备，即孙子所说的谋"形"和造"势"。通过这样的战争准备，便能够以排山倒海之势，将积聚的军事能量发挥出来，形成有利于我方的军事态势，进而战胜强敌。

3. 以"全"争胜，不战而屈人之兵

《孙子兵法》军事思想体系中，独树一帜地提出了"全胜"之道，将中国古代军事思想拓展到大战略的高度，并使之更富于哲理性，具有更灵活的指导性。

在《谋攻篇》中，孙子开篇即以"全"与"破"对举，指出："凡用兵之法，全国为上，破国次之；全军为上，破军次之；全旅为上，破旅次之；全卒为上，破卒次之；全伍为上，破伍次之。是故百战百胜，非善之善也；不战而屈人之兵，善之善者也。"这段精彩的文字中，始终是"全"为上，"破"次之。"全"就是完善、完全，"破"就是战胜、征服。"善之善"就是至善，就是全胜。孙子称"不战而屈人之兵"为"善之善"，也就是指出了战争指导所应追求的至善至美的全胜境界。

孙子的全胜战略并非唯心主义的空想，而是有其前提条件和有效途径的。从实行的条件而言，它的前提是首先要有强大的军事实力。孙子的思想是唯物的，他强调"不战而屈人之兵"绝不是空谈和不切实际的奢望，而是把"不战"建立在"战"的基础之上的。孙子已经认识到，强大的敌人要用强大的实力去慑服，用物质的力量去战胜，两手空空是断不能使任何敌人屈服的。因而，他是在强调拥有强大的政治、经济、军事实力的基础上，以足以慑服敌人的"霸王之兵"来实施"不战而屈人之兵"的"全胜"战略的。从实行的手段和途径而言，孙子提出了"故上兵伐谋，其次伐交，其次伐兵，其下攻城。攻城之法为不得已也"。就是说，最佳的战略是打乱敌人的战略谋划和战略方针，其次是破坏敌人的外交关系，再次是战场上交锋，万不得已才是攻城。孙子在《九地篇》中提出的"威加于敌"，即以强大的军事实力慑服敌人。这一手段是仅次于"伐谋"和"伐交"的重要战略手段，在战争指导中应先于"伐兵"和"攻城"。总之，"伐谋""伐交""威加于敌""伐兵""攻城"构成了实现全胜目标的五种战略手段和途径。

归结起来，全胜战略思想要义是：以强大的军事实力为后盾，通过综合运用政治、外交、经济、武力威慑等手段，以小的代价，取得"兵不顿而利可全"的全胜。需要指出的是，"不战而屈人之兵"是孙子在战略上追求的理想目标，但并不是孙子争霸战略的全部内容。

4. 强调进攻速胜，反对久拖不决

《孙子兵法》的作战主旨是强调进攻。几乎每一篇都讲攻，还专设《谋攻篇》谈论谋划攻敌问题。孙子讲进攻，不限本土，他极力提倡向外国进攻，打出国境、打到外国去。《九地篇》中指出，"去国越境而师"，乃"为客之道"。他强调要打到敌国腹地（重地），即打入敌国深处，认为这样对作战和取胜好处极大。凡是深入敌国作战，深入敌境，士兵就会专心一致。把士兵投放在敌国深处无路可逃的地方，他们就只能拼死战斗，没有退路就会情绪稳定地去交战。因此这种军队不用修整就懂得戒备，不用鼓励就愿意卖命，不用约束就能亲密协力，不用强令就会遵守纪律。孙子在阐述这一观点时，暴露了统治阶级对待士兵态度的残酷性，这是孙子阶级局限性的表现。

孙子强调进攻的同时主张速胜。他在《作战篇》中指出："兵闻拙速，未睹巧之久也"，"兵贵胜，不贵久"。孙子提出速战速胜的战略指导方针，原因有两个：第一，他分析了战争与经济的关系，初步认识到战争对经济的依赖性。看到在当时的经济状况下持久作战无法维持。第二，孙子认识到战争久拖不决对军事形势不利。《作战篇》指出："其用战也贵胜，久则顿兵挫锐，攻城则力屈""诸侯乘其弊而起，虽有智者，不能善其后矣"。他认为仗打久了力量耗尽，而且周边军事事态也会起变化，容易遭到其他诸侯乘虚而入的进攻，届时，即使有很高明的人，也不能挽回危局了。因此，从战略全局的视角看，避免出现这种局面的最好方法就是不使战争旷日持久，而要速战速决。

（三）作战思想

《孙子兵法》关于指导作战的思想极为深刻和丰富。主要作战思想有以下几个方面。

1. 致人而不致于人，争取战场主动权

孙子认为，要夺取战场主动权：一是要先处战地，以逸待劳。"先处战地而待敌者佚，后处战地而趋战者劳。"二是抓住利害，调动敌人。"能使敌自至者，利之也；能使敌不得至者，害之也。"三是运用"诡道""示形"。孙子认为，为了使敌人失去主动权，应采取"诡道"和"示形"的方法。

2. 出奇制胜

表现在三个方面：一是奇正结合，做到"凡战者，以正合，以奇胜"，"三军之众，可使必受敌而无败者，奇正是也"。二是奇正相生，即"战势不过奇正，奇正之变，不可胜穷也。奇正相生，如环之无端，孰能穷之"。三是出奇制胜，攻敌无备，出敌不意，使敌难以对付，故能常胜。

3. 避实击虚

孙子专设《虚实篇》谈论虚与实。他认为，"进而不可御者，冲其虚也"，"兵形像水，水之形避高而趋下，兵之形避实而击虚"。孙子论虚实主要强调：战势存在虚实，己方应力求实，而设法使敌方空虚；察明敌之虚实，击之可破；转化敌我虚实态势，使敌常虚，使我常实；善于集中优势兵力突然袭击敌之虚。

（四）治军思想

孙子关于论述军队建设的内容散见于各篇之中。概括起来主要有两个方面：一是将帅选用问题，二是军队管理问题。

1. 将帅选用

孙子认识到"将孰有能"是关乎战争胜利的重大问题。他指出"知兵之将，民之司命，国家安危之主也"。又说，"夫将者，国之辅也。辅周则国必强，辅隙则国必弱"。基于此，孙子提出了"智、信、仁、勇、严"的将帅选拔标准。在将帅的使用问题上，孙子明确指出"将能而君不御者胜"，是"用人不疑，疑人不用"的原则在军事领域里的反映。

2. 军队管理

《行军篇》提出"令之以文，齐之以武"，意谓用道理去教育军队，用军纪、军法统一军队的行动。体现了文武兼施、恩威并济的治军思想。"令之以文，齐之以武"二者相辅相成，对立统一，不可或缺。这一思想对于残酷虐待士卒的奴隶主军队是一种革命，对于新兴地主阶级军队则是一种创新。

第四节　当代中国军事思想

当代中国军事思想，是中国共产党及其历代领导集体在指导当代中国丰富多样的军事实践中不断完善形成的理论体系，是用于指导中国军事实践的科学思想武器，是马克思主义中国化的重要理论成果，是中国共产党集体智慧的结晶。包括毛泽东军事思想、邓小平新时期军队建设思想、江泽民国防和军队建设思想、胡锦涛国防和军队建设思想、习近平强军思想。

一、毛泽东军事思想

以毛泽东同志为代表的中国共产党人，坚持把马克思列宁主义普遍原理与中国革命战争的实际相结合，坚持不断创新，走出了一条符合中国国情的革命战争之路，并形成了一套完整的军事思想体系——毛泽东军事思想。毛泽东军事思想是对马克思列宁主义军事理论的丰富和发展，是进行军队建设、国防建设和军事斗争的指南，在世界范围产生了广泛而深远的影响。

（一）无产阶级战争观和方法论

无产阶级战争观与方法论，是研究和指导战争的基本观点和方法，是毛泽东同志站在无产阶级立场上，运用辩证唯物主义和历史唯物主义的基本原理，对战争本质等问题所做的正确回答，对战争规律和战争指导原理所做的科学揭示。它是毛泽东军事思想的理论基础部分，是我们研究和指导战争的基本理论依据。

1. 无产阶级战争观

战争是私有制和阶级的产物。1936 年 12 月，毛泽东同志在《中国革命战争的战略问题》一文中指出："战争——从有私有财产和有阶级以来就开始了的，用以解决阶级和阶级、民族和民族、国家和国家、政治集团和政治集团之间的，在一定发展阶段上的矛盾的一种最高的斗争形式。"毛泽东同志的这一观点，为正确认识战争的根源、本质和发展进程提供了科学的依据。它表明，私有财产和私有制的出现是战争得以产生的决定性因素，没有私有制和阶级社会的出现，就不会有真正意义上的战争。因此，要从根本上消灭战争，就必须消灭私有制，消灭随私有制产生而形成的阶级和国家。

战争是流血的政治。战争与政治的关系涉及战争的本质。19 世纪，普鲁士军事理论家克劳塞维茨首先提出"战争无非是政治通过另一种手段的继续"的论断。列宁对克劳塞维茨的观点进行了批判改造，提出了"战争是政治的继续"的科学论断，并使之成为马克思主义关于战争本质的基本观点。毛泽东同志充分肯定了这一观点，并在理论和实践的结合上坚持和发展了这一真理。他提出："政治是不流血的战争，战争是流血的政治。"这一论断阐述了战争与政治的一致性和差别性，深刻地揭示了战争的本质，是毛泽东军事思想关于无产阶级战争观的理论基石。

共产党人要拥护正义战争，反对非正义战争。毛泽东同志依据战争与政治的关系，继承了马克思列宁主义鉴别战争性质的学说，明确指出："历史上的战争分为两类，一类是正义的，一类是非正义的。一切进步的战争都是正义的，一切阻碍进步的战争都是非正义的。"将战争区分为正义与非正义两种根本对立的政治属性，为我们明确对待战争的态度提供了基本依据。无产阶级和共产党人对待战争的基本态度可归结为两点：一是对待不同性质的战争采取不同的态度，拥护正义战争，反对非正义战争；二是我们的最终目的是消灭一切战争，实现永久和平。怎样才能达到消灭一切战争的崇高目的呢？毛泽东同志认为："消灭它的方法只有一个，就是用战争反对战争，用革命战争反对反革命战争，用民族革命战争反对民族反革命战争，用阶级革命战争反对阶级反革命战争。"

2. 研究和指导战争的方法论

遵循战争规律研究指导战争。毛泽东同志研究和指导战争方法论的核心，就是从研究战争规律入手，认识和把握战争规律，用以正确地指导战争。毛泽东同志不仅强调要认识和把握战争规律，还首先提出了"战争指导规律"的科学概念，他把战争指导规律形象地比喻为"战争大海中的游泳术"。战争指导规律，就是符合战争客观规律的指导战争的原理、原则，即正确的战略战术。换句话说，战争指导规律就是已被人们认识并加以应用的战争规律。

运用阶级分析的方法研究指导战争。阶级分析方法，就是运用马克思主义关于阶级和阶级斗争的观点，去观察和认识阶级社会的历史现象的一种方法。毛泽东同志认为，用阶级分析的方法，分析各阶级、阶层的状况，分析阶级力量的对比关系，做出科学的阶级估量，是无产阶级政党制定正确的战略和策略的客观依据。毛泽东同志和老一辈无产阶级革命家根据战争的阶级属性，确定了中国共产党人对待战争的根本态度，即拥护正义战争，反对非正义战争，直到最终消灭战争；根据无产阶级的历史使命，明确了无产阶级在中国革命战争中的领导权，即要取得中国革命战争的彻底胜利，除了中国共产党之外，是没有任何一个别的政党（不论是资产阶级的政党或小资产阶级的政党）能够担负的；根据中国社会各阶级的状况，指出了不同历史时期革命的依靠力量和打击的对象，中国共产党在领导中国历次革命战争的实践中，都较好地团结了一切可以团结的力量，孤立和打击敌人，取得了革命战争的胜利。

按照历史的观点研究指导战争。历史的观点，就是运用马克思主义的历史观，从历史的联系与历史的线索出发研究与阐述战争发展的历史，揭示其运动规律，以借鉴历史经验，研究指导现实战争。具体来讲，既要尊重和借鉴历史经验，也要发展历史经验。毛泽东同志从古代战例中，抽象出一些形象的以弱胜强的作战原则，指导具体的作战。解放战争时期，刘邓大军千里跃进大别山，经略中原，变内线作战为外线作战，迫使国民党反动派由战略进攻转入战略防御，实际上就是对"围魏救赵"战法的继承和发展。毛泽东同志和老一辈无产阶级革命家，借鉴历史经验研究指导战争，从来不拘一格，注重在继承中创新，在借鉴中发展。

坚持辩证的观点研究指导战争。毛泽东同志研究和指导战争的方法论，不仅是唯物的，而且是辩证的。具体体现在：一是着眼特点，具体地研究战争。就是要在研究指导战争的过程中全力捕捉每一具体战争的特殊本质。二是着眼发展，动态地研究战争。主要体现在：要着眼未来，科学地预见战争；要坚持质量互变观点，把握战争的发展；要坚持否定之否定的观点，把握战争运动的发展过程。三是着眼全局，整体地研究战争。战争全局和局部的区分具有相对性；全局是统帅，决定局部；局部隶属于全局，服从全局；全局对局部起决定作用，局部反作用于全局。要着眼全局，就要全局在胸，关照好各个方面和各个阶段。着眼战争的全局，还必须掌握好有决定意义的重要关节。四是着眼实际，客观地研究战争。战争指导者要驾驭战争，就必须使自己的主观指导符合战争的客观实际。五是着眼矛盾，运用对立统一的规律研究战争。战争中的一切矛盾都是对立面的统一。用对立统一规律研究指导战争，要在战争诸矛盾的对立中把握统一，在统一中把握对立。

总之，毛泽东同志研究和指导战争的方法论，归结到一点，也是最根本的一点，就是一切从战争的客观实际出发，具体情况具体分析，实事求是地研究和指导战争。

（二）人民军队思想

人民军队思想，是以毛泽东同志为主要代表的中国共产党人关于建设人民军队的指导思想，是毛泽东军事思想的重要组成部分。它成功地解决了把一支以农民为主要成分的革命军队，建设成为一支无产阶级性质的、具有严格纪律的、同人民群众保持密切联系的新型人民军队的问题，系统地提出了人民军队建设的理论、方针和原则，是我军过去、现在和将来建设的科学指南。

1. 中国革命必须首先建立和掌握革命军队

中国半殖民地半封建社会的特点，决定了中国革命必须首先建立和掌握人民军队。毛泽东指出："中国的特点是：不是一个独立的民主的国家，而是一个半殖民地的半封建的国家；在内部没有民主制度，而受封建制度压迫；在外部没有民族独立，而受帝国主义压迫。因此，无议会可以利用，无组织工人举行罢工的合法权利。在这里，共产党的任务，基本地不是经过长期合法斗争以进入起义和战争，也不是先占城市后取乡村，而是走相反的道路。"中国社会的这一基本特点，决定了"在中国，主要的斗争形式是战争，而主要的组织形式是军队"。大革命失败等许许多多血的教训，使我党认识到要战胜敌人必须依靠军队。在党的"八七"会议上，毛泽东同志尖锐地指出："我们党从前的错误，就是忽略了军事。"并提出了"政权是由枪杆子中取得的"的著名论断。

2. 建立一支无产阶级性质的新型人民军队

中国革命必须走以农村包围城市、武装夺取政权的道路，决定了中国革命不能以城市为革命的起点，而必须以分散的农村作为起点。也就是说，在小农经济的汪洋大海中，怎样把以农民为主体的军队改造、建设成一支无产阶级领导的武装集团，成为我党创建军队首要解决的问题。从"三湾改编"到古田会议的建军初期，以毛泽东同志为代表的中国共产党人，按照辩证唯物主义和历史唯物主义的思维逻辑，围绕创建新型人民军队的根本问题，在同各种非无产阶级建军思想的斗争中，从加强党的领导、明确军队任务、确立军队内部和外部良好关系等方面着手，创造了一套区别于旧军队的做法，系统地解决了在中国共产党领导下，怎样把一支以农民为主要成分的军队，建设成为具有无产阶级性质的新型人民军队的问题，标志着人民军队的创建成功和人民军队思想的正式形成。

3. 确立了人民军队建设的理论、原则和方针

第一，坚持全心全意为人民服务的唯一宗旨。这个宗旨，指明了人民军队同一切剥削阶级军队以及其他旧式军队的本质区别，是我军建军原则的核心，也是一切军事活动的出发点和归宿点。全心全意为人民服务的宗旨，体现了人民军队的阶级本质，是我军立于不败之地的力量源泉。正是坚持了这一宗旨，才有了人民军队的生存、发展和不断壮大。

第二，执行战斗队、工作队和生产队的三大任务。这个军事、政治、经济三位一体

的任务，是新型人民军队同旧式军队的又一本质区别，体现了无产阶级军队的性质。人民军队作为无产阶级革命和专政的工具，在执行三大任务的过程中，其根本任务仍然是战斗队，战斗队任务完成的好坏，关系到革命政权的得失，关系到人民的安危。这是军队自身的本质属性所决定的。

第三，确立党对军队的绝对领导。毛泽东同志指出："我们的原则是党指挥枪，而决不容许枪指挥党。"这是处理无产阶级政党和无产阶级军队之间关系的根本原则。坚持中国共产党对军队的绝对领导，用党的路线、方针、政策和无产阶级思想教育官兵，按照无产阶级思想建设军队，这是无产阶级革命斗争规律的必然要求，是建设新型人民军队的根本保证，是夺取中国革命战争彻底胜利的历史选择。党对军队的绝对领导是通过政治、思想和组织的领导实现的。

第四，实行强有力的政治工作。人民军队的政治工作，是中国共产党在军队中的思想工作和组织工作，其基本任务是保证军队各项任务的完成。政治工作是我军的生命线，这是毛泽东关于人民军队政治工作的地位和作用的形象比喻。官兵一致、军民一致、瓦解敌军是政治工作的三大原则。政治工作三大原则，集中反映了我军政治工作的根本目的，即团结自己，战胜敌人。同时也体现了我军建设的根本要求，是我军无产阶级本质的反映和建军宗旨的体现。

第五，实行集中指导下的民主制度。毛泽东同志规定了我军要实行政治、经济、军事三大民主，从而使我军的民主传统进一步系统化、理论化、制度化。三大民主概括了军队民主生活的主要方面，构成了一个完整体系。其中政治民主是整个民主活动的基础。没有政治上对官兵民主权利的尊重，就没有官兵平等的民主权利，更谈不上实行经济和军事民主。而官兵政治上的民主权利，很多方面又是通过经济和军事民主来体现的。

此外，毛泽东同志还十分注重人民军队的纪律建设，亲自为我军制定了"三大纪律八项注意"，作为全军行动的基本准则。人民军队在强调革命化建设的同时，逐步实现现代化和正规化是毛泽东建军思想的重要组成部分。

（三）人民战争思想

人民战争思想，是毛泽东军事思想的核心内容，是中国人民进行革命战争的根本指导路线，是我军克敌制胜的根本法宝。

1. 人民战争思想的含义及基本精神

人民战争是指"被压迫阶级或被压迫民族为谋求自身的解放，发动和依靠广大人民群众所进行的战争"。无产阶级及其政党领导下的人民战争是群众基础最为广泛的人民战争。战争的正义性和广泛的群众性是人民战争具有的两大本质特征。

人民战争思想的基本精神是：依据辩证唯物主义和历史唯物主义基本原理，在中国共产党的正确领导下，以人民军队为骨干，一切为了人民，坚决依靠人民，彻底动员组织人民，充分武装人民，实行全面彻底的群众战争。这一基本精神所反映的实质，即战争的目的为了人民，进行战争依靠人民，胜利果实属于人民。因此，我党领导的人民战争成为历史上任何人民战争所不能比拟的真正的人民战争。

2. 人民战争思想的基本原理

第一，革命战争是群众的战争。毛泽东同志指出："革命战争是群众的战争，只有动员群众才能进行战争，只有依靠群众才能进行战争。"也就是说，革命战争的基础和依靠力量是人民群众，人民群众是革命战争的主体。这是马克思主义关于群众自己解放自己的观点在革命战争中的具体体现，也是毛泽东同志对这一观点在革命战争中的具体运用。

第二，人民群众是战争伟力之最深厚根源。战争是力量的竞赛，而根本的力量在于人民的力量。毛泽东同志指出："战争的伟力之最深厚的根源，存在于民众之中。"他还说："从长远的观点看问题，真正强大的力量不是属于反动派，而是属于人民。"按照历史唯物主义的观点，人民是书写战争历史、主宰战争胜利进程的主人。具体表现在：人民群众是战争政治力量的直接拥有者，人民群众是战争军力和经济力的源泉，人民群众是战略战术灵活机动的首要条件。

第三，兵民是胜利之本。这是说军队和民众的团结、进步是战争胜利的根本条件。首先，军队只有团结进步才会有强大的战斗力。其次，人民只有团结进步才能发挥出最深厚的战争伟力。民众越是团结进步，民众中蕴藏的战争力量才越雄厚，有了这样的群众条件，战争的兵源问题、财源问题也就不难解决了。最后，只有同人民团结的军队才是真正无敌的军队。军队和人民这种同呼吸共命运、血肉相连、鱼水相依的关系，是我们能够实行人民战争并战胜敌人的一个社会基础。

第四，人是战争胜负的决定因素。在人和武器的关系问题上，毛泽东同志指出："武器是战争的重要的因素，但不是决定的因素，决定的因素是人不是物。力量对比不但是军力和经济力的对比，而且是人力和人心的对比。军力和经济力是要人去掌握的。"这段话科学地阐明了人和武器在战争中的地位和作用。需要说明的是，毛泽东同志所说的战争中人的因素，不是指单一个体，而是指进行战争的整个军队和广大人民群众；也不单指人力，而是人力和人心的结合体。因此，把人和武器作为一个统一体来看，人的作用是决定性的。具体地讲，包括以下含义：人是武器的支配者，在战争中起主导作用；人具有自觉的能动性，是战争中最活跃的力量；人心向背是战争中经常起作用的因素。强调人的因素，并不是否定武器在战争中的重要作用。相反，正是看到了武器在战争中的重要作用，并要使之得到充分的发挥，才突出强调人的作用。在战争中，我们应努力寻求人和武器的高度统一和最佳结合。

3. 实行人民战争的主要原则

第一，坚持党对人民战争的统一领导。只有共产党才能把广大人民群众团结在自己的周围，才能最广泛地组织和动员人民群众的力量，才能把进行战争的各种力量融为一体，从而形成全面的、全民的人民战争。党对革命战争的领导，靠的是正确的政治路线和军事路线的领导。

第二，充分动员、组织、武装广大人民群众。人民群众中存在着的战争伟力，要通过动员、组织和武装并投入战争活动才能发挥出来，才能迅速转化为实际战争行为的能力。

第三，发挥人民军队的骨干力量作用。无论是大规模的全面战争，还是中小规模的区域性战争，人民军队始终是进行人民战争的骨干力量。

第四，建立巩固的革命根据地。革命根据地是进行人民战争的战略基地和重要依托。中国革命的敌人是异常强大的。在这种形势下，革命力量要求得生存，就必须有一个立足点，即巩固的革命根据地，并依靠这个条件，粉碎敌人以优势兵力的进攻来消灭革命力量的企图。革命力量要求得发展，也必须依靠根据地，通过不断积蓄革命力量，"用波浪式的推进政策"逐步扩大根据地和革命力量，逐步改变敌强我弱的形势，才能最后战胜敌人。

第五，实行"三结合"的武装力量体制和"三结合—配合"的组织斗争形式。"三结合"的武装力量体制是指主力兵团（野战军）、地方兵团（地方军）、民兵三种武装力量的结合。其中，野战军是骨干力量，地方军是重要力量，民兵既是现实的支援、配合力量，也是潜在的强大后备力量。这三种武装力量的结合，不仅使进行人民战争的力量形成了整体，也利于根据各种武装力量的特点，开展不同形式的军事斗争，正确解决了平战结合、军民结合问题。"三结合—配合"是指在实行人民战争时，要采取主力兵团与地方兵团相结合，正规军与游击队、民兵相结合，武装群众与非武装群众相结合，以军事斗争为主与其他（政治、外交、经济、思想、文化等）各种斗争相配合。

第六，运用灵活机动的战略战术。其基本特征，就是善于按照变化的具体情况实施灵活机动的作战。这些灵活机动的战略战术，是人民战争取得胜利的途径。

（四）人民战争战略战术思想

人民战争战略战术，是关于进行人民战争的一系列基本的作战指导方针、原则和方法。在敌强我弱的条件下，毛泽东同志及老一辈无产阶级革命家把唯物辩证法运用于作战指导，创造并制定了一整套适合中国革命战争实际，以灵活机动为主要特点的人民战争战略战术思想。这一思想的精髓概括起来，就是"你打你的，我打我的；打得赢就打，打不赢就走"。

1. 人民战争战略战术的基本思想

以毛泽东同志为代表的老一辈无产阶级革命家，以马列主义军事理论为指导，根据中国革命战争的特点和规律，总结出来一系列统管战争全局的指导战争全过程的基本思想，形成了人民战争战略战术的内核，它是人民战争战略战术思想活的灵魂。

第一，保存自己，消灭敌人。战争除了交战双方相互追求的政治目的和经济目的之外，还有一种直接的军事目的。毛泽东同志指出：战争的目的不是别的，就是"保存自己，消灭敌人"。"一切军事行动的指导原则，都根据于一个基本的原则，就是：尽可能地保存自己的力量，消灭敌人的力量。"战争指导者，必须在战争实践中遵循这个基本原则，以确定自己所要采取的原则、方法和行动。保存自己，消灭敌人，具有对立统一性，是同一战争目的的两个方面。消灭敌人是保存自己的最有效的手段，而保存自己又是消灭敌人的必要条件。毛泽东同志指出："战争目的中，消灭敌人是主要的，保存自己是第二位的，因为只有大量地消灭敌人，才能有效地保存自己。"因此，在作战行动上，应把消灭敌人放在第一位；但是在敌强我弱的形势下，从根本上危及军力的保存时，首要的就是如何保存自己的有生力量。

第二，承认积极防御，反对消极防御。积极防御战略思想，是在长期革命战争实践中形成和发展起来的指导防御性战争的战略思想。毛泽东同志在讲到攻防辩证统一这一积极防御思想的基本含义时说："积极防御，又叫攻势防御，又叫决战防御。消极防御，又叫专守防御，又叫单纯防御。消极防御实际上是假防御，只有积极防御才是真防御，才是为了反攻和进攻的防御。"这一论述深刻揭示了积极防御的实质和消极防御的要害。积极防御战略思想的基本精神包括：充分准备，后发制人，攻防结合，持久胜敌。

第三，战略上藐视敌人，战术上重视敌人。这一思想的基本精神是：把敢于斗争、敢于胜利的大无畏革命精神与善于斗争、善于胜利的科学态度很好地结合起来，以战胜强大的敌人，夺取斗争的胜利。战略上藐视敌人，战术上重视敌人，是一个完整的战略和策略思想。只有战略上藐视敌人，才能谈得上战术上重视敌人；只有战术上重视敌人，才能实现战略上藐视敌人。它体现了奋斗目标与行动方法的高度统一，是必胜信心与斗争艺术的完美结合。

【资料链接】

十大军事原则

毛泽东同志于 1947 年 12 月 25 日至 28 日在中共中央召开的会议上所做《目前形势和我们的任务》的报告中，正式提出中国人民解放军作战指导的十项原则。主要内容如下：

1. 先打分散和孤立之敌，后打集中和强大之敌。

2. 先取小城市、中等城市和广大乡村，后取大城市。

3. 以歼灭敌人有生力量为主要目标，不以保守或夺取城市和地方为主要目标。

4. 每战集中绝对优势兵力（两倍、三倍、四倍，有时甚至是五倍或六倍于敌之兵力），四面包围敌人，力求全歼，不使漏网。

5. 不打无准备之仗，不打无把握之仗，每仗都应力求有准备，力求在敌我条件对比下有胜利的把握。

6. 发扬勇敢战斗、不怕牺牲、不怕疲劳和连续作战（即在短期内不休息地接连打几仗）的作风。

7. 力求在运动中歼灭敌人。同时，注重阵地攻击战术，夺取敌人的据点和城市。

8. 在攻城问题上，一切敌人守备薄弱的据点和城市，坚决夺取之；一切敌人有中等程度的守备、而环境又许可加以夺取的据点和城市，相机夺取之；一切敌人守备强固的据点和城市，则等候条件成熟时然后夺取之。

9. 以俘获敌人的全部武器和大部人员，补充自己。

10. 善于利用两个战役之间的间隙，休息和整训部队。

2. 人民战争战略战术思想的主要内容

第一，集中优势兵力，各个歼灭敌人。集中优势兵力、各个歼灭敌人的作战法则，反映了克敌制胜的普遍的军事活动规律。保存自己、消灭敌人与集中兵力打歼灭战有着内在联系。它们之间以歼灭战为中间环节，形成了战争目的、作战形式、用兵原则的有机统一。毛泽东同志形象地比喻："我们在战略上藐视吃饭，这顿饭我们能够吃下去。但是具体地吃，却是一口口地吃的，你不可能把一桌酒席一口吞下去。这叫作各个解决，军事书上叫作各个击破。"

第二，游击战、运动战、阵地战三种作战形式密切配合，适时进行以改变主要作战形式为基本内容的战略转变。运动战，是正规兵团在长的战线和大的战区，从事战役战斗的外线速决的进攻作战形式。阵地战，是依托坚固阵地或野战阵地进行防御，对据守坚固阵地或野战阵地之敌实施进攻的作战形式。游击战，是一种分散流动的作战形式，能在战略、战役、战斗上与正规战相配合。游击战、运动战、阵地战是中国革命战争的三种基本形式。三者是紧密联系、缺一不可的整体。根据战争实际，在一定时期以某种作战形式为主，其他作战形式相配合，并依战争形势的发展变化，适时进行以改变主要作战形式为基本内容的战略转变，是中国革命战争的显著特点。

第三，慎重初战，不打则已，打则必胜。初战是指战争或战役的第一仗。慎重初战对掌握战争主动权具有关键性意义。毛泽东同志在中国革命战争实践中，创造性地继承和发展了前人关于慎重初战的理论，在总结我军作战经验时提出了慎重初战的三个原则：必须打胜；必须照顾全战役计划；必须照顾下一战略阶段。在决战问题上，毛泽东同志既慎于决战，又敢于决战，并且善于决战。

第四，不打无准备无把握之仗。毛泽东同志认为，充分做好战争准备，是争取主动、避免被动的前提。他指出："优势而无准备，不是真正的优势，也没有主动。""劣势而有准备之军，常可对敌举行不意的攻势，把优势者打败。"因此，他要求我军要"不打无准备之仗，不打无把握之仗，每战都应力求有准备，力求在敌我条件对比下有胜利的把握"。这一原则对于争取战场主动权具有非常重要的指导意义。

第五，作战指导上的主动性、灵活性和计划性。主动性，指的是军队行动的自由权，是区别于被迫处于不自由状态的。灵活性，就是依据实际情况，灵活地使用兵力。计划性，就是事先对作战行动制定方针、步骤和方案。主动性是中心，灵活性和计划性是实现主动性于战争中的手段。

（五）国防建设思想

毛泽东同志依据马克思主义国家学说的基本原理，从中国革命战争和保卫社会主义国防的伟大实践出发，适时提出了一系列国防建设理论、方针和原则，形成了有中国特色的现代化国防建设思想。

1. 国防建设的地位作用

毛泽东同志在《论十大关系》一文中明确指出："国防不可不有。"这句话言简意赅地阐明了国防建设的重要性。第一，强大的国防是捍卫国家主权和领土完整的根本保证。第二，强大的国防是社会主义建设的客观需要。第三，强大的国防对提高我国的国际地位、维护世界和平具有重要作用。

2. 国防建设的主要内容

中华人民共和国建立后，面对新的形势，在进行社会主义建设和保卫国家主权及领土完整、反对外来侵略的过程中，毛泽东同志提出建设现代化国防的思想。内容主要包括：第一，加强武装力量建设。这是国防建设的核心内容。第二，建立完整的国防工业和国防科研体系。这是实现国防现代化的关键。第三，加强战略后方建设。这为未来反侵略战争奠定了有利基础。第四，加强全民国防教育。这是巩固和加强国防力量的重要手段。

3. 国防建设的基本原则

第一，坚持国防建设与经济建设协调发展。毛泽东同志在筹划新中国建设大业中，初步形成了国防建设要为经济建设服务，经济建设是国防建设的物质基础，两者必须协调发展这样一个完整的指导思想。

第二，坚持以现代化为中心。毛泽东同志等老一辈无产阶级革命家很早就提出了国防现代化思想，深刻认识到实现现代化对于我们的国家建设、国防建设和军队建设的极端重要性和迫切性，并做了详尽阐述，制定了实现现代化的总体战略和一系列方针政策。

第三，坚持独立自主，自力更生。独立自主，自力更生，是我们进行革命和建设的基本立足点，也是我们进行国防建设的根本方针。毛泽东同志倡导独立自主、自力更生，但从不排斥外援，从不反对向外国学习。当然，我们在国防现代化建设中学习和借鉴外国的有益经验，不等于照抄照搬外国的模式，而是将外国的先进经验同中国的具体实际相结合，有选择地进行学习。

第四，坚持军民结合，平战结合。建设全民性国防，坚持军民结合，平战结合，是加强我国国防建设的重要原则之一。新中国成立后，毛泽东同志对"军需与民用生产相结合"的思想逐渐明确。他强调要兼顾"军需与民用"，又提出国防工业要贯彻"两重任务、两套本领、平战结合"的原则。这些原则的提出，对国防建设起到了重要的作用。

总之，毛泽东国防建设思想成功地解决了社会主义革命和建设时期关于国防力量、国防政策、国防设施、国防科技和国防教育的一系列重大问题。它不仅是我国人民在过去保卫国家独立与领土完整、反对外来侵略、维护国家利益的根本指导方针，而且是新的历史时期国防建设的基本指导理论。

二、邓小平新时期军队建设思想

邓小平新时期军队建设思想，是邓小平同志在社会主义建设新时期，为指导国防和军队建设及有关军事问题而提出的科学理论体系，是中国特色社会主义理论的重要组成部分，是在新的历史条件下继承和发展马克思主义军事理论、毛泽东军事思想的产物，是新时期军队和国防现代化建设的根本依据和指导思想。它不仅揭示了我国新时期军队建设及军事斗争的基本特点和规律，而且提供了正确认识和解决当代军事问题的立场、观点和方法。本书在全面把握邓小平新时期军队建设思想的理论体系的基础上，着重阐述以下四个方面。

（一）战争与和平的新判断

进入新时期后，世界的时代主题和战略格局出现了历史性的重大变化。这是我国新时期军队和国防建设必须考虑的重要前提和依据。20世纪下半叶以来，国际局势经历了资本主义和社会主义两大阵营对立，美苏争霸和第三世界兴起。旧的秩序逐渐被打破，新的秩序尚未建立。在这个过程中，世界各种矛盾的焦点从"战争与革命"转向"和平与发展"，整个世界处在一个大变动的历史时期。邓小平同志经过长期观察和冷静分析，于1985年明确指出："现在世界上真正大的问题，带全球性的战略问题，一个是和平问题，一个是经济问题或者说发展问题。和平问题是东西问题，发展问题是南北问题。概括起来，就是东西南北四个字。南北问题是核心问题。"1988年，他再次指出："当前世界上主要有两个问题，一个是和平问题，一个是发展问题。和平是有希望的，发展问题还没有得到解决。"邓小平同志关于和平与发展是当今时代主题的论断，实事求是地反映了世界基本矛盾在当代的发展和变化，是对国际局势的科学判断。

（二）军队和国防建设指导思想实行战略性转变

基于新的时代特征和对战争与和平问题的新判断，适应党和国家工作重点的转移，在以邓小平同志为核心的党中央、中央军委的正确领导下，1985年5月23日到6月6日召开的中央军委扩大会议做出了军队和国防建设指导思想实行战略性转变的重大决策。其基本内涵是：根据对战争与和平问题的新判断，适应中国共产党和国家工作重点转移的要求，把军队和国防建设由准备"早打、大打、打核战争"转到和平时期的建设轨道上来，摆脱多年来在临战状态下进行应急式建设的被动局面，在服从和服务于国家经济建设大局的前提下，有计划有步骤地进行现代化建设。

（三）建设一支强大的现代化、正规化的革命军队

1981年9月，邓小平同志在华北检阅部队军事演习时发表讲话，提出："人民解放军是人民民主专政的坚强柱石，肩负着保卫社会主义祖国、保卫'四化'建设的光荣使命，必须把我军建设成为一支强大的现代化、正规化的革命军队。"这一论述，明确了新时期军队建设的总方针、总任务、总目标，是新时期加强军队全面建设的根本指南。

1. 始终不渝地坚持人民军队的性质

建设强大的现代化、正规化的革命军队，必须把革命化建设放在第一位。始终不渝地坚持人民军队的性质，是邓小平同志对新时期军队建设的根本要求，也是新时期军队革命化建设的根本内容。在新的历史条件下，军队建设的外部环境发生了深刻的变化。针对新情况和新问题，邓小平同志强调，军队要始终不渝地坚持人民军队的性质，坚持

党对军队的绝对领导，大力加强思想政治建设，建设高素质的干部队伍，继承和发扬人民军队的优良传统与作风，做到政治上永远合格。

2. 中心是解决现代化问题

建设一支强大的现代化、正规化的革命军队，中心是要解决现代化的问题。邓小平同志指出，谋划军队建设全局，指导思想要明确，就是要解决现代化问题。现阶段我军建设的主要矛盾是现代战争的客观需要同我军现代化水平还比较低的矛盾。为了解决这一主要矛盾，适应现代战争的需要，必须把军队建设的目标定在世界先进水平上，坚持以现代化建设为中心，努力提高我军现代化水平，增强现代条件下自卫作战的能力。坚持以现代化建设为中心，是时代发展的客观要求，也是我军向高级阶段发展的必由之路。

3. 提高军队的正规化水平

军队的正规化，是世界各国军队发展的共同要求和建设的普遍规律。简言之，军队的正规化就是建立统一编制、统一指挥、统一制度、统一纪律和统一训练的军队。在新的历史条件下，由于长期的和平环境，军队容易出现管理松懈、作风松散、纪律松弛的现象。这就要求我军必须始终坚持严格训练、严格管理，大力加强正规化建设。同时，在现代战争中，各种情况更加复杂多变，参战部队的成分更加复杂多样，若没有严密的组织、严明的纪律、科学的分工和密切的协同，就无法形成强有力的整体作战能力，就无法取得战争的胜利。

4. 坚持革命化、现代化、正规化的统一

革命化、现代化、正规化建设相互联系，相互促进，是一个整体。实践证明，只有这三个方面全面、协调地发展，才能真正提高我军的战斗力，其中任何一个方面滞后或被忽视，都会削弱我军的战斗力。革命化是现代化和正规化建设的灵魂和方向，现代化是革命化和正规化建设的物质基础，正规化是现代化建设的重要保证和必要条件。

（四）走有中国特色的精兵之路

建设一支强大的现代化、正规化的革命军队，贯穿其中的一个根本要求，就是全面提高军队战斗力。在指导新时期军队建设的过程中，邓小平同志始终坚持战斗力标准，注重军队的质量建设，强调把教育训练提高到战略地位，把改革精神注入军队建设和战斗力提高的各个方面，指引我军走上了一条有中国特色的精兵之路。

1. 军队就是要提高战斗力

提高战斗力，增强国防实力，是新时期军队和国防建设的基本目的，也是检验军队和国防建设各项工作的根本标准。1988年12月，中央军委扩大会议明确提出：必须把提高战斗力作为军队改革和建设的出发点和落脚点，作为检验军队各项工作的根本标准。战斗力标准的确立，对于指导新时期我军建设具有重要的理论和实践意义。

2. 注重军队的质量建设

自20世纪70年代末以来，邓小平同志一再指出，我军要"讲质量，讲真正的战斗

力，搞少而精的真正顶用的"。1985 年，他率领全军实行军队建设指导思想的战略性转变，做出了裁减军队员额 100 万的战略决策，坚定不移地引导我军走上了有中国特色的精兵之路。注重军队质量建设，就是要坚持"精兵、利器、合成、高效"的原则。

3. 把教育训练提高到战略地位

教育训练，是和平时期军队建设和军事斗争准备的重要活动，是生成和提高军队战斗力的基本途径和客观要求。邓小平同志关于把教育训练提高到战略地位的思想，是从军队和国家建设的全局出发，提出的一项高屋建瓴的战略性决策。这一思想，主要包括：学习现代战争知识，提高干部战士驾驭现代战争的本领；加强诸军兵种的合成训练，解决诸军兵种联合作战的协同和指挥问题；加强合成训练，必须树立整体作战意识，必须"从难从严从实战需要"出发训练部队；要把院校训练作为整个教育训练的重要环节摆到战略位置上；等等。

4. 军队建设要贯彻改革精神

坚定不移地走有中国特色的精兵之路，是一项崭新的事业，是一场深刻的变革。邓小平强调必须贯彻改革创新的精神，解放思想，实事求是，不断研究新情况，解决新问题。军队改革既是关系军队前途命运的大事，又是充满风险的崭新事业。面对新时期的改革，邓小平同志指出："我们的方针是，胆子要大，步子要稳，走一步，看一步。"既要积极，又要稳妥，这是新时期军队改革的总的原则。

三、江泽民国防和军队建设思想

江泽民国防和军队建设思想，是江泽民同志总结 20 世纪 90 年代至 21 世纪初中国国防和军队建设实践经验而提出的科学理论体系，是对毛泽东军事思想和邓小平新时期军队建设思想的继承和发展，是新的历史条件下国防和军队建设的指导思想。本书在全面把握江泽民国防和军队建设思想的理论体系的基础上，着重阐述以下六个方面。

（一）解决好打得赢、不变质两个历史性课题

江泽民同志指出："在军队建设上，我最关注的是两大问题：一个是我军能不能跟上世界军事发展的趋势，打赢未来可能发生的高技术战争，切实捍卫祖国的主权、安全和统一；一个是我军能不能始终保持人民军队的性质、本色、作风，永远成为党绝对领导下的革命军队。"这是江泽民同志关于当代中国国防和军队建设的基本课题和根本任务，也是江泽民国防和军队建设思想的核心和总纲。

打得赢，就是我军要建设成为一支具有强大实战能力和威慑能力的现代化军队，能够打赢现代条件特别是高技术条件下的局部战争，为维护国家的安全统一，为建设中国特色社会主义事业提供可靠保障。不变质，就是我军始终坚持中国共产党的绝对领导，永远保持人民军队的性质、本色和作风，经得起任何政治风浪的考验，永远成为党的军队、人民的军队、社会主义国家的军队。

打得赢是不变质的基本要求，不变质是打得赢的根本保证。人民军队的性质、宗

旨、职能和使命，决定了做到打得赢、不变质，是我军存在和发展的全部意义和价值所在。

（二）党对军队的绝对领导是我军永远不变的军魂

面对国际风云变幻和国内改革开放的新形势，江泽民同志把党对军队的绝对领导作为军队建设和发展的首要问题。他明确指出："一个军队要有军魂。我看，我们军队的军魂就是党的绝对领导。"所谓"军魂"，就是把"党对军队的绝对领导"看成是立军之本、建军之魂。否认党对军队的绝对领导，我军就会成为失去灵魂、任人摆布、被人利用的躯壳。

在新的历史条件下，坚持党对军队的绝对领导，遇到了许多新情况、新问题。在这一根本原则问题上，我们面临的来自国内外敌对势力的最严峻挑战，就是他们散布和鼓吹的"军队非党化""军队非政治化"和"军队国家化"等荒谬论调和错误政治观点。江泽民同志指出："西方敌对势力为实现其'西化''分化'中国的图谋，正在伺机对我军进行渗透和破坏，他们鼓吹的'军队非党化'和'军队非政治化'那一套，就是妄图改变我军的性质，使我军脱离党的领导。军队的同志特别是高中级干部，对此必须高度警惕，始终保持政治上的清醒和坚定。"一些原社会主义国家的党放弃对军队的领导、丧失政权的教训，十分深刻。我们必须始终坚持党对军队领导地位的绝对性，确保党从思想上、政治上、组织上牢牢掌握军队。要进一步强化军魂意识，牢固树立党对军队绝对领导的观念，在坚持党对军队绝对领导这个根本原则上始终做到旗帜鲜明，立场坚定，行动高度自觉。

（三）积极推进中国特色军事变革

积极推进中国特色军事变革，是贯穿于江泽民国防和军队建设思想中的主导性思想。江泽民同志指出："推进中国特色的军事变革，必须按照实现信息化的要求，科学确立我军建设的战略目标、发展思路和具体步骤。"

推进中国特色军事变革的根本目标，是建设信息化军队、打赢信息化战争。江泽民同志强调，推进中国特色军事变革，必须以信息化为主导，把建设信息化军队、打赢信息化战争作为根本目标，积极推进我军由机械化半机械化向信息化的转变。

推进中国特色军事变革的发展道路，是实现机械化、信息化建设的复合式跨越发展。江泽民同志指出："当前，我军处在机械化任务尚未完成、同时又要努力向信息化过渡的特殊阶段。""要坚持以信息化带动机械化，以机械化促进信息化，实现机械化、信息化建设的复合式发展，完成机械化、信息化建设的双重历史任务。"

推进中国特色军事变革的战略步骤，是按照"三步走"的战略构想逐步实现国防和军队现代化。1997年，中央军委确定了国防和军队现代化建设分"三步走"的战略构想：第一步，从1997年到2010年，用十几年时间，努力实现新时期军事战略方针提出的各项要求，主要解决好军队的规模、体制编制和政策制度问题，为国防和军队的现代化打下坚实基础。第二步，到2020年，随着国家经济实力的增长和军费的相应增加，加快我军质量建设的步伐，使国防和军队现代化建设有一个较大的发展，基本实现军队机械化，使信息化建设取得重大进展。第三步，再经过 30 年的努力，到 21 世纪中叶，实现国防和军队的现代化。

（四）用新时期军事战略方针统揽国防和军队建设全局

以江泽民同志为核心的中央军委在 1993 年初召开的军委扩大会议上，明确规定我军新时期的军事战略方针仍然是积极防御，并在具体内涵上充实了新的内容。江泽民同志将军事战略方针的基本精神归纳为：必须以毛泽东军事思想、邓小平新时期军队建设思想为根本指导，服从和服务于国家的发展战略，把未来军事斗争准备的基点放在打赢可能发生的现代技术特别是高技术条件下的局部战争上，实施灵活正确的战略指导。

为贯彻新的战略方针，以江泽民同志为核心的中央军委于 1995 年提出了实行"两个根本性转变"的战略思想，即"在军事斗争准备上，由应付一般条件下的局部战争向打赢现代技术特别是高技术条件下局部战争转变；在军队建设上，由数量规模型向质量效能型、人力密集型向科技密集型转变"。

（五）按照"五句话"总要求全面加强军队建设

江泽民同志从增强军队战斗力和军队根本职能出发，明确指出："部队要做到政治合格、军事过硬、作风优良、纪律严明、保障有力。"这是实现我军建设总目标的总要求，反映了新时期军队建设的发展规律，涵盖了新时期军队建设的基本内容，是实现新时期我军建设总目标所必须遵循的行动准则和纲领。

"政治合格"，就是要始终坚持党对军队的绝对领导，模范贯彻执行党的理论、纲领和路线方针政策，坚持人民军队的性质、本色和作风，始终做党、人民和社会主义国家利益的忠实捍卫者。

"军事过硬"，就是要具有牢固的战斗队思想、精湛的军事技术、良好的军事素质和快速高效的反应能力，能够有效履行维护国家安全统一和发展利益的职责使命。

"作风优良"，就是要有良好的思想、工作、战斗和生活作风，做到实事求是、谦虚谨慎，学以致用、言行一致，积极进取、敢于创新，英勇顽强、雷厉风行，艰苦奋斗、勤俭办事。

"纪律严明"，就是要严格遵守法律法规和条令条例，严格遵守政治、组织、军事和群众纪律，做到令行禁止，一切行动听指挥，确保部队的集中统一和高度稳定。

"保障有力"，就是在一定的经济和社会条件基础上，科学组织和运用人力、物力、财力、技术等，及时、准确、高效地保障军队建设和作战需要。

（六）实施科技强军战略，加强军队质量建设

江泽民同志指出："加强质量建设的关键，是实施科技强军的战略，提高军队现代化建设的各个方面的科学技术含量，增强现代技术特别是高技术条件下的防卫作战能力。"实施科技强军战略，是顺应世界军事发展历史趋势的重大战略决策。实施科技强军战略，核心内容是把依靠科技进步提高战斗力摆在国防和军队建设的战略位置，增强国家的军事科技实力，全面提高军队建设的科技含量。江泽民同志指出："我们用这个

方针统揽全军各项建设，贯彻科技强军战略，以改革创新的精神推动我军由数量规模型向质量效能型、由人力密集型向科技密集型转变。"

四、胡锦涛国防和军队建设思想

胡锦涛国防和军队建设思想，是胡锦涛同志关于 21 世纪新阶段国防和军队建设及有关军事问题的科学理论体系。它着眼新的时代特征和我军建设新的阶段性特征，科学应对国防和军队建设面临的新情况新问题，创造性地指导了新世纪新阶段国防和军队建设伟大实践，继承和发展了毛泽东军事思想、邓小平新时期军队建设思想、江泽民国防和军队建设思想，是着眼时代条件、立足国情军情、指导军事实践、创新理论发展的必然结果。本书在全面把握胡锦涛国防和军队建设思想的理论体系的基础上，着重阐述以下四个方面。

（一）全面履行新世纪新阶段军队历史使命

2004 年 12 月 24 日，胡锦涛同志在军委扩大会议上向全军提出了新世纪新阶段我军历史使命。这一历史使命可以概括为"三个提供、一个发挥"：为党巩固执政地位提供重要的力量保证；为维护国家发展的重要战略机遇期提供坚强的安全保障；为维护国家利益提供有力的战略支撑；为维护世界和平与促进共同发展发挥重要作用。

新的历史使命要求我军把维护国家安全利益与维护国家发展利益统一起来，把维护国家根本利益与维护世界和平结合起来；要求把我军建设成为同我国国际地位相称、同国家安全和发展利益相适应的军事力量；要求我军进一步提高军事斗争准备的标准，必须具备应对多种安全威胁、完成多样化军事任务的能力，最大限度地应对危机、遏制战争，一旦发生战争也能够掌握主动、控制战局、赢得战争；要求我军进一步充实军事力量运用的指导原则，使军事力量运用自觉服从国家总体战略，与政治、外交、文化和法律等斗争紧密结合，把战争行动与非战争行动、应对现实安全威胁与防范潜在安全威胁统一起来。

（二）在国防和军队建设中贯彻落实科学发展观

胡锦涛同志指出，以推动国防和军队建设科学发展为主题，是时代的要求，是统领国防和军队建设全局的总纲。国防和军队建设贯彻落实科学发展观，必须全面准确地把握科学发展观的深刻内涵和基本要求，把科学发展观贯彻落实到国防和军队建设的各个领域和全过程。

总体要求是：坚持党绝对领导下的人民军队的根本性质和宗旨，着眼有效履行新世纪新阶段我军历史使命，以提高信息化条件下的威慑和实战能力为根本出发点和落脚点，全面加强革命化、现代化、正规化建设，全面落实政治合格、军事过硬、作风优良、纪律严明、保障有力的总要求，统筹中国特色军事变革与军事斗争准备，统筹机械化建设与信息化建设，统筹诸军兵种作战力量建设，统筹当前建设与长远发展，统筹主要战略方向建设与其他战略方向建设，进一步实施科技强军战略，着力推动军事理论创新、军事技术创新、军事组织体制创新和军事管理创新，加快转变战斗力生成模式，充分发挥广大官兵的主体作用，坚持军民结合、寓军于民，实现国防和军队建设全面协调可持续发展。

（三）加快转变战斗力生成模式

以信息技术为主要标志的高新技术的迅猛发展及其在军事领域的广泛运用，深刻改变着战斗力要素的内涵，从而深刻改变着战斗力生成模式。信息能力在战斗力生成模式中起着主导作用，信息化武器装备成为战斗力的关键物质因素，基于信息系统的体系作战能力成为战斗力的基本形态，人的科技素质在战斗力中具有特别重要的意义。提高军队的科学技术含量，加强以信息化为主要标志的军队质量建设，成为世界军事发展的趋势，过去那种单纯依靠增加人员规模和一般技术武器装备数量来提高军队战斗力的模式已经不能适应信息化战争的要求。

胡锦涛同志在党的十七大报告中要求全军"切实转变战斗力生成模式"。他强调，我们必须进一步实施科技强军战略，推进军队建设由数量规模型向质量效能型、由人力密集型向科技密集型转变，把军队战斗力生成模式切实转到依靠科技进步特别是以信息技术为主要标志的高新技术进步上来，不断提高官兵的科技素质，充分发挥科技进步和创新对战斗力提高的巨大推动作用。胡锦涛同志强调，要把战斗力生成模式切实转到以信息为主导、以新型作战力量建设为增长点、提高基于信息系统的体系作战能力上来，转到依靠科技进步、官兵素质提高、管理创新上来，转到走军民融合式发展路子上来。

（四）积极开展信息化条件下军事训练

新世纪新阶段，积极开展信息化条件下军事训练，要着眼战略全局大抓军事训练，切实把军事训练摆到战略地位；要积极推进机械化条件下军事训练向信息化条件下军事训练的转变；要按照打赢信息化条件下局部战争的要求全面严格训练部队。积极开展信息化条件下军事训练的目标，是提高信息化条件下一体化联合作战能力。围绕积极开展信息化条件下军事训练这一战略任务，胡锦涛同志提出了"四个坚持"的基本要求，即坚持从信息化条件下的实战需要出发从难从严训练，坚持把军事训练的根本着眼点放在提高官兵综合素质上，坚持走科技兴训之路，坚持以改革创新推动训练发展。

五、习近平强军思想

党的十八大以来，习近平同志在带领全国各族人民进行伟大斗争、建设伟大工程、推进伟大事业、实现伟大梦想的不平凡征程中，对国防和军队建设做出深邃思考和战略筹划，提出一系列新思想新观点新论断新要求，形成了习近平强军思想。党的十九大将习近平强军思想作为习近平新时代中国特色社会主义思想的重要组成部分，把坚持党对一切工作的领导纳入新时代坚持和发展中国特色社会主义的基本方略，全面部署新时代的强军事业。

(一) 习近平强军思想的重要意义

基于对世界大变局的准确把握，基于对我国安全形势的清醒认识，习近平强军思想深深植根于强国梦、强军梦的丰厚土壤，理论根基坚实、文化底蕴深厚，是引领国防和军队建设迈进新时代的科学理论体系，具有重大政治意义、理论意义、实践意义。

1. 习近平新时代中国特色社会主义思想的"军事篇"

党的十八大以来，以习近平同志为核心的党中央着眼实现"两个一百年"奋斗目标、实现中华民族伟大复兴的中国梦，立足国家安全和发展战略全局，坚持和发展马克思主义军事理论，围绕国防和军队建设做出一系列重要论述，确立党在新时代的强军目标，明确把人民军队建设成为世界一流军队的时代课题，布局展开强军兴军的战略举措，全力推进国防和军队建设，开创了强军兴军新局面。习近平强军思想是习近平新时代中国特色社会主义思想在军事领域的充分运用和全面展开，集中体现了党的意志主张，反映了党和人民对我军的时代要求。

2. 马克思主义军事理论中国化时代化的新飞跃

党的军事指导理论是马克思主义军事理论逻辑和人民军队发展历史逻辑的辩证统一。习近平强军思想是这一辩证统一在新时代的深度传承、创造发展、具体展开，它以空前的深度和广度揭示了新时代军事实践的本质联系，揭示了中华民族伟大复兴征程中建设世界一流强大军队的特点和规律，揭示了打赢未来战争与军事斗争准备的特点和规律，顺应了强国强军对理论的时代呼唤，为丰富和发展马克思主义军事理论做出了原创性贡献，开辟了马克思主义军事理论和当代中国军事实践发展的新境界。

3. 十八大以来伟大军事实践的宝贵结晶和根本引领

党的十八大以来，习近平主席以巨大的政治勇气和强烈的责任担当，带领全军重振政治纲纪，坚定不移推进政治整训，有效解决了党对军队绝对领导弱化的突出问题；重塑组织形态，大刀阔斧全面深化改革，有效解决了制约我军建设的体制结构突出问题；重整斗争格局，坚定捍卫国家核心利益，有效解决了军事力量运用方面的突出问题；重构建设布局，创新发展理念方式，有效解决了我军建设聚焦实战不够、质量效益不高的突出问题；重树作风形象，强力推进正风肃纪反腐，有效解决了不正之风和腐败现象滋生蔓延的突出问题。

4. 人民军队的治军之道、强军之道、制胜之道

习近平强军思想擘画了未来几十年我军建设发展的蓝图，为我军攻坚克难、爬坡过坎、开拓前行提供了思想引领和解题之匙，为我军实现强军目标、迈向世界一流提供了科学指南和行动纲领，点亮了照耀强军征程的时代灯塔。

(二) 习近平强军思想的科学内涵

习近平强军思想是一个内涵丰富、博大精深、系统完整、逻辑严密的科学理论体系，涵盖新时代国防和军队建设的方方面面，升华了我党对军事指导规律的认识，把马克思主义军事理论和当代中国军事实践提升到了新境界。

第一，明确强国必须强军，巩固国防和强大人民军队是新时代坚持和发展中国特色社会主义、实现中华民族伟大复兴的战略支撑。安不可以忘危，治不可以忘乱。新时代我国安全的内涵外延、时空领域、内外因素都在发生深刻变化。由大向强、将强未强之际往往是国家安全的高风险期，我们越是发展壮大，面临的压力和阻力就越大。这是我国由大向强发展进程中无法回避的挑战，是实现中华民族伟大复兴绕不过的门槛。习近平主席深刻指出："强国必须强军，军强才能国安。"国防和军队建设是国家安全的坚强后盾，军事手段是实现伟大梦想的保底手段，军事斗争是进行伟大斗争的重要方面，打赢能力是维护国家安全的战略能力。国防和军队现代化进程必须同国家现代化进程相适应，军事能力必须同实现中华民族伟大复兴的战略需求相适应。我军必须服从服务于党的历史使命，把握新时代国家安全战略需求，为实现中华民族伟大复兴提供战略支撑。

第二，明确党在新时代的强军目标是建设一支听党指挥、能打胜仗、作风优良的人民军队，必须同国家现代化进程相一致，力争到2035年基本实现国防和军队现代化，到本世纪中叶把人民军队全面建成世界一流军队。建设强大的人民军队是我们党的不懈追求。在各个历史时期，我们党都根据形势任务的变化，及时提出明确的目标要求，引领我军建设不断向前发展。习近平主席提出中国梦不久就提出强军梦，做出全面建成社会主义现代化强国战略部署的同时，提出实现党在新时代的强军目标。这是准确把握国家安全环境的深刻变化、强国强军的时代要求，是对我军建设目标做出的新概括新定位，揭示了强军兴军的目标路径。

第三，明确党对军队绝对领导是人民军队建军之本、强军之魂，必须全面贯彻党领导军队的一系列根本原则和制度，确保军队绝对忠诚、绝对纯洁、绝对可靠。习近平主席反复强调："抓军队建设首先要从政治上看，对党绝对忠诚要害在'绝对'二字。"必须按照新时代党的建设总要求加强我军党的建设，强化"四个意识"，严肃政治纪律和政治规矩，深入抓好军魂教育，经常、主动、坚决地向党中央和中央军委看齐，坚决维护权威、维护核心、维护和贯彻军委主席负责制，坚决抵制"军队非党化""军队非政治化"和"军队国家化"等错误政治观点影响，确保全军在任何时候任何情况下都坚决听从党中央和中央军委指挥。军队高级干部必须对党忠诚、听党指挥，做对党赤胆忠心、最听党的话、最富有献身精神的革命战士。

第四，明确军队是要准备打仗的，必须聚焦能打仗、打胜仗，创新发展军事战略指导，构建中国特色现代作战体系，全面提高新时代备战打仗能力，有效塑造态势、管控危机、遏制战争、打赢战争。习近平主席强调："人民军队永远是战斗队，人民军队的生命力在于战斗力。"必须贯彻新形势下军事战略方针，把备战与止战、威慑与实战、战争行动与和平时期军事力量运用作为一个整体加以运筹，牢固树立战斗力这个唯一的根本的标准，提高军事训练实战化水平，扎实做好各方向各领域军事斗争准备，聚力打造精锐作战力量，着力建设一切为了打仗的支援保障力量，加快构建适应信息化战争和履行使命要求的武器装备体系，加快建设以联合作战指挥人才为重点的高素质新型军事人才队伍，发扬一不怕苦、二不怕死的战斗精神，锻造召之即来、来之能战、战之必胜的精兵劲旅。

第五，明确作风优良是我军鲜明特色和政治优势，必须加强作风建设、纪律建设，坚定不移正风肃纪、反腐惩恶，大力弘扬我党我军光荣传统和优良作风，永葆人民军队性质、宗旨、本色。"作风优良才能塑造英雄部队，作风松散可以搞垮常胜之师"，这是习近平主席反复强调的一个重要观点。人民军队要恪守全心全意为人民服务的宗旨，牢记为人民扛枪、为人民打仗的神圣职责，始终做人民信赖、人民拥护、人民热爱的子弟兵，不断发展坚如磐石的军政军民关系。把理想信念的火种、红色传统的基因一茬茬、一代代传下去，加强党史军史和光荣传统教育，永葆老红军的政治本色。军中绝不能有腐败分子藏身之地，要锲而不舍、驰而不息地把作风建设和反腐败斗争引向深入，努力铲除腐败现象滋生蔓延的土壤，积极培育风清气正的政治生态。严肃各项纪律，坚持严字当头、一严到底，下大气力治松、治散、治虚、治软，用铁的纪律凝聚铁的意志、锤炼铁的作风、锻造铁的队伍。各级领导干部要以钉钉子精神抓落实，以行动为无声的命令，以身教为执行的榜样，带动形成崇尚实干、敢于担当、主动作为的良好氛围。

第六，明确推进强军事业必须坚持政治建军、改革强军、科技兴军、依法治军，更加注重聚焦实战，更加注重创新驱动，更加注重体系建设，更加注重集约高效，更加注重军民融合，全面提高革命化、现代化、正规化水平。政治建军是我军的立军之本，任何时候任何情况下都不能有丝毫松懈；改革是决定军队未来的关键一招，必须大刀阔斧实施改革强军战略；科学技术是核心战斗力，必须下更大气力推进科技兴军、赢得军事竞争主动；军队越是现代化越要法治化，必须厉行法治、从严治军。贯彻"五个更加注重"战略指导，必须强化作战需求牵引，提高军队建设实战水平；下大气力抓理论创新、抓科技创新、抓科学管理、抓人才集聚、抓实践创新，靠改革创新实现新跨越；坚持成体系筹划和推进军事力量建设，全面提高我军体系作战能力；坚持以效能为核心、以精确为导向，提高国防和军队发展精准度；深入实施军民融合发展战略，加快把国防和军队建设融入经济社会发展体系，实现国防和军队建设更高质量、更高效益、更可持续发展。

第七，明确改革是强军的必由之路，必须推进军队组织形态现代化，构建中国特色现代军事力量体系，完善和发展中国特色社会主义军事制度。习近平主席指出："深化国防和军队改革，是为了设计和塑造军队未来。"领导管理和作战指挥体制改革，以重塑军委机关和战区为重点，强化中央军委集中统一领导和战略指挥、战略管理功能，形成决策权、执行权、监督权既相互制约又相互协调的运行体系，构建平战一体、常态运行、专司主营、精干高效的战略战役指挥体系。规模结构和作战力量体系改革，按照调整优化结构、发展新型力量、理顺重大比例关系、压减数量规模的要求，推动我军由数量规模型向质量效能型、由人力密集型向科技密集型转变，部队编成向充实、合成、多能、灵活方向发展。军队政策制度调整改革，立起打仗的鲜明导向，营造公平公正的制度环境，使军事人力资源配置达到最佳状态，让军人成为全社会尊崇的职业，把军队战斗力和活力充分激发出来。

第八，明确创新是引领发展的第一动力，必须坚持向科技创新要战斗力，统筹推进军事理论、技术、组织、管理、文化等各方面创新，建设创新型人民军队。习近平主席指出："创新能力是一支军队的核心竞争力，也是生成和提高战斗力的加速器。"我们这支军队，靠改革创新走到现在，也要靠改革创新赢得未来。必须把创新驱动发展的引擎全速发动起来，善于运用新理念、新思路、新方法推进我军各项建设。要加快形成具有时代性、引领性、独特性的军事理论体系，依靠科技进步和创新把我军建设模式和战斗力生成模式转到创新驱动发展的轨道上来，下大气力推进军事管理革命，努力培养造就一大批高素质创新型军事人才队伍，大力弘扬创新文化，激励官兵争当创新的推动者和实践者，使谋划创新、推动创新、落实创新成为全军的自觉行动。

第九，明确现代化军队必须构建中国特色军事法治体系，推动治军方式根本性转变，提高国防和军队建设法治化水平。习近平主席指出："一支现代化军队必然是法治军队。"强化法治信仰和法治思维，坚持依法治官、依法治权，领导干部带头尊法学法守法用法，引导官兵把法治内化为政治信念和道德修养，外化为行为准则和自觉行动。构建系统完备、严密高效的军事法规制度体系、军事法治实施体系、军事法治监督体系、军事法治保障体系，坚决维护法规制度权威性，强化法规制度执行力。推动实现从单纯依靠行政命令的做法向依法行政的根本性转变，从单纯靠习惯和经验开展工作的方式向依靠法规和制度开展工作的根本性转变，从突击式、运动式抓工作的方式向按条令条例办事的根本性转变，形成党委依法决策、机关依法指导、部队依法行动、官兵依法履职的良好局面。

第十，明确军民融合发展是兴国之举、强军之策，必须坚持发展和安全兼顾、富国和强军统一，形成全要素、多领域、高效益军民融合深度发展格局，构建一体化的国家战略体系和能力。把军民融合发展上升为国家战略，是我们党长期探索经济建设和国防建设协调发展规律的重大成果，是从国家安全和发展全局出发做出的重大决策，是应对复杂安全威胁、赢得国家战略优势的重大举措。着眼经济实力和国防实力同步增长，强化统一领导、顶层设计、改革创新和重大项目落实，同步推进体制和机制改革、体系和要素融合、制度和标准建设，完善军民融合组织管理体系、工作运行体系、政策制度体系，努力开创经济建设和国防建设协调发展、平衡发展、兼容发展新局面。

（三）习近平强军思想的贯彻落实

党的十九大着眼全面建设社会主义现代化国家，对坚持走中国特色强军之路、全面推进国防和军队现代化做出战略部署，绘就了把人民军队全面建成世界一流军队的总目标和路线图，明确了全面贯彻习近平强军思想的实践要求。

1. 准确把握新时代军队使命任务

习近平主席深刻指出，我军必须为巩固中国共产党领导和我国社会主义制度提供战略支撑，为捍卫国家主权、统一、领土完整提供战略支撑，为拓展我国海外利益提供战略支撑，为促进世界和平与发展提供战略支撑。这是党和人民赋予人民军队的新时代使命任务，是支撑中华民族伟大复兴的战略要求，也是我军全部价值之所在。"四个战略支撑"，深刻阐明了我军的政治属性，反映了党和军队之间的天然联系，要求军队坚定站在党的旗帜下，坚决维护国家政权安全、制度安全，坚决维护政治社会大局稳定；阐明了我军的根本职能，要求军队有效维护国家安全，在实现中华民族伟大复兴的历史进程中顶住压力阻力、扛住挑战风险；阐明了我军的战略功能，要求军队紧跟国家海外利益拓展进程，逐步加强安全保障，有效维护海外利益安全；阐明了我军的国际责任，要求我军适应国际体系变革、构建人类命运共同体的战略需要，在维护和平的国际环境和周边环境、营造有利战略态势上发挥更大作用。

2. 准确把握全面推进国防和军队现代化战略安排

党的十九大对全面推进国防和军队现代化，提出了路线图、时间表、任务书。到2020年，要基本实现机械化，信息化建设取得重大进展，战略能力有大的提升。实现这一目标任务，必须聚力攻坚，紧抓快干，务期必成。在实现2020年目标任务的基础上，全面推进军事理论、军队组织形态、军事人员、武器装备现代化，力争到2035年，基本实现国防和军队现代化。这意味着将原来的"三步走"发展战略第三步目标实现时间提前了15年。到本世纪中叶，把人民军队全面建成世界一流军队。这体现了同国家现代化进程相一致的战略要求，彰显了我们党大踏步实现强军、迈向一流的决心气魄。

3. 准确把握国防和军队现代化建设战略重点

国防和军队现代化建设是一个系统工程，千头万绪，必须找准战略重点，以重点突破带动整体提升。构建联合作战指挥体系，打造坚强高效的战区联合作战指挥机构，打通联合作战全系统全流程指挥链路，带动全军联合作战能力提升。构建新型军事管理体系，完善"需求—规划—预算—执行—评估"的战略管理链路，提高军事系统运行效率和我军建设质量效益。构建现代军事力量体系，统筹各方向各领域建设，统筹作战力量、支援保障力量建设，推动我军力量体系整体提升。构建新型军事训练体系，坚持实战实训、联战联训，坚持以训促建、训用结合，提高实战化训练水平。构建新型军事人才体系，大力实施人才战略工程，加强军队院校教育、部队训练实践、军事职业教育"三位一体"新型军事人才培养体系建设，推动人才建设水平整体跃升。构建国防科技创新体系，加快发展高新技术武器装备，提高武器装备质量和体系结构科学化水平。构建现代军事政策制度体系，对政策制度进行系统谋划、前瞻设计、整体重塑，营造约束有力、激励有效的制度环境。构建军民融合发展体系，逐步实现国家各领域战略布局一体融合、战略资源一体整合、战略力量一体运用。

 思考题

1. 外国军事思想的主要内容和特点有哪些？
2. 《孙子兵法》对维护信息时代国家安全有什么战略价值？
3. 信息化条件下如何创新发展人民战争思想？
4. 如何贯彻落实军民融合战略？
5. 习近平强军思想的科学内涵包括哪些方面？

第四章 现代战争

了解战争内涵、特点、发展历程，理解新军事革命的内涵和发展演变，掌握机械化战争、信息化战争的形成、主要形态、特征、代表性战例和发展趋势，使学生树立打赢信息化战争的信心。

克劳塞维茨说过："要想通晓战争，必须审视一下每个特定时代的主要特征。"战争是人类社会发展到一定历史阶段的特殊的社会历史现象，同社会生产力与生产关系的矛盾运动有着密切的关系，就如同这种矛盾运动推动着人类社会形态的发展一样，战争也随着这种矛盾运动，不断地变化发展着自身的形态，具备特定时期的特殊内涵。

第一节　战争概述

战争是人类社会发展到一定历史阶段的产物，战争理论与战争形态都深刻地受到人类社会形态变迁和科学技术发展的制约。与人类社会的发展进程一致，人类战争形态也经历了一个从低级到高级演变的历史过程。

一、基本内涵

毛泽东同志通过观察和分析战争的基本问题，纵向考察战争与阶级的关系，给"战争"下了定义："战争——从有私有财产和有阶级以来就开始了的，用以解决阶级和阶级、民族和民族、国家和国家、政治集团和政治集团之间，在一定发展阶段上的矛盾的一种最高的斗争形式。"2011年版《中国人民解放军军语》将"战争"界定为："国家或政治集团之间为了一定的政治、经济等目的，使用武装力量进行的大规模激烈交战的军事斗争。是解决国家、政治集团、阶级、民族、宗教之间矛盾冲突的最高形式。"

按性质，分为正义战争和非正义战争；按规模，分为全面战争和局部战争；按使用的主要武器，分为常规战争和核战争；按形态，分为冷兵器战争、热兵器战争、机械化战争和信息化战争。

克劳塞维茨认为"战争无非是政治通过另一种手段的继续"。毛泽东同志在《论持久战》中指出："战争是流血的政治。"这些论述深刻地揭示了战争与政治的关系。

战争是人类解决矛盾最激烈、最极端的方式，引发战争的直接因素通常是政权争夺、领土争端、经济冲突、民族矛盾、宗教纠纷、价值观推广等，其根源存在于阶级、民族、宗教、政治集团、国家之间的政治、经济利益等对抗性矛盾中。帝国主义、霸权主义则是现代战争的主要根源。

二、主要特点

人类社会的发展因时代不同而形态各异，战争同样如此，每个时代的战争都不可避免地深深打上了时代的烙印，呈现出不同的特点。但战争的本质和内在逻辑是不变的，因而战争具有本身所固有的一些特点。

（一）暴烈性

暴力是战争的特殊本质属性。战争是流血的政治，这里的"流血"是"暴力"的同义词。战争就是迫使敌人服从自己意志的一种暴力行为，交战双方均可能最大限度地使用暴力手段去追求战争的胜利。正因如此，战争具有极大的暴烈性、破坏性，对人员的杀伤、装备的损毁、设施的摧毁、环境的破坏是战争的必然结果。

（二）从属性

战争具有"作为政治工具的从属性"。战争是政治的继续，战争不是单纯暴力行为，而是和政治有着本质上的一致性。战争是政治发展到一定阶段的一种表现，它服从服务于政治目的，因而这种从属性也一定程度上制约着战争的暴烈性。

（三）对抗性

战争是交战双方为了一定的目的运用暴力手段进行的对抗活动，它自始至终贯穿着矛盾运动。比如，进攻与防御、机动与停止、内线与外线、正面与翼侧、集中与分散、速决与持久等。这种对抗性使得战争活动和战场态势始终处于动态变化之中，战争对抗因交战双方的互动较量而成为一种"活力对抗"，因而人的能动作用在战争中至关重要。

（四）消耗性

战争的暴烈性、对抗性导致了战争的高消耗性。战争对经济是一种巨大的消耗，战争的背后，需要有巨大的经济实力做后盾。战争的消耗，主要体现在武器和人员的消耗，以及物质和能源的消耗上。

三、发展历程

战争是人类社会发展到一定阶段的特殊产物，不同的历史阶段会呈现不同的战争形态。战争形态随着科学技术的发展及其在军事上的应用而发生变化，科学技术的发展在军事上的主要表现，就是武器装备的更新，武器装备又影响和改变了战争的形态。因此，通常用武器装备的特征来区分战争的形态。从战争形态的变化来看，战争经历了冷兵器战争、热兵器战争、机械化战争和信息化战争四个阶段。

（一）冷兵器战争

冷兵器时代包括人类社会的石器和铁器两个时代。石器时代的生产力水平极低，石器作为武器的杀伤力极为有限，这就制约了战争规模，双方没有攻防形式的区别，战场上仅凭个人的勇气和体魄进行拼杀，也没有什么作战方法可言。随着春秋时期冶炼技术的发展和广泛应用，金属兵器逐渐取代了石器。铁器出现和广泛使用后，开始出现了不同功效的"十八般"兵器，并出现了车兵、步兵、骑兵和水军等军兵种，战争规模不断扩大。人们认识到不同的组合会产生不同的战斗力，开始研究列阵作战，相应的作战方式和战术也得以产生，并得到发展。

（二）热兵器战争

火药的发明和在军事领域的广泛应用，带来了一场军事革命，战争形态发生了一次质的飞跃，战争由此进入热兵器时代。

火药发明于中国，但在军事上得到全面的发展和应用，则是在欧洲。13 至 14 世纪火药通过战争，经由蒙古、阿拉伯传到欧洲。17 世纪中叶，随着工业革命的兴起，热兵器在欧洲得到飞速发展。科学技术的发展及其在军事领域的广泛应用，尤其是与火药的结合，导致一系列的武器的出现，小到火枪、手枪，大到火炮，武器的杀伤力得到了极大的提高。与之相适应，出现了炮兵、工程兵等新的兵种，近代化的海军也得以建立。作战已不再是双方集中在一起的大会战，而是通过一系列战役、战斗来决定战争的胜负。战争中相继产生了以线式和散兵作战为主的作战方式。战争规模进一步扩大，原有的军队组织体制已无法适应作战的需要，导致了近代化军事组织体制的产生。

（三）机械化战争

进入 19 世纪末，科学技术得到了全面、迅猛的发展，促进了军事技术的全面进步，出现了许多新的兵器和军兵种，出现了新的作战方式和作战理论，也出现了一种全新的战争形态——机械化战争。

电力、内燃机和电子通信技术等在军事领域的广泛应用，使武器装备产生了质的飞跃，出现了一系列武器装备，如高射炮、反坦克炮、雷达等，以及集当时最新科学技术成就于一身的飞机、坦克。陆军出现了坦克兵、防化兵、防空兵，以及伴随坦克作战的机步兵和针对坦克的反坦克炮兵等。海军发展成为由潜艇、航空母舰以及舰载机等构成的水下、水面和空中的立体化的现代海军。一个新军种——空军诞生了，制空权成为战场上争夺的新的制高点。各军兵种的出现和广泛运用于战场，使传统的线式作战和单一军兵种的作战已无法适应现代作战的需要，各兵种的合同作战以及各军种的联合作战发展成为主要的作战形式。第二次世界大战中，陆海空军的协同作战，充分显示了机械化条件下联合作战的整体威力。

（四）信息化战争

随着以信息技术为核心的高新技术的迅猛发展及其在军事上的广泛应用，战争形态由机械化战争向信息化战争转变。通常认为，1991 年初爆发的海湾战争是第一场带有信息化特征的局部战争。

信息时代，信息技术物化为信息化武器装备。大量信息化武器装备、单兵数字化装备和 C^4ISR 系统等层出不穷，使情报侦察、指挥控制、战场机动、火力打击、全维防护、综合保障等作战要素的效能得到极大提升。战场空间拓展、作战节奏加快、信息作用突出、作战行动多样、体系对抗激烈，呈现出不同于以往战争形态的鲜明特点。

第二节 新军事革命

回顾战争发展史，战争形态的每一次大的发展转变，无一不是军事革命的推动使然。金属化军事革命促使冷兵器战争形态的形成，火药化军事革命使战争形态由冷兵器战争向热兵器战争转变，机械化军事革命使战争形态由热兵器战争向机械化战争转变，信息化军事革命必将推动战争形态由机械化战争向信息化战争转变。人类社会由机械化工业时代步入信息时代之际，在以信息技术为核心的科技革命的推进下，世界范围的新军事革命已经蓬勃兴起，正全面走向深入。这场具有划时代意义的新军事革命，是当代世界军事发展的必然。

一、基本内涵

新军事革命，又称为信息化军事革命，它是以人类社会由工业时代向信息时代转型为根本动因，以高技术特别是信息技术的飞速发展为直接动力，以系统集成和网络化为主要手段，把工业时代的机械化军队改造成信息时代的信息化军队，最终建成信息化军事形态的过程。新军事革命的实质就是把工业时代的机械化军事形态改造成信息时代的信息化军事形态的过程，简单说就是信息化。

新军事革命的核心内容是信息化建设和联合作战能力铸造，即以信息网络技术为基础，提高军队信息获取、传递、处理和利用能力，使之成为各种作战要素、各类作战行动高度融合的一体化联合军队，构建适应信息时代要求的信息化战争体系。

二、基本特征

新军事革命是在工业社会走向信息社会的时代背景下进行的，是彻底改变战争形态和军队建设模式的一场革命，具有不同于已往军事革命的鲜明特征。具体表现在以下几个方面。

（一）深刻性

新军事革命不是带有量变性质的变革，而是对工业时代的军事形态进行脱胎换骨的改造，是由旧质向新质的一次突变，其内容和影响相当深刻。

（二）全面性

新军事革命不是各要素、各部分前后相继式的顺序性变革，也不是军事领域某个方面的局部革命，而是涉及所有要素，涉及军事形态的方方面面的整体联动和协调发展，表现出明显的整体性、全面性和广泛性。

（三）快速性

相比较以前发生的军事革命，新军事革命的演变速度大幅提高，演化进程将大大加快。金属化军事革命历经 2000 多年，火药化军事革命历经 800 多年，机械化军事革命历经 150 年，此次新军事革命预计持续 100 年左右。

（四）不平衡性

世界各国推进新军事革命的进程不同，新军事革命的各要素的发展速度不同，新军事革命的不平衡性是动态变化的。

三、发展演变

20 世纪 70 年代以后，随着信息网络技术的飞速发展，以美国为首的西方发达国家率先进入了信息时代的初级阶段，新军事革命随之开始萌芽。随着信息化的逐步深入，新军事革命经历了酝酿奠基、探索兴起和稳步发展阶段。

（一）酝酿奠基阶段

20 世纪 70 年代初至 80 年代末为新军事革命的酝酿奠基阶段。受现代高新技术的影响，美、苏等国开始自发探讨新的军事理论和进行军事改革。越南战争失败后，美军开始进行全面的军事改革，重点发展信息化武器装备，进行第一次训练革命，并提出了体系战争、第三次浪潮战争、信息战、空地一体战等新的军事理论。苏军总参谋长奥加尔科夫等人也敏锐地发现军事领域悄然发生的变化，预见并提出"军事技术革命"的概念，被称为"奥加尔科夫革命"。

（二）探索兴起阶段

20 世纪 90 年代是新军事革命的探索兴起阶段。1991 年的海湾战争初步展示了美军 20 世纪七八十年代军事改革的成果，其他国家受到强烈震撼而纷纷启动军事变革。新军事革命蓬勃兴起，在全球形成了新军事革命的浪潮。

（三）稳步发展阶段

进入 21 世纪，新军事革命进入稳步发展阶段。新世纪伊始尤其是"9·11"事件后，面临新的形势和威胁，美国先后发动阿富汗战争和伊拉克战争，并以此推动美军全面转型，欧洲、日本、俄罗斯、中国等加快改革步伐。各国在总结前一阶段军事变革经验教训的基础上，以全新的理念设计军队信息化建设目标，更加全面、理性、稳健地推进新军事革命，新军事革命进入了有计划、有组织、全面推进、协调发展的新时期。

四、主要内容

新军事革命是军事领域的整体性变革，涉及现代和未来军事的方方面面。但从军事革命的一般发展规律来看，其主要内容包括新军事技术革命、新军事装备革命、新军事理论革命、新军事组织革命四个方面。

（一）新军事技术革命

新军事技术革命是整个新军事革命的先导，是军事领域整体性变革的技术基础和基本前提，也是新军事革命的主要内容。新军事技术涵盖军事信息技术、军事新材料技术、军事新能源技术、军事航天技术、军事海洋技术、军事生物技术等方面。当前，军事技术形态正在向智能化、网络化、微型化等方向发展。

（二）新军事装备革命

建立在技术创新基础上的新型武器装备的大量涌现，往往是军事领域出现革命性变化的重要标志。新军事装备革命是指由工业化战争军事装备向信息化战争军事装备的跨时代跃升，主要是实现武器装备的信息化、智能化和一体化。

（三）新军事理论革命

建立与新的武器装备体系和新的军事需求相适应的新的军事理论，是新军事革命的核心要素。以创新军事理论为目的的军事理论革命，是新军事革命的核心内容。新军事理论革命主要表现为军事学说、军事理论（特别是作战理论）、作战方法的革命性发展。当前正在向揭示信息化战争形态、描绘未来战争战略、探索新型作战构想、构建新型军事体系的方向发展。

（四）新军事组织革命

新军事组织革命是新军事革命能否最终实现的关键，也是新军事革命的难点。新军事组织革命的最终目的，就是要在新军事技术革命、新军事装备革命和新军事理论革命的基础上，通过军队建设思想、体制编制形式、组织指挥体制等方面的彻底性变革，把机械化军队的组织体制逐步改造成信息化军队的组织体制。当前军事组织形态正在向优化结构、减员增效、模块组合的方向发展。

第三节　机械化战争

科学技术是生产力发展的直接动力，也是推动战争形态发展和军事变革的根本动力。纵观人类历史，科学技术的每一次重大进步，总要唤起军事上的创新精神。全新的科学技术一旦注入军事领域，便会引发军事领域的重大变革。整个 20 世纪的历史巨变表明，正是几次科技革命所推动的生产力跳跃式前进，带动了经济、政治、社会的巨大变革，并导致机械化战争的形成和发展。

一、基本内涵

机械化战争，是指主要使用机械化武器装备及相应作战方法进行的战争，具有机动速度快、火力毁伤强、战场范围广、战争消耗大等特点，是工业时代战争的基本形态。

19 世纪末 20 世纪初，电力能源和内燃机发明后，在众多科技成果的影响下，大科学、大工业、大生产的资本主义社会化生产形成。随着速射机枪、坦克、飞机、潜艇、航空母舰、无线电设备等一大批自动化、机械化武器装备相继问世，战场面貌发生了重大变化，机械力逐渐取代人力、畜力，舰船、飞机等成为军队战斗力的主要载体，人类战争至此进入了机械化战争时代。

机械化战争作为两次工业革命的直接产物，是工业时代战争的基本形态。一方面，在决定战争胜负上，"物能"的拥有和释放始终占有主导地位，成千上万的坦克、装甲车、火炮及难以计数的弹药、油料所产生的动能、机械能、化学能的对抗，成为战场上对抗的焦点，交战方式主要表现为"摧毁与反摧毁"，战争始终围绕"物质和能量对抗"这一核心，沿火力、机动力和突击力三大轴线对抗发展。另一方面，战争是在相对分散的陆、海、空战场，以相对应的军兵种和不同的武器装备进行的"单元式"战场较量，也就是通过在不同战场和不同军兵种间相对独立地进行会战和决战来达成战争目的。军队的机械化程度快速提高，机械化作战理论得到空前繁荣，作战形态发生了根本变革。特别是第二次世界大战时期，各主要军事强国将现代化的陆、海、空军及其具有高度机动力、突击力的机械化作战平台大量运用于战争，推动了机械化战争的高速发展和普遍运用，使战争进入了真正的机械化时代。

二、形态与特征

战争形态是武器装备、体制编制、作战方式、作战思想等战争诸要素之间的内在、稳定、结构性的联系方式，是标志战争在其历史演变不同发展阶段上的整体特征的军事范畴。机械化战争从热兵器战争发展而来，突出火力与机动力的有效运用。与热兵器战争相比，机械化战争表现出以下基本形态和典型特征。

（一）战争样式非常复杂

相比简单的热兵器而言，机械化时代的武器装备实现了自动化，人类兵器从手持、马拉式枪炮，发展为依靠机械动力推动的自动化武器，坦克、飞机、自行火炮、航空母舰等开始出现并在战争中得到广泛运用。英国首先创制了将火力、装甲防护能力和机动能力结合为一体的坦克；飞机开始出现侦察机、轰炸机、歼击机和强击机；海军采用螺旋桨、蒸汽机和装甲技术装备战舰，推出了战列舰、巡洋舰、布雷舰、扫雷舰等水面舰只。军队规模不断扩大，出现了集团军、集团军群一类的大军团编组，战场从平面发展为立体，战线的长度和纵深发展到上千千米，作战行动与军队编制走向大型化、合成化和摩托化。出现了空地协同、步坦协同，大纵深快速突击，以及战略轰炸、航母战、潜艇战、空降作战、两栖登陆等新的样式。武器装备的自动化极大地加大了武器装备的杀伤力，加快了战争进程，战争的胜负不再主要取决于热兵器数量的多少，而是更多决定于武器装备的自动化程度。世界各国在几场大规模作战的刺激下，不断加快新式自动化武器装备的研发进度，战争样式呈现出更加复杂的局面。

（二）战争对抗异常激烈

20 世纪是机械化战争诞生和迅速发展的世纪。人类战争的范围开始由区域性向全球性拓展。20 世纪战争冲突的次数之多、规模之大、程度之激烈，是历史上任何时期都无法比拟的。特别是两次世界大战，通过庞大的机械化战争机器，把人类带入巨大的灾难之中。第一次世界大战中卷入 15 亿以上人口，占当时全世界总人口的 75%，战争伤亡达 3000 余万人，相当于过去 1000 年间欧洲发生的所有战争伤亡的总和；第二次世界大战中全世界人口的 80% 被卷进了战争，伤亡总数超过了 9000 万人，更是把机械化战争的规模推向了新的高度，给人类带来了空前的浩劫。

（三）战争理论频繁创新

在新式武器装备和大规模战争实践的影响下，新兴战争理论不断出现。大规模空战、坦克战、海战轮番上演，催生出空军制胜论、坦克制胜论、海军制胜论、总体战理论等影响深远的经典理论。这些理论为不同军兵种参加大规模作战提供了综合指导思想，为新型作战样式的实施提供了理论依据，对世界大战及战后的军事发展产生了深远的影响。人民战争理论凸显出巨大威力，成为机械化战争中弱小国家对付强大侵略者的指导理论。在战争实践的刺激下，机械化战争理论不断推陈出新，为指导机械化战争实践和孕育信息化战争形态，奠定了重要的基础。

此外，由于机械化战争形态下，双方交战更多是在传统战场空间展开，传统火力效能的发挥对作战力量的发展和作战样式的转变起着至关重要的作用，因此机械化战争还表现出交战力量数量庞大、火力杀伤主导等其他典型特征。

三、代表性战例

机械化战争伴随着自动化武器装备的出现和战争规模的扩大不断发展，两次世界大战中的代表性战例，展现出机械化战争所具备的典型特征。

（一）凡尔登战役

凡尔登战役是第一次世界大战中带决战性的战役。战事从 1916 年 2 月持续到 12 月，双方伤亡人数约百万人，因死伤人数过多，该战役被称为"凡尔登绞肉机"。

1916 年初，德意志帝国统帅部决定把战略重点西移，德军总参谋长将打击目标定在法国境内著名要塞凡尔登。凡尔登是英法军队战线的突出部位，它像一颗伸出的利牙，对深入法国北部的德军侧翼形成严重威胁，德、法在这里曾有过多次交手，但德军皆未能夺取要塞。如果德军能一举夺取凡尔登，必将沉重打击法军士气。同时，德国想通过占领凡尔登，打通德军迈向巴黎的通道，进一步占领巴黎，让法国不攻自灭。因此，德军决心拿下凡尔登，扬言要让凡尔登成为"碾碎法军的磨盘"。

1916年2月，德国向凡尔登一带发动了猛攻。仅仅4天，德国就将法军阵地的森林、山头、战壕全部夷为平地。法军遭重创，两道防线接连被攻破，上万名士兵被俘。法军前线指挥官调集了一切可以动用的部队，自2月27日起，法军利用唯一与后方保持联系的巴勒迪克—凡尔登公路（又称"圣路"），源源不断地向凡尔登调运部队和物资，自此法军大批援军及时投入战斗，加强了纵深防御，对战役进程产生了重大影响。月底，德军由于弹药消耗过大，加之战略预备队未及时赶到，攻击力锐减，丧失了突破法军防线的时机。

3月5日起，德军扩大进攻正面，试图合围凡尔登，但遭法军顽强抵抗，德军付出巨大伤亡后进展甚微，不得不于5月底停止进攻。法军则频繁轮换作战部队，不断实施反击，与德军反复争夺，迟滞德军进攻。6月初，德军再次发动大规模攻势，并首次使用毒气弹和催泪弹，造成法军大量伤亡，德军一度进抵距凡尔登不足3千米处，但终被击退。当俄军1916年夏季进攻战役和西线索姆河战役开始后，德军在凡尔登方向未再投入新的兵力。经数月苦战，德军虽在凡尔登以北、以东地区楔入法军防线7~10千米，但始终未能达成战役突破。到了秋季，德军已经非常疲惫，9月2日，德皇批准停止进攻。10月至12月法军发起两次大规模反攻，基本收复被德军攻占的阵地，战役至此结束。

凡尔登战役是典型的机械化阵地战、消耗战。双方参战兵力众多、伤亡惨重。在10个月交战中，双方共投入200万兵力，伤亡人数近百万，创造了战争史记录，使凡尔登成了骇人听闻的"绞肉机"和"人间地狱"。这次机械化战役中形成的关于如何组织阵地防御的经验，成为大战后各国修建要塞工事的依据。这次战役成为第一次世界大战的转折点，德国从此逐步走向最后的失败。

（二）斯大林格勒战役

斯大林格勒战役也称斯大林格勒会战，是第二次世界大战中德国为争夺苏联南部城市斯大林格勒而进行的一次非常激烈的战役，是第二次世界大战中非常重要的转折点，也是机械化战争中多种力量交互、多种作战样式交叠的重要典型战例。

1942年夏，德军在莫斯科会战失败后，被迫放弃全面进攻，在苏德战场南翼实施重点进攻，企图夺取斯大林格勒和高加索，切断苏军的战略补给线。7月17日，苏德双方在斯大林格勒周边展开了激烈的交战。

7月23日，德军突破苏军防线，但是由于缺少装甲兵力的支援，被迫转入防御态势。8月19日，德军再次从西北、南面两个方向对斯大林格勒发起猛攻。9月12日，斯大林格勒外围防御地带已全部丧失，苏军撤至市区。德军从南面突进到伏尔加河，把守卫城市的苏军分隔开来。

9月13日，德军从城北突入市区，与苏军展开了激烈的巷战。双方逐街逐楼逐屋反复争夺。尽管德军对伏尔加河东岸进行频繁的轰炸，但是苏军还是从那里得到了不断的补给和支持。德军非常重视步兵、工程部队、炮兵和空军的地面轰炸的协调。为了对抗这种战术，苏军采取了贴身紧逼的策略，尽量将己方的前线与德军贴近，致使德军的炮兵部队无法发挥远程攻击的优点。9月25日，德军占领市中心。此后，战斗更加激烈，双方为争夺每一座房屋、车间、水塔、铁路路基，甚至为争夺一堵墙、一个地下室都展开了激烈的战斗，残酷的巷战一直持续到1942年11月。双方都遭受了重大的损失。

11月19日，苏军开始实施大规模反攻计划，于11月23日完成了对斯大林格勒的包围。至11月30日，苏军已将德国第6集团军、罗马尼亚和意大利部队以及部分克罗地亚军队合围在斯大林格勒。此后德军虽然发动了代号为"冬季风暴"的解围行动，但被苏军击退。1943年1月8日，苏军向德军发出最后通牒。1月31日，第6集团军投降。1943年2月2日德军残部也宣布投降。至此，斯大林格勒会战结束。

斯大林格勒战役中，双方均采用了大规模机械化作战样式，最后陷入了大规模激烈巷战。此次战役中，德军遭受了二战中最惨烈的一次失败。这场战役彻底扭转了二战局势，是二战的重要转折点，也把机械化战争的规模和激烈程度推到了新的高度。

（三）诺曼底登陆战役

诺曼底登陆战役是第二次世界大战中美、英军队于1944年6月至7月在法国西北部诺曼底地区进行的战略性登陆作战，是盟军进军欧洲"霸王行动"的重要组成部分，目的是夺取集团军群登陆场，开辟欧洲第二战场。诺曼底登陆战役是非常典型的大规模机械化作战行动，也是世界战争史上规模最大的海上登陆战役。

1943年5月英美华盛顿会议决定于1944年5月在欧洲大陆实施登陆，开辟第二战场。通过结合历次登陆作战的经验教训，盟军最终确定以诺曼底作为登陆地点，并制订了具体计划，以"霸王"为行动代号。

1944年6月6日，"霸王行动"展开。以美国为主的盟军在艾森豪威尔将军的指挥下，以空降伞兵为先导，部队在空军的掩护下，从朴次茅斯启航，横渡英吉利海峡，一举突破了德军防线——"大西洋壁垒"，置德军于腹背受敌的境地。这次登陆作战，盟军分五路向诺曼底海滩发起攻击，攻下了犹他、奥马哈、金滩、朱诺和剑滩五个海滩，并成功击退德军初期的反击，巩固了滩头阵地。6月7日，隆美尔组织包括五个装甲师在内的德军力量进行反击，试图首先阻止盟军将五个登陆滩头连成一片，其次确保诺曼底后方德军重要据点卡昂和瑟堡的安全。但由于相关区域6月7日整个白天都处于盟军海空军绝对优势火力下，德军无力发动决定性的大规模反击。6月12日，盟军的登陆点已连成一片。当滩头阵地连接成巩固统一的登陆场后，盟军按照预定计划向内陆发展，美军第1集团军夺取瑟堡，担负主攻；英军第2集团军猛攻卡昂，造成直取巴黎的假象作为佯攻。经过激烈战斗，7月1日美军占领瑟堡，7月10日英军占领卡昂。此后，盟军继续扩大登陆场，向欧洲腹地推进，并相继解放了法国和比利时等国，攻入德国本土。

诺曼底登陆战役的胜利，是机械化战争形态的集中体现，其成功实施主要得益于战前的充分准备，以及对制空权、制海权的激烈争夺，多种机械化作战样式在局部区域集中出现，加速了第二次世界大战的结束进程，也为后续国家实施大规模登陆作战提供了有益经验。

第四节　信息化战争

随着信息技术的发展，以微电子信息技术为核心的新一轮科技与产业革命，推动着人类社会逐步向以信息产业为主导的新的发展阶段过渡，机械化战争也随之步入了信息化阶段，并向新的战争形态——信息化战争过渡。

一、基本内涵

信息化战争，是指依托网络化信息系统，使用信息化武器装备及相应作战方法，在陆、海、空、天、网络、电磁空间及认知领域进行的以体系对抗为主要形式的战争，是信息时代战争的基本形态。

信息化战争是人类继冷兵器战争、热兵器战争和机械化战争形态之后的一种全新的战争形态，它是人类步入信息时代以后，以信息和知识为核心资源，以信息化武器装备为基础，以信息化军队为主体，为争夺制信息权而进行的全新战争形态，也是信息时代典型社会特征在战争领域的全面体现。

信息化战争之所以能够脱颖而出，主要得益于以信息技术为代表的高新技术的快速发展及其在军事上的广泛运用。信息技术广泛运用于军事领域，使得信息化武器装备成为战场的主战兵器。比如，太空系统对作战情报侦察、预警、导航、通信、气象等提供了重要的战略支援和保障；精确制导弹药成为战场上主要的硬摧毁手段；网络战、电子战武器成为战场上重要的软杀伤手段。同时，在机械化向信息化转型过程中，各种武器装备通过嫁接信息技术不断地进行信息化改造，使得信息不仅成为战斗力的主导要素，而且渗透到其他要素之中，渗透到战场的每一个角落。信息网络把陆、海、空、天等多维力量紧密地链接在一起，形成了严密的作战体系。大量信息装备广泛运用于战场，制约和影响着武器平台的效能发挥，也成为对方首要攻击目标。寻找并攻击对方网络关键节点，瘫痪敌方指挥信息系统体系，已成为信息化战争中获取制信息权、获得战场主动权的重要途径和手段。

二、形态与特征

信息化战争与以往战争最大的不同点，就在于信息的地位和作用发生了变化。信息作为一种新型资源，改变了物质和能量的作用方式，进而改变了战争的制胜机理，成为战斗力生成的重要主导资源。与机械化战争相比，信息化战争主要表现出以下基本形态和典型特征。

（一）武器系统的数字化、智能化

信息化战场，武器系统通过加装数字化部件，具备更多的信息化功能，实现传统火力、机动力、指挥控制力等能力的信息聚效。武器装备的数字化水平急剧提升，综合作战效能不断增强。数字化武器系统、数字化作战平台、数字化单兵终端等不断涌现，有效支撑了新的作战行动。

在信息技术的支持下，智能化武器装备不断出现，传统武器系统也呈现出一定的智能化发展趋势。依靠信息处理和人工智能等新兴技术的支撑，智能炮弹、智能地雷、智能指挥控制系统等开始出现。智能化的武器系统开始部分取代人的简单活动，具备一定的自主决策能力。美国早在 2016 年就已经发射了自主战舰，英国将用"雷神"无人机取代人驾驶的"龙卷风"战斗机，韩国研发的 SGR－A1 智能机器人哨兵可实现自动目标识别和开火。

（二）战场空间的多维化

与机械化战争相比，信息化战争的战场空间全面拓展，由地面、海洋、空中逐渐向外层空间、电磁空间、网络空间以及心理空间等领域扩展。信息化战争背景下，任何单一军兵种都不能单独主宰战场，各种作战力量只有通过科学合理的编成编组，形成功能互补、有机联系的联合作战力量体系，依托网络化信息系统展开作战，才能在陆、海、空、天、电磁等多维战场上占据先机。比如，海湾战争中，以美国为首的多国部队，首先以强大的电子战夺取战场电磁控制权，继而对伊拉克实施长达 38 天的持续空袭夺取了制空权，再展开了强大的地面进攻，地面作战仅 4 天就取得了最终胜利。科索沃战争中，以美国为首的北约部队，利用其绝对优势的电子战力量和海军、空军优势，对南联盟实施了长达 78 天的大规模空袭，达成了战争目的。在伊拉克战争中，美军甚至动用了 160 余颗军用和民用卫星，为美军作战行动提供各种情报信息支援，构建了陆、海、空、天、电磁等多维一体化战场，上演了一场多维信息化战争。

（三）指挥控制的网络化

战场的指挥控制体系，是传输作战指挥指令、引导战争发展的重要依托，从一定程度上可以反映某种战争形态的典型面貌。在机械化战争形态下，指挥控制体系主要采取传统宝塔形结构，或者说是"树"型结构，这种指挥结构存在指挥层级多、部队协同难、抗毁性差等缺点，难以发挥下级部队的主观能动性，任何一个重要环节出现坍塌就会使得整个系统结构陷入瘫痪。在信息化战争形态下，指挥控制体系发生了重大变化，网络化、一体化成为其基本特征。单位与单位间、武器系统与武器系统间不仅有纵的联系，而且还有横的联系，不仅有邻近级别的联系，而且还可跨层级联系。多层次、跨方位、全时空的指挥控制网络将实现多维力量的整体联动，战场的情况获取、指挥决策、控制协调将无缝链接，最高指挥官可以实时了解前方战场情况，前线士兵也可近乎实时地反馈一线需求并得到及时响应，作战单元之间的协同更加顺畅和便捷，信息化整体作战能力得到极大跃升。

此外，由于信息化战争是在信息要素联通下体系与体系之间的对抗，交战双方为了赢得战争的胜利必须充分发挥各自系统最大的整体作战能力，作战节奏转换迅速，作战行动的精确化程度越来越高，因此信息化战争也呈现出作战要素一体化、战场行动快速化、作战效果精确化等其他重要特征。

三、代表性战例

以信息技术为核心的新军事革命兴起后，世界各国加快了信息化武器装备的发展和战场实践运用，海湾战争、科索沃战争、伊拉克战争等轮番上演，呈现出了信息化战争的典型特征。

（一）海湾战争

海湾战争发生在 20 世纪 90 年代，是第二次世界大战后牵涉国家最多、规模空前的一场典型局部战争。与 20 世纪 80 年代以来的其他几场高技术局部战争相比，海湾战争投入的信息化武器装备最多、信息化水平最高、战争规模最大，成为信息化战争时代真正到来的重要开端。

战争起因于伊拉克对科威特的入侵，实质是美国全球霸权与伊拉克地区霸权之间的矛盾与冲突。以美国为首的多国部队以空地一体战理论为指导，一开始就制定了速战速决的战略方针，主张运用空中力量优势对伊拉克进行全纵深的火力打击，在绝对优势的情况下达成完全胜利。海湾战争经历了"沙漠盾牌"行动、"沙漠风暴"行动和海上拦截行动等阶段。其中"沙漠盾牌"行动主要用于构建防御体系和部署进攻方案，阻止伊拉克继续南下发动对沙特阿拉伯等国的进攻；"沙漠风暴"行动则是整个作战行动的主体部分，主要分为空中战役阶段和地面战役阶段，目的是夺取和保持制空权，摧毁伊拉克的核生化武器、主要军工厂、军事设施和军事力量，消灭科威特战区的伊拉克军队，恢复科威特领土主权和合法政府。海湾战争的空中战役和地面战役阶段仅仅持续了42 天，以美国为首的多国部队在战争中充分利用了 20 世纪 70 年代以来信息化革命所取得的成果，以初步建立起来的信息化战争体系对付伊拉克机械化半机械化的军队，显示出了巨大的"时代差"优势，为世界各国展现出了信息化战争的巨大威力。

多国部队依托信息化的武器装备，使得战争胜利的天平一开始就往多国部队的方向倾斜。在"沙漠风暴"行动前 5 个小时，多国部队就动用了 EC – 130、F – 4G 等各型电子战飞机及其他电子对抗设备，在电磁空间开始了代号为"白雪"的信息对抗行动，大面积、长时间地干扰伊方的电子通信系统和军队指挥控制系统，致使伊方的指挥控制系统完全瘫痪，通信系统失灵，雷达屏幕一片雪花，广播电台也一度失常。空袭准备开始时，多国部队还大量使用反雷达导弹，摧毁伊军部队雷达或使之被迫关机。当多国部队空袭行动开始后，伊军根本不知道空袭来自何方，战机也无法升空迎战，导弹、高炮更找不到打击的目标。战争头一周，多国部队的战机损失率仅为 0.15%，大大低于一些国家的飞行训练的事故率，这在世界空战史上堪称奇迹。战争中，多国部队大量使用了精确制导弹药，极大地提高了火力摧毁效果，在某个侧面改变了传统的作战方式。"战斧"巡航导弹、"飞毛腿"地对地导弹、"爱国者"地对空导弹、"哈姆"空对地反辐射导弹、"海尔法"空对地反坦克导弹、"响尾蛇"空对空导弹、"霍克"地对空导弹等，简直将海湾战场变成了导弹格斗场。此外，依托强大的信息系统，多国部队利用 C^4ISR 系统有效地将陆、海、空、天、电磁等多维战场空间的作战行动凝聚为一体，开创了多维空间力量进行一体化联合作战的成功先例。在空袭阶段，多国部队平均每天出动飞机几千架次，这些飞机分别从不同的基地起飞，沿不同的空中层次，袭击不同的目标，但无一因协调控制不周而造成自毁的情况，这不能不归功于信息技术革命带来的战场上强有力的自动化指挥控制系统。

正因为海湾战争表现出了明显的信息化战争特征，1992年美国人坎彭在《第一次信息战争》一书中，将海湾战争称作是世界战争史上的第一次信息战争。海湾战争体现了情报战、心理战、电子战、导弹战以及 C^4ISR 系统对抗等信息化战争的典型内容，战争涌现出的信息量之大，对信息的获取、传递、处理和利用速度与效率之高，都是空前的。

（二）科索沃战争

科索沃战争是美国为首的北约国家为实现自身的政治目的而对南联盟所发动的一场战争，是继海湾战争后全球范围内规模最大、投入高新武器最多、持续时间最长、现代化程度最高、纯空中化的一场典型局部战争，在很大程度上反映出当时信息化战争的一些新的特点和规律。

这场战争是以美国为首的北约，借口制止南联盟在科索沃地区制造"人道主义灾难"而发动的战争，其内部原因是北约的膨胀和南联盟的萎缩之间产生的矛盾。1999年3月，以美国为首的北约军队在没有获得联合国授权的情况下，对南联盟发动了空袭。科索沃战争自3月24日正式爆发，到6月10日，一共持续了78天的时间，经历了四个主要阶段：北约实施有限空中打击、南联盟被动防御，北约空袭升级、南联盟加强防御，北约实施全面空中打击、南联盟加大政治解决力度，北约加快地面作战准备、南联盟避战求和。参加空袭的北约国家由最初的8个增至最后的13个，即美国、英国、法国、德国、意大利、加拿大、西班牙、荷兰、土耳其、葡萄牙、丹麦、挪威和比利时。

这场战争是一场典型的以远程精确打击和高空打击为主的"非接触战争"。战争以空中制胜论为指导，空袭与反空袭为基本作战样式，地面部队仅起到一定的威慑作用。战争的非对称性表现突出：一方拥有绝对制空、制天、制海和制信息权，实现"零伤亡"，另一方则完全是被动防御，损失惨重。战争首次对1993年之后军队信息化建设的成果进行了综合展示和实战运用，在 C^4ISR 系统等支持下，联合作战力量实现了网络化、一体化，具备了跨军兵种、跨地域无缝链接和实时指挥控制能力。战争中精确制导武器得到大量使用，初期的精确制导炸弹和导弹使用量甚至达到了90%以上，战争中首次使用了GPS制导的巡航导弹、电磁脉冲炸弹、计算机病毒攻击武器、石墨炸弹等信息战武器。信息作战贯穿战争全过程，南联盟在持续遭受打击的同时，使用多种计算机病毒入侵北约的指挥通信网络，使北约盟军的通信陷入瘫痪，对英国"天网"卫星系统中的一颗卫星进行了"劫持"。科索沃战争验证了大规模信息化作战条件下盟军联合作战的基本理论，创新了全纵深精确打击理论、非对称作战理论、非接触作战理论、战略信息战理论等新型信息化战争理论。

科索沃战争结束后，世界各国进一步推进军队信息化建设，C⁴ISR 系统、精确制导武器、信息化装备平台等发展迅速，数字化部队建设力度加大，部队编制体制深化改革，小型化、多能化、轻便化、灵敏化、可重组、快速部署的部队，成为信息化战争中军队建设的发展方向。

（三）伊拉克战争

伊拉克战争是科索沃战争之后，以美国为首的美英联军 2003 年对伊拉克发动的军事行动，是一场带有信息化特征的，以反恐为名义的非对称的战争。它是美国"先发制人"新军事战略的初次实践，对美国安全战略及国际战略格局产生重大影响。

伊拉克战争的爆发，表面上是由于美英联军指责萨达姆支持恐怖主义、拥有大规模杀伤性武器而导致的，实质上是美英为首的西方国家为控制中东石油、改造阿拉伯世界而发动的一场侵略型战争。"9·11"事件后，布什政府提出"先发制人"战略，并有意将这一战略与推翻伊拉克萨达姆政权联系在一起。为此，美国在阿富汗战争大规模作战阶段结束后，加紧向海湾地区调兵遣将，并以伊拉克藏有大规模杀伤性武器为由发动了战争。战争进程分为大规模作战和稳定行动两大阶段。其中大规模作战阶段，美英联军依托大规模的空袭和地面进攻，仅仅用了一个多月的时间就直捣伊拉克首都巴格达，推翻了萨达姆政权；大规模作战行动结束后，伊拉克反美武装利用民众对外国占领军的不满，依托城市广泛开展游击战，美英联军为进一步巩固战争效果，清剿反美武装，又开展了长期的稳定行动，企图尽快稳定局势，扶植亲美政权，但是没有想到却陷入了长期的消耗战，最终得不偿失。伊拉克战争中，虽然一开始美国顺利地推翻了萨达姆政权，赢得了军事上的胜利，但由于侵略战争不得人心，加之一系列决策失误，迟迟未能稳定伊拉克局势，在战略上陷入长期被动，美军开展了长达 8 年多的稳定行动。最后，不得不草草撤军，未能实现"以伊拉克为民主样板改造阿拉伯世界"的战略目的。

从军事上看，伊拉克战争是一场信息化程度较高的非对称战争。正如美国前副总统切尼所指出的："伊拉克战争与海湾战争的最大不同，在于美国现在拥有了更为先进的信息技术优势。"正是凭借先进的信息技术，美军取得了对伊军的全面信息优势，并进而牢牢把握战场控制权，战争中联军空地作战的一体化程度大大提高。在全面的战场信息优势支持下，美军可以说想怎么打就怎么打，想打哪里就打哪里，想打多长时间就打多长时间，战争的节奏完全掌握在美军的手中，伊军完全处于被动挨打的境地。因此，可以说全面的信息优势在一定程度上主导了伊拉克战争的进程。

总结伊拉克战争可得出：建立了较完善的信息化战争体系的国家对仍处于机械化半机械化水平的国家拥有绝对军事优势；海空精确打击力量在信息化战争中将发挥越来越具有决定性的作用；在大规模作战阶段应尽可能多地使用精确制导武器；精确作战、信息作战、特种作战、空间对抗、网空对抗等新型作战样式和理论在信息化战争中将发挥越来越大的作用；要善于利用与控制新闻媒体，注重发挥心理战部队的作用，在战前和战中实施大规模的心理攻势；要实现精确化后勤，尽可能实现全资产的可视化。

四、发展趋势

从当前整个世界的范围来看，战争形态正处在一个从机械化战争向信息化战争过渡的转型期。虽然准确预测信息化战争的发展趋势还比较困难，但是运用历史唯物主义的方法，结合科学技术的最新发展趋势，可以大致勾画出未来信息化战争的发展趋势。

（一）信息化作战力量更加多元

信息化战争条件下，信息作为重要的战略资源，其地位和作用将更加突出。随着信息化武器装备的普及和世界新军事革命的推进，各国将竞相投入更多的精力进行信息化力量的建设和改造，不断革新武器装备、建立新型军队，竭力获取在信息化战争中的优势。

大量新概念武器将不断出现。这些武器将具有完全不同的杀伤和破坏机理，有的可能杀伤力更大，杀伤范围更加精准可控，有的可能不以消灭人的生命为目标，但是可以使人员和武器装备丧失作战能力。动能武器、次声武器、定向能武器等，将成为未来信息化武器装备发展的重点。比如，次声武器具有洲际传送能力，可以穿透10多米厚的钢筋混凝土，在软杀伤人员、装备等方面作战潜力巨大，近年来许多国家都将其列为发展重点。电磁炮、电磁脉冲弹，依托其完全不同于传统火药爆炸的方式，释放出高能量，带来杀伤性武器领域的革命性变革，近年来引起了各国的高度关注。同时，新型量子通信技术、新型指挥控制系统等均在快速发展，使得信息化武器装备体系越来越丰富。

未来信息化战争将是多元化的战场。未来信息化部队的发展也将根据作战需求的不同出现一些变化。一些传统兵种可能会逐渐消失在历史舞台，一些新兴力量将可能出现。炮兵、喷火兵等专业化传统兵种的地位会降低，战略预警、航空航天、防空反导等新质力量将得到不断的发展壮大，黑客部队、天军、网军、机器人军团等新型力量将可能出现。先进的信息化系统和远距离的投送能力为军队的小型化奠定了基础。由于军队的作战能力将呈指数级增长，小规模的高度一体化和智能化的军队，即可达成战略目的。因此，未来军队的组织体制在数量规模上将具有两个基本的发展趋向：军队的总体规模将大幅度缩小，缩减军队规模将是必然的趋势，拥有庞大的常备军将成为历史；作战部队的建制规模将更加小型灵巧，军和师的编制将可能最终消亡，旅、营或更低级别的战术单位将成为主要的作战建制，按作战职能编成的小型作战群，或能够同时在陆、海、空等多维空间作战的一体化的小型灵活支援部队将会出现，以适应快速变化的信息化战争的需要。

（二）信息化战争层次更加模糊

在信息化纽带的影响下，未来社会将会变成高度连接的统一整体，各层次之间的界限将变得更加模糊。这种信息化社会的基本特征也会及时反映到信息化战争形态的发展变化上，未来信息化战争的各种层次差异将变得更加模糊。

未来信息化战争，战争的战略、战役和战术层次会变得更加模糊。一方面，战役或战术行动具有战略意义。由于大量信息化、智能化装备和系统的集中运用，武器装备的作战效能越来越高，精确打击和信息作战等行动对敌方军事、政治、经济和心理的攻击威力越来越大，因而小规模的作战行动和高效益的信息进攻行动就能有效达成一定的战略目的。这使得战争进程更为短暂，战争与战役甚至战斗在目的上的趋同性更为突出。另一方面，作战行动将主要在战略层次展开。信息化战争不再是从战术突破到战役突破再到战略突破，而是战争一开始，打击的对象就将主要集中于关乎敌方政治、经济和军事命脉的重要战略目标。尤其是在信息化战争中起主导作用的战略信息战，对敌方经济和政治信息系统的攻击，以及对敌方民众和决策者心理的攻击，更具有全纵深和全方位的性质。大规模的信息进攻和超视距的非接触作战将成为未来信息化战争的主要行动样式。

未来信息化战争，作战力量运用的时空频域层次也会变得更加模糊。随着信息技术的发展，未来作战力量在信息化战场的时空频域界限将会被彻底打破，战场前后方、战场时域差等将会被彻底消除。作战力量的参战方式将变得更加多样，参战地点将更加不受约束。

在人工智能等技术的影响下，士兵、武器、装备，在执行任务目的的层面上的功能也开始变得模糊。有些作战行动不再需要人去主动参与，而是可以用机器人替代，机器在人工智能技术的支持下可以完成越来越多的工作。在信息社会紧密链接的基础上，越来越多的军事行动可以依靠社会民间组织参与，战争不仅可能会在国家与国家之间展开，而且可能会在社会团体与社会团体之间、社会团体与国家之间、少数个人与社会团体之间展开，发动和从事战争的主体呈现出多元化的趋势，战争层次将变得更加模糊。

（三）信息化作战样式不断丰富

随着信息技术的迅猛发展、新军事革命的深入，以及国家战略需求的变化，信息化战争将以前所未有的速度催生出新型作战力量、新型作战方式和方法，在不断的摸索实践过程中逐渐凝聚为新型的信息化作战样式，影响和指导未来信息化战争的行动。

信息时代的军事探测革命将使得侦察探测的空域、时域和频域范围大大扩展，使对作战行动的感知、定位、预警、制导和评估达到几乎实时和精确的程度；军事通信革命将在未来信息化战争中实现军事信息的无缝链接和实时传输，使各指挥机构和部队、各侦察和作战平台之间达到在探测、侦察、跟踪、火控和指挥方面的信息畅通，真正实现实时指挥和控制；军事智能革命将真正实现作战指挥活动和作战武器装备的自动化和智能化，执行军事任务的准确性和时效性将大幅度提高。战争的规模将逐渐趋小，以天、小时和分钟计算时间的战争可能以秒为单位发生，物资、能源的消耗战将逐步让位给信息、能量的控制战。

随着信息技术的发展和运用，战争时空将得到充分延伸，并且这种延伸将不断加速扩大。新型信息技术在不断突破人类所能到达的空间和时间物理极限，围绕信息资源展开的争夺战将日趋激烈，信息化行动样式的演变将变得更加快速、新奇。战略心理战、太空绞杀战、掏心战、隐形战、精微战等新型作战样式都可能会接踵而至。未来信息化人类战场可能会进入浩渺的太空深处，或者进入某一微小细胞之中；海沟、极地、地下，都有可能发生搏杀；电磁战将渗入更多的空间，贯穿在更多的时间尺度之中，变为无处不在的战争幽灵；信息化军队的作战能力将可能拓展至脑控、肌肉控、神经控等新型领域。信息化战争的战场将会越来越广泛地涉及敌对双方或多方的政治、经济、文化、环境、信息、能源、网络等领域，虚拟战场与真实战场可能会充分结合，战场的边界变得更加变幻莫测、捉摸不定，与之相适应的新型作战样式将层出不穷。

当然，除了以上提到的几种趋势以外，伴随着新军事革命进程的加速推进，新型军事理论也将在不断的战争实践中推陈出新，天基无人战、海空无人战、天地一体网络战等新理论将会出现，全域信息战、总体信息战等理论可能会成型，这些理论必将影响和指导着未来一段时间信息化战争的发展，进一步推动信息化战争向更高维度、更多领域、更大空间，继续发展演变。

 思考题

1. 说说对战争基本内涵的理解。
2. 新军事革命的内涵和特征有哪些？
3. 战争形态演变的历史规律有哪些？
4. 信息化战争与机械化战争的形态特征有什么不同？
5. 人工智能技术发展将对信息化战争产生哪些影响？

第五章 信息化装备

教学目标

　　了解信息化装备的内涵、分类、发展及对现代作战的影响，熟悉世界主要国家信息化装备的发展情况，激发学生学习军事高科技的积极性，为国防科研奠定人才基础。

　　在新军事革命的实践中，武器装备朝着信息化、智能化、集成化方向发展，军队战斗力的提升发生了质的变化。由于信息技术的飞速发展和广泛应用，传统武器装备在杀伤力、防护力、机动力三大要素之外，增加了一个全新的要素——信息力，从而出现了信息化装备。信息化装备是信息化战争赖以产生的物质基础，是新军事革命的前提条件。

第一节　信息化装备概述

信息化装备的结构复杂，设计精密，自动化程度高，战术技术性能高，是各项硬件和软件技术综合运用的复合体。借助于信息技术的渗透和耦合作用，信息化装备不仅杀伤力更大、防护力更强、机动力更高，而且更加综合化、体系化、智能化，彼此之间可以实现互联互通互操作。

一、基本内涵

信息化装备是指采用现代信息技术，具有单一或者多种信息功能的装备。如精确制导武器、综合电子信息系统及加装数据链和相关系统的飞机、舰艇等。

信息化装备的发展，有两种基本模式：一种是研新模式，一种是改现模式。研新，就是根据信息化战争的要求，按照预先研究、型号研制、试验定型、批量生产到装备部队的流程，制造出全新的武器装备。比如 F－35、歼－20 战斗机等就属于这种情形。改现，就是采用"集成改造"的办法，把以信息技术为核心的高技术装备"嵌入"传统武器装备之中，使其性能提升，更加适应信息化战争的要求。比如美国的"联合直接攻击弹药"（JDAM），就是利用库存的常规装药炸弹经过改装，加装惯性制导和 GPS 制导装置而成的。相比之下，前一种办法的优点是更彻底、更先进，但周期长、费用高；后一种办法的优点是投入少，见效快，但是装备革新不彻底，功能受限。

二、主要分类

信息化装备有多种分类方法。按信息化装备的性质，可分为进攻类信息化装备、防御类信息化装备和支援类信息化装备；按信息化装备的杀伤效应，可分为硬杀伤类信息化装备和软杀伤类信息化装备；按信息化装备的功能，可分为信息系统、信息化作战平台、信息化弹药等。

三、对现代作战的影响

信息技术的飞速发展和广泛应用，在军事领域引起一系列革命性的变化，其中最直接、最突出的变化，便是大量信息化装备登上了现代战争舞台。信息化装备是信息时代军队作战的物质基础，信息化装备的大量使用将使军队战斗力产生质的飞跃，并导致军队作战理论、编制体制发生变革。对作战行动产生的影响，概括起来，主要表现在五个方面。

（一）使战场侦察更加立体

侦察是打击的前提。从一定意义上讲，高水平的侦察监视技术本身就是一种威慑力。侦察能力的差异性，决定了交战双方的不平等性。在传统战争中，由于受科技与装备发展水平的限制，眼观六路观不远，耳听八方听不全。随着信息技术的飞速发展和广泛应用，情况发生了本质的变化。现在，从大洋深处到茫茫太空，布满了天罗地网式的侦察监视系统：水下的声呐，能够偷偷地寻觅军舰和潜艇的踪迹；地面的传感器，能够警惕地注视人员与车辆的动静；空中的侦察机、间谍卫星，能够同时监视高空、低空、地面、海上的各种活动目标。

（二）使战场打击更加精确

传统的武器装备，由于对能量的释放缺乏有效的控制，准确度不高。信息化装备，强调在"精"字上做文章。"精"，就是要能够"攻其一点，不及其余"，尽量不引起不必要的附带毁伤。如精确制导武器采用精确制导技术，直接命中概率高，在战场上能取得惊人的作战效果。

（三）使作战反应更加迅速

"兵贵神速"是基本作战法则，但因为受技术条件的限制，传统武器装备常常"欲速不达"。在现代战争中，由于充分利用了信息技术的成果，大部分武器装备真正做到了机动快、反应快、打击快、转移快。在部队机动速度大大加快的同时，现代武器从发现目标到攻击目标的反应时间也大为缩短。当前，计算机控制的火控系统，能在 2 分钟内操纵多门火炮摧毁几十个目标，而在数年前，摧毁这些目标需要 2 小时。在信息战争中，"被发现就意味着被命中"已经不是神话，而逐渐变为现实。现代防空系统的反应时间更是以秒计时。

（四）使战场防护更加综合

"保存自己，消灭敌人"是一切战争的共同原则。由于现代侦察、监视和探测手段具有全方位、全频谱、全天候的特点，进攻一方如果不能有效地保护自己，就可能出现"发难者先遭难"的结局。在信息化战争中，交战双方将在陆、海、空、天、电、网，以及认知和心理等多维有形和无形空间展开较量，战场将呈现全维一体的态势，形成全维并举、整体联动的新型立体化战场。哪里是战场，哪里就有进攻；哪里有进攻，哪里就必须有防护。因此，信息化条件下的防护将不再局限于对地面进攻和对空中、海上袭击等有形战场进攻的防护，而是在全空域、全疆域、全频域实施安全可靠的全维防护。

（五）使指挥控制更加智能

现代技术特别是信息技术的发展，使武器装备的射程、威力、精度都大大提高。交战双方的差别，在很大程度上取决于对部队指挥和武器控制的水平上。因此，驾驭信息化战争，单靠传统的指挥手段已经远远不够，必须借助信息技术。

近年来，美军不惜耗费巨资，加紧建设"全球信息栅格"，其根本目的就是要把世界各地的武器装备系统链接起来，在未来的信息化战争中，及时提供联合作战所必需的数据、应用软件和通信能力，以获取信息优势和决策优势。

【资料链接】

全球信息栅格

全球信息栅格（Global Information Grid，GIG），是美国国防部于20世纪90年代末提出并开始建设的一种集成的信息基础设施。从字面上看，它是一种在全球范围传递的栅格状的纵横交错的系统，有别于过去点对点线性系统和孤立的树状系统。美军提出"全球信息栅格"概念，主要是为了解决各军种现有综合电子信息系统之间"信息共享能力差、难以融合集成"的问题，以满足未来作战从"以平台为中心"向"以网络为中心"转变的要求。全球信息栅格同时具备四种基本功能：计算能力、通信能力、信息表示能力和网络操作能力。在全球范围内，把涉及信息收集、处理、存储、分发的各种军用信息系统，联结成一个公共的"诸网之网"，使信息得以畅通、及时地流向任何需要它的用户，以至于一名野战士兵通过全球信息栅格就可以获得以前连高级指挥官都难以获得的态势信息，从而实现指挥的近乎实时化、智能化。

四、发展趋势

在世界新军事革命的背景下，各国都在积极开展武器装备信息化建设，把工业时代的机械化武器装备体系逐渐改造成信息时代的信息化装备体系。信息化装备的发展呈现以下典型趋势。

（一）多能化

随着信息技术的运用，武器装备系统的多能化成为信息化装备的重要发展趋势。在集成微电子技术、光电子信息技术等的影响下，武器装备模块越来越趋向于小型化，这为武器装备的功能集成提供了可能。信息化条件下的作战武器平台，装有大量的电子信息设备，可以实现侦察、预警、打击、防护、评估等功能于一体，武器系统的集成功能越来越丰富，综合作战能力越来越强。

美国的"百人队长"级攻击型核潜艇、俄罗斯的 T - 50 多用途战斗机、英德设计的智能坦克等，都具有多种功能，能够满足多方面作战需求，适合遂行多种作战任务的具体需要。

（二）精确化

信息化条件下，武器装备的精确化成为重要趋势。依靠精确制导弹药、精确化指挥控制系统等，提高武器系统的精确搜索、精确目标定位、精确目标打击等能力，可以大幅提升武器系统的作战效能。

具有代表性的是精确制导武器的出现。精确制导武器是在传统打击弹药的基础上，通过加装精确制导模块，为实现快速精确打击而发展起来的典型信息化装备，实现了目标信息探测、测量数据融合、目标信息定位与跟踪、综合数据计算与处理技术等关键技术功能，相比传统弹药具有射程更远、精度更高、抗毁性更强的特点。

（三）智能化

随着大数据、人工智能等技术在军事领域的广泛应用，信息化武器装备呈现出典型的智能化趋势。武器装备的智能化，关键在于智能化芯片和智能化算法的支撑，新型AI芯片、计算机神经网络、深度学习等软硬件技术的发展，为武器装备的智能化提供了重要的条件支撑。

目前，信息化弹药正在向灵巧型、智能型方向发展。智能型信息化弹药可以将情报、监视、侦察功能与火力打击能力融为一体，既能发现和快速跟踪目标，也能攻击和摧毁目标。

在智能化技术的支撑下，指挥信息系统由烟囱状的集中式结构向分布式结构转变，加强系统横向互通，建立智能化横向路由链路，以提高系统的可靠性、抗毁性和生存能力；指挥信息系统向综合化、智能化方向发展，以提高系统的自动化程度和一体化程度，更好地发挥系统的整体效能。各国智能化装备大面积推广和普及，单兵数字化智能装备不断运用，大幅度提高士兵的信息、防护、攻击和生存能力。

（四）无人化

信息化武器装备呈现出无人化的典型趋势。当前，世界主要国家都在大力开发信息化的军用无人系统，如无人机、无人车、无人水下系统、无人值守探测系统等。

在平台技术、传感器技术、指挥与控制技术、通信技术等飞速发展的推动下，无人机、地面无人车/机器人、无人潜航器、无人水面艇等无人系统如雨后春笋般不断涌现。军用无人系统在战争中发挥了非常重要的作用。伴随着科学技术的发展，无人化平台技术朝着智能化、通用化、微型化的方向发展。目前，越来越多的领域均已经研制出了智能的无人化装备。在未来信息化战争条件下，军用无人系统在战争中的作用越来越大，可遂行的任务越来越多，对战争胜负影响也越来越大。

第二节 信息化作战平台

信息化作战平台是实施信息化战争的物质平台依托，主要包括空中作战平台、陆上作战平台、海上作战平台。信息化作战平台的数量和质量对未来信息化战争的各个方面将产生重大影响。

一、信息化空中作战平台

信息化空中作战平台是空军最主要、最基本的装备，也是海军和陆军的主要兵器之一，可以装载各种导弹、机炮、航弹、制导炸弹和电子战装备。机动性能好，突防能力强，能出其不意地发起攻击，给敌人以毁灭性的打击，有效地支援地面和海上的作战行动。

(一) 基本概念

信息化空中作战平台作为空空和空地作战的主要技术装备和运载工具，主要有战斗机、直升机、预警机、军用运输机、反潜巡逻机、侦察机、电子对抗机、空中加油机和军用教练机等。

战斗机。按其承担的主要任务可分为对空作战和对地攻击两大类：前者由格斗机（又称空中优势战斗机）和截击机组成；后者由战斗轰炸机（又称歼击轰炸机）和攻击机（又称强击机）组成。

直升机。直升机是依靠发动机带动旋翼产生升力和推进力的航空器。随着直升机技术的日益成熟，直升机的种类、型号也在不断发展，形成了一个庞大的直升机家族。按照用途可将直升机分为武装直升机、运输直升机和战斗勤务直升机三种类型。

预警机。预警机是一种集预警、指挥、控制、通信、情报功能于一体，具有活动雷达站和空中指挥中心作用的作战支援飞机。预警机最早出现在第二次世界大战后期。目前，国外预警机的发展大致经历了三代，并正在向第四代相控阵雷达预警机的方向发展。

军用运输机。军用运输机是运送人员、武器装备和其他军用物资的飞机，用以实施空运、空降和空投，以保障地面部队实施空中快速机动。按运输能力分为战略运输机和战术运输机。

(二) 发展趋势

随着信息技术的发展，空中作战平台的信息化水平将进一步提高，呈现以下发展趋势。

1. 更加注重多用途作战能力

战斗机在设计研制时更加注重多用途化。战斗机在无须改型的情况下，自身就兼有很强的对地攻击能力；若进行专门的改进，则对地攻击能力更强。"一机多用"或"一机多型"将成为战斗机发展的标准模式。同时，战斗机与攻击机的界限也将越来越模糊。比如美空军就在未来战斗机发展概念上不断转变，不再强调纯空中优势能力，而是必须兼有对地面打击和电子战的多用途作战能力。

2. 更加强调隐身性能

目前，美国、俄罗斯正在研制的新一代作战飞机都十分强调隐身性能。例如，美军研发的 F－22、F－35 战斗机，B－2A 轰炸机，F－117A 攻击机等，都具备良好的隐身性能。新一代直升机将采用现代化的传感器、先进的复合材料技术和各种吸波材料涂层，使其雷达反射截面、红外特征值减小，提高其隐身性能。

3. 不断改进现役空中作战平台

为适应未来战争的需要，许多国家对现役空中作战平台进行不断改进。目前，美、俄在战略轰炸机发展方面虽然已经具有领先优势，但仍然对现役轰炸机不断改进、改型，以满足作战需要。

4. 无人作战平台向实用化方向迈进

无人机的造价低，隐蔽性能好，生存能力强，而且不受人的生理条件限制，在现代战争中有广泛的用途。采用高技术研制新型的无人机将是空中作战平台今后发展的一个重要方面。自主式无人机和遥控机器人无人机，除继续执行战场监视、侦察、电子对抗、通信中继、战场运输、气象监测和模拟假目标等任务外，还可执行空战和对地攻击任务，其作用将越来越大。导航和控制系统以及传感器技术的飞速发展，加上无人机在近几场局部战争中的出色表现，推动了无人作战平台的革新和发展。

（三）信息化空中作战平台在海湾战争中的运用

海湾战争中，多国部队凭借大量的高技术空中作战装备和先进的 C^4ISR 系统，组织实施了强大的空中进攻作战，改变了过去以地面进攻为主的战争方式。战争历时 42 天，以飞机和导弹为主的空中进攻就占 38 天；地面作战仅 4 天，而且是在大规模空中火力支援下进行的空地一体战。这不仅从根本上改变了空中作战的整体面貌，而且使空中作战第一次成为战场决胜的关键，提高了空中作战的地位和作用。

海湾战争中，多国部队空中作战力量的数量达到空前规模。多国部队投入了各种先进的作战飞机，在隐身突防、制空于地、空中遮断等方面表现突出。同时，美军还第一次使用了巡航导弹，在实战中检验了远程精确打击的构想。

1. 隐身突防

战前，伊拉克拥有相当完备的防空体系，其火力规模仅次于苏联。为了减少空中进攻力量的损失，多国部队采取了很多的战术技术措施，尤其是隐身突防。F－117A 攻击机在空袭中担当了重要角色。由于把隐身技术和精确制导武器合二为一，它能在敌方防空系统做出反应前飞抵、识别并精确攻击目标。由于隐身突防，F－117A 在作战中不需要其他飞机护航，它当先锋打头阵，直接摧毁防空体系，为其他战机开辟通路。F－117A 是唯一敢在白天进入巴格达上空自由活动的战机，不仅投射的精确制导炸弹 80%

以上击中了目标，而且减少了附带损伤。从击中目标所需要的兵力来看，隐身飞机降低了出动架次，减少了在敌方防空火力威胁下的暴露机会，并减少了对弹药、人力、燃料和支援设施的需求量。

2. 制空于地

过去，空中力量主要是进行空中作战，即首先通过大规模、长时间的空战以夺取制空权。早期的空战是接触式、近距离交战，主要取决于航炮的射程和机动战术；空空导弹用于空战后，战机交战距离不断延伸，从几千米、十几千米直至脱离接触的超视距。同时，随着飞机技术性能的显著提高，空中作战的不对称性越来越明显，在质量和作战体系上的差距无法通过数量弥补。占有高技术空中力量优势的一方，开始追求将敌方战机摧毁在地面上。因此，信息化局部战争的空中作战更加突出制空于地。

海湾战争中，多国部队组织了消灭伊军航空兵的进攻性作战，主要是消灭藏入地下的飞机，F－117A 和 F－111 等用精确制导炸弹摧毁了 300 多个飞机掩体。开战第一周过后，美军飞机几乎再也没有遭到伊空军的反击。要夺取制空权，还必须摧毁伊军防空系统。美军电子战飞机和攻击机协同作战，利用电子干扰、反辐射导弹等压制和摧毁伊军雷达，进行高强度的对地攻击，彻底破坏了伊军的综合防空系统。

3. 空中遮断

空中遮断是指以空中火力对敌战略或战役、战术纵深一定区域实施覆盖和隔断性打击的作战行动。在"沙漠风暴"行动期间，多国部队实施了大规模空中遮断打击。主要是对交通枢纽、运输线、通信枢纽和军品仓库等目标进行轰炸，削弱了伊拉克为科威特战区部队进行补给和增援的能力。

4. 导弹突击

远射程、高精度的导弹突击成为空中作战的一个重要组成部分。海湾战争中，美军大量使用了 AGM－86C 巡航导弹和"战斧"巡航导弹。巡航导弹使美军可以全天候打击危险地域内的目标，包括指挥中心、发电厂和战略性基础设施。由于命中精度高，"战斧"巡航导弹对固定目标的打击效果相当好，可以在天气条件不适于使用制导炸弹的情况下打击多种目标，并能在昼间对巴格达进行攻击，既不需要让飞行员去冒险，也不需要派遣大量的保障飞机协同作战，大大增强了空中打击能力。

二、信息化陆上作战平台

陆上作战平台是陆上武器系统的基础，其数量和质量状况决定陆上作战能力。

（一）基本概念

信息化陆上作战平台主要包括坦克、步兵战车、装甲输送车、自行火炮车、导弹输送和发射车及指挥控制车辆等。目前，陆上作战平台大都采用自行式车辆，且以履带式为主，少数采用轮式车。世界主要国家的陆上作战平台以第三代、第四代为主，并呈现多代并存的局面。在信息化战争中，海军、空军的装备越来越突出，在作战中的使用量也大大超过陆上作战装备。在科索沃战争中，以美国为首的北约虽然部署了陆上部队，但并未真正投入使用。这说明陆上作战平台的作用在下降，其主要原因在于作战效能不够，难以满足信息化战争条件下的战争需求。因此，陆军的装备必须不断地改革创新，要有新的发展，才能适应未来信息化战争的需求。这是信息化战争对陆上作战平台提出的新挑战。

（二）发展趋势

21世纪，陆战武器装备的发展重点是提高信息力、火力、生存能力和战场机动能力，实现标准化、通用化和系列化。近年来，世界各国加快对现有装备的改进和提高，信息化陆上作战平台的发展趋势表现在以下几个方面。

1. 全面应用先进信息技术

近年来，美、英、法等发达国家都在先期概念演示验证的基础上开始研究下一代主战武器系统，正将资金从传统平台的研制转移到发展信息化装备平台上。新的主战系统将发展成为以网络为中心的"系统之系统"，即由侦察车辆、指挥控制平台、独立的火力压制系统、地面战斗与人员输送车辆以及用于支援作战的无人机等功能平台构成的大系统，集侦察、监视、目标搜索、火力打击、保障等功能于一体。如美陆军为"理想部队"研制的"未来作战系统"是一种具有侦察、指挥、控制、火力支援、突击、医疗、运输和技术保障等功能的综合系统。

2. 进一步提高机动性能

提高机动性能的重点是提高陆上作战平台的越野机动性、加速性和转向性。这些性能与平台的动力传动装置、操纵与悬挂系统的性能水平、单位功率、履带接地压力以及负重轮行程和发动机的加速性有关。为进一步提高作战平台的战场机动性，在平台上还可以建立战场管理信息系统，安装显示器，供乘员阅读地图信息，配设导航仪，明确敌我配置态势等。

3. 进一步提高生存能力

较强的生存能力是保持战斗力必不可少的条件。由于现代探测技术的长足进步和精确制导技术的飞速发展，来自空中的威胁越来越大。因此，未来陆上作战平台将通过多种途径，全面系统地提高平台的防护性能。这包括采用隐身技术来提高防护能力，大量采用复合装甲提高车体的防护能力，改进陆上作战平台的总体结构设计等。

4. 大力发展系列化、通用化作战平台

系列化是根据某类产品或装备的使用需求和发展规律，按一定序列排列其主要性能参数和结构形式，有计划地指导产品的发展，以满足广泛需求的一种标准化方法。如美陆军的M系列的坦克装甲车，俄罗斯的T系列坦克等都是系列化的地面主战装备。通用化是将现有的或正在研制的具有互换性特征的通用单元用于新研制武器系统的一种标准化方法。未来将把导弹和火炮综合在同一辆装甲车上，构成弹炮一体化武器系统，使坦克具有直射、间射和对空作战能力。

（三）信息化陆上作战平台在伊拉克战争中的运用

伊拉克战争是以英美军队为主的联合部队对伊拉克发动的军事行动，美国以伊拉克藏有大规模杀伤性武器并暗中支持恐怖分子为由，绕开联合国安理会，单方面对伊拉克实施军事打击。因为是海湾战争的延续，又称为第二次海湾战争。在伊拉克战争中，最引人入胜的一幕是以美军第3机步师为主的地面部队对巴格达实施的史无前例的快速闪击战。在地面作战中，各种先进的作战装备发挥了卓越效能，不仅使地面战开辟了一个崭新的发展空间，同时也为陆军的发展提供了新的契机。

1. 战争中使用的主要地面作战装备

地面作战部队的武器装备，呈现两个特点：少数部队配备了全新的或改装的数字化武器装备，成建制、成系统形成了信息化作战能力；部分主战装备仍处于第三代水平，在维持机械化武器装备原貌的基础上进行了信息化改造，提高了火力、防护力和信息感知能力。

装甲战斗车辆，主要有 M1A2 和 M1A2SEP（数字化）主战坦克、M2A3 步兵战车等；火炮主要有 155 毫米 M109A6 自行榴弹炮，105 毫米 M119 牵引式榴弹炮，155 毫米 M198 牵引式榴弹炮，M270 多管火箭炮，60 毫米、81 毫米和 120 毫米迫击炮等；导弹主要有"爱国者"–3 反导系统、陆军战术导弹系统、"海尔法"反坦克导弹等。伊军则使用了俄制 AT–14"短号"反坦克导弹。

2. 地面作战装备的作战运用

（1）快速闪击战

伊拉克战争中，美军对巴格达的快速闪击战是一个亮点。这是美陆军向网络中心战转型的一次积极尝试，让见惯了美军完全或主要依靠空袭制胜的人们耳目一新。美军推进的速度之快令人吃惊：第3机步师先头部队在开战后绕过伊拉克南部各城市，长驱直入、日夜兼程穿越沙漠地带，目标直指巴格达，在开战第5天，该部就到达了南部战略重镇卡尔巴拉附近，并与伊军防守部队交战。

【资料链接】

闪击战

闪击战，又称闪电战，是第二次世界大战期间德军率先使用的一种由航空部队与装甲部队进行密切协同的战术。第二次世界大战中，德国的闪击战是对机械化战争时代陆军战法的一次大胆创新，让波兰等国措手不及并在战场上完全失利。而美军在伊拉克战争中的闪击战与德军闪击战存在本质不同，前者是信息化战争时代的快速战法，后者是机械化战争时代的快速战法。

（2）城市作战

战前，美陆军和海军陆战队投入大量的力量进行城市作战的研究和训练。美军修建模拟城镇，训练城市作战方法。伊拉克战争事实表明，依托先进的地面作战装备，美军城市作战理论在实践上具有巨大的优势。美军多次成功地实施装甲突击，开创了城市作战的成功范例。

（3）阵地攻防

存在着技术代差的美伊两军在信息化条件下进行传统形式的阵地战，伤亡悬殊，表明了这种阵地战的不对称性。如美军在进军巴格达的一场3小时激战中，拥有信息化装备的第3机步师击毙了至少2000名伊军士兵，而美军仅阵亡1人。巴格达郊外萨达姆国际机场的争夺战更加典型。

三、信息化海上作战平台

信息化海上作战平台的技术复杂、知识密集，集中反映一个国家的工业水平和科技最新成就。

（一）基本概念

信息化海上作战平台是指包括水面舰艇和潜艇在内的各种作战舰艇，是现代海军最主要、最基本的装备。主要用于海上机动，进行战略核突袭，保护己方或破坏敌方的海上交通线，进行封锁或反封锁，参加登陆或抗登陆作战和打击攻击作战。

1. 水面舰艇

水面舰艇是海军编成中历史最悠久的兵种，而且在很长时间内是海军的唯一兵种。海军在维护海上交通线的安全、反潜、开展水雷战以及遂行日常的巡逻警戒、护渔护航等战斗勤务中，均离不开水面舰艇。在世界各国，水面舰艇无论是在吨位上，还是在装备的数量上均占其海军编成中的第一位。信息化水面舰艇包括航空母舰、巡洋舰、驱逐舰、护卫舰、高速攻击艇、水雷战舰艇、两栖舰艇以及军辅船等。

2. 潜艇

潜艇是一种既能在水面航行，又能潜入水下，并且能够在一定深度范围内进行机动作战的战斗舰艇。由于信息技术等高技术在潜艇上的运用，现代潜艇的战术技术性能和作战能力有了显著的提高。现代潜艇包括弹道导弹核潜艇、攻击型核潜艇和常规潜艇。

（二）发展趋势

1. 水面舰艇的发展趋势

随着高新科技的发展和海上作战的需要，水面舰艇向着大吨位、远续航力和提高综合作战能力的方向发展，在现代海战中充分发挥"基本兵种"的作用。根据目前掌握的资料分析，水面舰艇的发展趋势表现在以下几个方面。

（1）研制新型导弹发射装置，提高水面舰艇的作战能力。各种类型的舰载导弹，是水面舰艇的主要攻防武器。导弹的携带数量是构成水面舰艇作战能力的主要因素。水面舰艇以往采用的臂式发射架、箱式发射架等，较为笨重，需占用较大空间，战斗使用也不够简便，限制了舰艇携带导弹的数量。随着导弹垂直发射技术的研制成功，新型导弹发射装置将采用井式结构，可使每艘舰所携带的各型舰载导弹达到上百枚，从而极大地提高大中型舰只的海上作战能力。

（2）采用新型动力装置，提高水面舰艇的机动能力。目前，水面舰艇采用的动力装置有核动力装置、蒸汽轮机动力装置、内燃机（主要是柴油机）动力装置和燃气轮机动力装置。其中，燃气轮机动力装置是一种新型动力装置，越来越多地在各型水面舰艇上采用。燃气轮机具有体积小、重量轻、单机功率大、启动迅速、加速性能好、便于维修、易于自动操纵等优点，但其耗油量高，经济性差。为了弥补燃气轮机耗油量大的缺陷，各型水面舰艇往往是把燃气轮机和其他发动机组成联合动力装置，通常采用的联合方式是柴燃联合装置和全燃联合装置。

（3）采用隐形技术，提高水面舰艇的隐蔽性。提高水面舰艇的隐蔽性，实质上就是提高水面舰艇的生存能力。当前，水面舰艇所采用的隐形技术主要是两个方面：一是尽可能地减少雷达波的反射面积。二是采用降噪技术。将舰艇的主机与舰壳相隔离，舰壳的振动大为减轻，明显地降低了噪声。

（4）研制新船型。正在探索、研究的新船型主要有半潜型舰和深 V 型三体舰。半潜型舰设计特点是，尽可能降低舰舷高度，使船体成半潜状态，同时在船体四周设置水幕生成器。水幕不仅能够干扰雷达、光学器材正常使用，而且类似海上的涌浪，使来袭的反舰导弹遇到水幕时，在船体上方擦过而不打击船体本身。深 V 型三体舰由于相对地减小了船体的水线面积，因而能够明显地减小水的阻力，从而达到提高航速的目的。这一船型还可在舰桥后部提供宽大的甲板和平稳的直升机平台。另一个重要特点是隐形性能好。

2. 潜艇的发展趋势

随着高技术的广泛运用，潜艇向着进一步提高水下机动能力、水下搜索目标能力、水下攻防作战能力、水下隐身能力、对反潜自导鱼雷的防御能力以及提高综合控制水平等方向发展。

（1）提高水下机动能力。提高潜艇水下状态的水平机动能力和垂直机动能力，主要包括：增大常规动力潜艇的水下航速和水下续航力；提高核潜艇在浅水海区的机动性能；增大潜艇的下潜深度。

（2）提高水下搜索目标能力。主要包括：改进潜望镜的性能，提高潜艇在潜望深度搜索海面目标和空中目标的能力，积极发展多用途潜望镜；采用各种先进技术提高声呐性能，降低潜艇本身的噪声，为声呐搜索目标创造一个安静的环境，从而增大声呐搜索目标的距离。

（3）提高水下攻击能力。提高潜艇水下攻击能力是潜艇装备发展的主要趋势。提高潜艇水下机动能力、水下搜索目标能力、导航定位精度和武器效能，以及降低潜艇噪声等，都能直接或间接地提高潜艇水下攻击能力。其中，提高武器效能可显著地提高潜艇水下攻击能力。

（4）增强对反潜自导鱼雷防御的能力。在各种反潜舰艇和反潜飞机上，普遍装备的反潜自导鱼雷，是反潜兵力攻击潜艇的主要武器。因此，必须采取有效措施增强潜艇对反潜自导鱼雷的防御能力。如增大潜艇探测器材发现反潜自导鱼雷的距离，以便潜艇被反潜自导鱼雷攻击时，能及时做出反应；装备各种干扰、模拟器材，使潜艇能对反潜自导鱼雷实施有效的干扰和欺骗。

（5）实现全面综合自动控制。随着电子技术和电子计算技术的发展，利用计算机对潜艇各系统进行操纵控制及各种数据的处理与显示将得到进一步的发展。潜艇现有的操纵控制系统、导航控制系统、通信控制系统、战术攻击控制系统、战略武器控制系统以及监视、环境控制系统将逐步实现自动控制。另外，还将实现各系统之间的直接联系，使信息逐步集中起来，最后实现全艇的全面综合自动控制。自动控制程度的提高，将增强潜艇的快速反应能力，提高潜艇的机动能力、水下攻击能力和潜艇的生存能力，从而进一步提高潜艇的战斗力。

（三）信息化海上作战平台在阿富汗战争中的运用

阿富汗战争是以美国为首的联军对"基地"组织和塔利班发动的战争。该战争是美国对"9·11"事件的报复，标志着反恐战争的开始。

由于美国在阿富汗周边国家没有大型的军事基地和固定设施，印度洋上的核心基地迪戈加西亚距阿富汗战场远达 5000 千米，美军不得不主要依靠海上作战力量。作为阿富汗战争中实施威慑和作战行动的主战平台，航空母舰和两栖攻击舰等大型海上作战平台在一体化联合作战中充当了重要的前进基地。在整个作战中，航母战斗群第一个到达战场，成为遂行作战行动的主要基地。航母战斗群发起第一波攻击，为空袭编队提供空中掩护，进行巡航导弹突击、电子战和对地攻击，充当特种部队和陆战队的输送平台，利用先进的 C^4ISR 系统，加强与地面侦察和空军参战兵力的协调，成功地组织实施了陆、海、空、天、电磁等多维空间的一体化联合作战。

1. 航母战斗群作战运用的特点

美海军航母战斗群最早完成作战部署。在"9·11"事件发生后，"企业号"和"卡尔·文森号"航母战斗群迅速进入阿拉伯海，成为对阿富汗进行军事威慑的前沿部署力量，一面对塔利班政权实施强有力的战争威慑，一面进行了海上封锁和检查。从部署速度来看，阿富汗战争明显快于海湾战争和科索沃战争。10 月中旬，"罗斯福号"和"小鹰号"航母战斗群又进入阿拉伯海参战。同时保持 4 个航母战斗群参战，投入 300 架舰载机和 40 艘作战舰艇，其部署强度也是空前的。

在阿富汗战争中，美国海上力量充当了联合作战的主要力量。"持久自由"行动开始后，美海军航母战斗群参与了空袭作战。在第一阶段，美空军主要出动远程的战略轰炸机，而战术飞机主要是舰载机。F－14 和 F/A－18 舰载机是空中掩护、对地攻击的主力，与战略轰炸机进行了密切的协同攻击。战争期间，美海军作战舰艇发射了 100 多枚"战斧"巡航导弹。

舰载机在争夺战场信息优势方面发挥了重要作用。EA－6B 是争夺战场制电磁权的攻击平台和电子战主力，在战争初期有效地干扰、瘫痪了塔利班防空部队的警戒雷达和武器系统，为空袭编队开辟空中走廊，扫清了障碍。在取得制空权后，又重点进行了压制、干扰无线电通信设备的电子作战任务，严重破坏了塔利班和"基地"组织的作战指挥，掩护了美军特种部队在阿富汗境内的活动。

在阿富汗战争中，美海军舰载机与空军的战略轰炸机和战术飞机以及地面特种部队之间实现了信息的互联互通。如特种部队可以直接把侦察到的战场目标情报传送给舰载机，引导舰载机准确地打击地面目标。正是由于信息互联互通和完全共享，美军海上力量才得以成为联合作战的主要力量。

2. 海上作战平台参与陆上作战

阿富汗战争中，美海军航空母舰第一次充当了特种部队的输送平台。"小鹰号"主要搭载了陆战队和三军特种部队，包括陆军特种作战航空大队、海军"海豹"突击队、空军特种作战大队，以及各类特种作战飞机和直升机，为顺利进行特种作战发挥了重要作用。

传统的登陆作战往往是正面交战、滩头上陆的方式。美军于 20 世纪 80 年代末、90 年代初提出了"超地平线"登陆作战理论，强调在敌方海岸线 100 海里以外，利用直升机等运输工具直接从两栖舰船上进行垂直登陆作战。为此，美海军重点发展了两栖攻击舰、新型登陆舰、舰载运输直升机和偏转旋翼飞机等登陆作战平台。阿富汗战争中，美海军陆战队第一次成功地组织实施了"超地平线"垂直登陆作战。

阿富汗战争中，美海军还充当了后勤保障的主力。由于阿富汗战区远离美国本土及美军全球基地网中的核心基地，加上阿富汗地处内陆，其周边国家经济、技术落后，难以为美军提供大型的综合性基地和全面支援，美军无法就近进行物资储备、补给和技术修理，不得不主要依靠自身的海空运输力量进行补给。由于美空军战略运输力量不足，大量的重型作战装备及军需物资的运输任务主要是由美国军事海运司令部完成的。该司令部投入了大量的装备运输船，为陆战队提供了大量的重型作战装备，为海军、空军提供了大量的弹药；战前，还征集了 60 余艘远洋货船，从美国本土、中东、意大利等主要基地调运战备物资。

第三节　综合电子信息系统

综合电子信息系统是指在信息化局部战争环境中，为诸军兵种联合作战提供信息作战能力与优势的系统。信息化局部战争中，信息化为制胜的关键，综合电子信息系统则为信息化的关键，它是双方必争的制高点，不仅是武器，也是战斗力的倍增器。

综合电子信息系统主要包括指挥控制系统、预警探测系统、导航定位系统等装备电子信息系统。

一、指挥控制系统

（一）基本概念

指挥控制系统是保障指挥员和指挥机关对作战人员和武器系统实施指挥和控制的信息系统，是指挥信息系统的核心。

按层次，分为战略级指挥控制系统、战役级指挥控制系统和战术级指挥控制系统；按军兵种，分为陆军指挥控制系统、海军指挥控制系统、空军指挥控制系统等；按状态，分为固定指挥控制系统、机动指挥控制系统和嵌入式指挥控制系统。

（二）主要功能

指挥控制系统在作战过程中帮助指挥人员实施指挥所的各项作战任务，辅助指挥人员对部队和武器装备实施指挥控制，使指挥员能够及时、全面、准确地掌握战场态势，制订科学正确的作战方案，快速准确地向部队下达作战命令，对于战场的控制起着至关重要的作用。

1. 情报接受与处理功能

接受来自上级、下级、友邻指挥所系统的信息，以及直属各种探测、侦察设备采集的信息，并进行归一化处理、过滤、关联分析、综合与融合、质量评估、威胁判断，形成战场态势，并存储、分发、显示等。

2. 辅助决策功能

帮助指挥人员科学决策、定下决心，通过一系列的方案计算，给出辅助决策方案。

3. 作战业务计算功能

根据作战业务的经典计算方法、模型、公式，使用一系列作战业务计算软件工具进行作战业务计算，如弹量计算、油量计算、装载计算、兵力计算等，以满足各种作战业务需要。

4. 作战模拟功能

对拟制的各种作战方案、作战数据、判断决心效果和战斗行动效果等进行作战模拟，通过计算机模拟推演进行验证比较、修正择优。

5. 作战指挥功能

根据指挥员的决心方案，生成作战计划、命令、指示等作战文书，迅速准确地传达到部队和武器系统，并监督执行，跟踪作战进程，掌握打击效果，进行战损评估，调整作战方案，直到作战进程结束。

6. 指挥对抗功能

利用各种手段攻击和破坏敌方的指挥控制系统，使其陷入瘫痪或推迟决策过程，同时保护己方的指挥控制系统。

【资料链接】

C⁴KISR 系统

C⁴KISR 系统是美军军事信息处理系统，由美国国防部组织研制，是发展 C⁴IS 信息化系统的产物。其研制实际上始于 20 世纪 90 年代中期，目前这一系统已经建立，但是仍在不断的完善发展之中。此系统体现 21 世纪初期美军信息化建设的成就。C⁴ 是（指挥 command、控制 control、通信 communications、计算机 computer），K 是杀伤 kill，I 是情报 intelligence，R 是侦察 reconnaissance，S 是监视 surveillance。

C⁴KISR 系统是起融合作用的武器系统，它能将所有信息数据库和数据汇集起来，达到信息共享、共用、共调，从而确保各军兵种与指挥部之间交换信息和数据，大大提高指挥的时效性和准确性。其功能有：搜索并发现目标、跟踪与监视目标、识别目标、决策、持续识别、打击目标、战斗损伤评估，这些功能形成一条强有力的"杀伤链"。近几次高技术局部战争表明：C⁴KISR 系统是现代战争的神经中枢和兵力倍增器，是夺取信息获取权、控制权和使用权的有力手段。

7. 模拟训练功能

系统提供各种训练手段与案例，包括计算机模拟、模拟加实兵、模拟对抗等，对作战指挥人员熟练系统使用、深化系统功能理解、检验作战预案及训练作战协同等十分有效。

8. 防护功能

不仅防止敌人对系统进行物理破坏与摧毁，还要防止敌人对己方信息的获取、利用和干扰破坏。

（三）发展趋势

以系统化对抗为主要形态的战争，制信息权将成为首要核心内容，指挥控制系统是夺取制信息权的重要手段。为适应 21 世纪信息化战争的需要，应付可能的局部战争和突发事件，建设先进的指挥控制系统，并将高新技术充分应用于指挥控制系统，是未来指挥控制系统的必然发展趋势。目前，指挥控制系统主要以网络中心战为主线，向一体化、网格化、智能化的方向发展。

1. 指挥控制系统一体化

主要是指战略、战役和战术信息系统一体化，以战役、战术为主；全军指挥自动化系统一体化，建设信息栅格服务；指控系统与武器平台一体化，实现从传感器到射手的快速摧毁或打击。美国空军以空天一体化及信息优势为目标，强调攻防兼备，注重系统集成，重点发展航天航空指控系统和空间武器、精确制导武器及隐身作战平台，逐步形成以卫星为核心，以无人机为主力，空天一体化的指挥控制系统。

2. 指挥控制系统网格化

美军充分利用信息栅格技术、计算机网络技术和数据库技术的最新成果，建设按需信息分发、按需信息服务、强化信息安全和支持即插即用的全球信息栅格，支持一体化指挥控制系统的建设和应用，实现由以武器平台为中心向以网络为中心的转变。美军逐步把所有的武器装备系统、部队和指挥机关整合进入全球信息栅格，使所有的作战单元都集成为一个具有一体化互通能力的网络化有机整体，整合成为一个覆盖全球物理空间的巨型系统，从而建成一体化联合作战指挥控制系统。

3. 指挥控制系统智能化

错综复杂的电子对抗和信息对抗环境，迫使军事电子信息装备朝着智能化方向发展。随着新型高性能计算机、专家系统、人工智能技术、智能结构技术、智能材料技术等的出现和广泛应用，指挥控制系统智能化将成为现实。指挥控制系统智能化主要表现在：态势感知快速、透明，增强了对战场态势的感知能力；指挥决策智能化，提高决策的正确性和指挥控制的准确性和灵活性，提高了作战效能；作战协同网络化，实现作战活动自我同步，提高兵力协同和武器装备协同作战能力。

（四）战例应用

阿富汗战争初期，美军仍沿用烟囱式的传统指挥控制程序，层层上报情报和下达指令，从发现目标到发动攻击需要层层审批，反应时间过长，贻误战机。如美军"捕食者"无人机曾发现了在撤退的奥马尔车队，但层层上报后却没有了下文。为了将信息优势转化为作战优势，美军中央总部启用了新的空中作战指挥中心，配备了最先进的新型指挥系统"协同空战中心第 10 单元"。采用最新的信息处理技术，成功地缩短了战场信息处理的时间。过去，要用人工对来自不同计算机系统的信号情报和图像情报等进行相关处理后，才能确定目标的位置，完成这项工作需要一大群专业军官花一两个小时；而该系统能够自动给出目标的精确坐标，完全实现了信息处理的自动化。

此外，美军还广泛采用了"全球广播系统"和"全球指挥控制系统"。"全球广播系统"可以把大量的数据按要求传送给任何一个指挥控制节点，传送的信息格式包括互联网协议业务、视频和图像信息等。中央总部各级指挥机构都配备了这种新型数字通信系统，并作为美军从本土向前线的最基层作战单位分配战场信息的主要渠道。"全球指挥控制系统"可以保证中央总部各级指挥机构之间实现无缝隙网络链接，以同时获得战场上的数据、图像、视频等情报，并直接传送 E-mail 和战场态势图等作战信息。

同时，中央总部还采取了一系列措施，缩短目标发现、定位、瞄准、跟踪和打击的作战过程。空中侦察平台发现目标后，迅速进行定位和跟踪，空战指挥官根据上报的情报进行决策，下达命令对目标发起攻击。正是由于作战指挥系统进一步网络化、扁平化，精确打击的实时化程度明显提高。

二、预警探测系统

（一）基本概念

预警探测系统是指挥自动化系统的重要组成部分。预警，就是采用一系列传感、遥控探测手段，发现、定位和识别目标，发出警报信号，为打击敌方目标提供相应情报和反应时间。预警探测系统是运用信息获取技术装备，为早期发现、定位、跟踪、识别来袭武器并发出相应警报而建立并持续运行的系统。

预警探测系统是指挥自动化系统中最重要的实时信息源，直接影响到探测、判断、决策、行动和整个军事行动的全过程。不论是和平时期，还是战争时期，预警探测系统都需要保持常备不懈，全天候监视。

（二）主要功能

预警探测系统的任务是探测、监视敌方各种目标的活动规律和动态情况，掌握敌对双方目标的分布态势，及时、准确地探测到任何威胁目标，迅速判断出目标的特性、种类等重要参数，并做出威胁度判断，为决策者做出正确的判断、进行正确的战略抉择提供依据。

（三）发展趋势

信息化战争中预警探测系统将采取多种手段（雷达、红外、光电、声呐）、多种平台、多个信息源来扩大空间的覆盖范围和信息的搜集率，通过信息融合技术降低不确定性，提高所获信息的准确度和置信水平。为了适应未来战争大纵深、立体化、变化快、高机动等需要，预警探测系统将进一步向下述方向发展。

1. 发展多功能相控阵雷达预警探测系统

多功能的相控阵雷达集搜索、跟踪、武器控制于一体，与升空平台结合，有监视全空域的能力，对来袭的超低空目标提供必要的预警距离、反应时间和引导拦截。

2. 发展对抗隐身目标挑战的预警探测系统

隐身技术被认为是对雷达最严重的挑战，它使得传统的单基地、窄频带信号、常规体制的微波雷达的探测距离缩短，使得大部分的防空预警系统失效。因此，预警探测系统须克服隐身技术的威胁，对抗隐身目标的挑战。

3. 发展无源探测的预警探测系统

无源探测有很多优点，可以被动地对目标进行探测，隐蔽性强，目前已得到了广泛应用。今后趋势是把有源探测网与无源探测网结合，用以提高预警探测系统的探测功能和适应威胁环境的能力。

4. 发展功能综合化的预警探测系统

具有多种功能、能全面掌握空情的预警探测系统将是未来的主要发展方向。在作战过程中，与预警探测系统关系密切的还有通信、导航、电子对抗与指挥控制中心等信息系统。如雷达和电子对抗装备的一体化，可以有效地提高雷达在现代战争中的生存能力。

（四）战例应用

阿富汗战争中，为了获取作战所需的情报，美军动用了一切可以动用的手段，在战区建立了一体化的综合情报侦察及预警探测系统，包括太空的侦察卫星、空中的有人和无人侦察机、地面的特种部队人力侦察等。同时，美军把各种情报侦察系统与作战飞机、直升机等有机地融合起来，提供了各种形式的高质量战场情报，大大提高了从传感器到攻击平台的作战效率，满足了作战的需要。

三、导航定位系统

（一）基本概念

导航是引导飞机、舰船、车辆或人员等运载体沿事先规定的路线准时地到达目的地的过程，实现导航功能的系统称为导航系统。定位是在规定的坐标系中确定运载体位置的过程，实现定位功能的系统称为定位系统。现在，导航系统和定位系统逐渐融为一体，变成了具有导航和定位双重功能的导航定位系统。导航定位系统是指通过测定运载体的位置、速度、方向和时间等参数进行导航的系统。

从技术上可以分为无线电导航技术、卫星导航技术、惯性导航技术、天文导航技术、组合导航技术、水下导航技术和相对导航技术等。

（二）主要功能

军事航行过程中，根据任务的需要，军用飞机与舰艇在沿航路或航道行驶时，需要实时导航定位信息，以保障军用交通安全；在航路或航道以外行驶时，同样需要实时导航定位信息，以保障运载体按事先计划的航线及时准确地到达目的地。在敌占区执行任务时，还要选择避开敌方火力范围、敌方所设雷区或设伏区，沿敌方不易发现或有地形隐蔽的航线前进，所以导航定位信息更加重要。

在武器发射平台上，如导弹发射架、火炮及飞机上装备了导航定位系统，用于对导弹、炸弹和炮弹上的导航系统实施初始化，使弹载导航系统在发射后能迅速捕获导航信息并开始制导。导弹在飞行中也需要导航定位系统进行制导，校正由各种因素造成的偏差，使之沿预计的轨迹飞向目标。

导航定位系统也是一种典型的军事信息系统，为各个作战单位提供的导航定位信息本身便是一种情报信息，也是指挥单位制定决策和各作战单位执行命令的依据。系统所提供的位置、航向、姿态信息也是预警探测和情报侦察系统产生情报信息的基础要素。作战过程中，为了感知战场实时态势，形成目标航迹，导航定位系统提供的各种移动目标的准确位置和时间信息尤为重要，此外系统提供的精确时间基准在实现高效的网络通信中同样发挥着重要作用。

各种战术操作也需要导航定位系统，例如，布雷扫雷、火炮与阵地雷达的快速部署与系统校准、搜索与救援、后勤支持、军事测绘、电子靶场等都需要系统提供的准确位置与时间信息。导航信息精度越高，使用方法越多，战术操作的效能越高。

（三）发展趋势

自 20 世纪 90 年代以来，全球卫星导航系统以其速度快、效率高、测量定位精度高等一系列特点，深受各个行业数据采集和资源监测人员的青睐。从近年的情况推断，全球卫星导航系统有如下发展趋势。

1. 向多系统组合式导航方向发展

未来将出现多种系统同时并存的局面，这为组合导航技术的发展提供了条件。通过对美国全球定位系统（GPS）、中国"北斗"、俄罗斯"格洛纳斯"、欧盟"伽利略"（如图 5-1 所示）信号的组合利用，不但可以提高定位精度，还可使用户摆脱对某个特定导航系统的依赖，可用性大大增强，多系统组合接收机预计有很好的发展前景。

图 5-1　全球四大卫星导航系统

2. 向差分导航方向发展

使用差分导航技术，既可降低或消除那些影响用户和基准站观测量的系统误差，包括信号传播延迟和导航卫星本身的误差，还可消除人为因素造成的误差。随着全球定位技术的发展，差分导航将得到越来越广泛的应用。

（四）战例应用

从海湾战争、波黑战争、科索沃战争到伊拉克战争，美军都大规模地应用 GPS 技术，主要是为车、船、飞机等机动作战平台和野战机动部队提供导航定位信息，为精确制导武器进行制导，为特种部队和救援人员指引方向。

在精确制导方面，美军在科索沃战争中使用的巡航导弹、战术导弹和制导炸弹大多都采用了 GPS 制导。海湾战争中，"战斧"巡航导弹采用 GPS 加地形匹配和数字景象相关匹配制导。制导炸弹采用 GPS 制导，与传统的激光制导方式相比，最大的优势就是不受恶劣天气的影响，同时也能降低危险性。

此外，GPS 还可用于作战部队定位和紧急救援。GPS 接收机已经做到小型化、手持式，因而携带方便；它还可与其他手持式通信设备组合在一起，是野战部队和机动作战部队不可缺少的装备。科索沃战争中，被击落的 F – 117 飞行员配备了装有 GPS 的救生装置，飞行员一落地即进行定位，并发出带有位置信息的紧急呼救信号，美军立即组织营救。

【资料链接】

"北斗"卫星导航系统

"北斗"卫星导航系统是中国自行研制的全球卫星定位与通信系统，是继美国全球定位系统和俄罗斯"格洛纳斯"之后第三个成熟的卫星导航系统。"北斗"卫星导航系统是中国自主建设、独立运行，并与世界其他卫星导航系统兼容共用的全球卫星导航系统，可在全球范围内全天候、全天时为各类用户提供高精度高可靠的定位、导航、授时服务，并兼短报文通信能力。"北斗"卫星导航系统除了在国家安全领域发挥重大作用外，还服务于国家经济建设，提供监控救援、信息采集、精确授时和导航通信等服务。可广泛应用于船舶运输、公路交通、铁路运输、海上作业、渔业生产、水文测报、森林防火、环境监测等众多行业。

第四节　信息化杀伤武器

信息化杀伤武器是以信息技术为核心进行设计、制造或改造的杀伤性武器，是进行信息化战争的基础，也是信息化战争体系对抗的重要特征。主要包括新概念武器、精确制导武器、核生化武器等。

一、新概念武器

（一）基本概念

新概念武器是指工作原理、毁伤机理和作战运用方式与传统武器有显著不同的各类高技术武器的统称。这类新型武器在设计思想、系统构造、总体优化、材料应用、工艺制造、部署方式、作战样式、毁伤效果等方面，都与传统武器有很大的不同。

（二）主要类型

1. 定向能武器

定向能武器，又叫束能武器，是利用定向发射的高能激光束、高能粒子束、电磁波束直接攻击目标的武器。包括激光武器、粒子束武器、电磁脉冲武器等。

（1）激光武器

激光武器是指利用激光束直接毁伤目标或使目标功能失效的定向能武器，具有快速、灵活、精确和抗电磁干扰等优点，可以制成激光枪、激光炮和激光致盲器。其破坏机理包括热破坏、力学破坏和辐射破坏。激光武器的缺点是不能全天候作战，它受限于大雾、大雪、大雨等天气，而且激光发射系统属于精密光学系统，在战场上的生存能力也有待考验。高能激光武器攻防兼备，具有极高的军用价值。作为防御性武器，可用于战略防御、战区防御和战术防御。作为进攻性武器，可用于反卫星武器、精确打击武器和非致命性武器。美国投入了大量的人力和物力进行高能激光武器的研制，在技术上与工程上一直处于世界领先地位。

（2）粒子束武器

粒子束武器是指利用接近光速的密集粒子束流毁坏目标或使目标功能失效的定向能武器。由粒子源、粒子加速器和聚焦瞄准系统等组成。它用加速器将粒子源产生的粒子加速到近光速，用磁场使其聚集成密集束流射向目标。按粒子是否带电，又可分为带电粒子束武器和中性粒子束武器。粒子束武器有极强的动能，在击中目标瞬间，可产生8000摄氏度高温，其破坏力与天然雷击相仿。其弱点是传输损失大，束流受地磁影响会弯曲，束流也有扩散，因而只能打击近距离目标。

（3）电磁脉冲武器

目前正处于发展中的电磁脉冲武器按其性能和用途可分为高功率微波武器、电磁波炸弹和电磁波导弹等。高功率微波武器又称射频武器，是利用定向发射的高功率微波波束毁伤电子设备或杀伤有生力量的定向能武器。由初级能源、脉冲调制系统、高功率微波源和发射天线等组成。其波束能量比普通雷达用的微波功率要大几个数量级。它具有能量集中、传输快、方向单一的优点。它对人员的杀伤可分非热效应和热效应两种。非热效应包括心理和各种微妙的功能减退现象，如烦躁、头痛、神经混乱和记忆力减退等；热效应包括灼伤、烧伤等。射频武器比激光束、粒子束武器的作用距离远，受天气影响小，是定向能武器的"超级明星"。

2. 动能武器

动能武器是指利用具有巨大动能的非爆炸性战斗部，直接碰撞并摧毁目标的武器。动能武器因获得动能来源的不同而形成多种类型，主要有动能拦截弹、电磁炮和群射火箭等。

（1）动能拦截弹

动能拦截弹是依靠助推火箭发动机，利用高速飞行的自动寻的动能拦截器摧毁目标的动能武器，由助推火箭和动能拦截器等组成。动能拦截弹是当前发展弹道导弹防御武器系统、反卫星武器系统和其他防御武器系统的主要推动力，是发展现代防御体系的主要技术基础，是实现提高综合防空和防天、中远程精确打击、海上封锁、陆上军事争夺及制电磁权等军事能力的重要手段。美国、俄罗斯、英国、法国和以色列都在发展动能拦截弹。

（2）电磁炮

电磁炮是利用电磁力加速弹丸的现代电磁发射系统。电磁炮按其结构的不同，分为线圈炮、轨道炮和重接炮等。电磁炮作为发展中的高技术兵器，其军事用途十分广泛。电磁炮可以用来打击飞机、卫星和导弹等目标，具有初速高、加速快、运行时间短、火力猛、抗电子干扰能力强和毁伤效果好等特点。2019年，美国研发电磁轨道炮在海军试射中，将电磁炮击向200千米外目标，射程为海军常规武器的10倍。

（3）群射火箭

群射火箭是一种子弹式旋转稳定的无控火箭。这种火箭体积小、质量小、成本低，便于大规模生产、使用和操作，也易于实现全自动化控制。美国原"星球大战"计划中构成最后一道反导屏障的主要武器系统就是群射火箭，其拦截过程大致为：向来袭导弹再入大气层后的临空弹道上齐射众多这种火箭，形成一个多层次密集的火箭阵雨，与来袭弹头相撞将其摧毁，或利用火箭爆炸后形成的碎片云阻击来袭导弹。

3. 次声武器

次声武器指以频率低于20赫兹的次声波杀伤有生力量的武器。频率范围在20 ~ 20000赫兹的声波，人的耳朵可以听见；频率低于20赫兹的声波，人的耳朵就听不见，称为次声波。由于次声波的频率和人体各主要器官的固有频率十分接近，所以当次声波作用于人体时，固有频率与次声波频率接近的器官会不由自主地产生共振，造成损害。次声武器就是利用上述机理杀伤人员的。

次声武器大体分两类。一类是"神经摧毁型"次声武器。它基于次声波的频率和人脑的阿尔法节律极为接近时会引起共振的原理，当次声波作用时，引起的共振会不同程度地损害人的神经系统，影响人的意识和心理。另一类是"器官杀伤型"次声武器。它基于当次声波的频率和人体内脏器官的固有频率相当时，将会使人的五脏六腑产生强烈共振这一原理。引起的共振，轻者会使人肌肉痉挛，全身颤抖，呼吸困难，重者会使人血管破裂，内脏损伤而迅速死亡。

次声武器具有下列特点：一是作用距离远。如氢弹爆炸产生的次声波，行程达到十几万千米。二是由于次声波频率低，介质对它的吸收小，所以它有很强的穿透能力。一般的可听声波，由于频率较高，一堵墙就可能把它挡住。而面对次声波，即使人员乘坐在坦克、装甲车内，躲藏在钢筋混凝土的隐蔽所里，甚至在深海的潜艇中，也难逃它的攻击。三是它的作用方式突然、隐蔽。因为次声波看不见，也听不到，所以很容易采取突然袭击行动。

4. 地球物理武器

地球物理武器是指通过控制地壳固体层（岩石层）、液体层（流体层）及气体层（大气层）内的物理过程，有意识地将自然力用于军事目的的武器。

地球物理武器的杀伤力是由它诱发或制造的自然灾害来体现的。例如，美军在越南战争期间就曾利用东南亚地区季风盛行、季节多雨的特点，秘密在老挝、越南和柬埔寨的毗邻地区进行人工降雨，出动大批飞机、投掷催化弹4万多枚，造成局部地区洪水泛滥，桥断坝毁，道路泥泞难行，破坏了越军的运输生命线。

5. 人工智能武器

人工智能武器是指利用人工智能技术研制的具有某种智能特征的武器系统，主要有智能弹药和智能机器人两大类。

（1）智能弹药

智能弹药与普通弹药的根本区别在于它增加智能计算机和图像处理设备，具备了一定的智能功能。智能弹药具有自主捕捉、识别目标和准确命中目标的能力。

（2）智能机器人

当前，机器人在军事上的应用领域有：一是直接遂行战斗任务，以减少人员的伤亡。正在研制中的有固定防御机器人、步兵先锋机器人、榴炮机器人等。二是侦察和观测。目前正在研制的有战术侦察机器人、三防侦察机器人等。三是工程保障，从事艰巨的修路、架桥、排雷和布雷等工作。如美国军方研发的"骡子"，就是一种替代人在复杂环境下进行运输、机动的智能机器人。

6. 基因武器

基因武器又称遗传工程武器或 DNA 武器，也称"人种炸弹"，是指通过基因重组，在一些致病的细菌或病菌中接入能对抗普通疫苗或药物的基因，或者在一些本来不致病的微生物体内插入致病基因而制造出来的武器。它是针对某一特定民族或种族群体的武器，是现代新概念武器的又一发展方向。

战争中，使用基因武器可使敌方人员悄悄地丧失战斗力，也可为己方杀伤性武器效能的充分发挥创造条件，特别是基因武器可有选择地对集群目标使用，使对方防不胜防、束手无策。但是当前对于基因武器的研发和运用，受到来自战争伦理等方面的严格制约，存在许多争议。但是不得不警惕，基因武器一旦投入战场使用，将对战争产生深刻的影响。

（三）战例应用

新概念武器由于具有作战行动隐蔽、作战领域广泛、作战效能独特等特点，一直是主要军事强国争先研究和运用的对象。

电磁脉冲武器与常规武器相比，可在不破坏目标实体的情况下严重削弱其战斗力。另外，它受天气影响小，能在各种环境下作战，尤其是可随时改变微波频率，使相应的对抗措施复杂化，令对手防不胜防。如在 1999 年北约对南联盟的轰炸中，美国使用了尚在试验的电磁脉冲武器，使南联盟部分地区的通信设施瘫痪了 3 个多小时。2003 年的伊拉克战争中，为了彻底摧毁伊拉克的指挥控制系统，美军首次发射了大功率电磁波炸弹。

二、精确制导武器

（一）基本概念

精确制导武器是采用精确制导技术，直接命中概率较高的武器。包括各种精确制导导弹、制导炸弹、制导炮弹、制导鱼雷等。

（二）主要特点

1. 高精度

精确制导武器直接命中目标的概率可达到50%以上，对点目标的圆概率误差最小可在0.9米以内，对普通地域的圆概率误差最小可在1米以内。激光制导炸弹和制导炮弹的理论命中误差仅为1米。

2. 高效能

和无制导的武器相比，精确制导武器在完成同一作战任务时，弹药消耗量小，所需作战费用远远低于常规弹药，因而作战效能好，经济效益高。

3. 高技术

精确制导武器由信号探测、高速信号处理和自动控制等部分组成，是以光电器件、集成电路、计算机等众多高技术为基础的。微电子技术的发展使制导系统小型化，在炮弹的弹头上也能装自寻的系统。光电子技术的发展使探测技术和高速信号处理技术得到发展，为制导精度和抗电子干扰提供了条件。

（三）发展趋势

近几场局部战争已经证明，精确制导武器已成为信息化条件下的局部战争的基本火力。随着微电子、光电子、计算机、材料等技术的发展，精确制导武器的水平将得到进一步提高。

1. 增强打击效果

从精确制导武器的实战使用和技术水平来看，现有的精确制导武器尚未全部达到"指哪打哪""百发百中"的效果，打击效果仍有进一步增强的余地。

2. 扩大打击范围

精确制导武器的广泛应用，促使现代作战的攻防对抗变得越来越复杂。各国都在重点研究如何扩大精确制导武器的打击范围，以提高己方发射平台的作战能力和生存能力。

3. 提高突防能力

精确制导武器的突防能力就是指导弹、飞机等突破敌方反导系统、防空系统的拦截，进入预定攻击目标区域进行攻击的能力。精确制导武器的威胁日益严重，迫使各国日益关注发展防御各种精确制导武器的战术、技术手段。侦察预警、精确打击、电子战能力的提高，激光武器和微波武器等新概念武器的迅速发展，大大推动了反精确制导武器技术的发展。尤其是在反导武器出现以后，精确制导武器的突防能力已经成为衡量精确制导武器性能的重要指标。新一代的精确制导武器，首先必须考虑如何突破敌方的防御，提高突防能力。

4. 提高经济效益

为了提高精确制导武器的性能，制导系统变得愈来愈复杂，成本也越来越高。而制导武器又都是一次性使用的，成本过高就会难以承受。所以，必须采取各种措施，提高经济效益。

（四）战例应用

从海湾战争开始，精确制导武器就大显身手，充当了战场的主角。多国部队使用了大约 20 多种精确制导武器，如"战斧"巡航导弹、"爱国者"防空导弹、"斯拉姆"空对地导弹、"哈姆"反辐射导弹、"海尔法"反坦克导弹、"响尾蛇"和"麻雀"空空导弹等，并在战争中显示了超常的作战能力。在海湾战争中，精确制导武器的使用量仅占总弹药量的 9% 左右。在科索沃战争中，精确制导炸弹占全部投弹量的 35%。在阿富汗战争中，精确制导炸弹占全部投弹量的 56%。在伊拉克战争中，美英联军在空袭中使用的精确制导武器占总弹药量的 68%。由此可见，精确制导武器在战争中使用的比例不断提高，在战场上发挥的作用更加显著。

三、核生化武器

核生化武器是核武器、生物武器和化学武器的统称。由于它们杀伤破坏作用大，毁伤范围广，使用方式相近，具有共同的特点，所以，习惯上将这三类武器合称为核生化武器。

（一）核武器

1. 基本概念

核武器是利用原子核裂变或裂变－聚变反应，瞬间释放出巨大能量，造成大规模杀伤破坏效应的武器。包括原子弹、氢弹和特殊性能核弹等。核武器的威力取决于爆炸时所释放出的能量，以 TNT 当量表示。核武器按爆炸威力可分为百吨级、千吨级、万吨级、十万吨级、百万吨级和千万吨级。核武器按战斗使用和当量又可分为战略核武器（当量大致在 5 千吨级以上）和战术核武器（当量大致在 5 千吨级以下）。

核武器第一代为原子弹；第二代为氢弹；第三代为增强了某种特殊杀伤破坏作用的核武器，诸如强辐射弹（即中子弹）、弱残余辐射弹（又称强冲击波弹）、硬点爆破冲击波弹、感生辐射弹、电磁脉冲弹、核爆炸 X 线激光武器等。

2. 主要特点

（1）杀伤破坏威力巨大

核武器的杀伤破坏范围比常规武器大数百、数千甚至数万倍。核武器的杀伤破坏范围不仅体现在地（水）面上，还体现在空间、地（水）下一定范围内，它不仅毁伤暴露的人员，还毁伤隐蔽在工事、大型坚固兵器内的人员。

（2）多种效应综合作用

核爆炸主要能产生五种杀伤破坏因素。其一，冲击波是造成战场减员、物体破坏的主要因素，并能造成间接杀伤破坏，对人员的杀伤，具有多处受伤、外轻内重、伤情发

143

展快等特点。其二，光辐射是战场上广泛致伤的因素，主要造成眼、皮肤、呼吸道烧伤，还能引燃各种物体，形成大范围火灾。其三，核辐射是战场潜在的致伤致死因素，主要造成人员严重的放射性损伤。其四，放射性沾染是核爆炸特有的延续杀伤因素，能在较长的时间内无形地对人员形成积累性伤害，影响军队作战行动。其五，核电磁脉冲是破坏各种电子设备的特有因素，使电子元器件、电子设备失灵、失效，使指挥控制系统发生混乱。

（3）使用方式多种多样

核武器的使用方式多种多样，可根据不同的作战目的来选择。如为杀伤大面积暴露的敌有生力量，摧毁其野战工事、水面舰艇、较集中的技术装备等目标，可使用核航弹、核导弹实施空中爆炸；为摧毁加固的地面目标，造成阻止敌方行动的弹坑或沾染区，可采用地面爆炸；为利用核电磁脉冲迅速破坏敌方的雷达、计算机、指挥通信系统，可在目标上空实施超高空爆炸；为破坏敌地下永备工事、高级指挥机关、地下仓库，可使用钻地核航弹、核导弹实施地下爆炸；为破坏敌方潜艇、水雷网障、港湾设施等，可使用核导弹、核鱼雷、核深水炸弹等实施水下、地下爆炸。

（4）有延缓、无形、积累作用

核武器地爆或低空爆能在爆区及其下风方向造成大范围的放射性沾染。人员在沾染区行动，会不知不觉地受到射线的照射。这种杀伤作用，不仅延续时间长，而且轻度损伤时自身难以察觉，如果照射剂量积累到一定程度，则会造成中度放射性损伤。此外，对人员精神威胁的心理影响也较为持久。

3. 发展趋势

（1）战略核力量将进一步调整

未来一定时期，战略核武器作为核大国的战略威慑力量将继续存在，品种和数量将进一步减少，同时质量在提高。在确保核威慑作用的前提下，按照削减战略武器条约的有关规定，美国和俄罗斯战略武器的核弹数均将继续减少，结构也有变化。两国将继续保持"三位一体"战略核力量的格局，但洲际弹道导弹和潜射弹道导弹型号将减少。通过改进，其可靠性、可维性、命中精度和突防能力等将有所提高。

（2）核武器技术将进一步发展

目前，美、俄的核弹头及其运载工具的技术虽已相当成熟，但核心技术和关键技术今后仍将不断发展。核武器设计技术的目标是小型化、提高比威力，加强某一特性和效应；核武器引爆控制和安全技术目标是起爆更准确、可靠，控制更安全，抗辐射和抗干扰能力更强。

（3）核武器性能将进一步提高

未来核武器的爆炸威力多数仍将保持在数十万吨当量范围，但作战性能将进一步提高，主要表现在：增强灵活使用能力；增强精确打击能力；增强突防能力；增强快速反应能力；增强生存能力。

（4）第四代核武器将进一步成熟

第四代核武器是以原子武器和核武器的原理为基础，所用的关键研究设施是惯性约束聚变装置，因此，它的发展不受《全面禁止核试验条约》的限制。在军事上，由于这类武器不产生剩余核辐射，可作为常规武器使用。

（二）生物武器

1. 基本概念

生物武器是利用生物战剂的致病作用杀伤有生力量和毁伤动植物的武器，是大规模杀伤性武器。包括生物战剂、生物弹药和施放装置等。

生物战剂有多种分类方法。按对人员的危害程度划分，可分为失能性战剂和致死性战剂两类。前者使人员暂时丧失战斗力；后者可使人患严重疾病，导致死亡。按所致疾病有无传染性划分，可分为传染性战剂和非传染性战剂两类。

2. 主要特点

（1）具有传染性

生物战剂大多是传染病的病原体，其突出的特点就是有传染性，一旦发生病例，易在人群中传播开来，不但可以造成部队大量非战斗减员，而且还能引起社会混乱。

（2）危害时间长

生物战剂对人畜的危害时间较长。例如，散布在水中的霍乱弧菌，在适当条件下可存活几十天，Q热的病原体在毛、棉、布、沙、泥土中可存活数月。生物战剂侵袭到动物时，还会形成自然疫源地，长期威胁人畜安全。

（3）难判断难发现

由于布撒生物战剂的方法比较特殊，施放多在黄昏、午夜、清晨、多雾天气秘密进行，加之生物战剂气溶胶无色、无臭，污染地域无明显迹象，携毒动物也无异常外观，人员感染初期无症状，检查和鉴定需一定的时间和专门的技术与器材，因此，难以判断和早期发现。

（4）无立即杀伤作用

生物战剂侵入人体后，要经过潜伏期后才能发病，其潜伏期长短主要取决于战剂的种类和侵入的剂量等。处在潜伏期的人员无明显症状，仍有战斗力。

（5）受自然条件影响大

大多数微生物，在强烈的日光（紫外线）照射下，数小时内可死亡。在大气不稳定的情况下，如涡流、强烈对流，生物战剂会迅速扩散并衰减。风会使气溶胶很快扩散，不能维持有效杀伤浓度。温度、雨、雪等，对生物战剂的使用也有影响。

3. 发展趋势

未来生物武器的发展，主要取决于信息化条件下局部战争的需求和新技术的发展。生物工程技术的发展，将使生物武器的研制进入一个全新的历史阶段。未来生物武器的发展趋势有如下几个方面。

（1）寻找新型生物战剂

近年来，国外都很注意研制新的致病微生物。其要求是毒性强或有特定效应，传染发病快，便于大量生产、储存、使用，难以发现、防护、救治。在致病的所有微生物中，病毒占3/4。随着病毒生产技术和安全防护措施的改进，病毒类生物战剂将呈现出逐渐增多的趋势。随着生物工程技术的发展，毒力强、抗性大、稳定性好的基因生物战剂，将被研制出来。

（2）降低微生物气溶胶衰变

生物武器施放方法对生物战剂的杀伤效果影响很大。研究表明，以气溶胶形式施放生物战剂是使用生物武器的一种有效手段。一些国家很重视提高气溶胶的发生率、稳定性、感染力及控制气溶胶粒度的研究。如控制液体或固体微粒的大小，使之均匀分散，寻求适当使用的气溶胶状态，并尽可能减少生物战剂的损耗；采用生物战剂气溶胶的保护剂和微包衣技术，使气溶胶微生物免遭日光辐射的杀灭，增加生物战剂气溶胶的稳定性，减少微生物在空气传播过程中的死亡。

（3）混合使用和混合感染

为了提高生物战剂的杀伤效能，国外正在研究两种以上病菌或病毒的混合使用和混合感染。这种使用方法能使人畜发病快，病情重，不易诊断，不易预防和救治，加速人畜死亡，使死亡率增高。

（三）化学武器

1. 基本概念

化学武器是以毒剂的毒害作用杀伤有生力量的武器，是大规模杀伤性武器。包括化学毒剂和毒剂前体，化学弹药和施放装置等。化学毒剂又称毒剂、化学战剂、军用化学毒剂，是军事行动中以毒害作用杀伤人畜以及植物的化学物质。化学弹药可分为爆炸型、热分散型和布撒型三类。

2. 主要特点

（1）剧毒性

化学武器的根本特点是以它的毒害作用杀伤人畜。化学毒剂主要通过各种中毒途径进入机体引起正常功能的紊乱，使人和动物中毒死亡。例如，一小滴维埃克斯化学毒剂落到人的皮肤上，如不及时消毒和急救，就可使人死亡。化学毒剂的剧毒性造成了受攻击者心理上的恐惧性。

（2）多样性

一是中毒途径多。化学毒剂一般以气溶胶、液滴形式使用，可通过呼吸道、眼睛、皮肤等多种途径使人中毒，也可经由水、食物间接造成伤害。如多数爆炸型化学弹药爆炸时产生的沾有化学毒剂的破片能划破皮肤，通过伤口使化学毒剂进入机体。二是毒害作用多。化学武器能使人窒息，破坏神经系统正常的传导功能，造成暂时性的精神失常或瘫痪等。有的造成人员迅速死亡，有的造成人员失去战斗力。三是施放方法多样。同一种化学毒剂可以在不同的武器中使用，化学武器使用者可根据战术目的选用不同的化学武器。

（3）持续性

化学武器对人员的杀伤作用有一定的持续性。暴露在染毒空间的人员，将持续不断地受到伤害，其受伤害的程度同化学毒剂浓度和人员暴露的时间成正比。

（4）流动性

化学武器使用后所形成的化学毒剂云团，在一定范围内对整个空间都有杀伤作用。染毒云团随风的方向移动而不断扩散。同时，弹药爆炸时或布撒器布撒时在地面上留下的化学毒剂液滴，引起一定面积上的液滴杀伤作用。地面上的液滴还会挥发，在地面上空又造成一个染毒云团，仍有杀伤力。化学毒剂云团随风传播，在下风方向可形成一定范围的染毒区。

（5）局限性

一是化学武器受气象条件制约。条件有利时，能充分发挥和扩大杀伤作用和范围；条件不利时，会使杀伤作用大大降低，甚至无法使用。大风、大雨、大雪和近地层空气的对流，都会严重削弱化学毒剂的杀伤效果，风向还可能造成化学毒剂对己方人员的危害。二是化学武器受地形条件制约。高山、悬崖能阻挡化学毒剂云团通过，并使它改变传播方向。森林不仅能阻挡化学毒剂云团通过，还可以使部分云团滞留于林中，增加染毒持续时间。对山谷、洼地实施化学袭击，效果较好；对山顶实施化学袭击，效果则很差。三是化学武器受防护条件的制约。对有良好防化器材装备并训练有素的部队实施化学袭击的效果很差。

3. 发展趋势

随着高科技在生命科学、分子生物学等方面的广泛应用，科研人员从民用研究中得到突破，不断促进化学武器质量的提高和完善。未来化学武器的发展趋势有如下几个方面。

（1）研制新型化学毒剂

国外新型化学毒剂研制的重点是致死剂和失能剂。新型致死剂毒性更高、作用更快，中毒途径更广，而且毒害作用特殊，在尚未掌握其毒理机制前很难进行急救与治疗。新型失能性毒剂能迅速破坏人的中枢神经系统的功能，造成人员神经或躯体失能。此外，国外对毒素战剂和能穿透面具的毒剂的研究也很重视。

（2）发展二元化学武器

二元化学武器，是指将两种相对无毒或低毒的化学物质分装在带有隔膜隔开的同一弹体内，在投射过程中经化学反应生成新毒剂的化学武器。二元化技术的化学武器具有许多突出的特点。一是易于生产。因毒剂的毒性剧烈，化学武器的生产安全问题十分重要。为确保操作人员和厂区周围居民的安全，毒剂工厂必须建立通风系统、自动检测及控制系统、技术保障系统、报警监测系统、消毒系统等一系列完善配套的设施。这将大大增加毒剂生产厂的建设投资和产品的生产成本。使用二元化技术后，化学弹药内不直接装填毒剂，而是装填无毒或毒性低的化学物质，这样就能解决生产的安全问题，降低生产成本。二是便于储存、运输。化学弹药储存时间过长，毒剂药效会逐渐降低。弹体或容器腐蚀严重时，毒剂会渗漏出来，造成人员中毒和环境污染。而使用二元化技术后，化学弹药存储的时间更长，在运输过程中也比较安全。三是可以广辟毒剂来源。由于二元化学武器的出现，一些以往因为化学性质不稳定而无法在常规化学弹药中使用的化合物，也有了战场使用的可能性。目前，美、俄均已装备二元沙林和二元维埃克斯化学弹药。今后将一方面研制新二元化学武器，一方面对现有二元化学弹药进行改造，提高性能和使用效果，使防护更加困难。

（3）完善化学毒剂微包胶技术

微包胶技术，就是在毒剂微粒表面包一层薄膜，形成微小胶囊。如为了减少毒剂在分散时的损失，可制成稳定性胶囊；要求碰到物体后再渗出毒剂，可制成渗透性胶囊；要求承受压力而后再破裂，可制成压裂性胶囊等。微包胶技术的采用，可大大提高毒剂的使用效能，增加化学毒剂的稳定性，减少由于挥发而受的损失，还可以增加战斗使用的毒剂品种，造成对方防护上的困难。

（4）化学毒剂配伍使用

化学毒剂配伍使用，就是将两种以上的毒剂，或将某种毒剂与某种配剂按一定比例混合使用。将某些不同毒害作用、不同中毒途径的毒剂混合使用，可提高毒性，使人中毒后产生复合效应，增大防护和救治的难度。

（四）战例应用

1. 核武器战例

1945 年 7 月 16 日，世界上第一颗原子弹在美国爆炸成功。1945 年 8 月 6 日和 9 日，美国在日本广岛和长崎投掷两颗原子弹，造成大量平民和军人伤亡。原子弹的巨大威力，促使日本无条件投降，加速了第二次世界大战的结束。

2. 生物武器战例

日本帝国主义在侵华战争中，在中国东北建立研制细菌武器的工厂，在中国 10 余个省的广大地区施放鼠疫、霍乱、伤寒和炭疽杆菌等 10 余种生物战剂，致使大量无辜平民死亡。

3. 化学武器战例

第一次世界大战初期，德军在比利时伊珀尔战线前沿，预先布设约 6000 罐装有氯气的钢瓶，利用有利气象条件向英法联军阵地吹放，导致约 15000 人中毒，近 5000 人死亡。这是历史上首次大规模使用化学战剂。

 思考题

1. 信息化装备对现代战争产生了哪些影响？
2. 信息化空中作战平台主要包括哪些内容？
3. 综合电子信息系统在现代战争中有哪些应用价值？
4. 精确制导武器在现代战争中有哪些应用价值？
5. 全球卫星导航系统的价值和作用体现在哪些方面？

下篇
军事技能篇

第六章 共同条令教育与训练

教学目标

了解中国人民解放军三大条令的主要内容，掌握队列动作的基本要领，养成良好的军事素养，增强组织纪律观念，培养令行禁止、团结奋进、顽强拼搏的过硬作风。

条令，是以命令形式颁布的规范军队作战行动和各级组织、各类人员共同行为准则的军事法规。中国人民解放军共同条令，是军队各级组织和全体人员必须共同遵照执行的基本军事法规，包括《中国人民解放军内务条令》《中国人民解放军纪律条令》《中国人民解放军队列条令》，也称三大条令。共同条令作为军队建设的基本法规，是我军革命化、现代化、正规化建设的重要依据，是全体官兵的共同准则。

第一节 共同条令

我军从创建之日起就十分重视条令建设，红军时期颁布过《内务条例》和《纪律条令》，抗日战争期间先后三次对《纪律条令》进行修订。1951年，正式颁布三大条令，形成共同条令完整体系，之后历经10次修订，在实践中不断地充实完善。现行的共同条令包括《中国人民解放军内务条令（试行）》《中国人民解放军纪律条令（试行）》《中国人民解放军队列条令（试行）》，2018年4月4日经中央军委主席习近平签署命令发布，自2018年5月1日起在全军施行。

在新的共同条令中，牢固确立了习近平强军思想的指导地位，把习近平强军思想作为我军内务建设、纪律建设、队列建设的根本遵循，确保我军全面建设和管理工作始终沿着正确方向前进。新的共同条令，坚持以党在新时代的强军目标为引领，突出问题导向，聚焦备战打仗，体现全面从严，注重创新发展，总结升华体制改革的新要求、部队管理的新经验、制度建设的新成果，在保持条令稳定性、连续性的前提下，对不适应形势发展变化的内容，进行了创新性修订，做出了具体明确规范。新共同条令发布施行，体现了我军对新时代强军兴军特点规律的新认识、新探索，具有较强的时代性、规范性和操作性，必将全面提升国防和军队建设的法治化水平。

一、《内务条令》

《内务条令》是规范军人职责、军队内部关系和日常生活制度的基本军事法规，是军队实施行政管理的基本依据。现行《内务条令》包括总则，军人宣誓，军人职责，内部关系，礼节，军人着装，军容风纪，与军外人员交往，作息，日常制度，日常战备，军事训练和野营管理，日常管理，国旗、军旗、军徽的使用和国歌、军歌的奏唱，附则等，共十五章三百二十五条。

（一）总则

《内务条令》总则，从使命任务、指导思想、原则等方面，科学阐释了我军的性质使命和内务建设的遵循指导。

军队性质与使命任务是：中国人民解放军是中国共产党缔造和领导的，用马克思列宁主义、毛泽东思想、邓小平理论、"三个代表"重要思想、科学发展观、习近平新时代中国特色社会主义思想武装的人民军队，是中华人民共和国的武装力量，是人民民主专政的坚强柱石。紧紧地和人民站在一起，全心全意地为人民服务，是这支军队的唯一宗旨。中国人民解放军必须始终不渝地保持人民军队的性质，忠于党，忠于社会主义，忠于祖国，忠于人民。中国人民解放军的任务是，巩固国防，抵抗侵略，保卫祖国，保卫人民的和平劳动，参加国家建设事业。中国人民解放军在新时代的使命任务是，坚决维护中国共产党的领导和中国特色社会主义制度，坚决维护国家主权、安全、发展利益，坚决维护国家发展的重要战略机遇期，坚决维护地区与世界和平，为实现"两个一百年"奋斗目标、实现中华民族伟大复兴的中国梦提供战略支撑。

军队建设指导思想是：建设一支听党指挥、能打胜仗、作风优良的人民军队，是党在新时代的强军目标。中国人民解放军必须高举中国特色社会主义伟大旗帜，坚持党的基本理论、基本路线、基本方略，贯彻毛泽东军事思想、邓小平新时期军队建设思想、江泽民国防和军队建设思想、胡锦涛国防和军队建设思想、习近平强军思想，贯彻新形势下军事战略方针，坚持走中国特色强军之路，坚持政治建军、改革强军、科技兴军、依法治军，更加注重聚焦实战，更加注重创新驱动，更加注重体系建设，更加注重集约高效，更加注重军民融合，全面加强军队革命化、现代化、正规化建设，构建中国特色现代作战体系，提高有效履行新时代军队使命任务能力，不忘初心，牢记使命，为实现党在新时代的强军目标、全面建成世界一流军队而奋斗。

内务建设基本任务是：使每个军人明确和认真履行职责，维护军队良好的内外关系，建立正规的战备、训练、工作、生活秩序，培养优良的作风和严格的纪律，保证军队圆满完成任务。

内务建设原则是：必须贯彻政治建军原则，必须贯彻改革强军战略，必须贯彻科技兴军战略，必须贯彻依法治军方略，必须始终聚焦备战打仗。

（二）军人宣誓与职责

中国人民解放军军人，是在中国人民解放军服现役的中华人民共和国公民。

军人在入伍（入校）后90日内，必须进行宣誓，誓词是："我是中国人民解放军军人，我宣誓：服从中国共产党的领导，全心全意为人民服务，服从命令，忠于职守，严守纪律，保守秘密，英勇顽强，不怕牺牲，苦练杀敌本领，时刻准备战斗，绝不叛离军队，誓死保卫祖国。"

军人职责是军人按其职务和岗位应担负的责任，包括基本职责和专业岗位职责。《内务条令》中将军人职责分为士兵、军官和主管人员职责。

义务兵、从地方普通中学毕业生和部队士兵中招收的军队院校学员的基本职责为："努力学习马克思列宁主义、毛泽东思想、邓小平理论、'三个代表'重要思想、科学发展观、习近平新时代中国特色社会主义思想，贯彻党的路线、方针、政策，遵守国家的法律法规，执行军队的法规制度；服从命令，听从指挥，英勇顽强，不怕牺牲，坚决完成任务；刻苦训练，熟练掌握军事技能，努力提高打仗本领；熟练操作使用和认真维护武器装备，使其经常保持良好状态；严守纪律，服从管理，尊重领导，团结同志，爱护集体荣誉，维护良好形象；艰苦奋斗，厉行节约，爱护公物；积极学习科学技术和文化知识，提高科学文化素养；落实安全要求，严格保守国家和军队的秘密。"

士官除履行义务兵的基本职责外，还应当履行以下基本职责："刻苦钻研专业技术，精通本职业务；勇挑重担，以身作则，积极发挥骨干作用；协助军官做好思想政治工作和行政管理工作；尊重领导，团结同志，积极发挥纽带作用。"

军官的基本职责为："深入学习马克思列宁主义、毛泽东思想、邓小平理论、'三个代表'重要思想、科学发展观、习近平新时代中国特色社会主义思想，贯彻党的路线、方针、政策，遵守国家的法律法规，执行军队的法规制度；服从命令，听从指挥，身先士卒，冲锋在前；精通本职业务，掌握打仗本领，坚决完成各项任务；熟练掌握和认真管理所配备的装备，使其保持良好状态；忠诚勇敢，敢于担当，清正廉洁；爱护士兵，尊重下级，团结同志，自觉接受教育、管理和监督，处处做好表率；拥政爱民，维护军队良好形象；带头落实安全要求，严格保守国家和军队的秘密，防范事故、案件。"

（三）内部关系

《内务条令》规定了军队内部关系，主要包括军人相互关系、官兵关系、机关相互关系、部（分）队相互关系。

中国人民解放军军人，不论职位高低，在政治上一律平等，相互间是同志关系。军官、士兵依行政职务和军衔，构成首长与部属、上级与下级或者同级关系。

中国人民解放军军官（文职干部）和士兵，必须按照官兵一致的原则，互相尊重，互相爱护，互相帮助，构建团结、友爱、和谐、纯洁的内部关系，同心协力地完成任务。军官（文职干部）对士兵应当做到：以身作则，依法管理，耐心说服教育，关心士兵的成长进步；了解士兵情况，掌握士兵思想状况，热情帮助士兵解决实际问题，妥善解决与士兵的矛盾；尊重士兵意见，维护士兵民主权利，不压制民主，不打击报复；公道正派，对待士兵一视同仁；不打骂体罚和侮辱士兵，不收受士兵的钱物，不侵占士兵利益；关心士兵生活、安全和健康，照顾伤病员，热情接待来队的士兵亲属。士兵对军官（文职干部）应当做到：尊重军官（文职干部），服从领导和管理；忠诚老实，主动汇报思想；虚心接受批评，坚决改正错误；不当面顶撞，不背后议论；不搞极端民主化，不搞绝对平均主义；积极建言献策，主动协助军官（文职干部）做好各项工作。

（四）行为举止

《内务条令》从礼节、着装、军容风纪、与军外人员交往等方面，对军人在日常生活中的行为举止做出了明确的规定。

军人必须有礼节，体现军人的文明素养，促进军队内部的团结友爱和互相尊重。军人敬礼分为举手礼、注目礼和举枪礼。着军服时，通常行举手礼；携带武器装备或者因伤病残不便行举手礼时，行注目礼；举枪礼仅限于执行阅兵和仪仗任务时使用。军人之间通常称职务，或者姓加职务，或者职务加同志。首长和上级对部属和下级以及同级间的称呼，可以称姓名或者姓名加同志；下级对上级，可以称首长或者首长加同志；在公共场所和不知道对方职务时，可以称军衔加同志或者同志。军人听到首长和上级呼唤自己时，应当立即答"到"。回答首长问话时，应当自行立正。领受首长口述命令、指示后，应当回答"是"。

军人应当配套穿着军服，佩带军衔、级别资历章（勋表）等标志服饰，做到着装整洁庄重、军容严整、规范统一。军人在作战、战备、训练、执勤、遂行非战争军事行动任务时，应当着作训服，通常穿作战靴（裤口扣紧塞入靴内，系带扎紧塞入靴内）。

着夏作训服时，通常不扣上衣第一粒纽扣，可以将衣袖上卷（穿着前，先将袖子向外翻卷至腋下缝处，然后将袖口以外部分向外翻卷至与袖口接缝处，再将袖口下翻盖住翻卷部分），扣好纽扣，迷彩图案或者袖口正面外露；着冬作训服时，应当将上衣拉链拉到顶，衣领对折外翻，扣好纽扣。军人在日常工作、学习、集体生活时，通常着常服。春秋常服，通常在春季、秋季穿着；夏常服，通常在夏季穿着；冬常服、制式毛衣（绒衣）、棉大衣、常服大衣，通常在冬季穿着。军官参加下列活动，应当着军官礼服：党中央、国务院、中央军委组织的建党、建军、国庆和纪念抗日战争胜利等重大纪念、庆典活动；晋升（授予）军衔仪式；授予军旗仪式。军官参加下列活动，可以着军官礼服：党的全国代表大会、全国人民代表大会和中国人民政治协商会议全国委员会大会；全国、全军英雄模范表彰大会；军委机关部门，战区、军兵种，军事科学院、国防大学、国防科技大学，以及战区军种和其他副战区级单位组织的庆功表彰大会、重大纪念活动；省（自治区、直辖市），以及香港特别行政区、澳门特别行政区举行的重大庆典活动；外事活动。

军人应当军容严整，遵守下列规定：着军服在营区外以及在室内携带武器时，应当戴军帽；着军服在室（户）外通常戴军帽，不戴军帽的时机和场合由旅（团）级以上单位确定；着军服时应当穿军鞋、穿制式袜子，按照规定扣好衣扣，不得挽袖（着夏作训服时除外），不得披衣、敞怀、卷裤腿，不得将军服外衣与便服外衣混穿；等等。

军人必须举止端正，谈吐文明，军语标准，精神振作，姿态良好；军人参加集会、晚会，必须按照规定的时间和顺序入场，按照指定的位置就座，遵守会场秩序，不得迟到早退；军人外出时，必须遵守公共秩序和交通规则，遵守社会公德，举止文明，自觉维护军队的声誉；军人遇到人民群众生命财产受到严重威胁时，应当见义勇为，积极救助；等等。

（五）管理制度

《内务条令》着眼培养优良作风、提高战斗力，对战备、训练、日常活动等各个方面的秩序，都做出了严格明确的规定。

为保证各项工作的正常进行，具体和细化了一日生活与日常制度。基层单位一日生活具体分为起床、早操、整理内务和洗漱、开饭、操课、午睡（午休）、课外活动、点名、就寝。日常制度具体分为值班、警卫、行政会议、请示报告、内务设置、登记统计、请假销假、查铺查哨、留营住宿、点验、交接、接待、证件和印章管理、保密等十四项。

为保持正规的训练与战备秩序，条令对日常战备、军事训练与野营管理等做出了明确规定。提出了部（分）队必须高度重视战备工作，严格执行战备法规制度，紧密结合形势任务，经常进行战备教育，增强战备观念，建立正规的战备秩序，保持良好的战备状态的总体要求。明确了部（分）队在接到上级的紧急战备号令，发现或者遭到敌人的突然袭击，受到火灾、水灾、地震、台风等自然灾害威胁或者袭击等情况下，实行紧急集合，规范了紧急集合的方法步骤。明确各级应当加强军事训练管理工作，把实战化贯穿渗透于军事训练管理全过程各领域，坚持战训一致、训管结合，坚持依法治训、

📖 【资料链接】

军人必须遵守的保密守则

（一）不该说的秘密不说；（二）不该问的秘密不问；（三）不该看的秘密不看；（四）不该带的秘密不带；（五）不该传的秘密不传；（六）不该记的秘密不记；（七）不该存的秘密不存；（八）不随意扩大知密范围；（九）不私自复制、下载、出借和销毁秘密；（十）不在非保密场所处理涉密事项。

按纲施训、端正训风、演风、考风，从实战需要出发从难从严组训，确保人员、内容、时间、质量落实。要求部（分）队在野外驻训、行军、宿营等野营活动前，应当认真做好准备，进行思想动员和政策纪律教育，同野营地区人民政府取得联系，了解当地社情和环境，协商解决部队宿营等问题。

为维护和捍卫国旗、国歌、军旗、军歌的尊严，条令明确了国旗、军旗、军徽的使用管理和国歌、军歌的奏唱规定。军委机关部门，战区机关、军兵种机关、军事科学院、国防大学、国防科技大学，以及战区军种和其他副战区级单位机关，边防海防哨所、驻边境口岸的军队外事机构，应当每日升挂国旗；军级以下部队和省军区（卫戍区、警备区）、军分区（警备区），应当在工作日升挂国旗；军队院校除寒假、暑假和休息日外，应当每日升挂国旗。军队单位举办的庆典活动和重要集会，重要外事活动和重大国际性集会，升挂国旗时，其他需要奏唱国歌的时机、场合，可以奏唱国歌。军旗包括中国人民解放军军旗和陆军军旗、海军军旗、空军军旗、火箭军军旗，军旗是中国人民解放军的标志，是中国人民解放军荣誉、勇敢和光荣的象征，军人必须维护和捍卫军旗的尊严。中国人民解放军军徽是中国人民解放军的象征和标志，军人必须爱护军徽，维护军徽的尊严。中国人民解放军军歌是中国人民解放军性质、宗旨和精神的体现，新兵入伍、学员入校，必须学唱军歌。国庆节、建军节等重大节日组织集会，应当奏唱军歌，军队单位举办的庆典和重要集会，重要外事活动和重大国际性集会，部队迎军旗、校阅、队列行进和集会，其他维护以及显示军队威严的时机和场合，可以奏唱军歌。

二、《纪律条令》

《纪律条令》是规范军队纪律的基本内容、要求、监察和奖惩措施的基本军事法规，是军队维护纪律和实施奖惩的基本依据。现行《纪律条令》包括总则、纪律的主要内容、奖励、表彰、纪念章、处分、特殊措施、控告和申诉、首长责任和纪律监察、附则等，共十章二百六十二条。

（一）纪律建设的基本内容

《纪律条令》的前两章，从性质地位、指导方针、措施手段、纪律主体内容等方面，科学概括和规定了我军纪律建设的基本内容。

纪律建设的地位作用是：中国人民解放军的纪律，是建立在政治自觉基础上的严格的纪律，是军队战斗力的重要因素，是保持人民军队性质、宗旨、本色，团结自己、战胜敌人和完成一切任务的保证。

纪律建设的指导方针与原则是：维护和巩固纪律，必须贯彻毛泽东军事思想、邓小平新时期军队建设思想、江泽民国防和军队建设思想、胡锦涛国防和军队建设思想、习近平强军思想，贯彻新形势下军事战略方针，围绕实现党在新时代的强军目标、全面建成世界一流军队，坚持政治建军、改革强军、科技兴军、依法治军，更加注重聚焦实战，更加注重创新驱动，更加注重体系建设，更加注重集约高效，更加注重军民融合，坚持官兵一致、上下一致，严格要求、科学管理，说服教育、启发自觉，实事求是、公平公正，严格程序、赏罚严明，确保部队高度集中统一和有效履行使命任务。

纪律建设的基本措施是：维护和巩固纪律，主要依靠经常性的理想信念、道德和纪律教育，依靠经常性的严格管理，依靠各级首长的模范作用，依靠组织监督和群众监督，使官兵养成高度的组织性、纪律性。

军人维护纪律的责任和义务是：中国人民解放军的纪律，要求每个军人必须把革命的坚定性、政治的自觉性、纪律的严肃性结合起来，统一意志、统一指挥、统一行动，有令必行、有禁必止，严格执行党的路线、方针、政策，遵守国家的《宪法》、法律、法规，执行军队的法规制度，执行上级的命令和指示，执行三大纪律、八项注意，用铁的纪律凝聚铁的意志、锤炼铁的作风、锻造铁的队伍，任何时候任何情况下都一切行动听指挥、步调一致向前进。

纪律的主要内容为政治纪律、组织纪律、作战纪律、训练纪律、工作纪律、保密纪律、廉洁纪律、财经纪律、群众纪律、生活纪律等 10 个方面，具体包括：遵守政治纪律，对党忠诚，立场坚定；遵守组织纪律，民主集中，服从组织；遵守作战纪律，服从命令，听从指挥，英勇善战；遵守训练纪律，按纲施训，从难从严；遵守工作纪律，爱岗敬业，忠于职守；遵守保密纪律，严守规定，保守秘密；遵守廉洁纪律，干净做事，清白做人；遵守财经纪律，依法管财，科学理财，节俭用财；遵守群众纪律，拥政爱民，军民一致；遵守生活纪律，志趣高尚，行为规范。

（二）奖惩的内容

《纪律条令》从奖励与处分两个方面规定了我军实施奖惩的目的、原则、项目、权限、运用等主体内容。

奖励的目的在于鼓励先进，维护纪律，调动官兵的积极性、创造性，发扬爱国主义、共产主义和革命英雄主义精神，保证作战、训练和其他各项任务的完成；处分的目的在于严明纪律，教育违纪者和部队，强化纪律观念，维护集中统一，巩固和提高部队战斗力。

奖励应当坚持严格标准、按绩施奖，发扬民主、贯彻群众路线，精神奖励和物质奖励相结合、以精神奖励为主、注重发挥物质奖励的激励作用的原则；处分应当坚持依据事实、惩戒恰当，惩前毖后、治病救人，纪律面前人人平等的原则。

【资料链接】

三大纪律、八项注意

"三大纪律、八项注意"是中国人民解放军的优良传统和行为准则，体现了人民军队的本质和宗旨。1947年10月10日，毛泽东起草了《中国人民解放军总部关于重新颁布三大纪律八项注意的训令》（又称《双十训令》），从此，"三大纪律、八项注意"就以命令的形式固定下来，成为全军的统一纪律。

三大纪律：（一）一切行动听指挥；（二）不拿群众一针一线；（三）一切缴获要归公。

八项注意：（一）说话和气；（二）买卖公平；（三）借东西要还；（四）损坏东西要赔；（五）不打人骂人；（六）不损坏庄稼；（七）不调戏妇女；（八）不虐待俘虏。

奖励分为对个人和对单位的项目。对个人的奖励项目从低到高依次为：嘉奖、三等功、二等功、一等功、荣誉称号、八一勋章。对单位的奖励项目从低到高依次为：嘉奖、三等功、二等功、一等功、荣誉称号。

处分按军人类别分为义务兵、士官、军官（文职干部）的处分。对义务兵的处分项目从轻到重依次为：警告、严重警告、记过、记大过、降职或者撤职、降衔、除名、开除军籍。对士官的处分项目从轻到重依次为：警告、严重警告、记过、记大过、降职或者撤职、降衔、开除军籍。对军官（文职干部）的处分项目从轻到重依次为：警告、严重警告、记过、记大过、降职（级）或者降衔（级）、撤职、开除军籍。

（三）纪念章

考虑对个人经历资历的证明和肯定，《纪律条令》明确了六种常设纪念章。

作战纪念章：颁发给直接执行作战任务的人员。

重大任务纪念章：颁发给执行中央军委赋予的抢险救灾、反恐维稳、处置突发事件等重大军事行动任务的人员。

国防服役纪念章：颁发给服现役满8年以上的人员，其中，服现役满8年以上、不满16年的，授予铜质纪念章；服现役满16年以上、不满30年的，授予银质纪念章；服现役满30年以上的，授予金质纪念章。

卫国戍边纪念章：颁发给在边海防、边远艰苦地区服现役的人员。

献身国防纪念章：颁发给烈士和因公牺牲、因公致残的人员，其中，给烈士颁发金质纪念章，给因公牺牲军人颁发银质纪念章，给因公致残军人颁发铜质纪念章。

和平使命纪念章：颁发给执行联合国维持和平行动、联合反恐、联合军演、援外活动等军事任务的人员。

根据需要，中央军委可以向参与特定时期、特定领域、重大工作的个人颁发其他纪念章。

三、《队列条令》

《队列条令》是规范军队队列动作、队列队形和队列指挥的基本军事法规，是中国人民解放军队列生活的准则和队列训练的基本依据。现行《队列条令》包括总则，队列指挥，队列队形，单个军人队列动作，分队、部队队列动作，分队乘坐交通工具，国旗的掌持、升降和军旗的掌持、授予与迎送，阅兵，仪式，附则等，共十章八十九条。

（一）总则

总则明确了条令的制定目的、适用范围、执行要求和队列纪律。

执行要求：全体军人必须严格执行本条令，加强队列训练，培养良好的军姿、严整的军容、过硬的作风、严格的纪律性和协调一致的动作，落实全面从严治军要求，促进军队正规化建设，巩固和提高战斗力。

队列纪律：坚决执行命令，做到令行禁止；姿态端正，军容严整，精神振作，严肃认真；按照规定的位置列队，集中精力听指挥，动作迅速、准确、协调一致；保持队列整齐，出列、入列应当报告并经允许。

（二）队列指挥和队列队形

《队列条令》对队列指挥位置、方法、要求和队列队形做出了具体规定。

队列指挥位置：指挥位置应当便于指挥和通视全体。停止间，在队列中央前；行进间，纵队时在队列左侧中央前或者偏后，必要时在队列中央前，横队、并列纵队时在队列左侧前或者左侧，必要时在队列右侧前（右侧）或者左（右）侧后。

队列指挥方法：队列指挥通常用口令。行进间，动令除向左转走和齐步、正步互换及敬礼、礼毕时落在左脚，其他均落在右脚。变换指挥位置，通常用跑步（5 步以内用齐步），进到预定的位置后，成立正姿势下达口令。纵队行进时，可以在行进间下达口令。

队列指挥要求：指挥位置正确；姿态端正，精神振作，动作准确；口令准确、清楚、洪亮；熟练掌握和运用队列指挥方法；认真清点人数、检查着装，按照规定组织验枪；严格要求，维护队列纪律。

队列队形：队列的基本队形为横队、纵队、并列纵队，需要时，可以调整为其他队形；队列人员之间的间隔（两肘之间）通常约 10 厘米，距离（前一名脚跟至后一名脚尖）约 75 厘米。

（三）国旗的掌持、升降和军旗的掌持、授予与迎送

《队列条令》规定了国旗的掌持、升降要领，明确了军旗的掌持与授予要领、迎送程序等。

国旗的掌持：国旗由一名掌旗员掌持，两名护旗兵护旗，护旗兵位于掌旗员两侧。掌持国旗的姿势为扛旗，要领是：右手将旗扛于右肩，旗杆套稍高于肩，右臂伸直，右

手掌心向下握旗杆，左手放下，听到"齐步——走"的口令，开始行进。

国旗的升降要领：升旗时，掌旗员将旗交给护旗兵，协力将国旗套（挂）在旗杆绳上并系紧，掌旗员将国旗抛展开的同时，由护旗兵协力将旗升至旗杆顶；降旗时，由护旗兵解开旗杆绳并将旗降下，掌旗员接扛于肩。

军旗的掌持：军旗由部队首长指派一名掌旗员掌持，两名护旗兵护旗。护旗兵携自动步枪（冲锋枪）成挂枪姿势，位于掌旗员两侧。掌持军旗的姿势分为持旗、扛旗和端旗。

军旗的授予与迎送：授予军旗时，由上级首长授旗。将展开的军旗持入队列时，部队应当整队组织迎军旗；将军旗持出队列时，部队应当整队组织送军旗。

（四）阅兵

《队列条令》规定了阅兵的时机和权限、形式和程序等内容。

在重大节日或者组织重要活动时，可以举行阅兵。阅兵由党和国家领导人，中央军委主席、副主席、委员及旅（团）级以上部队军政主官或者被上述人员授权的其他领导和首长实施。通常由1人检阅。阅兵分为旅阅兵、师级以上部队阅兵、海上阅兵和码头阅兵、空中阅兵等。阅兵的形式，分为阅兵式和分列式，通常进行两项，根据需要，也可以只进行一项。

（五）仪式

仪式是队列生活的重要内容，是军队正规化的重要体现。《队列条令》对升国旗仪式，誓师大会仪式，码头送行、迎接任务舰艇仪式，凯旋仪式，组建仪式，转隶交接仪式，授装仪式，晋升（授予）军衔仪式，首次单飞、停飞仪式，授奖（授称、授勋）仪式，军人退役仪式，纪念仪式，迎接烈士仪式，军人葬礼仪式，迎外仪仗仪式，鸣枪礼的组织实施等，做出了具体规定。

仪式的基本规范：仪式的程序应当紧凑流畅，现场设置应当与仪式主题协调一致；仪式的场地应当便于部队集中，如受天气、环境等条件限制，可因地制宜；举行仪式应当在显著、恰当位置张挂仪式会标，会标用语应当规范、简洁；参加仪式人员的着装应当符合仪式主题，由举行仪式的单位依据《中国人民解放军内务条令（试行）》有关要求确定；举行仪式应当按照规定奏唱曲目，奏唱国歌、军歌、军种军歌等曲目时，全体人员起立并立正，随乐曲或者指挥高声齐唱；仪式中讲话、发言应当主题鲜明、言简意赅，通常不超过5分钟。

第二节 单个军人队列动作

一、立正、稍息、跨立

(一) 立正

立正是军人的基本姿势,是队列动作的基础。军人在宣誓、接受命令、进见首长和向首长报告、回答首长问话、升降国旗、迎送军旗、奏唱国歌和军歌等严肃庄重的时机和场合,均应当立正。

口令:立正。

立正

要领:两脚跟靠拢并齐,两脚尖向外分开约 60 度;两腿挺直;小腹微收,自然挺胸;上体正直,微向前倾;两肩要平,稍向后张;两臂下垂自然伸直,手指并拢自然微曲,拇指尖贴于食指第二节,中指贴于裤缝;头要正,颈要直,口要闭,下颌微收,两眼向前平视(见图 6-1)。参加阅兵时,下颌上仰约 15 度。

立正要求做到:三挺、三收、一平、一睁、一正。"三挺",即挺腿、挺胸、挺颈;"三收",即收腹、收臀、收下颌;"一平",即两肩要平;"一睁",即两眼睁大,平视前方;"一正",即站立的方向要正,使两脚内侧中心点、衣扣线、鼻尖、帽徽在同一垂直线上。

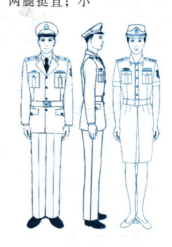

图 6-1 徒手立正姿势

(二) 稍息

稍息是队列动作中一种休息和调整姿势的动作,可与立正互换。

口令:稍息。

稍息

要领:左脚顺脚尖方向伸出约全脚的 2/3,两腿自然伸直,上体保持立正姿势,身体重心大部分落于右脚;携枪(筒)时,携带的方法不变,其余动作同徒手;稍息过久,可以自行换脚,动作应当迅速。

(三) 跨立

跨立即跨步站立,主要用于训练、执勤和舰艇上分区列队等场合,可以与立正互换。

口令:跨立。

跨立

要领：左脚向左跨出约一脚之长，两腿挺直，上体保持立正姿势，身体重心落于两脚之间；两手后背，左手握右手腕，拇指根部与外腰带下沿或者内腰带上沿同高；右手手指并拢自然弯曲，拇指贴于食指第二节，手心向后。携枪时不背手（见图6-2）。

徒手跨立　　　　徒手跨立（背面）　　　持狙击步枪跨立

图6-2　跨立

二、停止间转法

停止间转法是停止间（原地）变换方向的方法。分为向左转、向右转、向后转。

（一）向左转

口令：向左——转。

半面向左——转。

要领：听到"向左——转"的口令，以左脚跟为轴，左脚跟和右脚掌前部同时用力，使身体协调一致向左转90度，身体重心落在左脚，右脚取捷径迅速靠拢左脚，成立正姿势。转动和靠脚时，两腿挺直，上体保持立正姿势。

半面向左转，按照向左转的要领转45度。

（二）向右转

口令：向右——转。

半面向右——转。

向左转　　　　　　　　向右转

要领：听到"向右——转"的口令，以右脚跟为轴，右脚跟和左脚掌前部同时用力，使身体协调一致向右转90度，身体重心落在右脚，左脚取捷径迅速靠拢右脚，成立正姿势。转动和靠脚时，两腿挺直，上体保持立正姿势。

半面向右转，按照向右转的要领转45度。

（三）向后转

口令：向后——转。

要领：听到"向后——转"的口令，按照向右转的要领向后转180度。

向后转

注意：在练习转法时，身体、两脚要同时用力，上体不要晃动，靠脚时，要以脚跟的靠力和腿的并力迅速靠脚，不要外扫腿，不要跺脚。

三、行进与立定

行进的基本步法分为齐步、正步和跑步，辅助步法分为便步、踏步、移步和礼步。

齐步的行进与立定

齐步的摆臂练习

（一）齐步

齐步是军人行进的常用步法。

口令：齐步——走。

要领：听到"齐步——走"的口令，左脚向正前方迈出约75厘米，按照先脚跟后脚掌的顺序着地，同时身体重心前移，右脚照此法动作；上体正直，微向前倾；手指轻轻握拢，拇指贴于食指第二节；两臂前后自然摆动，向前摆臂时，肘部弯曲，小臂自然向里合，手心向内稍向下，拇指根部对正衣扣线（着海军藏青色春秋常服、冬常服时，拇指根部对正双排扣中间位置），并高于春秋常服或者冬常服最下方衣扣约5厘米（着夏常服、水兵服时，高于内腰带扣中央约5厘米；着作训服时，与外腰带扣中央同高），离身体约30厘米；向后摆臂时，手臂自然伸直，手腕前侧距裤缝线约30厘米（见图6-3）。行进速度每分钟116～122步。

图6-3　齐步

听到"立——定"的口令，左脚再向前大半步着地，脚尖向外约30度，两腿挺直，右脚取捷径迅速靠拢左脚，成立正姿势。

齐步行进要求姿态端正，臂腿协调，摆臂自然大方，定型定位，步速、步幅准确；行进时，两脚内侧要在一条线上行进；脚着地时，要按脚跟、脚掌的顺序，防止脚掌先着地；立正时，身体重心要前移，防止身体后仰。

（二）正步

正步行进与立定　　　**正步踢腿练习**　　　**正步摆臂练习**

正步主要用于分列式和其他礼节性场合。

口令：正步——走。

要领：听到"正步——走"的口令，左脚向正前方踢出约 75 厘米，腿要绷直，脚尖下压，脚掌与地面平行，离地面约 25 厘米，适当用力使全脚掌着地，同时身体重心前移，右脚照此法动作；上体正直，微向前倾；手指轻轻握拢，拇指伸直贴于食指第二节；向前摆臂时，肘部弯曲，小臂略成水平，手心向内稍向下，手腕下沿摆到高于春秋常服或者冬常服最下方衣扣约 15 厘米处（着夏常服、水兵服时，高于内腰带扣中央约 15 厘米处；着作训服时，高于外腰带扣中央约 10 厘米处），离身体约 10 厘米；向后摆臂时左手心向右、右手心向左，手腕前侧距裤缝线约 30 厘米（见图 6 – 4）。行进速度每分钟 110 ~ 116 步。

听到"立——定"的口令，左脚再向前大半步着地，脚尖向外约 30 度，两腿挺直，右脚取捷径迅速靠拢左脚，成立正姿势。

正步行进要求做到：三快、两稳、一协调。"三快"，即踢腿速度快、摆臂快、脚落地跟身体快；"两稳"，即踢腿到位要稳、脚着地后身体要稳；"一协调"，即臂脚要协调。

图 6 – 4　正步

（三）跑步

跑步主要用于快速行进。

口令：跑步——走。

要领：听到预令，两手迅速握拳（四指蜷握，拇指贴于食指第一关节和中指第二节），提到腰际，约与腰带同高，拳心向内，肘部稍向里合。听到动令，上体微向前倾，两腿微弯（见图 6 – 5），同时左脚利用右脚掌的蹬力跃出约 85 厘

跑步摆臂练习　　　**跑步行进与立定**

米，前脚掌先着地，身体重心前移，右脚照此法动作（见图 6 – 6）；两臂前后自然摆动，向前摆臂时，大臂略垂直，肘部贴于腰际，小臂略平，稍向里合，两拳内侧各距衣扣线约 5 厘米（着海军藏青色春秋常服、冬常服时，两拳内侧各距双排扣中间位置约

图6-5　听到动令后的动作　　　图6-6　跑步前进

5厘米）；向后摆臂时，拳贴于腰际。行进速度每分钟170～180步。

听到"立——定"的口令，继续跑2步，然后左脚向前大半步（两拳收于腰际，停止摆动）着地，右脚取捷径靠拢左脚，同时将手放下，成立正姿势。

注意：跑步的第一步一定要跃出去，前脚掌先着地；在整个跑步过程中，要以前脚掌的弹力前进，动作要协调，摆臂自然，定型定位，不要上下打鼓，不要绕腹运动；立定时，要控制好惯性，不跺脚，不垫步，注意靠腿和放臂的一致性。

（四）便步

便步用于行军、操练后恢复体力及其他场合。

口令：便步——走。

要领：用适当的步速、步幅行进，两臂自然摆动，上体保持良好姿态。

听到"立——定"的口令，两脚自然靠拢，成立正姿势。

（五）踏步

踏步用于调整步伐和整齐。

停止间口令：踏步——走。

行进间口令：踏步。

要领：两脚在原地上下起落（抬起时，脚尖自然下垂，离地面约15厘米；落下时，前脚掌先着地），上体保持正直，两臂按照齐步或者跑步摆臂的要领摆动（见图6-7）。

踏步时，听到"立——定"的口令，左脚踏1步，右脚靠拢左脚，原地成立正姿势。跑步的踏步，听到"立——定"的口令，继续踏2步，再按照上述要领进行。

踏步是原地的动作，应注意不要移动位置；上体要保持正直。

图6-7　踏步

（六）移步

移步用于调整队列位置。

1. 右（左）跨步

口令：右（左）跨×步——走。

要领：上体保持正直，每跨 1 步并脚一次，其步幅约与肩同宽，跨到指定步数停止。

2. 向前或者后退

口令：向前×步——走。

后退×步——走。

要领：向前移步时，应当按照单数步要领进行（双数步变为单数步）。向前 1 步时，用正步，不摆臂；向前 3 步、5 步时，按照齐步走的要领进行。向后退步时，从左脚开始，每退 1 步靠脚一次，不摆臂，退到指定步数停止。

（七）礼步

礼步主要用于纪念仪式中礼兵的行进。

口令：礼步——走。

要领：左脚向正前方缓慢抬起，腿要绷直，脚尖上翘，与腿约成 90 度，脚后跟离地面约 30 厘米，按照脚跟、脚掌顺序缓慢着地，步幅约 55 厘米，右脚照此法动作；上体正直，两臂下垂自然伸直、轻贴身体（抬祭奠物除外）；手指并拢自然微曲，拇指尖贴于食指第二节，中指贴于裤缝（见图 6 - 8）。行进速度每分钟 24～30 步。

听到"立——定"的口令，左脚再向前大半步着地，脚尖向外约 30 度，两腿挺直，右脚取捷径迅速靠拢左脚，成立正姿势。

（八）携便携式折叠写字椅行进

携折叠写字椅行进时，左手提握支脚上横杠中间部位，左臂下垂自然伸直，写字板面朝外。

图 6 - 8　礼步

四、步法变换

步法变换，均从左脚开始。

齐步、正步互换，听到口令，右脚继续走 1 步，即换正步或者齐步行进。

齐步换跑步，听到预令，两手迅速握拳提到腰际，两臂前后自然摆动；听到动令，即换跑步行进。

齐步换踏步，听到口令，即换踏步。

跑步换齐步，听到口令，继续跑2步，然后换齐步行进。

跑步换踏步，听到口令，继续跑2步，然后换踏步。

踏步换齐步或者跑步，听到"前进"的口令，继续踏2步，再换齐步或者跑步行进。

五、行进间转法

（一）齐步、跑步向右（左）转

口令：向右（左）转——走。

要领：左（右）脚向前半步（跑步时，继续跑2步，再向前半步），脚尖向右（左）约45度，身体向右（左）转90度时，左（右）脚不转动，同时出右（左）脚按照原步法向新方向行进。

半面向右（左）转走，按照向右（左）转走的要领转45度。

（二）齐步、跑步向后转

口令：向后转——走。

要领：左脚向右脚前迈出约半步（跑步时，继续跑2步，再向前半步），脚尖向右约45度，以两脚的前脚掌为轴，向后转180度，出左脚按照原步法向新方向行进。

注意：转动时，要保持行进时的节奏，向前半步不要过大或过小，两臂自然摆动，摆臂和转体要一致，两臂轻贴身体不得外张；两腿自然挺直，上体保持正直。

六、敬礼

（一）敬礼

敬礼分为举手礼、注目礼和举枪礼。

1. 举手礼

口令：敬礼。

要领：上体正直，右手取捷径迅速抬起，五指并拢自然伸直，中指微接帽檐右角前约2厘米处（戴卷檐帽、无檐帽或者不戴军帽时微接太阳穴，约与眉同高），手心向下，微向外张（约20度），手腕不得弯曲，右大臂略平，与两肩略成一线，同时注视受礼者（见图6-9）。

敬礼、礼毕

注意：右手抬起时，不要划弧；右大臂肘部应稍向后张，使臂与肩略平；颈部挺直，不要歪头、转体、耸肩，两眼向前平视。

图 6 – 9   停止间徒手敬礼

2. 注目礼

要领：面向受礼者成立正姿势，同时注视受礼者，并目迎目送，右、左转头角度不超过 45 度。

3. 举枪礼

举枪礼用于阅兵式或者执行仪仗任务。

口令：向右看——敬礼。

要领：右手将枪提到胸前，枪身垂直并对正衣扣线，枪面向后，离身体约 10 厘米，枪口与眼同高，大臂轻贴右胁；同时左手接握表尺上方，小臂略平，大臂轻贴左胁；同时转头向右（见图 6 – 10）注视受礼者，并目迎目送，右、左转头角度不超过 45 度。

（二）礼毕

口令：礼毕。

要领：行举手礼者，将手放下；行注目礼者，将头转正；行举枪礼者，将头转正，右手将枪放下，使托前踵轻轻着地，同时左手放下，成持枪立正姿势。

（三）单个军人敬礼

要领：单个军人在距受礼者 5~7 步处，行举手礼或者注目礼。

徒手或者背枪时，停止间，应当面向受礼者立正，行举手礼，待受礼者还礼后礼毕；行进间（跑步时换齐步），转头向受礼者行举手礼，并继续行进，左臂仍自然摆动（见图 6 – 11），待受礼者还礼后礼毕。

携带武器（除背枪）等不便行举手礼时，不论停止间或者行进间，均行注目礼，待受礼者还礼后礼毕。

图 6-10　携 81 式自动步枪举枪礼姿势　　　图 6-11　行进间敬礼

七、坐下、蹲下、起立

（一）坐下

1. 徒手坐下

口令：坐下。

要领：左小腿在右小腿后交叉，迅速坐下（坐凳子时，听到口令，左脚向左分开约一脚之长；女军人着裙服坐凳子时，两腿自然并拢），手指自然并拢放在两膝上，上体保持正直。

2. 携便携式折叠写字椅坐下

要领：当听到"放凳子"的口令，左手将折叠写字椅提至身前交于右手，右手反握支脚上横杠，左手移握写字板和座板上沿，两手协力将支脚拉开；尔后上体右转，两手将折叠写字椅轻轻置于脚后，写字板扣手朝前，恢复立正姿势；当听到"坐下"的口令，迅速坐在折叠写字椅上。

使用折叠写字椅的靠背或者写字板时，应当按照"打开靠背"或者"打开写字板"的口令，调整折叠写字椅和坐姿；组合使用写字板时，根据需要确定组合方式和动作要领。

3. 背背囊（背包）坐下

要领：听到"放背囊（背包）"的口令，两手协力解开上、下扣环，握背带；取下背囊（背包），上体右转，右手将背囊（背包）横放在脚后，背囊（背包）正面向下，背囊口向右（背包口向左）；按照口令坐在背囊（背包）上。携枪（筒）放背囊（背包）时，先置枪（架枪、筒），后放背囊（背包）。

（二）蹲下

口令：蹲下。

蹲下、起立

要领：右脚后退半步，前脚掌着地，臀部坐在右脚跟上（膝盖不着地），两腿分开约60度（女军人两腿自然并拢），手指自然并拢放在两膝上，上体保持正直（见图6-12）。蹲下过久，可以自行换脚。

图6-12 蹲下时的姿势

（三）起立

口令：起立。

要领：全身协力迅速起立，左脚取捷径靠拢右脚（蹲下时，右脚取捷径靠拢左脚），成立正姿势或者成持枪、肩枪（筒）立正姿势。

班用机枪架枪和40火箭筒架筒时，起立后取枪、筒。

携背囊（背包）起立时，当听到"取背囊（背包）——起立"的口令后，按照放背囊（背包）的相反顺序进行。

携便携式折叠写字椅起立时，当听到"取凳子——起立"的口令后，按照放折叠写字椅的相反顺序进行。

八、脱帽、戴帽

（一）脱帽

口令：脱帽。

要领：立姿脱帽时，双手捏帽檐或者帽前端两侧，将帽取下，取捷径置于左小臂，帽徽朝前，掌心向上，四指扶帽檐或者帽墙前端中央处，小臂略成水平，右手放下（见图6-13）。

坐姿脱帽时，双手捏帽檐或者帽前端两侧，将帽取下，置于桌（台）面前沿左侧或者膝上，使帽顶向上、帽徽朝前，也可以置于桌斗内。

（二）戴帽

口令：戴帽。

要领：双手捏帽檐或者帽前端两侧，取捷径将帽迅速戴正。

注意：脱、戴帽时，动作要迅速，双手取捷径，上体保持正直，不得晃动。

需夹帽时（作训帽除外），双手捏帽檐或者帽前端两侧，取捷径将帽取下，左手握帽墙（女军人戴卷檐帽时，将四指并拢，置于下方帽檐与帽墙之间），小臂夹帽自然伸直，帽顶向左，帽徽朝前（见图6-14）。

图6-13　徒手脱帽姿势

图6-14　徒手夹帽姿势

第三节　分队队列动作

一、集合、离散

（一）集合

集合，是使单个军人、分队、部队按照规范队形聚集起来的一种队列动作。

集合时，指挥员应当先发出预告或者信号，如"全连注意"或者"×排注意"，然后，站在预定队形的中央前，面向预定队形成立正姿势，下达"成××队——集合"的口令。所属人员听到预告或者信号，原地面向指挥员成立正姿势；听到口令，跑步到指定位置面向指挥员集合（在指挥员后侧的人员，应当从指挥员右侧绕过），自行对正、看齐，成立正姿势。

（二）离散

离散，是使列队的单个军人、分队、部队各自离开原队列位置的一种队列动作。

1. 离开

口令：各营（连、排、班）带开（带回）。

要领：队列中的各营（连、排、班）指挥员带领本队迅速离开原列队位置。

2. 解散

口令：解散。

要领：队列人员迅速离开原列队位置。

二、整齐、报数

（一）整齐

整齐，是使列队人员按照规定的间隔、距离，保持行、列平齐的一种队列动作。整齐分为向右（左）看齐和向中看齐。

1. 向右（左）看齐

口令：向右（左）看——齐。向前——看。

要领：基准兵不动，其他士兵向右（左）转头，眼睛看右（左）邻士兵腮部，前四名能通视基准兵，自第五名起，以能通视到本人以右（左）第三人为度；后列人员，先向前对正，后向右（左）看齐；听到"向前——看"的口令，迅速将头转正，恢复立正姿势。

2. 向中看齐

口令：以×××为准，向中看——齐。向前——看。

要领：当指挥员指定"以×××为准（或者以第×名为准）"时，基准兵答"到"，同时左手握拳高举，大臂前伸与肩略平，小臂垂直举起，拳心向右（见图6-15）；听到

图6-15　向中看齐时基准兵的举手姿势

"向中看——齐"的口令后，其他士兵按照向左（右）看齐的要领实施；听到"向前——看"的口令后，基准兵迅速将手放下，其他士兵迅速将头转正，恢复立正姿势。

一路纵队看齐时，可以下达"向前——对正"的口令。

（二）报数

口令：报数。

要领：横队从右至左（纵队由前向后）依次以短促洪亮的声音转头（纵队向左转头）报数，最后一名不转头；数列横队时，后列最后一名报"满伍"或者"缺×名"；连集合时，由指挥员下达"各排报数"的口令，各排长在队列内向指挥员报告人数，如"第×排到齐"或者"第×排实到××名"。

必要时，连也可以统一报数。

要领：连实施统一报数时，各排不留间隔，要补齐，成临时编组的横队队形。报数前，连指挥员先发出"看齐时，以一排长为准，全连补齐"的预告，尔后下达"向右看——齐"口令，待全连看齐后，再下达"向前——看"和"报数"的口令，报数从一排长开始，后列最后一名报"满伍"或者"缺×名"。

三、出列、入列

单个军人和分队出列、入列，通常用跑步，5步以内用齐步，1步用正步，或者按照指挥员指定的步法执行；然后，进到指挥员右前侧适当位置或者指定位置，面向指挥员成立正姿势。

（一）单个军人出列、入列

1. 出列

口令：×××（或者第×名），出列。

要领：出列军人听到呼点自己姓名或者序号后应当答"到"，听到"出列"的口令后，应当答"是"。

（1）位于第一列（左路）的军人，按照本条上述规定，取捷径出列。

（2）位于中列（路）的军人，向后（左）转，待后列（左路）同序号的军人向右后退1步（左后退1步）让出缺口后，按照本条的上述规定从队尾（纵队时从左侧）出列；位于"缺口"位置的军人，待出列军人出列后，即复原位。

（3）位于最后一列（右路）的军人出列，先退1步（右跨1步），然后，按照本条有关规定从队尾出列。

2. 入列

口令：入列。

要领：听到"入列"口令后，应当答"是"，然后，按照出列的相反程序入列。

（二）班（排）出列、入列

1. 出列

口令：第×班（排），出列。

要领：听到"第×班（排）"的口令后，由出列班（排）的指挥员答"到"，听到"出列"的口令后，由出列班（排）的指挥员答"是"，并用口令指挥本班（排），按照本条的有关规定，以纵队形式从队尾（位于第一列的班取捷径）出列。

2. 入列

口令：入列。

要领：听到"入列"的口令后，由入列班（排）指挥员答"是"，并用口令指挥本班（排），以纵队形式从队尾（位于第一列的班取捷径）入列。

四、行进、停止

横队和并列纵队行进以右翼为基准，纵队行进以左翼为基准（一路纵队行进以先头为基准）。

（一）行进

指挥员应当下达"×步——走"的口令。听到口令，基准兵向正前方前进，其他士兵向基准翼标齐，保持规定的间隔、距离行进。纵队行进时，排、连通常成三路纵队，也可以成一、二路纵队。行进中，需要时，用"一二一"（调整步伐的口令）、"一二三四"（呼号）或者唱队列歌曲，以保持步伐的整齐和振奋士气。

（二）停止

指挥员应当下达"立——定"的口令。听到口令，按照立定的要领实施，分队的动作要整齐一致；停止后，听到"稍息"的口令，先自行对正、看齐，再稍息。

五、方向变换

方向变换，是改变队列面对的方向的一种队列动作。

（一）横队和并列纵队方向变换

停止间，通常是左（右）转弯或者左（右）后转弯，必要时可以向后转。

停止间口令：左（右）转弯，齐（跑）步——走，或者左（右）后转弯，齐（跑）步——走；向后——转，齐（跑）步——走（当需要向后转走时，应当先下"向后——转"的口令，待方向变换后，再下"齐步——走"或者"跑步——走"的口令）。

行进间口令：左（右）转弯——走，或者左（右）后转弯——走。

要领：一列横队方向变换时，轴翼士兵踏步，并逐渐向左（右）转动；外翼第一名士兵用大步行进并同相邻士兵动作协调，逐步变换方向（愈接近轴翼者，其步幅愈小），其他士兵用眼睛的余光向外翼取齐，并保持规定的间隔和排面整齐，转到90度或者180度时踏步并取齐，听口令前进或者停止。

数列横队和并列纵队方向变换时，第一列轴翼士兵停止间用踏步、行进间用小步，外翼士兵用大步行进，保持排面整齐，边行进边变换方向，转到 90 度或者 180 度后，听口令前进或者停止；后续各列按照上述要领，保持间隔、距离，取捷径进到前一列转弯处，转向新方向跟进。

（二）纵队方向变换

停止间，通常是左（右）转弯，或者左（右）后转弯，必要时可以向后转。

停止间口令：左（右）转弯，齐（跑）步——走，或者左（右）后转弯，齐（跑）步——走；向后——转，齐（跑）步——走（按照横队和并列纵队向后转走的方法实施）。

行进间口令：左（右）转弯——走，或者左（右）后转弯——走。

要领：一路纵队方向变换，基准兵在左（右）转弯时，按照单个军人行进间转法（停止间，左转弯走时，左脚先向前 1 步）的要领实施，在左（右）后转弯时，用小步边行进边变换方向，转到 90 度或者 180 度后，照直前进；其他士兵逐次进到基准兵的转弯处，转向新方向跟进。

数路纵队方向变换时，按照数列横队和并列纵队方向变换的要领实施。

 思考题

1. 共同条令包括哪些？地位与作用是什么？
2. 中国人民解放军纪律的主要内容有哪些？
3. 中国人民解放军的仪式有哪些？
4. 行进的基本步法有哪些？
5. 军人敬礼分为哪几种？敬礼的要领是什么？

第七章 射击与战术训练

教学目标

　　了解轻武器的战斗性能，掌握射击动作要领，进行体会射击；学会单兵战术基础动作，了解战斗班组攻防的基本动作和战术原则，培养良好的战斗素养。

　　随着火器的出现，特别是线膛武器的广泛运用，射击技术与地形利用成为世界各国军队单兵训练的重要内容，由此推动了射击与战术训练的快速发展。我军自建军开始，历来重视单兵的战技术训练，革命战争年代形成的射击、刺杀、投弹、爆破、土工作业"五大技术"，一直是军事训练的基础课目。

第一节 轻武器射击

轻武器也称轻兵器，是对单兵或班组携行使用的小型、轻便武器的统称。包括各种刀具、手枪、冲锋枪、步枪、机枪、手榴弹、榴弹发射器、火箭发射器、便携式火炮、轻型导弹等。其主要作战用途是在近距离内杀伤敌方有生目标，毁伤敌方轻型装甲目标、低空飞行目标，破坏敌方武器装备和军事设施。

一、轻武器性能、构造与保养

本书主要介绍我军81－1式、95式自动步枪的性能、构造及擦拭保养的方法。

（一）81－1式自动步枪

81－1式自动步枪由我国自主研发，于1981年定型生产并装备部队，具有射速高、射程远、火力猛、杀伤力大等特点，是步兵作战的重要装备。81－1式自动步枪与81式班用轻机枪组成班用枪族，活动机件和弹匣、弹鼓可以互换，并能用实弹直接从枪管发射40毫米枪榴弹，具有点面杀伤和反装甲的能力，是近战中消灭敌人有生力量的自动武器和步兵分队反装甲目标的辅助武器。

1. 战斗性能

81－1式自动步枪对单个目标在400米内射击效果最好，集中火力可射击500米内的敌人飞机、伞兵以及集团目标，弹头在1500米处仍有杀伤力，在290米内使用枪榴弹可杀伤敌有生力量和击毁敌装甲目标。

射击方法：可实施短点射（2～5发）、长点射（6～10发）和单发射。

理论射速：每分钟680～750发。

战斗射速：点射每分钟90～110发，单发射每分钟40发。

使用56式普通弹在100米距离上能射穿6毫米厚的钢板、15厘米厚的砖墙、30厘米厚的土层和40厘米厚的木板。使用杀伤枪榴弹，在290米距离内射击时，有效杀伤半径为14米（有效杀伤破片约400片），使用破甲枪榴弹在290米内射击时，其破甲能力为250毫米。

2. 主要诸元

口径	7.62毫米
枪全重	3.5千克
枪全长	1105毫米
不装刺刀长度	955毫米
枪托折叠状态长度	730毫米

普通弹的初速	710 米/秒
弹头最大飞行距离	约 2000 米

3. 各部机件的名称及用途

81–1 式自动步枪由刺刀、枪管、瞄准具、活塞及调节塞、机匣、枪机、复进机、击发机、弹匣和枪托等部件组成（见图 7–1）。

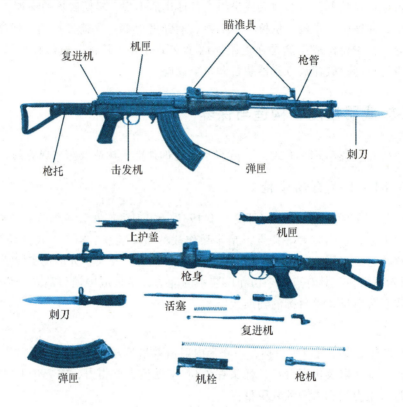

图 7–1　81–1 式自动步枪

（1）刺刀

刺刀用以刺杀敌人。刺刀上有刺刀柄、连接环、限制凸榫及卡榫。平时作匕首用，并装入刀鞘挂在腰带上，战时结合在枪上。

（2）枪管（见图 7–2）

枪管用以赋予弹头及枪榴弹的飞行方向。枪管内是枪膛，枪膛分为弹膛和线膛。弹膛用以容纳子弹，线膛能使弹头在前进时旋转运动，以保持飞行的稳定性。线膛内有四条右旋膛线（阴膛线），两膛线间的凸起部分叫阳膛线，两条相对的阳膛线间的距离是枪的口径。枪管前端有枪榴弹发射具。发射具前端下方有凹槽，用以控制刺刀的安装位置。枪管外有导气箍，用以引导火药气体冲击活塞。导气箍上刻有"0""1""2"的数字，用以表示冲击活塞的火药气体量的大小。枪管外有刺刀座、通条头槽。下护木，用于操作和携带。

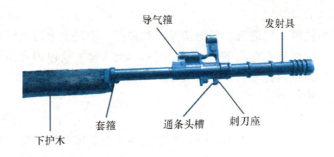

图 7 - 2 枪管

（3）瞄准具（见图 7 - 3）

瞄准具用于射击时的瞄准，由表尺和准星组成。表尺钣上有缺口和护铁。缺口用以通视准星向目标瞄准，护铁用以保护缺口。表尺转轮用以装定所需的表尺分划和固定活塞护盖。转轮上刻有"0～5"的分划，"0"分划用以分解结合，"1～5"的分划，每一分划表示相应整数百米装定距离。表尺座侧面圆点为表尺定位点，用以指示所装定的分划。准星可拧高、拧低，准星移动座可左右移动，准星移动座和准星座上刻有一条刻线，用以检查准星位置是否正确。

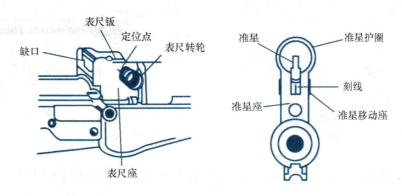

图 7 - 3 瞄准具

（4）活塞及调节塞（见图 7 - 4）

活塞及调节塞用以承受火药气体的压力，推压枪机向后。活塞簧，用以使活塞回到前方位置，护盖上有护木和活塞定位凸榫。导气箍上的"1""2"，分别表示调节塞上的小孔和大孔。通常装定在"1"上，当武器过脏来不及擦拭或在严寒的条件下射击时，可装定在"2"上。将弹壳底部卡入弹底槽，扳动弹壳即可变换调节塞位置。当发射枪榴弹时，必须将调节塞转动到"0"的位置，以防损坏活动机件。

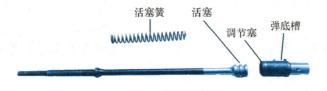

图 7 - 4 活塞及调节塞

（5）机匣（见图7-5）

机匣用以容纳枪机、复进机、固定击发机和弹匣。机匣上方有机匣盖，用以保护机匣内部免沾污垢。机匣下方有握把、扳机护圈和弹匣卡榫。机匣内有闭锁卡槽，能保证枪机闭锁枪膛。当弹匣内无子弹时，使枪机停在后方位置。凹槽用以容纳复进机导管座。拨壳凸榫用以拨出弹壳（子弹）。

（6）枪机（见图7-6）

枪机用以送弹、闭锁、击发和退壳，并能使击锤向后成待发状态。由机栓和机体组成。机栓上有圆孔和导榫槽，用以容纳机体，并引导机体旋转形成闭锁和开锁。机栓上还有解脱凸榫、机柄和复进机巢。机体上有：击针，用以撞击子弹底火；抓弹钩，用以从膛内抓出弹壳（子弹）。机体上还有导榫、送弹凸榫、闭锁凸榫和弹底巢。

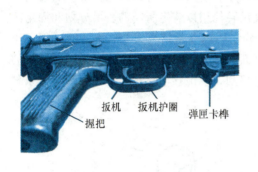

图7-5 机匣

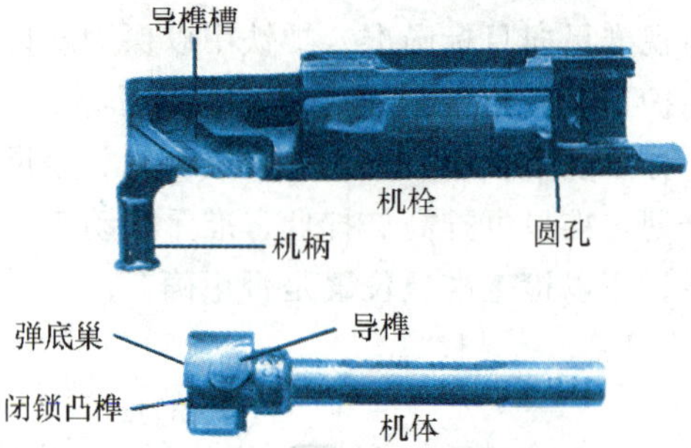

图7-6 枪机

（7）复进机（见图7-7）

复进机用以使枪机回到前方位置。由导管、导杆、导管座、复进簧和支撑环组成。导管座上有机匣盖卡榫。

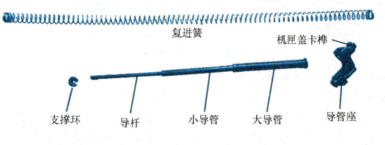

图7-7 复进机

（8）击发机（见图7-8）

击发机用以与枪机相互作用形成待发和击发。击发机上有：击发控制机，能在枪机闭锁枪膛前防止击发；保险机（快慢机），用以保险和控制单发射、连发射（"1""2""0"分别为单发射、连发射、保险）。击发机上还有击发阻铁、单发阻铁、击锤和扳机。

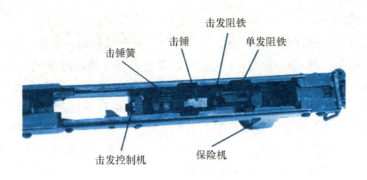

图 7 - 8　击发机

（9）弹匣（见图 7 - 9）

弹匣用以容纳和托送子弹，可装 30 发子弹。弹匣由弹匣体、托弹钣、托弹钣簧、固定钣、弹匣盖组成。弹匣体上有：凹槽和挂耳，用以将弹匣固定在枪上；检查孔，当看到子弹时，则已装满子弹。

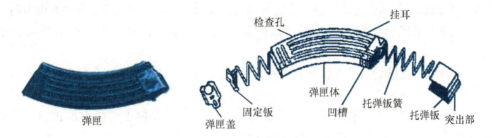

图 7 - 9　弹匣

（10）枪托（见图 7 - 10）

枪托用以操作枪支。枪托上有枪颈、托底钣、附品盒巢和枪托卡榫，平时为打开状态，必要时可折叠。

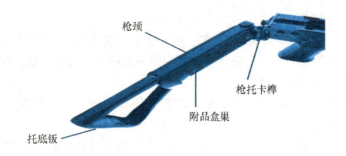

图 7 - 10　枪托

（11）附品

附品用以分解结合、擦拭、上油、携带和排除故障。包括擦拭杆、鬃刷、铣子、附品盒、通条、油壶、背带和弹匣袋等。

4. 自动原理

扣动扳机后，击锤打击击针，撞击子弹底火，点燃发射药，产生火药气体，推送弹头沿膛线向前运动；弹头底部经过导气孔时，部分火药气体通过导气孔，涌入导气箍，冲击活塞，推动枪机向后，完成开锁、抛壳，并压缩复进簧，使击锤向后变为待发状态；枪机退到最后方时，在复进簧的伸张作用下，枪机向前运动，推动下一发子弹入膛、闭锁。此时，如保险定在连发位置，扳机未松开，击发阻铁不能卡住击锤，击锤将再次打击击针，形成连发；如保险定在单发位置，击锤被单发阻铁卡住，不能向前，若需要再次发射，必须先松开扳机，再扣扳机。

5. 分解结合的要领

分解的要领如下。

（1）卸下弹匣。左手握护木，枪面稍向左，右手握弹匣，拇指按压弹匣卡榫（也可右手掌心向上握弹匣，以手掌肉厚部分推压卡榫），前推取下。

（2）拔出通条和取出附品盒。左手握护木，右手先向外，后向上拔出通条。然后，用中指、食指顶压附品盒底部，使卡榫脱离圆孔，取出附品盒，并从附品盒内取出附品。

（3）卸下机匣盖。左手握枪颈，以拇指按机匣盖卡榫，右手将机匣盖后部向上提取。

（4）抽出复进机。左手握枪颈，右手向前推导管座，使其脱离凹槽，向后抽出复进机。

（5）取出枪机。左手握枪颈，右手拉枪机向后到定位，向上、向后取出，左手转压机体向后，使导榫脱离导榫槽，再向前取出机体。

（6）卸下护盖。右手握上护木，左手将表尺转轮定到"1"上，再向左拉转轮装定在"0"上，然后左手握下护木，右手向上、向后卸下护盖。

（7）卸下活塞及调节塞。左手握下护木，右手将活塞向右（左）转动到定位，压缩活塞杆簧，使调节塞前端脱离导气箍，向前卸下活塞及调节塞，并将活塞及调节塞分开。

结合时，按分解的相反顺序进行，其要领如下。

（1）装上活塞及调节塞。将调节塞、活塞簧套在活塞上，左手握下护木，右手将活塞杆插入表尺座的圆孔内，压缩活塞簧，使调节塞前端进入导气箍，并向左转动调节塞，使下凸起进入导气箍限制槽。

（2）装上护盖。左手握下护木，右手将护盖前端两侧卡在导气箍上，按压护盖后部到定位。左手转动表尺转轮使分划"3"对正定位点。

（3）装上枪机。右手握机栓，使导榫槽向上。左手将机体结合在机栓上，使导榫进入导榫槽并转到定位。左手握枪颈，右手将枪机从机匣后部装入机匣，前推到定位。

（4）装上复进机。左手握枪颈，右手将复进机插入复进机巢内，向前推压，使导管座进入凹槽内。

（5）装上机匣盖。左手握枪颈，右手将机匣盖前端对正半圆槽，使后部的方孔对正机匣盖卡榫，向前下方推压机匣盖，使卡榫进入方孔内。

（6）装上附品盒和通条。将附品装入附品盒内，左手握护木，右手将附品盒装入附品盒巢内，用中指、食指顶压附品盒底部，使附品盒卡榫进入圆孔。然后，将通条插入通条孔内，并使通条头进入通条头槽。最后，拉送枪机数次检查机件结合是否正确，扣扳机，关保险。

（7）装上弹匣。左手握护木，枪面稍向左，右手握弹匣并将弹匣口前端插入结合口内，扳弹匣向后，听到"咔嚓"响声为止。

（二）95 式自动步枪

95 式自动步枪由我国自主研发，首批装备驻港部队，具有口径小、初速高、火力猛、杀伤力大等特点，是我军主要装备的轻武器之一。95 式 5.8 毫米自动步枪与 95 式 5.8 毫米班用轻机枪组成班用枪族，活动机件和弹匣、弹鼓可以互换，并能用实弹直接从枪管发射 40 毫米系列枪榴弹，具有点面杀伤和反装甲的能力，是近战中消灭敌人有生力量的自动武器和步兵分队反装甲目标的辅助武器。

1. 战斗性能

95 式自动步枪对单个目标在 400 米内射击效果最好，集中火力可射击 500 米内的敌机、伞兵以及集团目标。

供弹方式：弹匣供弹，每支枪配有 5 个弹匣。也可使用弹鼓供弹。

射击方法：可实施短点射（2～5 发）、长点射（6～10 发）和单发射。

战斗射速：点射每分钟 100 发，单发射每分钟 40 发。

枪管寿命：10000 发。

2. 主要诸元

口径	5.8 毫米
初速	920 米/秒
有效射程	400 米
表尺射程	500 米
瞄准基线长	325 毫米
枪全长（不装刺刀）	764 毫米
枪全重（含一个弹匣）	3.5 千克
刺刀长（不含刀鞘）	320 毫米
弹匣容量	30 发

3. 各部机件的名称及用途

95 式自动步枪由刺刀、枪管、导气装置、瞄准装置、护盖、枪机、复进簧、击发机、枪托、机匣和弹匣等部件组成（见图 7-11）。

（1）刺刀

刺刀用以刺杀敌人，也可作为格斗匕首和野战工作用刀。多功能刺刀由刺刀和刀鞘组成。刺刀上有剪刀部位、剪刀轴孔、锉削部位、刀环、刀柄座、砍削部位和锯割部位。刀鞘上有挂带、带扣、磨刀石、平口起子、剪板座和轴。

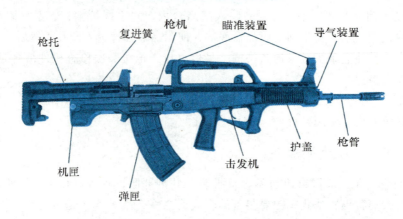

枪托　复进簧　枪机　瞄准装置　导气装置

机匣　弹匣　击发机　护盖　枪管

图 7 - 11　95 式自动步枪各部机件名称

在战斗中，如需用刺刀刺杀敌人时，应将刺刀装在枪上，其要领是：将刀环套入枪的膛口装置前端，刀柄座的 T 形槽对准枪上刺刀座的 T 形凸榫，向后拉到定位。卸下刺刀时，左手握护盖，右手用力按压刀柄上左右凸起榫（刻有直纹处），然后将刺刀向枪口方向抽出，并装入刀鞘内，挂在腰带上。

（2）枪管（见图 7 - 12）

枪管用以赋予弹头飞行方向及枪榴弹的飞行方向。枪管内是枪膛，枪膛分为弹膛和线膛。弹膛用以容纳子弹，线膛能使弹头在前进时做旋转运动，以保持飞行的稳定性。枪口装置用来减小发射时枪口的跳动和火焰，并与后定位器配合，作为榴弹发射器及刺刀连接座使用。

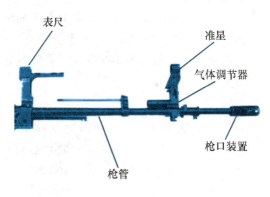

表尺　准星　气体调节器　枪口装置　枪管

图 7 - 12　枪管

（3）导气装置

导气装置用以调节冲击活塞的火药气体大小，推动枪机向后（或不推）。由气体调节器、活塞及活塞簧组成。气体调节器用以调节火药气体的大小。"0""1""2"，分别表示闭气、小孔和大孔位置。通常装定在"1"上，当武器过脏来不及擦拭或在严寒条件下射击时，可装定在"2"上。发射枪榴弹时，必须将调节器转动到"0"的位置，以防损坏活动机件。活塞用以承受火药气体的压力，推动枪机向后运动。活塞簧用以使活塞回到原来位置。

（4）瞄准装置

瞄准装置用以对目标瞄准。瞄准装置有机械瞄准具、白光瞄准镜和微光瞄准镜等。机械瞄准具由表尺和准星组成。表尺上有觇孔，标有"1""3""5"三个数字，分别表示射程为 100 米、300 米和 500 米的射击瞄准位置，表尺"0"上的荧光点与准星两侧的荧光点组成准星、照门倒置式简易夜瞄装置，其使用同表尺。准星可拧高、拧低，准星移动座可以左右移动，准星移动座和准星座上各刻有一条刻线，用以检查准星位置是否正确。

（5）护盖（见图7-13）

护盖用以操持枪支和保护机件，由上护盖与下护盖组成。上护盖有提把，用以提枪前进。下护盖（下护手）上有握把、扳机护圈、小握把、护手锁孔、挂合杆，用以操持武器和射击。握把内为附品筒巢，用以容纳附品筒。小握把有通气孔，用以及时散热冷却枪管。

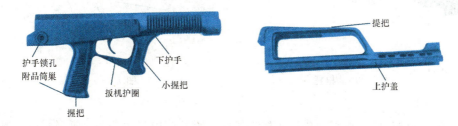

图7-13　护盖

（6）击发机

击发机用以控制待发、操纵击发及保险。由扳机、扳机拉杆、阻铁杠杆、击发阻铁、单发阻铁、不到位保险、解脱杠杆、快慢机、击锤、击锤簧、击锤簧导杆、顶头及击发机座等组成。快慢机上的"0""1""2"分别为保险、单发射和连发射位置。

（7）复进簧

复进簧用以储存枪机、枪机框的部分后坐能量，推动枪机、枪机框向前复进到位。

（8）枪机

枪机用以送弹、闭锁、击发和退壳，并能使击锤向后变成待发状态。由机体和机头组成。机体上有圆孔和导榫槽，用以容纳机头，并引导机头旋转形成闭锁和开锁。机体上还有解脱凸榫、机柄和复进簧巢。机头上有击针、抓弹钩、导榫、送弹凸榫、开闭锁凸榫、导槽和弹底巢。

（9）机匣（见图7-14）

机匣用以容纳枪机、固定快慢机和弹匣。机匣外有弹匣卡榫和弹匣结合口，用以结合弹匣或弹鼓。机匣内有闭锁卡槽（能解脱枪机闭锁枪膛）和拨弹凸榫（用以拨出弹壳）。

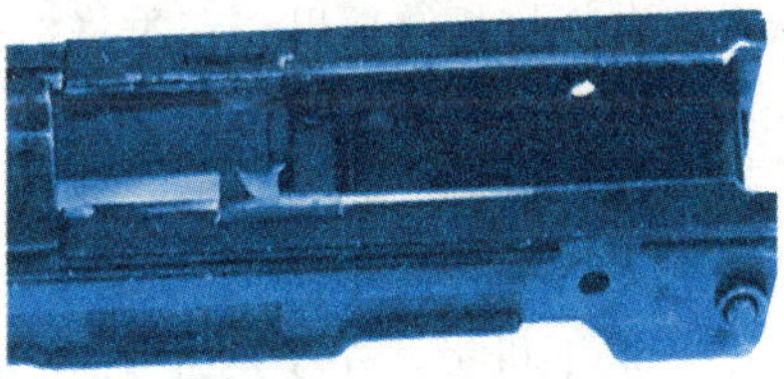

（10）枪托（见图7-15）

枪托右侧有抛壳（子弹）口，枪托内有杠杆式缓冲器和后端变刚度托钣组成的双缓冲机构，可降低活动机件后坐时的撞击。

图7-14　机匣

（11）弹匣（见图7-16）

弹匣由弹匣体、托弹钣、托弹钣簧、卡钣、弹匣盖组成。弹匣体的后端有三个观察孔，分别对正第10发、第20发和第30发子弹的底缘，用以观察子弹的余量。

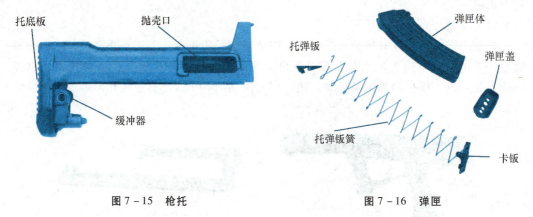

图 7 – 15　枪托　　　　　　　　　　图 7 – 16　弹匣

（12）附品

附品包括附品筒、油壶、背带和弹匣袋等。附品筒内装通条头、通条接杆、冲子、铣杆、准星扳手、油刷。使用时，将通条接杆与通条头或油刷连接在一起，用以清除枪管内脏物及涂油；铣杆用以拆卸击针销、拉壳钩轴等；准星扳手用以矫正射效时调节准星的高低；冲子用以清除枪管导气孔的火药残渣。

4. 自动原理

95 式自动步枪的自动原理与 81 – 1 式自动步枪相同。

5. 分解结合的要领

分解的要领如下。

（1）取出附品筒。打开握把盖取出附品筒，将附品从附品筒内取出。

（2）卸下弹匣。左手掌心向上握下护盖（下护手）前端，使枪面稍向左，右手握弹匣，拇指按压弹匣卡榫（也可右手掌心向上握弹匣，以手掌肉厚部分推压卡榫），前推使弹匣凹槽脱离弹匣卡榫，再向后下方取下弹匣。

（3）卸下枪托。右手握枪托底下部，拇指用力压住枪托底中部偏下部位，左手拇指从左向右将枪托销顶出；左手将枪托销向右拉到尽头。然后，左手托握机匣，右手握枪托并且向后拉，取下枪托。

（4）取出击锤、枪机、复进簧。右手向后拉动取出击锤，抽出复进簧，再向后拉出枪机。

（5）取下机头。左手向左旋转机头，待机头开闭锁凸榫对准机体上的让位槽时，向前拉出机头。

（6）卸下上护盖。左手握机匣尾部，右手先将上护盖向后移动 5～8 毫米，然后向上提起上护盖。

（7）卸下气体调节器。按压调节器卡榫，使其退出定位槽，然后转动气体调节器，当其向上两平面处于水平位置时，向外抽拉卸下气体调节器。

（8）取出活塞、活塞簧。用手捏住活塞簧向前推动，当活塞头部露出导气箍时，取出活塞与活塞簧。

结合时，按分解的相反顺序进行，其要领如下。

（1）装上活塞及活塞簧。将活塞与活塞簧套装好后，从导气箍处插入。

（2）装上气体调节器。将气体调节器上两平面呈水平状态放入导气箍内，按压调节器卡榫并转动到"1"的位置。

（3）装上上护盖。右手将上护盖从瞄准镜处装上，并前推下压到定位。

（4）装上机头。右手拿机头，左手拿机体，将机头上开闭锁凸榫对准机体上的让位槽，放入机头并向右旋转到定位。

（5）装上枪机、复进簧、击锤。右手拿枪机，左手拿复进簧，将复进簧插入复进簧巢内，然后将枪机上的导槽沿机匣上的导棱装上枪机，再将击锤头插入复进簧后部，击锤座对准导棱并装上，此时左手按住击锤不放松。

（6）装上枪托。右手握住枪托底上部，使击锤后端对正枪托底部的缓冲器座，装上枪托并插上插销。然后，拉送枪机数次检查机件结合是否正确，扣扳机，关上保险。

（7）装上弹匣。右手握弹匣，使弹匣头部进入机匣上的弹匣结合口后，再向后扳，当弹匣凹槽进入弹匣卡榫时，会发出"咔嚓"的响声，即为装好。

（8）装上附品筒。将附品装入附品筒内，再将附品筒放入大握把内并盖好握把盖。

（三）武器的擦拭保养

1. 擦拭保养时机

平时不常用的枪支，应根据驻地的气候条件，定期进行擦拭（每5天、1周或10天一擦）；平时常用的枪支，应每天一小擦拭，每周一大擦拭（分解程度视情况而定）；行军、演习、训练及执勤后使用过的枪支，要立即进行擦拭；实弹射击后的枪支，应及时进行彻底擦拭，并在以后的3~4天内连续每天对火药气体熏染过的零件擦拭涂油；在每年入夏、入冬前，对所有枪械要进行全面擦拭，并换油保养。

2. 擦拭保养方法

擦拭保养方法得当，能延长武器使用寿命，因此要正确使用擦拭工具，对枪械各部位进行擦拭和保养。

（1）正确使用擦拭工具

通条头结合在通条上要拧紧，否则容易使结合部螺纹损坏。通条头缠布不要超过转动部分，以免影响通条头转动。应松紧适当，过松则膛线内壁不易擦净，过紧则来回拉动费力，枪膛两头不易擦到，且容易损坏通条头。对不可卸枪管，一定要用枪口罩，以避免通条摩擦枪口部；对可卸枪管，则将穿孔弹壳放入弹膛内，从枪膛后端擦拭。油刷只用于射击后立即对枪膛涂油，以软化火药残渣，不能用于擦拭其他部位。使用时，也不允许将其直接伸入油壶，以免把油弄脏，影响油的质量。

（2）各部位的擦拭保养方法

金属未涂漆部分的擦拭。先用旧布除去旧油，然后用干净布将机件表面擦干净，再涂上新油。凡是孔、沟、槽等难以擦拭的部位，应用擦拭棍缠上布进行擦拭。生锈严重的机件，可用煤油或木炭粉蘸上枪油除去，然后擦拭干净再涂上枪油。

涂漆部分的擦拭。涂漆部分不能用煤油洗涤，也不能涂油。其上的尘土可用旧布擦去或用水清洗（注意防止水分侵入机件内部）。脱漆部位可在擦净后，涂上薄薄的一层油。

木质部分的擦拭。无须涂油，用布将其表面擦拭干净即可。当其受雨淋或浸水后，只需用布将水擦干，放在通风干燥处晾干，严禁火烤和曝晒。如受雨淋或浸水过久，水会浸入内部，使得木质部分膨胀，应及时将水分擦干，金属部件涂上油，然后结合起来晾干，以防止木质变形。

胶质部分的擦拭。用湿布擦拭或用水冲洗掉其上的泥土即可。严禁日晒或火烤。

皮革部分的擦拭。用干净布将泥土、灰尘擦净即可。若有生霉现象，可先用湿布擦去霉点，然后用干净布擦干，再涂上保革油。严禁日晒或火烤，以防变硬、变脆。

射击后枪械的擦拭。射击后的枪械，重点应擦拭枪膛、导气装置以及其他受火药气体熏染过的机件。

枪膛的擦拭。首先将枪分解，并结合好通条，然后用麻（或代用品）绕成8字形，蘸擦拭剂，插入枪膛（对不可卸枪管，从枪口处插入，且装上枪口罩；对可卸枪管，从弹膛插入，且在通条上穿一钻孔弹壳），来回拉动数次，再换麻擦拭，直至用干净白布检查时，白布上没有火药烟垢为止。之后，在通条头上缠上干净的布（将布裁成小方块，缠时要将通条头包住，以防通条头与枪膛摩擦），插入枪膛内，将擦拭剂擦干净。最后在通条头上缠上干净的蘸油的布，在膛壁上涂油。

导气装置的擦拭。在擦拭棍上缠上白布蘸擦拭剂进行擦拭。若导气孔被烟垢堵塞，可先灌上擦拭剂，待烟垢软化后，再用相应的铣杆除去烟垢（此时应防止导气孔被扩大）。待烟垢擦拭干净后，再用布擦净擦拭剂，最后用干净的布蘸油涂在导气装置的表面（以不见油层为宜）。若零件上结有硬固烟垢，一时难以擦除掉，应将其放在擦拭剂中浸泡一段时间，以软化烟垢，严禁用砂布擦或在地上打磨。

其他受火药气体熏染过的机件的擦拭。先用旧布蘸擦拭剂，将烟垢除去，再用布擦干，最后涂油。

（3）擦拭保养检查

一是检查外部。主要检查金属部分有无污垢、锈痕和碰伤，塑料（木质）部分有无碰伤和裂缝，各部机件号码是否一致，准星是否弯曲和松动，刻线是否与矫正结果一致，表尺是否转动自如并能固定在各个位置上。

二是检查枪膛。看枪膛是否有污垢、生锈和损伤。

三是检查机能。将装有教练弹的弹匣装在枪上，拉送枪机（套筒）数次，检查送弹、闭锁、击发、退壳和保险时各部机能是否正常。

四是检查附品和子弹。检查附品是否齐全完好，子弹有无锈蚀、凹陷、裂缝，弹头是否松动。

五是检查弹匣（鼓）。看弹匣（鼓）是否变形，弹袋有无损坏。

二、简易射击学理

简易射击学理包括发射与后坐、弹道形状及其实用意义、选定表尺分划和瞄准点、外界条件对射击的影响及修正等内容。了解这些内容，可以为提高射手射击技能打下良好的理论基础。

（一）发射与后坐

发射与后坐是武器射击时产生的一种现象，了解发射与后坐的原理，可以消除射手在射击时对后坐的顾虑，对了解武器操作和精确射击都有一定的促进作用。

1. 发射

发射是火药气体压力将弹头从膛内推送出去的现象。轻武器的击针撞击子弹底火，使起爆药燃烧，火焰通过导火孔引燃发射药，产生大量火药气体，在弹壳内形成压力，推动弹头脱离弹壳，挤进枪膛沿着膛线旋转加速前进，直至推出枪口。

发射过程时间极短促，整个过程可分为四个阶段（见图 7-17）。

第一阶段称准备阶段，由发射药开始燃烧起至弹头开始运动时止。第二阶段称基本阶段，自弹头开始运动到发射药燃烧完为止。第三阶段称气体膨胀阶段，自发射药燃烧完到弹头底部脱离枪口前切面时止。第四阶段是火药气体作用的最后阶段，自弹头底部脱离枪口前切面时起到火药气体停止对弹头作用时止。发射的四个阶段中：膛压急剧增大，然后逐渐下降；弹头速度由静到动，由慢到快，始终是加速运动。

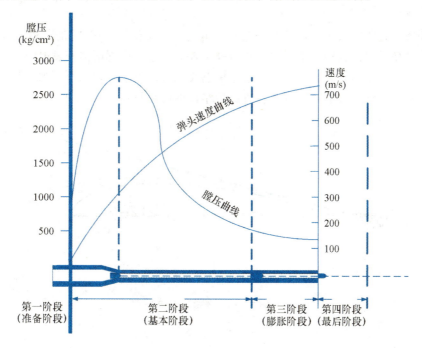

图 7-17　发射阶段示意图

2. 后坐

发射时武器向后运动的现象叫后坐。发射药燃烧时，产生的气体同时作用于各个方向，作用于膛壁周围的压力为膛壁所抵消；向前作用于弹头后部的压力送弹头前进；向后作用于弹壳底部的压力经过枪机传给整个武器，使武器向后运动形成后坐。武器的后坐和弹头的运动是同时开始的。在弹头脱离枪口瞬间，大量的火药气体随弹头后部从枪口向外喷出，形成了反作用力，使后坐更加明显。

后坐对单发射击和连发射击的首发命中影响极小。因为弹头在膛内运动的时间极短（约 0.001 秒），且枪比弹头重得多。弹头在脱离枪口以前，枪的后坐距离只有大约 1 毫米，而且是正直向后运动的，加之衣服和肌肉的缓冲，射手是感觉不出来的。射手感觉到的后坐，主要是弹头在脱离枪口的瞬间，火药气体猛烈向枪口外喷出形成的反作用力造成的。此时，弹头已脱离枪口，弹道轨迹主要受其初速、风、空气温度和湿度等因素的影响，因此后坐对单发和连发射击中的首发射击命中的影响极小。

弹头在脱离枪口的瞬间，火药气体猛烈向枪口外喷出形成的反作用力使枪支明显后坐，改变了原来的发射线，对第二发以后的射弹命中有一定的影响。但只要射手据枪要领正确，适应连发武器连发射击时的后坐规律，就能有效减小后坐对连发命中的影响，提高射击精度。

（二）弹道形状及其实用意义

只有了解弹道的形成，明确弹道的实用意义，才能充分发挥手中武器的威力，消灭敌人，保存自己。

1. 弹道

弹头飞行过程中其重心运动的路线叫弹道。由于受到地心引力和空气阻力的作用，弹道不是一条直线。其中，地心引力导致弹头在飞行过程中逐渐离开发射线，向下降落直至落地；空气阻力导致弹头在飞行过程中越飞越慢。由于上述两个原因，弹道是一条不均等的弧线，前半段的升弧较长较直，后半段的降弧较短较弯，如图 7 - 18 所示。

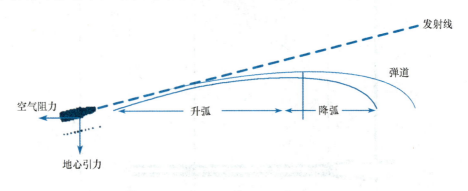

图 7 - 18　弹道示意图

2. 弹道要素（见图 7 - 19）

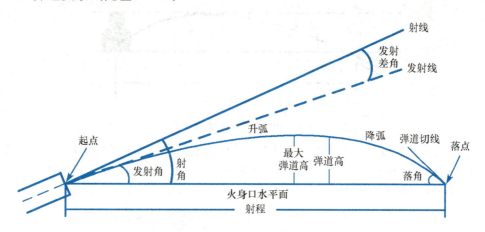

图 7 - 19　弹道要素

起点：火身口中心点（外弹道开始点）。

火身口水平面：通过起点的水平面。

射线：发射前火身轴线的延长线。

射角：射线与火身口水平面所夹的角。

发射线：发射瞬间火身轴线的延长线。

发射角：发射线与火身口水平面所夹的角。

发射差角：发射线与射线所夹的角。

弹道高：弹道上任何一点到火身口水平面的垂直距离。

最大弹道高：弹道最高点到火身口水平面的垂直距离。

弹道切线：弹道上任何一点的切线。

落点：弹道降弧与火身口水平面的交点。

落角：落点的弹道切线与火身口水平面的夹角。

射程：起点到落点的水平距离。

3. 直射

（1）直射和直射距离

瞄准线上的弹道高在整个表尺距离上不超过目标高的射击，叫直射。这段表尺距离叫直射距离。如图 7 - 20 所示。

（2）直射的实用意义

①对在直射距离内的目标射击时，瞄准目标下沿，不变更表尺分划即可进行连续射击，以增大战斗射速，提高射击效果。

②可以弥补测量距离的误差对命中的影响。如人胸目标距离250 米，使用81 - 1 式自动步枪射击时如果误测为300 米，装定表尺"3"射击，在250 米处的弹道高为0.21 米，没有超过目标高，目标仍能被杀伤。

③指挥员运用直射的原理，组织侧射、斜射、短兵射击和夜间标定射击，均能获得

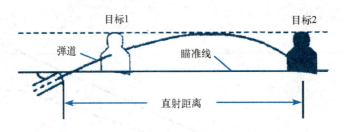

图 7 - 20　直射和弹道的关系

良好的射击效果。例如，短兵射击是以人胸目标为依据的，因此短兵射击的距离不超过300米，目标在此距离内都可被杀伤；而侧射是以跃进目标为依据的，因此侧射的距离不超过500米，在此距离内可杀伤向我方冲击的跃进目标。

④反坦克火器在直射距离内对敌装甲目标射击，效果更好。

4.危险界、遮蔽界和死角

（1）危险界

危险界分为表尺危险界和实地危险界。瞄准线上的弹道高没有超过目标高的部分，称为表尺危险界。由于在大多数射击情况下，是依靠弹道降弧杀伤目标，即在落点附近杀伤目标（如目标距离不大，就可利用直射距离杀伤目标）。这样，升弧部分所构成的危险界就没有实用意义。所以，表尺危险界实际上指弹道降弧部分在瞄准线上的高度没有超过目标高的一段距离。

在实际地形上弹道高没有超过目标高的一段距离，称为实地危险界。决定实地危险界大小的条件有弹道形状、目标高低，以及目标所在位置的地貌情况。

①对同一地形上的同一目标射击时，弹道越低伸，实地危险界就越大；反之越小。

②用同一武器对同一地形上的不同目标射击，目标越高，实地危险界越大；反之越小。

③用同一武器对同一种目标射击，目标所在位置的地貌与弹道形状越一致，实地危险界就越大；反之越小。

（2）遮蔽界和死角

从弹头不能射穿的遮蔽物顶端到弹着点的一段距离，叫遮蔽界。遮蔽界包括死角和危险界（见图7-21）。目标在遮蔽界内不会被杀伤的一段距离，叫死角；可能被杀伤的一段距离叫危险界。

遮蔽界和死角的大小是由遮蔽物的高低和落角的大小决定的。死角的大小还决定于目标的高低

①同一弹道，同一目标，遮蔽物越高，遮蔽界和死角就越大；反之越小。

②同一遮蔽物，同一目标，落角越小，遮蔽界和死角就越大；反之越小。

③同一遮蔽物，同一弹道，目标越高，死角越小；反之越大。

（3）危险界、遮蔽界和死角的实用意义

懂得了危险界、遮蔽界和死角的实用意义，在战斗中就能更好地隐蔽身体，灵活地利用地形地物，隐蔽地运动、集结和转移，以避开或尽量减少敌火力的杀伤。在组织火

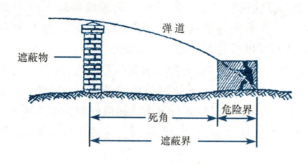

图 7 - 21　遮蔽界和死角

力配系时，就能正确地选择射击位置和组织火力，力求增大危险界和减少射击地带内的死角，并运用弯曲弹道和各种武器的侧射、斜射火力消灭隐蔽在遮蔽界和死角内的敌人。

（三）选定表尺分划和瞄准点

选定表尺分划和瞄准点，是射击动作中非常重要的内容，只有从理论上理解有关瞄准的重要概念，才能在实践中正确地使用武器，准确命中目标。

1. 瞄准具的作用

由于地心引力和空气阻力的作用，如果用枪管瞄准目标射击，弹头会打低打近（见图 7 - 22）。

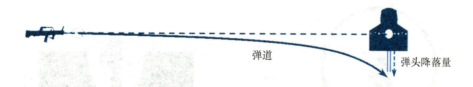

图 7 - 22　用枪管直接瞄准目标射击景况

为了命中目标，必须将枪（筒）口抬高，使火身轴线与瞄准线之间形成一定的角度，即瞄准角（见图 7 - 23）。

图 7 - 23　抬高枪口对目标射击景况

瞄准角的大小，是根据射弹在不同距离上的降落量来确定的。距离越远，降落量越大，所需要的瞄准角也就越大；距离越近，降落量越小，所需要的瞄准角也就越小。

瞄准具就是根据上述原理设计成的。由于缺口（觇孔）上沿（中心）到火身轴线的高度大于准星尖到火身轴线的高度，射击时，是通过缺口上沿中央和准星尖（觇孔圆心和准星尖）的平正关系来对目标进行瞄准的。因此，为了命中目标，须抬高枪（筒）口，使火身轴线与瞄准线之间构成一定的瞄准角。

各种枪（筒）的表尺钣上都刻有不同的表尺（距离）分划，装定表尺（距离）分划就是改变表尺的高低位置，实际上也就是装定瞄准角。表尺位置高，瞄准角就大，相应的射击距离就远；表尺位置低，瞄准角就小，相应的射击距离就近。因此，瞄准具的作用就是赋予武器相应的瞄准角和射向。射击时，应按照目标的距离选定相应的表尺分划瞄准射击。

2. 瞄准具简介

我军目前列装的轻武器根据机械瞄准具结构不同，通常可分为准星觇孔式和准星缺口式两种。

（1）准星觇孔式

95 式自动步枪采用的机械瞄准具是准星与觇孔，瞄准时眼睛通视觇孔和准星，使准星尖位于觇孔的圆心（中央），同时准星尖指向瞄准点（见图 7 – 24），这就是采用准星、觇孔瞄准的基本方法。

（2）准星缺口式

81 – 1 式自动步枪采用的机械瞄准具是准星与缺口。采用准星、缺口瞄准时，眼睛通视缺口和准星，使准星位于缺口的中间，准星尖上沿与缺口上沿平齐，同时准星尖指向瞄准点（见图 7 – 25），这就是采用准星、缺口瞄准的基本方法。

图 7 – 24　准星觇孔式

图 7 – 25　准星缺口式

3. 正确的瞄准景况

在瞄准时，眼睛看到的准星与觇孔（准星与缺口）的位置关系和目标，会出现两种不同的瞄准景况：一种是准星与觇孔（准星与缺口）的位置关系看上去比较清楚，而目标看得较为模糊；另一种是准星与觇孔（准星与缺口）的位置关系看上去比较模糊，而目标看得较为清楚。正确的瞄准景况是准星与觇孔（准星与缺口）相对位置关系看得非常清楚，而目标看得较模糊。

4. 瞄准要素

瞄准要素是影响瞄准精度的各项因素的总称（见图 7 – 26）。

瞄准基线：缺口的上沿中央（觇孔中心）到准星尖的直线。

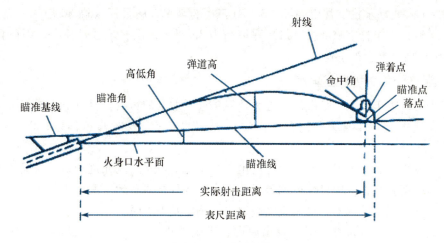

图 7 - 26　瞄准要素

瞄准线：瞄准基线向目标方向的延长线。

瞄准点：瞄准线所指向的一点。

瞄准角：射线与瞄准线的夹角。

高低角：瞄准线与火身口水平面的夹角。

弹着点：弹道与目标表面或地面的交点。

命中角：弹着点的弹道切线与目标表面或地面所夹的角，通常按照小于 90 度的角来计算。

表尺距离：起点到落点的距离。

5. 选定表尺分划和瞄准点

为了使射弹准确地命中目标，射手应根据目标的距离、大小和武器的弹道高，正确选择表尺分划和瞄准点。

（1）选定实际距离表尺分划，瞄准目标中央

目标距离为百米整数时，可根据目标的距离装定相应的表尺分划，瞄准点选在目标中央。例如，95 式自动步枪对 100 米距离上人胸目标射击时，定表尺"1"瞄准目标中央射击，即可命中目标中央。

（2）选定大于或小于实际距离表尺分划，适当降低或提高瞄准点

目标距离不是 100 米整数时，通常选定大于实际距离的表尺分划，根据武器在该距离上的弹道高，相应降低瞄准点射击。例如，95 式自动步枪对 180 米距离上人胸目标射击时，定表尺"3"，在 180 米处的弹道高为 14 厘米，这时，降低瞄准点，即可命中目标中央。也可选定小于实际距离的表尺分划，根据武器在该距离上的负弹道高，相应提高瞄准点射击。如 95 式自动步枪对 180 米距离上的人胸目标射击时，定表尺"1"，在 180 米处的弹道高为 –5 厘米，这时，适当抬高瞄准点，即可命中。

（3）选定常用表尺分划，小目标瞄下沿，大目标瞄中央

战斗中，对 300 米或 400 米（狙击步枪）距离以内的目标射击时，通常选定常用表尺分划（表尺"3"或"4"），小目标瞄下沿，大目标瞄中央射击，即可命中。例

如，81-1式自动步枪定常用表尺"3"对300米以内人胸目标（高50厘米）射击时，瞄目标下沿，由于整个瞄准线上最大弹道高为35厘米，没有超过目标高，因此目标在300米距离内，都会被杀伤。

6. 观察弹着点和修正偏差

射击时，由于测距、瞄准的误差和外界条件对射击的影响，以及射手操作不正确等原因，会使射弹产生偏差。因此，应注意观察弹着点，及时修正偏差，以提高射击效果。

观察弹着点时，应根据射弹激起的尘土、水花的位置、曳光迹和目标状况的变化等情况，判断射弹是否命中目标或偏差量的大小。各种枪对草地、湿地、硬土地上的目标射击时，弹着点不易观察，可用曳光弹射击，确定其偏差量。

发现偏差时，应认真分析，找出原因，正确地进行修正。如是武器、风造成的偏差，偏差多少就修正多少。修正时，应以预期命中点为准，向偏差相反的方向修正。

修正方向偏差时，可用改变瞄准点（装定横表尺）的方法进行修正。射弹偏右，瞄准点（横表尺）向左修；射弹偏左，瞄准点（横表尺）向右修。用横表尺修正时，瞄准点不变。

修正高低偏差时，可用提高、降低瞄准点或增减表尺分划的方法进行修正。射弹偏高时，降低瞄准点或减少表尺分划；射弹偏低时，提高瞄准点或增加表尺分划。

（四）外界条件对射击的影响及修正

武器弹道基本诸元的计算，都是在标准条件下进行的。射击时，若外界条件不符合标准条件，就会改变弹道的形状，影响射击精度。要使射弹准确地命中目标，就要了解外界条件对射击的影响，学会修正和克服的方法。

1. 风对射弹的影响及修正

风是一种具有速度和方向的气流，它能改变射弹的飞行方向和距离。在射击过程中，只有准确地判定风向和风力，根据风对射弹的影响进行修正，才能保证射弹命中目标。

（1）风向和风力的判定

①判定风向

按风吹的方向和射击方向所形成的角度，可分为横风、纵风和斜风。

横风：从左或右与射向成90度角的风。

斜风：与射向成小于90度角的风。射击时，通常当作与射向约成45度角的风计算。

纵风：与射向平行的风，可分为顺风和逆风。

②判定风力

风力按其大小分为强风、和风和弱风。风力的大小，可用测风仪等器材精确测量；也可根据人的感觉和常见物体被风吹动的景况来估测。

（2）风对射弹的影响及修正方法

横（斜）风能对弹头的侧面施以压力，使射弹偏向一侧，产生方向偏差（斜风还能使射弹产生距离偏差，因偏差很小，故不考虑）。风力越大，距离越远，偏差就越大。风从左吹来，射弹偏右；风从右吹来，射弹偏左。

纵风能影响射弹的飞行距离。顺风时，空气阻力减小，使射弹打远（高）；逆风时，空气阻力增大，使射弹打近（低）。在近距离内，风速为10米/秒以下时，纵风对射弹影响很小。因此，在400米（重机枪600米）内，风速小于10米/秒，可不修正。如对远距离目标射击时，应适当降低或提高瞄准点。

2. 阳光对瞄准的影响及克服方法

（1）阳光对瞄准的影响

在阳光下瞄准时，由于阳光照射作用，缺口部分会产生虚光，形成三层缺口：虚光部分、真实缺口、黑实部分。为了避免射弹偏差，需要格外注意辨清真实缺口的位置。

若用虚光瞄准，射弹会偏向阳光照来的方向。若用黑实部分瞄准，射弹会偏向阳光照来的相反方向。在阳光照射下，缺口和准星尖同时产生虚光时，若用虚光部分瞄准，则射弹偏低；若用黑实部分瞄准，则射弹偏高。

（2）克服的方法

一是在不同方向的阳光照射下练习瞄准，采取遮光瞄准、不遮光检查的方法，或不遮光瞄准、遮光检查的方法，反复练习，辨清真实缺口的位置和正确瞄准的景况。二是阳光下瞄准的时间不宜过长，以免眼花而产生误差。三是平时要注意保护好瞄准具，避免其磨亮而反光。

采用准星与觇孔或瞄准镜瞄准时，因受阳光影响较小，可忽略不计。

3. 气温对射弹的影响及修正

（1）气温对射弹的影响

气温变化时，空气密度也会随着改变，对射弹的阻力也就不同，因而影响射弹的飞行速度，使弹道形状发生变化。

气温升高时，空气密度减小，射弹飞行中受到的空气阻力就小，射弹就打得远（高）；气温降低时，空气密度增大，射弹在飞行中受到的空气阻力就大，射弹就打得近（低）。

（2）修正方法

由于各地区和各季节的气温不同，很难与标准气温条件相符。因此，应在当时当地的气温条件下矫正武器的射效，并以矫正射效时的气温条件为准。射击时，若气温差别不大，在400米内对射弹命中的影响较小，不必修正。若气温差别很大或对远距离目标射击时，应根据武器修正量表适当提高或降低瞄准点射击。气温降低时，提高瞄准点或增加表尺分划；气温升高时，降低瞄准点或减小表尺分划。

三、武器操作

武器操作主要包括验枪、装退子弹及定复表尺、据枪、瞄准、击发。95 式自动步枪与 81 – 1 式自动步枪的射击动作大致相同，本书主要讲解 81 – 1 式自动步枪射击动作，95 式步枪的不同点在括号中说明。

（一）验枪

验枪是一项保证安全的重要措施，使用武器前后及必要时，均应验枪，认真检查弹膛、弹匣中有无实弹。验枪时，严禁枪口对人。自动步枪验枪通常在肩枪立正姿势上进行。其口令为："验枪"，"验枪完毕"。

验枪

1. 81 –1 式自动步枪验枪

听到"验枪"的口令后，右手移握上护木，背带从肩上脱下，成持枪姿势，而后以右脚掌为轴，身体半面向右转，左脚顺势向前迈出一步，两脚分开约与肩同宽，重心落于两脚之间，同时右手将枪向前送出，左手接握下护木，左大臂紧靠左胁，枪托贴于右胯，准星约与肩同高，右手掌心向下，虎口向前，拇指（或食指）打开保险，卸下弹匣（使弹匣口向后弯曲部凹部朝上）交给左手握于护木右侧，右手移握机柄。当指挥员逐个检查时，或逐个下达"拉"及其他约定的口令时，射手拉枪机向后到定位，检查弹膛及弹匣内有无子弹。验过后，自行送回枪机，装上弹匣，扣扳机，关保险，右手移握枪颈。必要时，可在"验枪"口令后下达"自验"口令，以使验枪动作协调统一。

听到"验枪完毕"的口令后，左手反握上护木，两手协力将枪倒置于胸前，上背带环约与肩同高，右手挑起背带，同时身体半面向左转，重心大部落于左脚，在右脚靠拢左脚的同时，两手协力将枪送上右肩，恢复肩枪立正姿势。

2. 95 式自动步枪验枪

听到"验枪"的口令后，右手放开枪背带，枪自然下落，右手移握大握把，而后以右脚掌为轴，身体半面向右转，左脚顺势向前迈出一步，两脚分开约与肩同宽，重心落于两脚之间，同时右手将枪向前送出，左手接握下护盖，枪托夹于右胁与右大臂之间，枪口约与肩同高。左手大拇指打开保险，移握弹匣，大拇指按压弹匣卡榫，卸下弹匣，弹匣口向上交给右手握于大握把左侧，左手食指或中指向前扣住机柄。当指挥员逐个检查时，或逐个下达"拉"及其他约定的口令时，射手拉枪机向后，检查弹膛或弹匣内有无子弹。验过后，自行送回枪机，装上弹匣，右手扣扳机，左手关保险，移握下护盖。必要时，可在"验枪"口令后下达"自验"口令，以使验枪动作协调统一。

听到"验枪完毕"的口令后，左手反握上护盖，右手移握右肩前枪背带，身体半面向左转，在右脚靠拢左脚的同时，两手协力恢复肩枪立正姿势。

（二）卧姿装退子弹及定复表尺

完成向枪膛内送入实弹，并根据目标大概出现的距离装定相应的表尺分划，是做好射击准备的一项重要工作。卧姿装子弹通常在肩枪或持枪立正姿势上进行。其口令为："卧姿——装子弹"。射击完毕或战斗结束后，须按动作程序退出枪内剩余子弹，确保武器使用的安全，其口令为："退子弹——起立"。

卧姿装子弹

听到"卧姿——装子弹"的口令后，右手移握上护木（95式移握提把），使枪口向前，枪背带从肩上脱下，成持枪姿势，左脚向前迈出一大步，左臂伸出，掌心向下，顺势卧倒，身体左侧着地，以左肘和身体左侧支持身体。右手将枪向目标方向送出，左手接握下护木（95式接握下护盖），枪面稍向左，枪托着地，右手卸下空弹匣（弹匣口朝后，弯曲部凹部朝上）交给左手握于护木（95式护盖）右侧，从携行具内取出实弹匣装上，将空弹匣装入携行具，打开保险，拉枪机送子弹上膛，装定标尺。右手移握握把，两手协力将枪向目标方向送出。全身伏地，两脚分开约与肩同宽，枪膛轴线与身体右侧略成一线，目视前方，准备射击。

退子弹起立

听到"退子弹——起立"的口令后，身体稍向右侧，右手取下实弹匣交给左手，打开保险，慢拉枪机向后，从膛内退出实弹，送回枪机，将退出的子弹压入弹匣内，解开弹袋扣，取出并换上空弹匣，将实弹匣装入弹袋内并扣好。扣扳机，关保险，恢复表尺转轮分划为常用表尺"3"。右手移握上护木（95式移握提把），将枪收回，同时屈左腿于右腿下，收回左小臂。用左臂和两脚撑起身体，右脚向前一大步，左脚向前大半步（抬头挺胸），左手反握护木（95式反握上护盖），两手协力将枪倒置于胸前，右手挑起枪背带，身体重心大部分落于左脚，在右脚靠拢左脚的同时，两手协力将枪送上右肩，恢复肩枪立正姿势。

（三）据枪、瞄准、击发

据枪、瞄准、击发是射击动作的三个主要环节，稳固持久的据枪是基础，正确一致的瞄准是前提，均匀正直的击发是关键。三者相辅相成，统一于整个射击过程。

1. 据枪

自动步枪卧姿有依托据枪时，下护木（95式下护盖）前端放在依托物上，身体右侧与枪身略成一线，两脚分开略宽于肩。右手虎口向前紧握握把，食指第一节贴在扳机上，右大臂与地面略成垂直，右肘着地外撑。左手握弹匣（95式左手握下护盖后端或小握把），也可托握下护木或枪托（95式也可掌心向后，虎口向上托握枪托的弧形部），左肘在适当位置着地外撑，两肘保持稳固。胸部挺起，身体稍前跟（右肘不离地），上体自然下塌，两手用力保持不变，使枪托确实抵于肩窝。头稍前倾，自然贴腮。

2. 瞄准

右眼通视缺口与准星（觇孔与准星），使准星位于缺口中间，准星尖上沿与缺口上沿平齐，准星尖指向瞄准点（觇孔圆心位置至准星上沿中央形成直线，其延长线指向瞄准点）。瞄准景况是：缺口与准星（觇孔与准星）的关系清晰，瞄准点模糊。

瞄准

瞄准时首先使瞄准线自然指向目标，若未指向目标，不可迁就而强扭枪身，必须调整姿势。需要修正左右方向时，可左右移动身体或两肘；需要修正高低时，可调整依托物高低或枪支位置；敌情紧急时，也可两肘适当里合、外张（连发射击时，右肘不宜外张）。

3. 击发

右手食指第一节贴在扳机上，均匀正直地向后扣压扳机（食指内侧与枪应有不大的空隙），余指力量不变。当瞄准线接近瞄准点时，开始预压扳机，并减缓呼吸。当瞄准线临近瞄准点时，应屏住呼吸，继续增加对扳机的压力，直至击发。击发瞬间应保持正确一致的瞄准，若瞄准线偏离瞄准点或不能继续屏住呼吸时，应既不增加也不放松对扳机的压力，待修正或换气后，再继续扣压扳机。

操作点射时，应稳扣快松，将扳机扣到底快速松开，一般为 2 ~ 3 发，在扣扳机的过程中，应始终保持姿势稳固，据枪力量不变，以提高连发射击命中精度。

四、实弹射击

实弹射击是检验射手射击技能水平的基本方式，是射击训练的重要组成部分，它包括实弹射击的有关要求与规则、实弹射击前的准备工作、实弹射击的组织与实施。

实弹射击的组织与实施一般按照射击准备、射击实施、射击结束三个阶段组织，必须明确各阶段内容，统一组织方法，规范实施程序，做好射击结束后相关工作，确保实弹射击安全顺利。

（一）射击准备

分队到达射击场后，指挥员应做好下列工作。

1. 清点人数，检查着装、武器弹药和各种器材的携带情况；

2. 宣布作业提要，提出有关要求；

3. 必要时，还应进一步明确射击有关规定、注意事项、射击场有关人员的职责、报靶的方法和规定各种信（记）号等；

4. 宣布射击编组名单，明确射击组序；

5. 派出警戒人员，必要时组织搜索警戒区域，警戒人员到位并确定安全后，向指挥员发出安全信号；

6. 组织示靶员准备射击用靶（也可在分队到达之前组织人员设好靶场）；

7. 令发弹员、修械员、记录员、医务员等勤务人员就位，做好各项准备；

8. 准备完毕后，令信号员竖起红旗或发出可以射击的信号。

（二）射击实施

射击指挥员须与地段指挥员、靶壕指挥员搞好配合，并要灵活、果断处理各种情况。其基本指挥过程如下。

1. 当靶壕发出可以射击的信号后，指挥员应令信号员发出"开始射击"的信号（通常用 3 发红色信号弹表示开始射击），竖起红旗，指挥第一组射手（副射手）进入出发地线。

2. 令发弹员按照规定弹数给每名射手发子弹。其口令为："发弹员，发给每名射手××发子弹。"射手领到子弹后，认真检查并装入弹匣（盒），放进弹袋（盒）并扣好（有副射手的，由副射手领弹、检查）。

3. 当需要明确射手与目标的对应关系时，指挥员在出发地线下达"第××名，进至××位置，射击××号目标"的口令。

4. 指挥员下达"向射击地线前进"的口令，射手（副射手）前进到射击地线后，对正自己的射击位置，自行立定。

5. 指挥员下达"卧（跪、立）姿装子弹"的口令，射手（副射手）按口令和要领装子弹、定表尺，自行开始射击。

6. 规定的射击时间已到，指挥员下达"停止射击""退子弹起立"的口令，射手听到口令应立即停止射击，按要领退出膛内子弹并起立。

7. 指挥员下达"验枪""验枪完毕"的口令，地段指挥员应严格检查，逐个验枪，并收缴剩余子弹。

8. 验枪后，指挥员下达"以××名射手为准，靠拢"的口令，射手应迅速靠拢，组长按规定路线将射击组带到指定地点。

9. 指挥员发出报靶信号，信号员竖起白旗，并通知靶壕验靶；靶壕指挥员令信号员竖起白旗后，再组织示靶员验靶、报靶和补（换）靶。使用报靶杆报靶时，应在射击过程中及时报靶。

其余各组按上述方法依次进行，直到射击完毕。未轮到射击的各组，由射击场指挥员指定负责人在预习场地组织预习或在指定地点原地待命。

（三）射击结束

射击结束后，应做好以下工作。

1. 组织射手验枪，收缴剩余子弹；

2. 发出射击结束的信（记）号，召回警戒人员；

3. 清理现场，收拢器材，检查清点武器、装备和器材；

4. 收拢人员，宣布成绩，讲评射击过程，提出改进意见和擦拭武器的要求；

5. 及时向上级报告实弹射击情况。

第二节　战术

一、单兵战术基础动作

单兵战术基础动作是军人必须掌握的共同军事训练内容，是基本战术技能，对于培养战术素养具有基础性作用。

（一）持枪

持枪，是单兵在战斗中为了便于运动、观察、射击而携带武器的方法。在不同的地形和距离条件下，根据敌情和任务应采用不同的持枪动作。

1. 单手持枪

（1）单手持81式自动步枪、56式冲锋枪

动作要领：右臂微屈，右手虎口正对上护木握枪，背带上挑压于拇指下，用五指的握力将枪身固定，枪身轴线与地面略成45度，枪身距身体约10厘米。左臂自然下垂，运动时自然摆动（见图7－27）。

（2）单手持95式自动步枪

动作要领：右臂微屈，右手提提把。以右手的握力将枪固定，枪身轴线与地面略呈水平，背带压于拇指下。枪身距身体右侧约10厘米。左臂自然下垂，运动时随身体自然摆动。

图7－27　单手持枪

2. 单手擎枪

（1）单手擎81式自动步枪、56式冲锋枪

动作要领：右手正握握把，食指微接扳机，将枪置于身体的右侧，枪口向上，机匣盖末端贴于肩窝，枪身微向前倾，枪面向后，右大臂里合，枪托贴于右胁（枪托折叠时除外），背带自然下垂。目视前方，左手自然下垂或攀扶，运动时自然摆动（见图7－28）。

（2）单手擎95式自动步枪

动作要领：右手正握握把，食指微接扳机，将枪置于身体的右侧，枪口向上，上护盖末端略低于肩，枪身微向前倾，枪面向后，右大臂里合，枪托贴于右胁，背带自然下垂，目视前方，左手自然下垂或攀扶，运动时自然摆动。

图7－28　单手擎枪

3. 双手持枪

（1）双手持 81 式自动步枪、56 式冲锋枪

动作要领：左手托提下护木或握弹匣弯曲部，右手握握把，食指微接扳机，将枪身置于胸前，枪口向前，枪身略成水平，背带自然下垂或挂在后颈（见图 7－29）。

（2）双手持 95 式自动步枪

动作要领：左手托握下护盖，右手握握把，食指微接扳机，将枪身置于胸前，枪口向前稍向左，枪身略成水平，背带自然下垂或挂在后颈。

图 7－29　双手持枪

4. 双手擎枪

（1）双手擎 81 式自动步枪、56 式冲锋枪

动作要领：在单手擎枪基础上，左手托握下护木或弹匣弯曲部，枪身略低，枪口向前上方，背带自然下垂或压于左手下，身体与枪身略成 30 度（见图 7－30）。

（2）双手擎 95 式自动步枪

动作要领：在单手擎枪基础上，左手托握下护盖，枪身略低，枪口向前上方，背带自然下垂或压于左手下，身体与枪身略成 30 度。

图 7－30　双手擎枪

（二）卧倒、起立

1. 徒手卧倒、起立

动作要领：听到"卧倒"的口令，左脚向前迈出一大步，左腿弯曲，上体前倾，两眼注视前方，左手顺左脚方向伸出，掌心向下，手指稍向右，以左手、左膝、左肘的顺序着地，迅速卧倒，左小臂横贴于地面上，右手腕压在左手腕上，两手握拢，手心向下，两腿自然伸直，两脚分开与肩同宽，脚尖向外。必要时，也可右脚向前一大步，左手撑地迅速卧倒。听到"起立"的口令，转身向右，两眼注视前方，左腿自然微弯，左小臂稍向里合，以左手、左肘、左膝的支撑力将身体支起，同时右脚向前一大步，左脚再向前一步，右脚靠拢左脚，成立正姿势。

2. 单手持枪卧倒、起立

（1）单手持 81 式自动步枪、56 式冲锋枪卧倒、起立

动作要领：听到"卧倒"或"前方发现目标"的口令，持自动步枪卧倒，右手提枪并握背带，其余要领同徒手卧倒。卧倒后，左臂前伸，左腿弯曲，右腿伸直，右手提枪，右臂伸直，枪托轻着地，两眼目视前方。需要射击时，右手以虎口的压力和四指的

顶力将枪向目标方向送出，左手接握弹匣，右手收回，打开保险，移握握把，成据枪射击姿势。起立时，右手移握上护木，收枪的同时屈左腿于右腿下，收回左小臂，然后用左臂和两腿的撑力撑起身体，右脚向前一大步，左脚再向前大半步，右脚靠拢左脚的同时成单手持枪立正姿势。

（2）单手持95式自动步枪卧倒、起立

动作要领：卧倒时，左脚（也可右脚）向前迈出一大步，左腿弯曲，上体前倾，两眼注视前方，左手顺左脚方向伸出，按左手、左膝、左肘的顺序着地，迅速卧倒。卧倒后，右手将枪向目标方向送出，左手接握下护盖，右手移握握把，全身伏地，据枪射击。起立时，右手移握提把，收枪的同时屈左腿于右腿下，收回左小臂，然后用左臂和两腿的撑力撑起身体，右脚向前一大步，左脚再向前大半步，右脚靠拢左脚的同时成单手持枪立正姿势。

3. 双手持枪卧倒、起立

（1）双手持81式自动步枪、56式冲锋枪卧倒、起立

卧倒时，左脚向前一步，上体前倾，重心前移，按左膝、左肘、左小臂的顺序着地，然后转体，在全身伏地的同时两手协力将枪向目标方向送出，据枪射击。地面松软或情况紧急时，也可按照双膝、双肘、腹部的顺序扑地卧倒。卧倒时，两脚分开，略宽于肩，两膝内合，重心后移，顺势下蹲。然后，按照两膝内侧、两小臂外侧的顺序着地，迅速卧倒。卧倒后，双手协力将枪向目标方向送出，据枪射击。起立时，两眼目视前方，迅速收腹、提臀，用肘和两脚支撑身体，右脚向前一步，左脚再向前一步，顺势起立，右脚靠拢左脚的同时恢复双手持枪立正姿势。

（2）双手持95式自动步枪卧倒、起立

双手持95式自动步枪卧倒、起立时，可按照双手持56式冲锋枪或81式自动步枪卧倒、起立的要领进行，也可按以下方法进行。

卧倒时，左脚（也可右脚）向前迈出一大步，左腿弯曲，上体前倾，两眼注视前方，右手握握把，左手松开下护盖顺左脚方向伸出，按左手、左膝、左肘的顺序着地，迅速卧倒。卧倒后，右手将枪向目标方向送出，左手接握下护盖，全身伏地，据枪射击。起立时，右手握握把将枪收回的同时，屈左腿于右腿下，收回左小臂，然后用左臂和两腿的撑力撑起身体，右脚向前一大步，左脚再向前大半步，右脚靠拢左脚的同时，左手接握下护盖，成双手持枪立正姿势。

（3）双手持枪行进间卧倒、起立

动作要领：听到"卧倒"或"前方发现目标"的口令，左脚向前迈出一大步，上体前倾，重心前移，按左膝、左肘的顺序着地迅速卧倒，同时身体里合，右肘着地成据枪射击姿势（见图7-31）。起立要领与停止间动作基本相同。

图 7 - 31　双手持枪卧倒

4. 反身卧倒

反身卧倒，是在持枪跃进过程中，后方突然出现目标时，迅速隐蔽、射击的一种卧倒方式。

动作要领：听到"反身卧倒"或"后方出现目标的口令"，左脚向前迈出一大步，左手前伸，身体下塌前倾，利用两脚的蹬力将身体向后（反时针方向）旋转180度，重心左倾，按左手、左腿外侧的顺序着地，侧身卧倒，左腿弯曲，右腿伸直，注视目标。

（三）匍匐前进

匍匐前进，是在通过敌机枪、自动枪火力封锁较短地段，或利用较低的遮蔽物前进时采用的运动方法。根据遮蔽物的高低分为低姿匍匐、高姿匍匐、侧姿匍匐和高姿侧身匍匐四种。

1. 低姿匍匐

低姿匍匐是在遮蔽物高约40厘米时采用的运动方法。

口令：向××，低姿匍匐前进。

（1）持枪低姿匍匐

携56式冲锋枪（81式自动步枪、03式自动步枪）的方法有两种：一种是右手掌心向上，虎口卡住机柄，五指握枪身和背带，将枪置于右小臂内侧（见图7-32）；另一种是右手食指卡握枪上背带环处，并握枪管，余指抓背带，机柄向上将枪置于右小臂外侧。

图 7 - 32　低姿匍匐

持枪低姿匍匐

携95式自动步枪的方法有两种：一种是右手握握把和背带，使枪面向右将枪置于右小臂内侧；另一种是左手握护盖，右手握枪颈，将枪横托于胸前，枪口离地。

（2）徒手低姿匍匐

行进时，身体紧贴地面，头稍微抬起，屈回右腿，伸出左手，用右脚的蹬力和左手的扒力使身体前移，然后再屈回左腿，伸出右手，用左脚的蹬力和右手的扒力使身体继续前移，依次交替前进。前进速度不小于0.8米/秒。

徒手低姿匍匐

2. 高姿匍匐

高姿匍匐是在遮蔽物高约 60 厘米时采用的运动方法。

口令：向××，高姿匍匐前进。

动作要领：用两小臂和两膝支撑身体前进。携枪方法同低姿匍匐。有时可将枪托向右，用两手托握枪的方法前进（见图 7 - 33）。前进速度不小于1.2 米/秒。

图 7 - 33 高姿匍匐

3. 侧姿匍匐

侧姿匍匐是在遮蔽物高约 60 厘米时采用的运动方法。

口令：向××，侧姿匍匐前进。

动作要领：运动时，右手前伸移握护木（03 式自动步枪握左右护盖，95 式自动步枪握提把或握把）将枪收回，同时侧身，使身体左大腿外侧着地，左小臂前伸着地，左大臂支撑身体，左腿弯曲，右脚收回靠近臂部着地，以左小臂的扒力和右脚的蹬力使身体前移（见图 7 - 34）。前进速度不小于 1.2 米/秒。

徒手侧姿匍匐　　　持枪侧姿匍匐

4. 高姿侧身匍匐

高姿侧身匍匐通常是在遮蔽物高 80 ~ 100 厘米时采用的运动方法。

口令：向××，高姿侧身匍匐前进。

动作要领：左手和左小腿外侧着地，右手提枪，以左手的支撑力和右脚掌的蹬力使身体前移（见图 7 - 35）。前进速度不小于 2 米/秒。

图 7 - 34 侧姿匍匐　　　　　图 7 - 35 高姿侧身匍匐

（四）直身、屈身前进

直身前进是在距敌较远、地形隐蔽，敌观察、射击不到时采用的运动姿势。屈身前进是在遮蔽物略低于人体时采用的运动姿势。

1. 直身前进

口令：向××，直身前进。

动作要领：听到口令后，目视前方，右手持枪，大步或快步前进（见图 7 - 36）。

2. 屈身前进

口令：向××，屈身前进。

动作要领：目视前方，右手提枪，身体前倾，头部不要高出遮蔽物，两腿弯曲（屈身程度视遮蔽物高低而定），大步或快步前进（见图 7 – 37）。

图 7 – 36 直身前进   图 7 – 37 屈身前进

（五）跃进、滚进

跃进是在敌火下迅速通过开阔地时采用的运动方法。滚进是在卧姿时，为避开敌人观察、射击而左右移动或通过地形棱线时采用的运动方法。

1. 跃进

跃进时要做到跃起快、前进快、卧倒快。跃进前，应先观察前方地形、敌情，选择好前进路线和暂停位置，然后迅速突然地前进。

（1）单手持枪跃进

单手持枪跃进，通常在距敌人较远，地形平坦时采用。

口令：向××，跃进。

动作要领：卧姿跃起时，可先向左（右）移（滚）动，以迷惑敌人。自动步枪手应迅速收枪，同时屈左腿于右腿下，右手提枪，以左手、左膝、左脚的撑力将身体支起，右脚向前一大步，左脚再向前一大步的同时，左手挑起背带，压于右手拇指内侧，出右脚迅速前进。跪姿、立姿时，应迅速利用两脚的蹬力跃起前进。前进时，右手持枪，目视前方，屈身快跑。跃进距离和速度应根据敌火威胁程度、地形特点而定。敌火越猛烈，地形越开阔，跃进距离应越短，速度应越快。每次跃进的距离通常为 15～30 米。当进到暂停位置或遭敌猛烈射击时，应迅速隐蔽或卧倒，并准备射击。

（2）双手持枪跃进

双手持枪跃进，通常在距敌人较近或通过复杂地段时采用。

口令：向××，跃进。

动作要领：卧姿时，可先向左（右）移（滚）动，以迷惑敌人。自动步枪手两小臂撑地，迅速收腹，同时收回左腿，左膝跪地，利用两小臂、左膝将身体撑起，右脚向前一步，同时端枪迅速前进。跪姿、立姿时，应迅速利用两脚的蹬力跃起前进。前进时，左肘稍离开身体，左小臂略平，左手虎口正对枪面。右手握握把，枪托轻贴右胯，并与身体后侧取齐，枪身与地面约成 45 度，枪面稍向左，两腿弯曲，上体前倾，收腹含胸前进。

2. 滚进

口令：向××，滚进。

动作要领：将枪关上保险，左手握枪表尺上方，右手握枪颈附近或两手握护木，枪面向右，顺置于胸、腹前抱紧，两臂尽量向里合，两脚腕交叉或紧紧并拢，全身用力向移动方向滚进（见图 7 - 38）。

图 7 - 38　滚进

运动中，也可在卧倒同时向移动方向滚进。其要领是：左（右）脚向前一大步，左手在左（右）脚前着地，身体尽量下塌，右手将枪挽于小臂内，枪面向右。身体向右（左）侧，在右（左）肩、臂着地同时，向右（左）滚进。滚进时，右（左）腿伸直，左（右）腿微屈，滚进距离长时可两腿夹紧。

（六）利用地形

地形对军队的作战行动有着重要影响。实践证明，在战斗中能善于利用地形，对于消灭敌人、保存自己有重要意义。

1. 利用地形的要求

利用地形时，应根据不同情况对地形灵活地加以改造和利用，做到：便于观察、射击和隐蔽身体；便于接近与离开；便于防敌地面火力和空中火力的杀伤；不妨碍指挥和火器射击；尽量避开独立、明显的物体和难于通行的地段。

2. 利用地形射击的方法

利用地形占领射击位置时，要根据敌情、任务和遮蔽物的高低、大小取适当姿势，隐蔽占领。对不便于射击的位置，应加以改造。在一地不要停留过久，视情况灵活地变换位置。

（1）对堤坎、田埂的利用

横向的堤坎、田埂利用其背敌斜面或残缺部位，纵向的通常利用其弯曲部或顶端一侧，依其高度取适当姿势。堤坎高于人体时，应挖踏脚孔或阶梯。如利用堤坎对空射击时，通常利用其顶部，并根据其高度取不同姿势（见图 7 - 39）。

（2）对土坑、沟渠的利用

通常利用土坑、沟渠的前沿，纵向沟渠利用其弯曲部。根据敌情和坑的大小、深度，以跳、滚、匍匐等方法进入，采取适当姿势。对空射击时，以坑沿作依托或背靠坑壁进行射击（见图 7 - 40）。

图 7-39　对堤坎、田埂的利用　　　　图 7-40　对土坑、沟渠的利用

（3）对土堆的利用

通常利用独立土堆的右侧，如视界、射界受限或右侧有敌火力威胁时，也可利用其左侧或顶端。双土堆通常利用其鞍部。对空射击时，通常利用其后侧或顶端（见图7-41）。

（4）对树木的利用

通常利用树木的右后侧，根据树干的粗细取适当姿势。如树干较粗（直径50厘米以上）可取各种姿势，如树干较细通常采取卧姿。如取立姿时，应尽量将身体左侧、左大臂（或左小臂）、左膝紧靠树木，右腿稍向后蹬（见图7-42）。对空射击时，可将左小臂抬高或身体左后侧紧靠树木进行射击。如取卧姿时，应将左小臂紧靠树木或以树的根部为依托，两脚自然并拢，身体尽量隐蔽在树后侧。

图 7-41　对土堆的利用　　　　　图 7-42　对树木的利用

（5）对墙壁、墙角、门窗的利用

根据墙壁高度取适当姿势。矮墙可利用顶端或残缺部。墙高于人体时，可将脚垫高或挖射击孔。对空射击时，通常利用其顶端作依托或背靠墙壁，依其高度取不同姿势（见图7-43）。

通常利用墙角右侧，左小臂紧靠墙角，取适当姿势。接近后应注意观察，另一侧无敌人再利用，如另一侧有敌人，应以手榴弹、抵近射击、刺刀将其消灭。

通常利用门左侧，利用窗左（右）下角（见图7-44）。

图7-43　对墙壁的利用

图7-44　对窗的利用

二、分队战术

分队战术训练是指分队为掌握战斗原则和方法而进行的训练，目的是提高分队指挥员的组织指挥能力和分队协同作战的能力。本书主要以步兵班组战术为例进行介绍。

（一）分队战斗原则

战斗原则又称战术原则，是组织和实施战斗必须遵循的基本准则。正确的战斗原则，是战斗行动基本规律和指导规律的反映。它指导人们正确运用战斗规律，在认识和处理那些具有极大盖然性和不固定性的战斗问题的过程中，始终把握基本方向和主要线索，能动而有创造性地去夺取战斗的胜利。

1. 知彼知己，正确指挥

"知彼知己，正确指挥"是夺取战斗胜利的前提和基础。其实质是，熟悉敌对双方及战场环境等各方面的情况，通过周密细致的综合分析和判断，从中找出行动的规律，以此指导己方的战斗行动，使主观指导符合客观实际。

贯彻这一原则，指挥员必须周密组织并亲自进行现地侦察、勘察，切实查明敌情和战斗地区地形、气象、水文、社会等情况，判明敌人的战斗能力、特点、行动规律、强点和弱点，分析战场环境对敌我战斗行动的影响，熟悉所属分队的战斗能力和特长，了解本分队任务及上级、友邻可能的支援与配合情况。通过对各方面情况进行综合分析判断，比较完成任务的利弊条件，找出克敌制胜的方法，据此定下正确的决心，并组织分队实现决心。战斗中，应当随时掌握敌我情况的发展变化，适时补充、修正决心或者定下新的决心，力求使分队的战斗行动符合不断变化的情况。情况紧迫时，应当边行动边查明情况，果断地指挥分队行动，能动地夺取战斗的胜利。

2. 消灭敌人，保存自己

"消灭敌人，保存自己"是战斗的本质和目的，是确定其他战斗原则的直接依据，也是筹划、组织和实施分队战斗必须时刻把握的最基本的原则。其中，消灭敌人是主要的，保存自己是第二位的。其实质是，最大限度地歼灭敌人有生力量，尽可能地减少己方损失，以最小的代价换取最大的胜利。

贯彻这一原则，必须确立积极坚决歼敌的思想，充分灵活地运用技术、战术，积极主动地打击和消灭敌人；还要善于利用地形、阵地等条件，采取各种防护措施，尽量减少损失，力求以小的代价换取大的胜利。为了寻求和创造有利的战斗条件，以便在适宜的场合和时机有效地消灭敌人，有时也可以保存自己为主。特殊情况下，应当不惜牺牲局部，以换取全局的胜利。

3. 集中力量，各个击破

"集中力量，各个击破"是为实现战斗基本目的而概括的核心原则，是被战斗实践充分证明的我军克敌制胜的传统法则，也是我军分队在现代战斗中必须认真贯彻的基本战法。其基本精神在于强调无论实施何种战斗，都须根据分队遂行的任务，合理集中兵力、火力和器材，在同一时间内重点打击一个主要目标，求得先打击或消灭当面之敌的一部分，牵制其另一部分，然后再转移兵力、火力和器材，各个歼灭敌人。

贯彻这一原则，必须将战斗力最强的分队、最有效的火力和主要战斗器材，集中使用于主要方向，打击主要目标或者抗击敌人的主要攻击；明确区分主要目标和次要目标、一个目标的主要部分和次要部分，以及对目标打击的先后次序和时间，切忌在同一时间平分兵力和分散火力。

4. 迅速准备，快速反应

"迅速准备，快速反应"，是指分队必须经常保持高度戒备，时刻做好进入战斗的精神准备、物质准备和组织准备，一旦上级下达战斗号令或出现突发情况，能够做到一声令下，立即行动。

贯彻这一原则，分队必须在精神、物质和组织上随时保持戒备，及时预见可能发生的情况，预先计划，预做多手准备，特别是复杂、困难情况下的战斗行动准备；在接到上级号令后，科学计算和分配时间，突出重点，分工负责，迅速完成战斗准备，不失时机地对突然情况做出有效反应。紧急情况下应当边行动边准备，以弥补战前准备的不足。不得借口准备不足而贻误战机。

5. 隐蔽突然，出敌不意

"隐蔽突然，出敌不意"是克敌制胜的要诀之一，也是一条重要的战斗原则。其实质是，强调战斗行动的隐蔽性、突然性和灵活性，力求在敌人意想不到的时间和空间，运用敌人意想不到的力量、手段和战法，出其不意地打击敌人，以达成出奇制胜的目的。

贯彻这一原则，首先必须最大限度地保持行动的突然性。为此，分队的一切行动必须力求迅速、隐蔽，队形尽量疏散，以降低敌人各种侦察手段的发现率和敌人各种兵器的杀伤率；在需要的时间和地点，迅速、隐蔽、突然地集中力量，出其不意地给敌人以猛烈打击，力求在敌人做出有效反应之前速战速决。其次要努力达成战斗行动的突然性。为此，分队必须勤练技术、战术，善于利用地形进行伪装；根据任务、敌情、地形和气象的变化，迅速疏散和变换战斗队形；预先制订多种战斗行动方案，采取各种保障措施；临机正确、果断指挥和周密组织协同动作。

6. 灵活机动，力争主动

"灵活机动，力争主动"是夺取主动、摆脱被动的重要方法。其实质是，善于根据战场情况，审时度势，随机应变，灵活机动地使用力量和变换战术，能动地夺取战斗的胜利。

贯彻这一原则，战斗中的分队必须及时发现和利用敌人的弱点和错误，灵活、积极、大胆地实施穿插、迂回、包围、渗透、转移等兵力机动，适时实施火力机动，不失时机地对敌方重要目标实施坚决的兵力突击和火力打击，并使火力、突击与机动紧密结合，以夺取战斗的主动权。组织兵力和火力机动时，必须根据任务、敌情、我情、地形、气象等情况，合理选择兵力、火力机动的时机、目标、方式和方法，灵活把握各种战法的结合和转换，迅速、隐蔽地组织，突然行动，并采取各种保障措施。出现被动局面时，应当根据上级意图和战场实际情况，灵活机动地采取适合当时情况的措施，以夺取主动，摆脱被动。

7. 注重近战，善于夜战

近战、夜战是我军的传统战法。其实质是，根据敌我双方武器装备和战斗行动的特点，善于以己之长击敌之短，敢于和善于与敌近战、夜战，以充分发挥己方武器装备的威力和战斗特长，最大限度地限制敌人武器装备优势和战斗特长的发挥。

贯彻这一原则，能够有效地限制敌人信息化武器装备的效能，在充分发挥我军远战武器威力的同时，注重发挥我军分队近战特长，充分利用地形、工事、气象、水文条件和有利时机，采取有效的隐蔽、防护、伪装、欺骗、干扰、破坏等措施，尽量接近敌人，或者待敌人进入我方有效火力范围，以突然的近战火力和勇猛的近战行动消灭敌人，以最大限度地扬长避短，克敌制胜。信息化条件下的夜战，我军与敌方信息化夜战武器装备特别是夜视器材进行斗争，要有针对性地采取各种技术、战术措施，最大限度地削弱和降低敌方信息化夜战武器装备的效能，发挥我军夜战武器装备的作用，利用地形、变换队形，苦练夜间战斗动作，以夺取夜战的胜利。

8. 密切协同，主动配合

"密切协同，主动配合"是指在统一的战术思想和协同原则指导之下，认真执行上级的协同指示和计划，按照目的（目标）、时间、地点准确行动，分队与加强兵种分队之间、执行主要任务的分队与执行次要任务的分队之间、分队内部之间相互支援与配合，并施以适时、准确的协调，以整体威力，协调一致地打击敌人。

贯彻这一原则，须根据上级指示（计划）和本级决心，周密组织；树立高度的整体观念，严守协同纪律，保持不间断的通信联络，坚决按照规定的目的（目标）、时间和地点行动，完成战斗任务；主动配合，相互支援，并根据战斗进展不断协调行动；当协同动作遭破坏时，应当及时组织调整和恢复，或者根据新的情况，迅速组织新的协同动作。

9. 勇敢顽强，积极战斗

"勇敢顽强，积极战斗"要求分队充分发扬我军勇敢顽强、不怕牺牲、不怕疲劳、连续战斗、独立战斗的战斗作风，敢于面对强敌和一切艰难困苦，善打硬仗、恶仗，坚决压倒一切敌人而不为敌人所压倒，誓死血战到底；充分发挥主观能动性，积极主动地进行战斗，活用我军传统战法，扬我之长，击敌之短，力求近战歼敌。

贯彻这一原则，一方面，分队必须充分发挥我军的政治优势，发挥党、团组织和干部、骨干的模范带头作用，加强思想政治工作，培养优良的战斗作风，激励全体官兵勇敢、顽强、积极的战斗精神；另一方面，分队必须树立积极战斗的观念，充分发挥部队和士兵的主观能动作用，在不违背上级意图的情况下，勇于负责，在复杂的战斗环境中抓住战机，圆满完成战斗任务。

10. 加强保障，及时补充

"加强保障，及时补充"是随时保持和及时恢复部队战斗力并保证部队具有持续战斗能力的重要条件。其实质是，周密、全面、适时而有重点地组织战斗保障、后勤保障和装备保障，保证部队安全、顺利地组织和实施战斗并夺取战斗的胜利。

贯彻这一原则，分队在攻防战斗、行军、宿营等一切行动中，要高度重视、严密组织自身的各种保障和管理，充分利用上级提供的保障条件，认真落实上级提出的管理要求；随时随地结合自身实际，搞好侦察、警戒、防护、通信联络、工程作业、伪装和保密等事关分队行动安全与顺畅的战斗保障，搞好给养、弹药、油料、武器、器材补充，以及卫勤救护和维护抢修等事关分队战斗力保持与发挥的后勤与装备保障，搞好战斗、生活秩序和装备器材等方面的全面管理；善于利用战斗间隙和其他一切可以利用的时机，及时恢复和保持战斗力，增强连续战斗的能力。

（二）班攻防战斗的任务与要求

1. 步兵班进攻战斗的任务与要求

（1）任务

步兵班在进攻战斗中，通常在排的编成内担任突击班，有时担任连（排）预备队，根据情况还可担任侦察战斗队、障碍扫残队，以及渗透袭击和目标指示等任务。

担任突击班时，主要任务是消灭冲击目标之敌，向指定方向发起进攻，或增强突击力量、扩大战果，或应付意外情况。担任预备队时，班随连（排）行动，随时准备投入战斗，以增强突击力量，扩大战果，抗击敌人反冲击或应付意外情况。担任侦察战斗队时，主要负责侦察、搜索，查明敌防御前沿虚实，诱敌暴露，引导攻击。担任障碍扫残队时，主要负责在开辟的通路中扫除残存障碍物，并标示通路位置。担任渗透袭击任务时，主要负责对敌纵深目标实施侦察、袭击、控制有利地形，分割、打乱敌人部署，配合主力歼灭敌人。担任目标指示任务时，利用激光末制导、双星定位和通信器材等，对敌纵深内的重要目标，实施引导攻击。

（2）基本要求

①集中兵力、火力，近战歼敌

班在进攻战斗中，要善于集中反坦克火器、器材，选敌弱点和要害，在同一时间、同一地点（段）攻击一个主要目标。充分利用地形地物，严密组织火力掩护，采取分组交替跃进等方法，迅速、隐蔽、大胆逼近敌人，突然、勇猛地冲击，坚决突入敌阵地，胶着近战，各个歼敌。

②合理进行战斗编组

班在进攻战斗中，要以反坦克火箭（火箭筒）和班用机枪为骨干进行战斗编组，做到各小组既能打坦克又能打步兵，既便于指挥又便于独立战斗。反坦克火箭（火箭筒）和喷火器通常由班长或副班长掌握。

③迅速、充分、周密地做好战斗准备

班受领进攻战斗任务后，必须从最困难、最复杂的情况着眼，分秒必争，抓住重点，迅速完成战斗准备。具体做到任务、编组、打法明确，武器、弹药、器材准备充分，战斗动员简短有力，战斗预案周密细致。当情况紧急来不及预先准备时，也可边打边组织，边打边准备。

④注重火力与运动紧密结合

班在进攻战斗中，应善于抓住有利时机，注重火力与运动紧密结合，最大限度地发挥整体战斗威力及小群近战特长，打、炸、迷、扰、骗等手段相结合，坚决击毁敌装甲目标坚固火力点，消灭敌步兵，完成战斗任务。

⑤及时、果断、灵活地指挥

战斗中，班长应善于根据敌情、地形和任务，灵活地变换战术，及时、果断地处置各种情况。特别是在与上级失去联系、被敌包围等复杂困难的情况下，班长更要做到沉着冷静、处危不乱、遇险不惊、勇于负责、机断行事，紧紧围绕上级的意图，客观、全面、准确地判断情况，机智果断地实施不间断的指挥。

2. 步兵班防御战斗的任务与要求

（1）任务

步兵班在防御战斗中，通常在排的编成内，防守支撑点的一段阵地，有时也可单独防守一个阵地。根据情况还可担任连的预备队、警戒、袭扰等任务。班担任坚守任务时，主要任务是依托阵地抗击敌步兵、装甲目标的连续冲击，坚守阵地。班担任上级的预备队时，主要任务是支援前沿战斗，实施反冲击，防守指定的纵深支撑点，抗击敌人向纵深发展进攻。班担任警戒、袭扰任务时，主要任务是占领警戒阵地，制止敌侦察、渗透，迟滞敌前进，为主力歼敌创造条件。

（2）基本要求

①依托阵地，顽强坚守，近战歼敌

步兵班在现代防御战斗中，必须从全局出发，树立在艰苦条件下敢打必胜的信心；发扬英勇顽强的战斗作风，发挥整体抗击力；充分利用有利地形，依托工事，结合障碍，采取打、炸、阻、迷、伏、反等战术手段，抗击敌坦克、步兵的连续冲击；要敢于同敌人近战、夜战，善于以我之长击敌之短，与敌反复争夺，粉碎敌人进攻，坚决守住阵地。

②周密合理地配置兵力、兵器

步兵班在现代防御战斗中，应根据防御地域内的地形特点及所属和配属的兵力、兵器性能，按照集中兵力、实施重点抗击的要求，合理地确定战斗队形。兵器配置上要突出重点，加强火力控制，形成严密配系。在配置兵力、火器时要便于协同指挥，便于机动，既能独立作战、独立坚守，又能最大限度地减少伤亡。

③构筑有重点、便于打击各种目标的防御阵地

步兵班在主要方向和地段防御时，应根据敌人进攻特点、本班任务、地形、物资器材和防御准备的时间，力争构筑以打坦克为主，也能打击空中目标和其他目标，能阻敌迂回包围的环形防御阵地，做到能打、能藏、能机动、能生活。主要火器应构筑便于向周围射击的基本发射阵地和预备发射阵地；在阵地翼侧或侧后，构筑便于进出的掩蔽部；在便于敌军坦克、步战车机动的翼侧，构筑必要的打炸工事；在便于敌机升降的地点，构筑对空射击阵地。各种工事应力求坚固、低下、疏散、隐蔽。

④严密组织防护，形成有重点的抗击部署

步兵班在防御战斗中，应充分利用地形和工事，疏散配置，严密防护。在防御准备过程中，以防为主，防打结合，运用各种手段力求尽早发现敌火力袭击的征候，采取各种防护措施，防敌火力杀伤，保存有生力量，待机破敌。根据敌火力突击的情况，及时分析、判断敌人主要攻击方向和地段，迅速调整兵力、兵器，形成有重点的抗击部署，以增强防御的稳定性，抗击敌军步兵、坦克的连续冲击。

⑤密切配合，灵活指挥

步兵班在防御战斗中，班长应从最困难、最复杂的情况出发，周密地组织各战斗小组之间和主要火器之间的协同动作，并根据地形条件和敌人可能的行动预想多种情况下的战斗方案，沉着果断、机智灵活地处置各种情况，合理地使用兵力火力，充分发挥战斗小组的骨干作用，并以自己的模范行动带领全班顽强战斗。全班战士应充分利用工事和有利地形，主动配合，密切协同，坚决完成战斗任务。

（三）班攻防战斗的基本行动

1. 步兵班进攻战斗的基本行动

步兵班进攻战斗通常按照进攻准备、接敌运动、冲击准备、冲击、在敌阵地内战斗的程序展开。

（1）进攻准备

步兵班通常在进攻展开地区或运动中受领任务。受领任务后，班长应了解上级的意图，分析判断敌情及班完成任务的有利条件和不利因素，在上级规定的时间内迅速、充分、周密地做好战斗准备。主要动作包括：占领进攻出发阵地，派出观察员，指定值班火器；传达与规定任务；完成进攻准备。

（2）接敌运动

步兵班在接敌运动中，可能遇到敌航空兵、炮兵及核生化武器的袭击和坦克、步战车、步机枪火力射击等情况，班长应善于利用地形和我方火力掩护，灵活运用战斗队形和运动方法，注重火力与运动的紧密结合，正确处置各种情况。

（3）冲击准备

冲击准备是在发起冲击前的短暂时间内进行的各项准备工作。步兵班在冲击准备时，要做到周密、细致、迅速、隐蔽，尽量缩短在敌火力威胁下停留的时间。主要动作包括：占领冲击出发阵地，派出观察警戒人员；补充规定任务；排障扫残；完成冲击准备。

（4）冲击

冲击是进攻战斗中最紧张、最激烈、最困难的环节，也是近战歼敌、夺取战斗胜利的关键。因此，冲击时应具有不怕牺牲、前赴后继的精神，充分利用火力突击和烟幕迷盲的效果，突然勇猛地突入敌阵地，发挥近战威力，坚决歼灭敌人。主要动作包括：通过通路，向敌前沿冲击。

（5）在敌阵地内战斗

步兵班突入敌阵地后，班长要果断地实施指挥，灵活地处置各种情况，全班密切协同，主动支援，在我方火力或烟幕的掩护下，充分发挥战斗小组的作用，独立作战，近战歼敌，迅速扩大战果，以各种手段摧毁敌方装甲目标和火力点，抗击敌反冲击，搜索并清剿壕内（掩体）之敌，彻底夺占敌阵地。

2. 步兵班防御战斗的基本行动

步兵班防御战斗通常按照防御准备、防敌侦察和各种火力袭击、抗敌冲击、阵内歼敌、完成任务后的行动的程序展开。

（1）防御准备

班长受领任务后，应根据敌情、地形和上级命令（信号），及时地带领全班，按上级规定的时间，占领防御阵地，做好防御准备。主要内容包括：派出观察员，指定值班火器；传达任务，组织现地勘察，规定任务；确定战斗队形，组织火力；组织构筑工事、设障和伪装；完成防御准备。

（2）防敌侦察和各种火力袭击

步兵班在敌发起进攻前，要加强观察、警戒，严密监视敌地面和空中侦察，及时发现、报告和处置各种情况，以多种手段积极与敌侦察做斗争。敌在攻击前，往往会以空炮火力向我方阵地实施不间断的火力突击，以压制我方兵力兵器，破坏工事，杀伤有生力量。敌火力突击的特点是：参与火力突击的兵种多，火力突击强度大，持续时间长，反应速度快，命中精度高。因此，步兵班要根据上级通报的情况，及时发现敌实施火力突击的征候，充分利用工事、地形和"三防"器材严密组织防护，以防为主，防打结合，最大限度地减少敌火毁伤。

（3）抗敌冲击

依托阵地，抗击敌步兵、坦克连续冲击，是防御战斗中最重要的阶段，也是大量杀伤、消耗敌人有生力量，守住阵地的关键。因此，当敌人冲击时，班长应指挥全班充分利用地形，依托工事，结合障碍，在火力支援下，充分发挥火器和爆破器材的威力，以打、炸、阻、迷、反相结合的战术手段，粉碎敌步兵、装甲目标、步兵和装甲目标协同的冲击行动。

（4）阵内歼敌

敌军突入防御阵地后，班长应坚定沉着，灵活指挥，针对突入敌军的目标性质，果断处置各种情况，不断与上级取得联系，全班应发扬英勇顽强、独立坚守和不怕牺牲的精神，坚决消灭突入之敌。

（5）完成任务后的行动

班在防御战斗中，可能因伤亡较大、武器装备损失严重或遂行新的战斗任务进行换班。换班时，班长应首先组织好观察、警戒，严密监视当面之敌的活动情况，然后向接班分队介绍有关情况。换班中，如敌方对我方实施火力袭击或攻击，应立即停止换班，待班长组织防护或打退敌人攻击后再进行换班。换班完毕后，应及时向排长报告。

当班接到由防御转入进攻的命令时，班长应及时了解任务，判断情况，查明当面之敌部署情况，迅速给全班下达战斗命令，调整部署，补充弹药和武器器材，进行战斗动员，充分利用地形和工事，在烟幕的掩护下，迅速将兵力、兵器集中于攻击方向，组织全班加强防护，做好进攻准备，按上级统一口令或信号，指挥全班转入进攻，向预定目标实施攻击。

当班完成防御任务或接到上级撤离阵地的命令时，班长应迅速组织全班撤离防御阵地。撤离前，班长应组织清查人员和武器装备，并向全班明确撤离阵地的时间、路线、到达的位置、伤员运送的方法及撤离的要求。如在与敌直接接触的情况下撤离阵地，班长应首先组织兵力、火力消灭或击退胶着之敌，然后指挥全班交替掩护或在上级火力的掩护下迅速撤离，并视情况或根据上级命令破坏道路和桥梁，设置障碍物，迟滞敌人行动，阻碍敌人尾追。撤到指定位置后，班长应组织清查人员、武器、弹药和器材，及时向上级报告情况。

 思考题

1. 轻武器按用途可以分为哪几类？
2. 直射在战斗中有哪些实用意义？
3. 选定表尺分划和瞄准点的方法有哪些？
4. 分队战斗原则有哪些？
5. 班攻防战斗的基本行动有哪些？

第八章 防卫技能与战时防护训练

教学目标

了解格斗、防护的基本知识，熟悉卫生、救护基本要领，掌握战场自救互救的技能，提高安全防护能力。

消灭敌人，保存自己，是我军历经战火洗礼后总结的战斗原则，两者是对立统一的关系。利用一切有利条件，采取各种防护措施，有效保存战斗力，是达成战斗目的的基础，也是每一名战斗员平时军事训练的重要内容。

第一节　格斗基础

一、格斗基本常识

格斗，也称搏击，是与敌人近距离接触时快速制敌的技能和方法。开展格斗训练，是提高军人战斗精神和战场搏杀能力的有效途径。我军的格斗是一项从实战出发，以克敌制胜为目的，无规则限制的，动作简练，实用性强，且深受广大官兵喜爱的军事体育项目。

（一）人体关节与要害部位

人体关节在受到超过生理限度的压迫、打击或扭转时，就会失去正常的功能。了解人体关节的生理特点，在格斗中对敌人关节施以正确的击打，可导致脱臼、骨折或韧带撕裂，使敌人部分肢体丧失正常功能，从而削弱敌人的战斗力。

要害部位是指人体中受到外力打击或挤压后，最容易造成伤残、死亡的部位。了解并学会攻击敌人的要害部位，有利于迅速将敌人制服和防护自己。

人体关节与要害部位，如图8-1、图8-2所示。

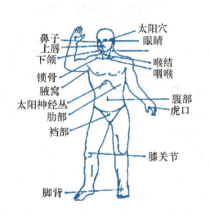

图8-1　人体关节与正面要害部位

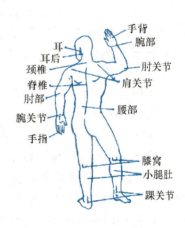

图8-2　人体关节与背面要害部位

1. 头颈部要害部位及关节

（1）太阳穴。此处骨质脆弱，且有一条动脉和大量神经集中于皮下，遭暴力打击可引起骨折，伤及动脉和神经，致使血管壁膨胀，血液不能流畅，造成大脑缺血、缺氧，导致脑震荡，甚至死亡。

（2）耳朵。耳郭神经距大脑较近，受到打击或挤压后可损伤脑膜中的动脉，使血管壁肿胀，血液循环受阻；在耳郭后下颌骨的上缘有一个致命的穴位，叫耳后穴。击打耳朵或耳后穴，轻则耳膜被击穿、耳内出血，重则脑震荡或死亡。

（3）眼睛。眼睛是人体最重要的器官之一，很容易受伤，用拳打、指抠、掌刺等手法均可使其受伤或致盲。

（4）鼻子。鼻皮下组织较少，神经、血管丰富，鼻骨部分由软骨组成，打断鼻梁骨很容易造成软组织水肿，使人疼痛难忍并暂时失明。如猛烈打击，可将骨碎片楔入脑组织，使人立刻毙命。

（5）上唇。上唇是鼻软骨与硬骨的连接处，此处神经接近皮层，且有人中穴，是脸部的要害部位。轻击能产生剧痛，重击则使人昏厥。

（6）下颌。在格斗中猛击下颌会使人猛然失去平衡或使颈椎受到损伤，用拳向上重击还会使下颌骨骨折，牙齿崩落，大脑受到震荡而眩晕。

（7）咽喉。男性的喉结处有气管，两侧有颈动脉和迷走神经，用手掌外缘砍击或用小臂从背后勒住咽喉，能置敌于死地。

（8）颈外侧。颈外侧血管、神经极为丰富，颈动脉、迷走神经均沿两侧分布。受到暴力打击时，迷走神经以一定的传速使人感到剧痛，同时，由于颈动脉受阻减少大脑供氧，会使人眩晕，压迫颈动脉窦，会产生严重的心律不齐，导致心力衰竭。

（9）颈椎。颈椎椎管内有脊髓，是中枢神经的一部分，直接与脑连接，枕动脉、静脉及枕大神经都由颈后通过，如受暴力击打或扳拧会使中枢神经受损，轻者高位截瘫，重者顷刻毙命。

2. 躯干部要害部位及关节

（1）锁骨。锁骨位于胸腔前上部，内接胸骨，外连肩胛骨，辅助肩臂活动。锁骨骨折不仅影响肩臂活动，而且会造成大脑功能障碍。

（2）腋窝。腋窝分布有神经和血管，打击敌腋窝，可使其产生剧痛和短暂的局部瘫痪。

（3）太阳神经丛。俗称"心窝"，位于剑突下端，是人体较大的神经密集区，通向腹腔的粗大血管和神经都由此经过。对太阳神经丛的任何一次具有穿透力的打击，都可使人产生剧痛、窒息或瘫倒在地，猛烈打击可置人于死地。

（4）腹腔。腹腔位于胸腔以下、骨盆以上部位。肝脏、脾脏、胃、肠等都在腹腔内。受暴力击打后内脏血管壁膨胀，导致血液循环受阻，同时由于腹膜神经末梢感觉灵敏，会使人感到疼痛难忍。如果肝、脾等脏器破裂而出血，会导致死亡。

（5）裆部。裆部是人体中神经末梢最为丰富的地方。睾丸容易受伤，受伤后疼痛剧烈，严重的损伤还会引起终身残疾或死亡。

（6）肋部。肋部由12对肋骨组成，成环桶状护卫着胸腔内的脏器。肋骨细长，容易折断。肋部在受到打击后会产生震荡并压迫内脏神经，折断的锋利骨茬还会刺破内脏，造成体内大出血。

（7）肾脏。肾脏是人体最重要的器官之一，位于脊柱两侧，紧靠软肋下部。肾脏损伤会引起严重的神经震动，产生剧痛，如肾脏或肾上腺破裂而得不到及时救治，将危及生命。

（8）脊椎。脊椎是人体的支柱，全身各骨骼都直接或间接与之相连，对脊椎重击可使脊椎关节脱位，导致瘫痪或死亡。

3. 四肢要害部位及关节

（1）指关节。指关节骨骼较小，关节和韧带也较小，手指伸直后，用力向后扳、拧、压或向两侧扭、拧，可造成脱臼或韧带撕裂。

（2）腕关节。腕关节由桡腕关节、腕骨间关节和腕掌关节组成。用力击打会使人疼痛难忍，严重的会造成韧带撕裂、骨折。

（3）肘关节。肘关节由肱尺关节、肱桡关节和桡尺近侧关节组成。用力击打可使韧带撕裂、关节脱臼。

（4）肩关节。肩关节由肩胛骨和肱骨组成，属于球窝关节。用力击打可使韧带和肌肉撕裂、关节脱臼。

（5）膝关节。膝关节粗大，结构复杂而紧密，只能后屈和伸直。由股骨下端、髌骨和胫骨上端组成。遭暴力击打，轻则剧痛、行动不便或倒地，重则两侧副韧带撕裂、半月板骨折或脱臼。

（6）踝关节。踝关节由胫骨下关节面，内踝、外踝关节面和趾骨上方的滑车关节面组成。用力击打或扭转可造成骨折、脱臼、韧带撕裂。

（7）脚背。脚背肌肉和韧带极少，而神经、筋骨密布。由上向下施暴力砸压会使之发生脱位、骨折，猛力扭转脚背还可使人整个身体翻转。

（二）手型和步型

1. 手型

拳：四指并拢握紧，拇指扣在食指的第二节上。通常分为立拳、反拳、平拳三种（见图 8 - 3）。

立拳　　　　　　　反拳　　　　　　　平拳

图 8 - 3　立拳、反拳、平拳

掌：四指并拢伸直，拇指弯曲紧扣于虎口处。分立掌、横掌、插掌、八字掌四种（见图 8 - 4）。

勾：五指第一节捏拢在一起，屈腕（见图 8 - 5）。

爪：五指的第一、二关节向掌心方向弯曲并用力张开。分鹰爪、虎爪两种（见图 8 - 5）。

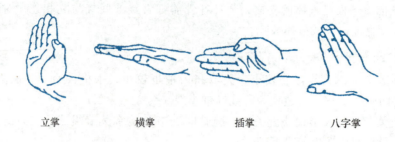

立掌　　　　横掌　　　　插掌　　　　八字掌

图8-4　立掌、横掌、插掌、八字掌

勾　　　　　鹰爪　　　　虎爪

图8-5　勾、鹰爪、虎爪

2. 步型

马步：两脚平行拉开（约本人脚长3倍），脚尖正对前方，屈膝半蹲，膝部不超过脚尖，大腿接近水平，全脚掌着地，身体重心落于两腿之间，挺胸、塌腰，两拳握于腰间，拳心向上（见图8-6）。

弓步：两拳抱于腰间，拳心向上，左（右）脚向前一大步，左（右）腿屈膝半蹲，右（左）腿在后挺直，脚尖里扣（见图8-7）。

虚步：两脚前后分开（约为本人脚长的2.5倍），前脚掌着地，腿微屈。后腿屈膝半蹲，脚尖外撇45度，全脚掌着地，体重大部分落于后脚。左脚在前为左虚步，右脚在前为右虚步（见图8-8）。

图8-6　马步　　　　图8-7　弓步　　　　图8-8　虚步

盖步：两脚前后开立（约本人脚长的 3 倍），右（左）脚尖向右（左）前，两腿交叉屈膝半蹲，左（右）脚后跟抬起（见图 8 - 9）。

跪步：两脚前后开立（约本人脚长的 3 倍），两腿屈膝下蹲，右（左）膝屈膝下跪并稍向外展，右（左）脚后跟抬起，两拳拳心向上收于腰际，挺胸抬头，目视正前方（见图 8 - 10）。

图 8 - 9　盖步

图 8 - 10　跪步

二、格斗基本功

（一）格斗式

格斗式是实施攻防动作的准备姿势。正确的格斗姿势是进行有效攻击和严密防守的基础，是完成进攻和防守的最佳预备姿势。它的特点是身体暴露面积小，便于步法移动，便于进攻和防守，既可以全身自如保持平衡，又可以在瞬间做出反应。

在立正的基础上，右脚后撤一步，身体稍向右转，膝微屈，右脚尖外斜 45 度，脚跟稍提起；左脚尖稍向里扣，膝微屈，重心落于两脚之间；两手握拳前后拉开，拳眼向上；左臂弯曲，肘关节夹角为 90～110 度，肘尖下垂，左拳与鼻同高；右臂弯曲，肘关节夹角小于 90 度，大臂贴于右侧肋部；身体侧立，下颌微收，闭口合齿，收腹含胸，目视前方（见图 8 - 11）。

图 8 - 11　格斗式

（二） 步法

步法是格斗中身体向前、后、左、右移动的方法。灵活而敏捷的步法，不仅是调整重心和维持身体平衡的关键，也是进攻和防守中占据有利位置和发挥最优攻势的基础。因此，对步法的训练应特别注重在活、疾、稳、准上下功夫。

1. 进步、退步

进步、退步主要用于向前、向后及斜向移动。急进急退主要用于突然进步攻击和急退防守。在格斗式的基础上，进步时，右脚前脚掌用力蹬地，通过腰、髋的牵引推动左脚向前滑动，左脚前移后，右脚随即前滑跟进一步，前移时，身体重心要平稳，两脚应贴地而行，膝关节切勿僵硬，两脚进步距离相同，着地后仍保持格斗式的基本姿势（见图8-12）；退步时，左脚前脚掌用力蹬地，右脚先后退一步，左脚随即后退一步，向后退步的步幅与前进步的步幅相同（见图8-13）。急进急退时，动作要领与进步、退步相同，但脚步移动更突然，进、退更迅速。

图8-12　进步　　　　　　　　　　　　　　图8-13　退步

2. 横移步

横移步主要用于横向闪躲向我直线攻击的拳或腿。在格斗式的基础上，左横移步时，右脚前脚掌蹬地，左脚先向左前侧移动，右脚随即向左移动，右脚移动距离大于左脚（见图8-14）；右横移步时，左脚前脚掌蹬地，右脚先向右后侧移动，左脚随即向右移动，右脚移动距离大于左脚（见图8-15）。移动中保持基本姿势不变。

3. 垫步

垫步主要用于急进出拳或出腿攻击和急退防守及反击。在格斗式的基础上，前垫步时，右脚前脚掌蹬地并先向左脚后进一步，左脚随即向前进一步（见图8-16）；后垫步时，左脚蹬地并先向右脚前后退一步，右脚随即后退一步。

（三） 拳法

拳法是格斗中主要的攻击方法。要求出拳迅速、有力、准确。可以原地击打，也可

图 8 – 14　左横移步　　　　图 8 – 15　右横移步　　　　图 8 – 16　垫步

配合步法、身法使用。基本拳法有直拳、摆拳、勾拳等。

1. 直拳

左直拳：在格斗式的基础上，右脚蹬地，使身体重心稍前移，左拳向前用力内旋击出，力达拳面，上体微向右转，目视前方。

右直拳：在格斗式的基础上，右脚蹬地，上体稍向左转，转腰送肩，用力出右拳，使拳直线向前击出，力达拳面，目视前方（见图 8 – 17）。

2. 摆拳

左摆拳：在格斗式的基础上，左脚蹬地，使身体稍向右转，左拳向左前伸出转向右下横击，左拳内旋，拳心向左稍向下，力达拳面；右拳收于右腮。

右摆拳：在格斗式的基础上，右腿蹬地，上体稍向左转，右拳向外、向前、向里横击，右拳内旋，力达拳面，目视前方（见图 8 – 18）。

图 8 – 17　右直拳　　　　　　　图 8 – 18　右摆拳

3. 勾拳

（1）平勾拳：分为左平勾拳和右平勾拳。

左平勾拳：在格斗式的基础上，上体稍向右转，左肘关节外展抬起，大臂和小臂约成 90 度角，左拳经左向右击出，拳心向下，左脚跟外转，出拳后左臂迅速向胸靠拢，成预备姿势（见图 8 – 19）。

右平勾拳：动作同左平勾拳，方向相反。

（2）上勾拳：分为左上勾拳和右上勾拳。

左上勾拳：在格斗式的基础上，身体稍左转，微沉肘，重心略下沉，左脚蹬地，腰突然向右转，以蹬地、扭腰、送胯的合力，左拳由下向前上猛力击出，力达拳面，目视前方。

右上勾拳：在格斗式的基础上，身体稍向右转微向前倾，右脚蹬地、扭腰、送胯，右拳向内，由下向前上猛击，力达拳面，目视前方。

图 8 – 19　左平勾拳

（四）腿法

腿法具有打击力量大、范围广、隐蔽性强、能进行有效进攻与反击等特点。基本腿法通常有蹬腿、勾踢腿、弹腿等。

1. 蹬腿

左蹬腿：在格斗式的基础上，重心后移，左脚屈膝抬起，勾脚尖，由屈到伸，向前猛力蹬出，力达脚跟，左臂自然下摆于体侧，右拳护面，目视前方。动作完成后迅速收回成预备姿势。做左正蹬腿时可配合垫步前蹬。

右蹬腿：在格斗式的基础上，重心后移，右脚屈膝抬起，勾脚尖，以脚为着力点，由屈到伸，向前猛力蹬出，右臂自然下摆于体侧，左拳收回到头部左侧，目视前方（见图 8 – 20）。

图 8 – 20　右蹬腿

2. 勾踢腿

左勾踢：在格斗式的基础上，右腿微屈，支撑身体，左脚向后抬起（一般大小腿夹角不超过90度），上体稍右转，收腹合胯，带动左腿，勾左脚尖，向右前弧线擦地勾踢，力达脚弓内侧（见图8-21）。

右勾踢：在格斗式的基础上，左腿弯曲，身体向左转，收腹合胯，带动右腿，勾右脚尖，由后向左前弧线擦地勾踢，力达脚弓内侧（见图8-22）。

图8-21 左勾踢   图8-22 右勾踢

3. 弹腿

左弹腿：在格斗式的基础上，重心移至右腿，右腿微屈支撑身体，左腿提膝上抬，大腿带动小腿向前上方弹击，脚背绷直，着力点在脚背，目视前方（见图8-23）。

图8-23 左弹腿

右弹腿：在格斗式的基础上，重心移至左腿，左腿微屈支撑身体，右腿提膝上抬，大腿带动小腿向前上方弹击，脚背绷直，着力点在脚背，目视前方（见图8-24）。

4. 踹腿

左踹腿：在格斗式的基础上，右腿稍弯曲保持弹性，左腿屈膝抬起靠近胸前，大小腿夹紧，勾脚尖，小腿外摆，脚掌正对攻击目标，展髋、挺胸向前猛力踹出，力达脚掌，身体适当侧仰（见图 8 - 25）。

图 8 - 24　右弹腿

图 8 - 25　左踹腿

右踹腿：在格斗式的基础上，左腿稍屈，支撑身体，身体向左转，同时右腿屈膝高抬，靠近胸前，大小腿夹紧，勾脚尖，小腿外提，脚掌对正攻击目标，展髋、挺胸向前猛力踹出，力达脚掌，身体适当侧仰（图见 8 - 26）。

图 8 - 26　右踹腿

5. 鞭腿

左鞭腿：在格斗式的基础上，上体稍向右转侧倾，同时左腿屈膝抬起，大小腿折叠，脚背绷直，右腿支撑身体，左脚向右上方猛力弹踢，力达脚背或小腿下端，左臂自然下摆助力，右拳收于下颌处，目视前方。

右鞭腿：在格斗式的基础上，上体稍左转，同时右腿屈膝抬起，脚背绷直，膝关节弯曲大于90度，右脚向左前方猛力弹踢，右臂自然下摆助力，左拳收于下颌处，目视前方（见图8－27）。

图 8－27　右鞭腿

（五）肘法

横击肘：在格斗式的基础上，右（左）脚蹬地向左（右）转体时，身体重心移至左腿同时，右（左）肘抬平，由右（左）成弧形击肘，力达肘尖，肘稍高于肩，眼看右（左）肘，击中目标后向右（左）转体，回到原来位置（见图8－28）。

顶肘：在格斗式的基础上，右脚向后撤一大步，身体后转成右弓步，同时左手抱推右拳，右肘向右水平顶击，肘与肩平，眼看右肘（见图8－29）。

图 8－28　横击肘

图 8－29　顶肘

砸肘：在格斗式的基础上，右（左）脚蹬地向左（右）转体时，右肘抬起，由上向下砸击，力达肘尖，肘稍低于肩，眼看右（左）肘，击中目标后向右（左）转体，回到原来位置（见图8－30）。

挑肘：在格斗式的基础上，右（左）臂屈肘握拳，随即以蹬腿、拧腰、送胯之合力，由下向上猛力挑击，力达肘尖或肘前部（见图8－31）。

图 8 - 30　砸肘

图 8 - 31　挑肘

（六）膝法

正顶膝：在格斗式的基础上，身体重心移至前腿，收腹含胸的同时，两手成拳向后下回拉，右膝向前上方冲顶，力达膝部，两手与膝同高，眼看右膝。击中目标后右脚向后落地（见图 8 - 32）。

侧顶膝：在格斗式的基础上，身体重心移至前腿，收腹含胸的同时，两手成拳向右后下回斜拉，右膝由向左前上方冲顶，力达膝部，两手与膝同高，眼看右膝。击中目标后右脚向后落地（见图 8 - 33）。

图 8 - 32　正顶膝

图 8 - 33　侧顶膝

（七）倒法

倒地可以避免摔伤，增强防护能力，也可用于摆脱困境，变被动为主动，同时还可借跌扑技能攻击对方。

1. 预备姿势

在立正的基础上，右脚向右分开约与肩同宽，屈膝半蹲，两臂后摆，掌心相对，上体前倾（见图 8 - 34）。

2. 前倒

在立正的基础上，身体挺直自然前倒，与地面约 45 度时，挥臂上举，然后屈肘于胸前，两掌成杯状，掌心向前，在身体接触地面的同时，手掌扣拍地面，与小臂同时着地，两腿挺直，以手、小臂、脚尖将身体撑起（见图8 - 35）。

3. 前扑

在预备姿势基础上，两脚蹬地，向前上方跃起，同时挥臂上举展腹，两腿挺直后摆，倒地的同时，两掌成杯状，扣拍地面，以两掌、小臂及两脚前脚掌内侧将身体撑起（见图 8 - 36）。

图 8 - 34　预备姿势

图 8 - 35　前倒

图 8 - 36　前扑

4. 侧倒

在预备姿势基础上，左脚向前半步，右脚上前一步，同时，向右拧腰、挥臂（左臂在前上，右臂在后下）。左脚顺势前扫上摆，两臂向左上挥摆，身体向左后猛转，右脚经体前，向左摆动，以右脚掌、左手臂和体侧着地，右臂上架护头，两腿成剪刀状（见图 8 - 37）。主要用于绊摔中侧倒时的自我保护，也是跌扑击敌的主要技能，倒地后可用脚勾踹、绊跤。

5. 侧扑

在预备姿势基础上，两脚蹬地向前跃起，同时两臂前摆，侧身屈肘，团身收腿，以两手掌、两小臂、体右侧着地，倒地后，双腿屈膝分开（见图 8 - 38）。用于受到猛力打击向侧前摔倒时的自我保护，倒地后可用双脚勾踹。

图 8-37　侧倒

图 8-38　侧扑

6. 后倒

　　在预备姿势基础上，两臂前摆击掌，上体微向前倾，随即上体后仰、髋部前送，两臂同时外展仰身，猛向后挥臂，左（右）脚蹬地，使手臂、双肩后侧同时着地，右（左）脚前上摆（见图 8-39）。多用于向后失去重心倒地时的自我保护，要求倒地时切忌勾头、挺腹、憋气。

三、徒手擒敌

图 8-39　后倒

（一）携臂

　　1. 面对敌站立或行进至敌右前侧一步远时，左脚向左前半步，同时左手抓敌右手腕上抬，右小臂猛力挑击敌右肘弯，迫敌屈肘（见图 8-40①）。

　　2. 向右后转身，上右脚成右弓步，右手扒敌肩，左手折腕右推，别压敌右臂，迫其伏身下蹲，使敌右膝左手接地（见图 8-40②）。

①　　　　　　　　②

图 8-40　携臂

（二）携腕

　　由后接敌，左（右）脚上步，左（右）手抓敌右（左）手腕，上挑的同时，右（左）掌猛砍敌肘弯，右（左）手抓敌手背，猛力下折敌腕关节制敌（见图 8-41）。

图 8 - 41　携腕

（三）拦腰摔

敌两臂在内抓我大臂，我迅速两臂在外抓敌大臂，右小臂抬起向下猛切敌左腕，乘敌抽手之机，上右步于敌右腿后侧，右臀紧靠敌右臀，右手揽抱敌腰。左手猛拉敌臂向左，右手扳腰向后顶臀，将敌摔倒，右膝顶肋，右手卡喉制敌（见图 8 - 42）。

图 8 - 42　拦腰摔

（四）顶摔破卡喉

1. 当敌从正面双手卡喉或揪抓我衣领时，我左脚迅速旁迈，向左拧身挥拳猛击敌太阳穴或左腮，重心下沉，以大臂由上向下借转体之力猛切敌小臂或手腕，迫敌脱手（见图 8 - 43①②）。

2. 上右脚于敌两腿之间，弯腰伏身；左手抱敌右膝窝，右肩猛顶敌腹，将敌摔倒，然后上左脚于敌右肩前，双手卡喉，右膝顶裆将敌制服（见图 8 - 43③④）。

（五）拧头破前抱腰

敌由前双手抱腰，我迅速降低重心成马步，同时左手扳敌后脑，右手推托敌下颌，左扳右推，即可解脱（见图 8 - 44）。

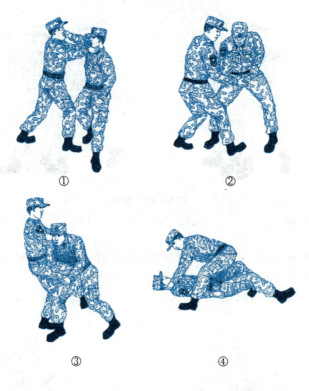

①　　　　②

③　　　　④

图 8 - 43　顶摔破卡喉

图 8 - 44　拧头破前抱腰

（六）顶腹锁喉

1. 面对敌站立，以突然迅速的动作上左步，双手分别抓敌两肩并向我怀里猛拉下按，同时抬起右膝猛顶敌腹部（见图 8 - 45①）。

2. 乘敌弯腰收腹之机，右脚向后半步落地，同时右手从敌颈下迅速穿过，抓左手腕以小臂桡骨锁喉，将其头部挟于我右腋下，身体后仰，右小臂上提，别压敌喉结部，使敌窒息。身体猛向后仰可折断敌脖颈（见图 8 - 45②③）。

①　　　　　　　　　②　　　　　　　　　③

图 8 - 45　顶腹锁喉

（七）顶腹别臂

1. 敌由后左臂锁喉，我迅速重心下沉防敌抱摔，同时收紧下颌以减轻敌对我咽喉的锁压，左脚迅速旁迈，左手扣抓敌左手腕下拉，右肘向后猛击敌腹（见图 8 - 46①）。

2. 身体继续右转，右臂从敌左臂下绕过，向上伸起，左手抓敌右手腕，猛力向左下别压敌臂，锁控敌肘关节，迫敌弯腰俯身（见图 8 - 46②）。

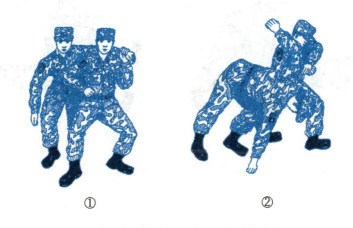

①　　　　　　　　　②

图 8 - 46　顶腹别臂

（八）踹膝锁喉

1. 隐蔽接敌，距其后一步远时，起右（左）脚猛踹敌膝窝，迫其身体后仰，同时双手前伸，右手在前，左手在后（见图 8 - 47①）。

2. 左手抓右手腕，以右小臂桡骨侧锁喉制敌（见图 8 - 47②）。

图 8 – 47　踹膝锁喉

（九）　由后抱膝

1. 由后快速隐蔽接敌，距敌约一米远时猛力前冲，肩顶敌臀部，双手抱敌膝后拉上提，将敌摔倒（见图 8 –48①）。

2. 迅速骑坐敌腰，锁喉制敌（见图 8 – 48②）。

图 8 – 48　由后抱膝

第二节　战场医疗救护

战场医疗救护是指在战场上的自救和互救。掌握救护知识，学会救护方法，对保持和提高部队战斗力具有十分重要的意义。

一、救护基本知识

战场上及时而有效地救治伤员，可减轻伤员痛苦，降低致残率、死亡率，为后送抢救打下良好的基础。战场医疗救护，具有随机性强、时间紧急、环境条件差等特点。实施救护时，必须从这些特点出发，遵循救护的原则与要求，采取及时有效的救治。

（一）基本原则

1. 先复苏后固定

遇有心搏、呼吸骤停又有骨折的伤员，应首先用口对口呼吸和胸外按压等技术使心肺复苏，直至心跳、呼吸恢复后，再对骨折进行固定。

2. 先止血后包扎

遇有大出血又有创口的伤员，首先立即用指压、止血带或药物等方法止血，再进行创口消毒、包扎。

3. 先重伤后轻伤

应优先抢救危重伤员，后抢救伤势较轻的伤员。

4. 先救治后运送

遇到各类伤员，要按战伤救治原则分类处理，待伤情稳定后才能运送。

5. 急救与呼救并重

在遇有成批伤员时，又有多人在现场的情况下，要紧张而镇定地分工合作，急救和呼救同时进行，尽快争取到急救外援。

6. 搬运与医护的一致性

搬运与医护应协调配合，做到任务要求一致，协调步调一致；运送途中，减少颠簸，最大限度地减轻伤员痛苦，降低死亡率，安全到达目的地。

（二）基本要求

救护伤员时，不准用手触摸伤口，不准用水冲洗伤口（化学伤除外），不准轻易取出伤口内异物，不准用消毒剂或消炎粉敷伤口。

1. 头面部伤

头面部受伤时，应清除口内异物，保证呼吸道畅通，将伤员衣领解开，使其侧卧或俯卧，以防止吸入呕吐物，并妥善包扎和止血。

2. 胸（背）部伤

胸（背）部伤往往伴有多根肋骨骨折，除用敷料包扎外，还应用绷带环绕胸（背）部包扎固定。

3. 腹（腰）部伤

腹（腰）部伤要立即用大块敷料和三角巾包扎，尽快运送。伴有内脏伤时，伤员不能喝水、吃饭、吃药。

4. 四肢伤

除了手指或脚趾伤必须包扎手指或脚趾外，包扎四肢伤时，要让手指或脚趾露出，以便随时观察血液循环情况，采取相应措施。

二、个人卫生

个人卫生是集体卫生的基础。讲究个人卫生可以防止疾病传播，提高人们的健康水平。为圆满完成战备训练、施工生产等各项任务，适应未来复杂、艰苦的战争环境，必须讲究个人卫生，养成良好的卫生习惯。

（一）个人卫生的总要求

饭前便后洗手，不吃（喝）不洁净的食物（水），不暴饮暴食；勤洗头洗澡，勤理发，勤剪指甲，勤洗晒衣服被褥；不随地吐痰和便溺，不乱扔果皮、烟头、纸屑等废弃物；保持室内清洁卫生；提倡戒烟。

（二）个人卫生的内容

1. 皮肤的卫生

完成各类训练任务后，身体会大量出汗，皮肤易沾上灰尘泥土。因此要经常洗澡（提倡淋浴和冷水擦浴），保持皮肤清洁。

2. 头发的卫生

头发过长，既不卫生，又不利于战场行动，受伤后还容易造成伤口感染。因此要保持头发整洁，定期理发。头发还应经常梳理，因为梳头既能刺激头皮血液循环，也可除去灰尘、头皮屑。

3. 口腔和脸部的卫生

经常刷牙、漱口，保持口腔卫生。特别强调晚间睡前刷牙，因为睡后口内唾液分泌少，口内自洁作用差，如有食物残渣储留，口内微生物更易滋生繁殖。

要养成经常洗脸的习惯，以保持脸部卫生。不蓄胡子。洗漱用具与刮胡刀不与他人共用。冬天提倡用冷水洗脸，干毛巾擦脸，以提高御寒能力。

4. 眼、耳、鼻的卫生

擦眼、鼻时要用干净的手帕，不要用手抠鼻子。清洁外耳道时，不要用树枝和火柴等尖硬物，可用手帕的一角拎起来清理。避免长时间接触高分贝噪音。经常按摩耳朵。不在强烈的或太暗的光线下看书、写字。不躺着看书，乘车走路时不看书。执行任务遇有风沙时，可戴风镜。

5. 手和脚的卫生

养成饭前便后洗手的习惯，经常修剪指甲。要穿大小合适的鞋子，穿透气性强的鞋袜，保持脚的清洁和干燥，尽可能每天洗脚换袜子。

6. 饮食的卫生

搞好饮食卫生是防止病从口入的关键。平时不喝生水，不吃变质食物；不暴饮暴食，要保持食量的基本平衡，减少胃肠负担；各类瓜果要洗净后再食用，积极预防各种消化疾病和传染疾病发生；需要饮用地表水（江水、河水、溪水等）时，应首先进行净化处理后再饮用。

7. 衣服和卧具的清洁

衣服和卧具脏了要换洗。若不能换洗，则应定期地打开抖一抖，并在阳光下曝晒。这样可以大大减少衣服和卧具上的细菌。

三、意外伤的救护

意外伤是指人员在军事训练中发生的意外损伤。掌握训练中意外损伤的预防措施及应急处理方法，不仅能防止损伤的发生，缓解伤情恶化，减轻痛苦，还可为进一步就医提供方便。

（一）常见训练意外伤

1. 挫伤

挫伤是身体因碰撞或突然压挤而形成的伤。其症状特征有：皮肤无裂口，局部青紫，皮下瘀血、肿胀、压痛。轻挫伤一般不做特殊处理，伤后先冷敷，两天后可做热敷。重度挫伤应做冰敷处理并注意休息。

2. 扭伤

扭伤是由于外力使关节活动超过正常范围，造成关节附近的韧带部分纤维断裂。受伤部位肿胀，出现瘀斑、功能障碍、压痛。多发生于踝、腕、腰、膝。先冷敷治疗，后可做理疗或热敷。

3. 擦伤

擦伤是指皮肤的表皮擦伤。轻伤只需涂少量红药水即可。如果伤口流黄水，可涂紫药水。擦伤创面较重时，应由医生处理。

4. 刺伤

刺伤是指长而尖的器物刺入人体引起的损伤。伤口多为小而深。如果器物较小，没有刺伤主要器官，则当时可拔出异物，用碘酒或酒精消毒后，用纱布包扎好伤口；如果当时无把握判断是否刺伤主要器官或刺入物较大，则不要立即拔出，应到医院处理，以免发生危险。被锈蚀钉子刺伤的伤口经处理后，应注射破伤风抗毒素。

5. 肌肉拉伤

肌肉拉伤通常是由于肌肉过度拉紧导致肌纤维撕裂而引起的局部肿胀、疼痛，或肌肉紧张或痉挛。损伤早期，可用冷敷、抬高伤肢等方法处理，疼痛较重者可进行理疗、按摩。疼痛减轻后可进行适当的功能锻炼。

6. 脱臼

脱臼指关节脱位。伤后会出现关节周围肿胀、剧烈疼痛、关节变形、功能障碍。不论何处关节脱臼，均应保持固定，不可活动和揉搓，并急送医院处理。

7. 骨折

骨折有两种：一种叫闭合性骨折，特点是皮肤没有伤口，断骨不与外界相通；另一种是开放性骨折，特点是骨头的断端穿出皮肤，有伤口。骨折后应进行固定处理。如果伤口出血，应先止血包扎后再固定。

（二）预防训练意外伤的一般措施

1. 严格操作规程

要按照规定的动作要领和操作规范进行训练，既要有勇猛顽强的作风，又要有扎实细致的态度，既要做到动作快捷而准确，又要注意遵守训练纪律，保证训练场秩序。

2. 遵循训练规律

要按照自身的接受能力和训练程度参加训练，克服争强好胜或信心不足等不良心理，既不急于求成，又不畏手缩脚，按照循序渐进的原则确定强度和难度。

3. 做好准备活动

训练前的身体准备活动要充分并具有针对性，一般不少于 10 分钟，切不可走过场，不然就会因肌肉僵硬、身体的灵活性和协调性差而造成训练损伤。

4. 掌握保护方法

要学会自我保护和互相保护的方法，特别是在一些难度高、危险性大、动作复杂、不易掌握的科目训练中，更要注意做好保护，以防意外事故。

5. 坚持训前检查

训练前，要主动认真地检查器械、设备有无损坏，安装是否稳固。训练场地内如有石块、砖瓦等容易造成人员损伤的物体，要及时加以清除。

四、战场自救互救

战场医疗救护是保存战斗力的重要工作，包括自救和互救两个方面。救护技术主要包括心肺复苏、止血、包扎、固定、搬运五项。

（一）心肺复苏

心肺复苏是指针对呼吸、心跳停止所采取的抢救措施。即以人工呼吸替代自主呼吸，以心脏按压形成暂时人工循环并诱发心脏的自主搏动。

1. 判断心搏骤停

心搏骤停一旦发生，时间就是生命，抢救越早，复苏成功率越高。判断心搏骤停，首先应轻摇或轻轻拍打伤病员，同时呼叫其名字或大声呼喊，若无反应可判断为意识丧失。然后马上以手指触摸其双颈动脉，若意识丧失同时伴颈动脉搏动消失，即可判定为心搏骤停。应立即开始现场抢救，并紧急呼救以取得他人帮助。

2. 安置复苏体位

复苏体位是仰卧位，应在呼救的同时，小心让伤病员仰卧在平坦坚实的地面或木板上，快速解除其武器装置和衣物。

3. 开放气道

心搏骤停后，伤病员全身肌肉松弛，可能会发生舌根后坠，使气道受阻。为了保持呼吸道通畅，可采用仰面提颏法开放伤病员气道。在开放气道的同时，应用手指挖出伤病员口中异物或呕吐物，有假牙者应取出假牙。

4. 判断自主呼吸

判断伤病员有无自主呼吸，可以通过"一看二听三感觉"的方法，即看伤病员胸部有无起伏，用耳及面部贴近伤病员口鼻，分别听和感觉有无气体呼出，如没有应立即进行口对口人工呼吸。

5. 重建呼吸

帮助伤病员重建呼吸最为有效的方法就是人工呼吸。人工呼吸时，抢救者以右手拇指和食指捏紧伤病员的鼻孔，深吸一口气后，用自己的双唇将伤病员的口完全包绕，然后用力吹气使胸廓扩张。吹气完毕，应立即松开捏鼻孔的手，让伤病员的胸廓及肺依靠其弹性自主回缩呼气。

6. 重建循环

进行胸外心脏按压能使伤病员重建循环。进行时，抢救者可采用踏脚凳或跪式等不同体位，将双手掌根部重叠于胸骨中下 1/3 交界处，按压位置在两乳头连线中点，如图 8 - 49 所示。按压时双臂伸直，垂直向下用力按压，下压深度至少 5 厘米，按压频率 100 次/分以上，按压时间与放松时间大致相等，放松时掌根不能离开胸壁，以免按压点移位。

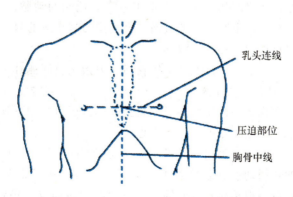

图 8 - 49　心外按压部位

两人同时进行人工呼吸及胸外心脏按压时，人工呼吸数与心脏按压的次数按 2∶30 比例反复进行，即一人先做人工呼吸 2 次，另一人做心脏按压 30 次（见图 8 - 50）。

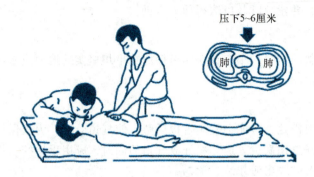

图 8 - 50　胸外心脏按压和人工呼吸　　　　　　　　**按压与人工呼吸**

（二）　止血

血液通过心脏的不断收缩，循环于身体的各个部位。失血量过多，就会危及伤员的生命。应采用正确的止血方法，最大限度地挽救伤员生命。

1. 出血种类

判定出血种类是正确实施止血的首要工作，方法是根据出血的特征加以判断。如果是动脉出血，则颜色鲜红，呈喷射状，有搏动，出血速度快且量多；如果是静脉出血，则颜色暗红，呈涌出状或徐徐外流，出血速度不如动脉出血快；如果是毛细血管出血，则血色鲜红，从伤口向外渗出，出血点不容易判明。

2. 止血方法

（1）加压包扎止血法

静脉、毛细血管或小动脉出血时，先将敷料盖在伤口上，然后用三角巾或绷带包扎。

（2）指压止血法

较大的动脉出血，要临时用手指或手掌压迫伤口近端的动脉，将动脉压向深处的骨头上，阻断血液的流通，可达到临时止血的目的。人体的止血压迫点如图 8 - 51 所示。

肱动脉指压止血法

①头顶部出血：头顶部一侧出血，可用食指或拇指压迫同侧耳前方（颞浅动脉）搏动点（见图 8 - 52）。

②颜面部出血：颜面部一侧出血，可用食指或拇指压迫同侧下颌骨下缘、咬肌前缘的搏动点（面动脉），压迫此点可以止血（见图8 - 53）。

③头面部出血：头面部一侧出血，可用拇指或其他四指压迫同侧气管外侧与胸锁乳突肌前缘中点之间的强搏动点（颈总动脉），将血管压向颈椎可止血（见图 8 - 54）。

④肩腋部出血：可用拇指压迫同侧锁骨上窝中部的搏动点（锁骨下动脉），将动脉压向深处的肋骨可止血（见图 8 - 55）。

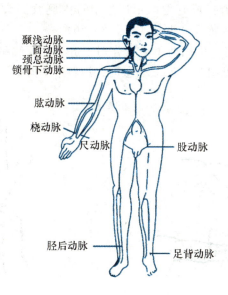

颞浅动脉
面动脉
颈总动脉
锁骨下动脉

肱动脉

桡动脉

尺动脉

股动脉

胫后动脉

足背动脉

图 8－51　止血压迫点

图 8－52　头顶部压迫止血方法

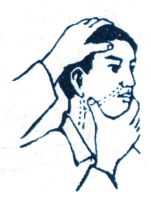

图 8－53　颜面部压迫止血方法

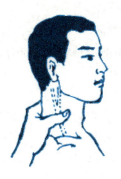

图 8－54　头面部压迫止血方法

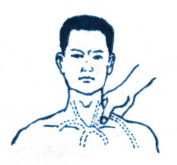

图 8－55　肩腋部压迫止血方法

⑤前臂出血：可用拇指或其他四指压迫上臂内侧肱二头肌与肱骨之间的搏动点（肱动脉），将肱动脉压向肱骨可止血（见图8-56）。

⑥手部出血：互救时，可用两手拇指分别压迫手腕横纹稍上处内外侧搏动点（尺动脉、桡动脉）止血（见图8-57）。自救时，用健康手拇指、食指分别压迫上述两点。

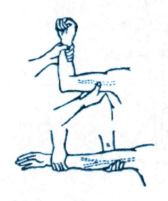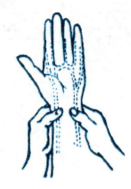

图8-56　前臂出血压迫止血法　　　　　图8-57　手部出血压迫止血法

⑦大腿及其以下动脉出血：自救时，可用双手拇指重叠用力压迫大腿上端腹股沟中点稍下方的强搏动点（股动脉）止血。互救时，可用手指或手掌用力将股动脉压在股骨上（见图8-58）。

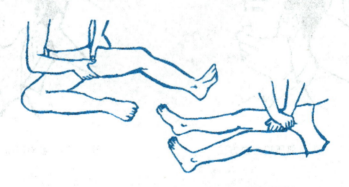

图8-58　大腿部出血压迫止血法

⑧足部出血：可用两手食指或拇指分别压迫足背中部近脚腕处的足背动脉和足跟内侧与内踝之间的胫后动脉止血（见图8-59）。

（3）止血带止血法

止血带是一种制止肢体出血的急救用品。常用的止血带是约1米长的橡皮管。一般在四肢大动脉出血用其他方法止血无效时采用止血带。操作方法是：一手夹持止血带头端10厘米处，另一手拉紧尾端，平行绕肢体两周压住头端，尾端从止血带下牵出成环，将头端插入环内拉紧（见图8-60）。

图 8 – 59 足部出血压迫止血法

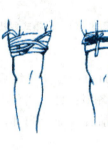

图 8 – 60 橡皮止血带止血法　　　　　　　　**橡皮止血带止血法**

　　注意：使用止血带时，止血带与皮肤之间要加垫（敷料、衣服等），不能直接扎在皮肤上；扎止血带的伤员必须做标记，注明扎止血带的时间；止血带每隔 1 小时（冬季半小时）松开一次，每次放开 2 ~ 3 分钟，以暂时改善血液循环。松开时要逐渐放松，如有出血，应再扎上止血带；如不再出血，可改用三角巾压迫包扎伤口。

　　卡式止血带是一种新型的塑料卡锁止血带，便于携带，松紧可调，目前已全面装配部队。通常适用于四肢静脉、毛细血管和小动脉出血。其操作方法是：在出血处加上敷料垫，打开活动锁紧开关，用一手拿住活动锁紧开关压住敷料，另一手从肢体下方拉过涤纶松紧带头端，绕肢体一圈，将插入式自动锁卡插进活动锁紧开关内，用一手按住活动锁紧开关，另一手用力拉紧涤纶松紧带，直到不出血为止。放松时，用手向后扳放松板；解开时，用手指向下按压开关即可。

（三）包扎

　　包扎通常使用配发的急救包，使用时把急救包沿箭头方向撕开，将敷料盖在伤口上，然后进行包扎。不同部位有不同的包扎方法。

　　1. 头面部伤的包扎

　　（1）三角巾帽式包扎法：适用于颅顶部的损伤。其方法是将三角巾底边的中点放在伤员眉间上部，顶角经头顶垂向枕部，再将底边经左右耳上向后拉紧，在枕部交叉，并压住垂下的顶角，再将顶角一并绕至前额部打结固定。

（2）风帽式包扎法：适用于颅顶部、面部、下颌的包扎。将三角巾顶角和底边中央各打一结，形似风帽。然后将顶角结放于前额正中，底边结置于枕部下方，两手垂直向下拉紧两底角，分别在下颌处反折交叉后绕至枕部打结固定（见图 8－61）。

三角巾帽式包扎法

图 8－61　风帽式包扎法

2. 四肢伤的包扎

（1）三角巾包扎上肢：将三角巾一底角打结后套在受伤一侧的手上，打结的余头留长些备用；另一底角沿手臂后侧拉至对侧肩上，顶角包裹伤肢，前臂弯曲至胸部，拉紧两底角打结。

上臂三角巾健肢固定法

（2）三角巾包扎手（脚）：将手（脚）放在三角巾中央，手（脚）指朝向顶角；拉顶角盖住手（脚）背，两底角左右交叉压住顶角绕手（脚）腕打结。

（3）三角巾包扎小腿和脚：将三角巾铺平，顶角在前，将伤脚放于三角巾中央适当位置，反折顶角于足背，再将两底角提起包裹顶角，绕踝关节部位的肢体后固定打结（见图 8－62）。

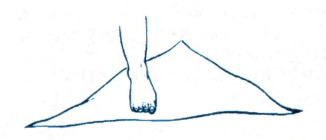

图 8－62　三角巾包扎小腿和脚

（4）三角巾包扎肘、膝：将三角巾折成适当宽度的带形，将带的中部斜放于伤部，取带两端分别压住上下两边，包绕肢体一周后在伤口背侧打结。

3. 胸（背）部伤的包扎

将三角巾的顶角放在受伤一侧的肩上，把左右两底角拉到背后打结，然后和顶角打结（见图8-63）。本方法也适用于背部包扎。

双胸包扎法

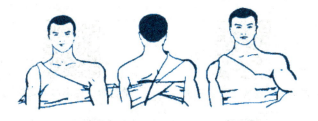

图8-63　三角巾胸部包扎法

4. 腹部伤的包扎

腹部损伤或伴随脏器脱出通常采取腹部兜式包扎法。三角巾顶角朝下，底边横放于腹部，两底角向后拉紧于腰背部打结，然后把顶角经会阴拉至臀部上方，与腰部余结头打结。腹部脏器脱出时，可用饭碗或武装带围成圈后放在敷料上进行保护性包扎。

（四）固定

固定是使受伤的肢体停止活动，让受伤肢体得到休息，避免增加损伤，也可减少伤员痛苦，便于运送。凡骨或关节损伤都要进行固定。

1. 判断骨折的方法

受伤部位变形，或受伤部位明显肿胀，或受伤部位不能活动，出现这些情况可初步判定为骨折。骨折后，用手指轻轻按摸受伤部位会疼痛加剧，甚至可以摸到骨折断端，听到"嘎吱""嘎吱"的声音。

2. 骨折临时固定的方法

目前对骨折临时固定所采用的制式材料为卷式夹板，紧急情况下，也可使用三角巾、枪支、树枝等就便器材代替。

（1）锁骨骨折三角巾临时固定法：在伤员的腋窝处加好棉垫，用两条三角巾分别折成五横指宽的条带，环绕腋窝一周，在腋后打结，然后把左右打结的三角巾拉紧，在背后打结，使左、右肩关节后伸外展。也可用一条三角巾折成条带或用夹板进行临时固定。

（2）上臂肱骨骨折三角巾临时固定法：将三角巾折叠成与上臂长度相等的宽带，将肱骨固定在躯干上，然后屈肘90度，再用三角巾将前臂悬吊于胸前（见图8-64）。也可用夹板或简便器材

图8-64　上臂骨折夹板固定法

进行临时固定。

（3）前臂尺桡骨骨折临时固定法：用卷式夹板的头端从手背腕部推向肘关节，再将卷式夹板回返推向手心处，然后用两条三角巾条带分别在骨折两端绕肢体两圈固定，再用一条三角巾将骨折肢体悬吊于胸前（见图 8 – 65）。前臂骨折也可用迷彩服进行临时固定。

前臂骨折卷式夹板固定法　　　前臂骨折迷彩服固定法

图 8 – 65　前臂骨折固定法

（4）小腿胫腓骨骨折临时固定法：用四条三角巾条带，分别在骨折的上端、下端将伤肢绕两圈临时固定在健肢上，然后用一条带状固定带在踝关节处用 8 字形固定，再用一条三角巾折成五指宽将两膝关节固定。小腿骨折也可用卷式夹板或树枝进行临时固定。

小腿骨折卷式夹板固定法　　　小腿骨折树枝固定法

（5）大腿股骨骨折临时固定法：用卷式夹板两块，一块放于大腿内侧，一块放于大腿外侧，一块长度不够时可接上一块，在骨突出处加垫，用条带固定骨折上端和下端，然后用条带固定膝关节，再用条带成 8 字形固定踝关节，最后在大腿根部将夹板固定。

注意：骨折固定一旦伤口出血，应先止血包扎后再固定；大腿或脊柱骨折时应就地固定；固定要牢固，松紧要适当；夹板与皮肤之间应垫棉花、衣服等。

（五）搬运

在战场上对伤员进行止血、包扎、固定处理后，应安全迅速地将伤员搬运到较隐蔽地点，及时送救护所救治，根据战场时机和伤员伤情应采取不同的搬运方法。

1. 侧身匍匐搬运法

救护者侧身在伤员背侧，将伤员腰部垫在大腿上，伤员两手放于胸前，救护者右手穿过伤员腋下抱肩，使伤员上体脱离地面并贴紧救护者，左前臂撑于地面，两眼目视前方，按照侧身匍匐的方法要领蹬足向前移动。其动作要领概括为"垫腰、抱肩、撑肘、蹬足"。注意伤员受伤部位朝上，伤员头部和上肢不要着地。

侧身匍匐搬运法

2. 单人肩、单人背、单人抱法

当伤员周围无敌人火力威胁，伤员伤势较轻时，可采用单人肩、单人背或单人抱法进行搬运（见图 8 - 66）。

图 8 - 66　单人肩、单人背、单人抱法

3. 双人徒手搬运法

此方法适用于头、胸、腹部受伤的重伤员搬运（见图 8 - 67）。

图 8 - 67　双人徒手搬运法

4. 担架搬运法

担架搬运法最适用，只要战况和条件许可，应尽量用此法。首先，迅速展开担架，放于伤员伤侧，将其装备解除，从其口袋中取出坚硬物品。然后，一人托住伤员头部和肩背部，另一人托住伤员腰臀部和下肢，协力将伤员平稳地轻放在担架上，根据伤情取合适体位。最后，系好担架扣带以固定伤员，两人合力抬起

担架搬运法

担架前进。行进过程中，要保持伤员头朝后脚朝前，便于后边担架人员密切观察伤员伤情变化。如果遇到陡坡路段，要及时调整头部朝向前方。在没有制式担架时，可利用就便器材（如木棒、绳索、大衣、步枪等）制作各种简易担架。

第三节　核生化防护

核生化防护是为避免或减轻核生化武器袭击毁伤和次生核生化危害、其他核生化危害，降低其对部队行动影响而进行的防护。

一、对核生化武器的防护

对核生化武器的防护，目的是最大限度地减少损伤，保持部队的战斗力。

（一）对核武器的防护

核爆炸瞬时效应防护是指对核爆炸产生的冲击波、光辐射、早期核辐射等瞬时毁伤效应采取的防护措施，是核防护的重要内容。

1. 人员在开阔地上的防护

当发现核爆炸闪光时，应立即背向爆心卧倒，同时，应闭眼、收腹，两手交叉垫于胸下，两肘前伸，头自然下压于两臂之间，两腿伸直并拢。这样能减轻光辐射对暴露部位的烧伤。

正在行驶的车辆，突然遇到核爆炸闪光时，驾驶员应立即停车，将身体弯伏或卧伏于驾驶室内，车内人员应尽量卧倒。

2. 利用地形的防护

当发现核爆炸闪光时，应尽快利用就近地形，如土丘、土坎、山坡等，背向爆心紧靠遮挡一侧的下方立即卧倒。注意利用就近地形时，应避免间接伤害。

利用土坑、弹坑、沟渠、山洞、桥洞、涵洞等低于地面的地形防护时，应迅速跃入坑内，身体蜷缩，跪或坐于坑内手掩耳，闭眼、半张嘴，暂时停止呼吸。若坑大底宽，也可横向或对向爆心卧倒。利用沟渠时，宜用横向爆心的沟渠卧倒防护，若沟渠的走向对向爆心时，则利用拐弯处防护。

坚固的建筑物对瞬时杀伤因素具有一定的防护作用。当发现核爆炸闪光时，室外人员应尽量利用墙的拐角或紧靠背向爆心一侧的墙根卧倒；室内人员应尽量利用屋角或床、桌卧倒或蹲下。注意不要利用不坚固或易倒塌的建筑物，还应避开窗、门等处和易燃、易爆物，以免受到间接伤害。

3. 利用野战工事防护

利用掩蔽部、避弹所：当接到核袭击警报信号或发现闪光时，不负责值班的人员，应迅速有秩序地进入工事，关好防护门，并视情况掩堵耳孔。

利用堑壕、交通壕、观察所：当发现闪光时，应迅速进入壕、所，采取相应的措施，可避免光辐射、冲击波和早期核辐射的伤害。

4. 利用装具、服装的防护

人员利用防护头盔、雨衣、防毒斗篷和衣物等防护，可以避免或减轻光辐射和冲击波的伤害。衣物的防护效果，一般是厚的比薄的好，浅色的比深色的好，密实的比稀疏的好。冲击波在一定范围内能损伤耳膜，可利用炮兵防震耳塞、棉花或其他细软物堵塞耳孔防护。

（二）对生物武器的防护

对生物武器的防护，主要包括对袭击征候的判断，采取个人防护、消毒等措施。

1. 观察判断

生物战剂虽然无色无味，带菌昆虫、小动物又易与当地原有物种相混，人员感染初期无明显症状，难以发现，但是遭生物武器袭击时，仍有许多可疑征候，应加强观察判断。

敌机喷洒生物战剂时，常低空慢速盘旋，其后尾有烟雾带，或空投无炸声的容器。处于该地区的人员或动物，在数分钟后如未发生化学毒剂中毒症状，就应初步怀疑敌人使用的是生物战剂。

生物炸弹的弹坑浅小，炸声小而低沉，无闪光或闪光小，烟团小且呈灰白色，在弹坑附近可能遗留下粉末、液体或其他杂物。

投掷带毒媒介生物时，可在地面发现昆虫、小动物，且其出现的季节、场所、种类、密度、范围等方面都可能有反常情况。如在冬季出现大量蚊、蝇、蚤等，或成堆成群出现昆虫、小动物，或突然出现当地没有或少有的昆虫、小动物。

2. 对生物战剂气溶胶的防护

生物战剂气溶胶只有通过呼吸道、消化道、黏膜和皮肤特别是受伤的皮肤进入人体后，才能发挥其杀伤作用。防护措施就是防止生物战剂气溶胶从这些部位进入人体。能对毒剂气溶胶和放射性气溶胶进行有效防护的措施均适用于防生物战剂气溶胶。例如各种军用防毒面具、民用防毒面具、防疫口罩、防尘口罩。用布片、手帕等捂住口鼻，也有一定的防护效果。防毒服、防疫服等个人防护器材可对身体表面起到较好的防护作用。利用有防毒设施的工事、掩蔽部集体防护效果更好。缺乏条件时，也可利用地形、地物避免和减轻危害。如运动到生物战剂气溶胶云团或污染区的上风方向；在黄昏、夜晚、黎明和阴天时，在高处躲避；不停留在易滞留生物战剂气溶胶的植被区域。

3. 对媒介物的防护

对媒介物的防护主要是保护暴露皮肤，防止蚊虫叮咬。利用工事、房屋、帐篷防护时，门窗或出入口应安装纱窗、纱门，挂上用防虫药物浸泡过的门帘，或关闭孔口、密闭门。利用防蚊服、防蚊帽等器材防护时，为防止敌投昆虫钻入衣服，可将袖口、裤脚扎紧，上衣塞入裤腰（或扎腰带），颈部围以毛巾。同时，为保护人员不受昆虫的叮咬，可使用驱避剂加以防护。常用的驱避剂有避蚊胺、驱蚊灵等。使用时，将药涂在衣服的裤脚、袖口和领口处。使用驱避剂，切忌全身涂抹，尤其不得抹入眼内，以免引起中毒。

4. 免疫接种

疫苗预防接种是预防、控制生物战剂对人体伤害，增强人体的抗病能力，提高治疗效果的一种有效措施。为有效防止生物战剂的危害，在判断敌人可能使用生物武器时，人员应进行相应的预防接种。在污染（疫）区或要进入污染（疫）区执行任务的人员，需再次进行接种。当受袭击的部队或地区发生某种可疑传染病时，友邻部队或地区应接种相应的疫苗。接种时应注意三点：一是接种前必须进行健康检查并测量体温，以排除有禁忌症者；二是接种后 2 天内不宜做剧烈活动；三是在遭受核袭击后，不宜立即进行活苗接种。

5. 消毒灭菌

消毒，是用物理或化学方法将污染对象表面的生物战剂杀灭或消除，使之无害的处理，确保武器、技术装备及人员的安全。为防止病原体的扩散，预防传染病的发生和流行，必须做好人员体表消毒、服装装具消毒、武器装备消毒和食物及水源等的消毒工作。

（三）对化学武器的防护

对化学武器的防护行动，主要包括能及时发现化学武器袭击征候，或接到化学武器袭击警报时能迅速采取正确的防护措施。及时发现化学武器袭击征候，是做好防护的重要前提。

1. 观察发现

在化学武器威胁严重的情况下，人员应熟悉观察方法，及时发现征候。敌人突然使用化学武器后，遭到袭击的区域会有少数人员首先出现中毒症状。由于毒剂的毒性不同，人员中毒后的症状也各有特点。例如：人员吸入神经性毒剂后，出现瞳孔缩小、流口水、出汗、抽搐等症状；吸入全身中毒性毒剂后，出现瞳孔散大、皮肤鲜红、强烈抽筋等症状。同时，战场情况复杂多变，火炮的口径、航弹的型号、使用数量，遭袭区地形、音响、颜色、气味、烟雾等多种多样情况的影响，使化学武器袭击与一般的空袭、炮袭难以区别，故要听、看、嗅等多种手段相互结合，综合分析。速杀性毒剂主要采取爆炸法使用，浓度高，危害大。实战中要特别注意速杀性毒剂弹爆炸征候和初生云团游动方向。要得到正确结论，须把对各种征候的综合判断，与化学侦察器材的侦检反应结果结合起来。

2. 防护行动

为了避免或减少敌化学武器的杀伤，战斗中个人应充分做好防护准备，使个人防护器材处于良好状态，携带的防护器材要便于使用和不影响战斗行动。

遭敌化学武器袭击时，要迅速戴好防毒面具，对呼吸道和眼睛进行防护。遇到敌机布撒毒剂，或毒剂炮、炸弹爆炸后有飞溅的液滴或飘移的气雾时，除对呼吸道和眼睛进行防护外，还要迅速对全身进行防护，如披上防毒斗篷或雨衣、塑料布等，穿好防毒靴套或就便包裹腿脚的器材，戴好防毒手套。同时应防止毒剂液滴溅落在随身携带的装具和武器上。

情况允许时，还可利用工事进行防护。利用有防护设施的工事防护时，应根据指挥员的命令有组织地进入，不得随意进出。进入时应防止将毒剂带入，进入后要减少各种活动。人员在没有密闭设施的工事内，要戴面具。遭受持久性毒剂袭击时，离开工事前要进行下肢防护。

3. 救护行动

化学武器袭击停止后，应立即对有中毒症状者进行救护。对呼吸困难或心跳停止者，应进行人工呼吸和心脏按压。情况允许时，应将中毒者撤离毒区后送救治。

4. 消毒行动

消毒分局部消毒和全部消毒两种。局部消毒利用战斗间隙进行，全部消毒通常在战斗结束后实施。消毒时，按先人员、服装装具，后武器装备的顺序进行。对胶状毒剂消毒时，应增加消毒剂的使用量和消毒次数。

二、常见防护装备

个人防护装备是用于单个人员免受毒剂、生物战剂和放射性灰尘伤害的装备。

（一）防毒面具

防毒面具是一种呼吸道防护装备，用于保护人员呼吸器官、眼睛及面部皮肤免受毒剂等的直接伤害。按不同的防护原理可分为过滤式和隔绝式两大类。过滤式防毒面具是将受污染空气滤净成清洁空气供人员呼吸，目前常用的过滤式防毒面具主要有 FMJ03 型、FMJ05 型和 FMJ08 型等型号。

（二）防毒服

防毒服是透气式防毒服的简称。用于防止毒剂液滴、气溶胶和蒸气接触皮肤引起人员中毒的个人防护装备。它通常与防毒斗篷、防毒手套、防毒靴套和过滤式面具配套使用，目前常用的防毒服主要是 FFF01 型和 FFF02 型防毒服。

（三）防毒手套与防毒靴套

防毒手套与防毒靴套是保护手部、脚和小腿部免受毒剂、生物战剂和放射性物质伤害的皮肤防护装备。目前常用的防毒手套与防毒靴套主要有 FST04 型防毒手套与 FXT04 型防毒靴套。

（四）防毒斗篷

防毒斗篷是用于防止毒剂液滴、生物战剂液滴和放射性灰尘对人员造成伤害的个人防护装备，供部队防护时一次性使用。目前常用的主要是 FDP03 型防毒斗篷。

（五）个人防护盒

个人防护盒是在作战时使用的防护器材。主要有针对敌方使用致死性毒剂研制的急救针，以及对人员染毒后的皮肤和服装进行消毒用的器材。如神经性毒剂自动注射急救针（解磷急救针）、神经性毒剂预防片（防磷片）、抗氰自动注射急救针、抗氰胶囊和军用毒剂消毒手套等。

 **思考题**

1. 基本拳法有哪些？动作要领是什么？
2. 徒手擒敌有哪些基本方法？
3. 战伤救护的基本原则是什么？
4. 心肺复苏的步骤有哪些？
5. 常见的个人防护装备有哪些？

第九章 战备基础与应用训练

教学目标

　　了解战备规定、紧急集合、徒步行军、野外生存的基本要求、方法和注意事项，学会识图用图和电磁频谱监测的基本技能，培养学生分析判断和应急处置能力，全面提升综合军事素质。

　　战备是武装力量为及时应对可能发生的战争或突发事件而在平时进行准备和戒备的活动。战备是军队平时经常性的基本工作。战备水平是军队战斗力的重要标志。必须牢固树立战备观念，了解战备常识，搞好战备的各项训练。

第一节　战备基础

战备是武装力量为及时应对可能发生的战争或突发事件而在平时进行准备和戒备的活动。必须牢固树立战备观念，了解战备常识，搞好战备的各项训练。

一、战备规定

战备规定，是为了规范战备工作的内容和基本行动方法，对战备工作所做出的规定。我军战备规定主要包括日常战备秩序、战备制度和战备等级划分等。认真落实战备各项规定，是保持良好战备状态，圆满完成任务的重要保证。

（一）日常战备秩序

战备秩序是战备活动按照有关条令和规定保持的井然有序的状态。分队必须高度重视战备工作，紧密结合形势和任务，经常进行战备教育，增强战备观念，建立正规的战备秩序。

1. 建立战备方案

分队必须建立健全战备方案和各种保障措施，并经常组织部属熟悉其内容，进行必要的演练。当编制、装备和任务发生变化时，应当及时修订战备方案。

2. 搞好物资管理

分队各类战备物资，应当区分携行、运行、后留，分别放置，并做到定人、定物、定车、定位。平时消耗性的战备物资应当及时补充，应急储备的战备物资应当定期更换，保质保量。上级配发的战备器材不得随意动用。后留和上缴的物资，应当建立登记和移交手续。个人携行和后留物品应当统一保管，并按照有关规定注记清楚。

3. 保持装备完好率和人员在位率

分队应按规定保持装备完好率和人员在位率，保证随时遂行各种任务。

4. 进行紧急集合训练

为锻炼提高分队紧急行动能力，检查战斗准备状况，各分队应定期进行紧急集合训练。紧急集合的具体时间，由分队指挥员根据本分队的任务、所处环境等情况，以及首长、机关的指示确定。

（二）日常战备制度

1. 战备教育制度

战备教育制度，是完成战备任务和作战任务的重要保证。目的在于根据国内外军事、政治、经济领域斗争形势的发展变化，帮助人员克服和平麻痹思想和松懈情绪，增强战备观念，牢固树立战斗队思想，提高做好战备工作的自觉性，为建立正规的战备秩序提供坚实的政治基础。

2. 军情研究制度

军情研究制度，是分队平时重要的基础性战备工作。主要结合作战任务，定期对主要作战对象的编制、装备、作战思想、作战原则、基本战法、部署变动、保障发展等情况进行研究。

3. 战备值班制度

战备值班制度分为平时战备值班、节日战备值班和等级战备值班制度。担负平时战备值班任务的分队通常一年调换一次。

4. 节日战备制度

节日战备制度是指在元旦、春节、"五一"国际劳动节、"八一"建军节和"十一"国庆节期间，为保证国家安全和人民欢度节日而应组织节日战备。

5. 兵员管理制度

兵员管理制度是按编制编配、使用、管理兵员的制度。兵员调动必须经部队首长批准，由军务部门承办。

6. 武器装备管理制度

武器装备管理要严格执行《中国人民解放军武器装备管理条例》，以科学化、制度化、经常化管理为重点。

7. 战备物资管理制度

战备物资管理应按规定配备储备，按"三分四定"的要求存放管理。"三分"，指将战备物资分为携行、运行、后留三类，分别放置；"四定"指战备物资在存放、保管和运输中做到定人、定物、定车、定位。

8. 国防工程维护管理制度

国防工程维护管理是平时重要的战备工作。有国防工程维护管理任务的分队，要经常对工程组织检查维护，发现工事及其内部设施遭到人为破坏，要及时与有关部门联系，并协助上级依据《中华人民共和国军事设施保护法》处理。

9. 请示报告制度

请示报告制度是为上级首长及机关及时了解部队动态、定下决心而建立的重要制度。包括值班情况报告、分队行动报告、实力报告、战备工作情况报告等。

10. 战备演练制度

战备演练主要是为了检查战备工作的落实情况和部队的作战能力，根据战备方案和战备规定的有关内容，结合担负任务，从实战需要出发组织进行的战备训练。

（三）战备等级规定

1. 战备等级划分

战备等级是对军队战备程度划分的级别。我军的战备等级共分为三级：三级战备、二级战备和一级战备。

三级战备，是部队现有人员、装备、物资等完成行动准备的戒备状态。此时，应停止所属人员探亲、休假、疗养、退役，召回在外人员，检修装备和器材，组织战备教育和训练，加强战备值班，展开阵地准备和有关保障等。

二级战备，是部队按照编制达到齐装、满员，完成行动准备的戒备状态。此时，应收拢部队，补齐人员、装备，发放战略物资，落实后勤、装备等各项保障，进行战备动员和临战训练，加强战备值班，完善行动方案，做好进入预定疏散地域或者战时位置的准备。

一级战备，是部队完成一切临战准备的最高戒备状态。此时，应按命令进行应急扩编和临战动员，严密掌握敌情和有关情况，部队进入疏散地域或者战时位置，做好遂行各项作战任务的准备。

2. 战备等级转换

战备等级转换，是军队的战备由一个等级向另一个等级的改变。战备等级转换是战备工作的一项重要内容，是军队为增强快速反应能力，应付突发情况，保证部队适时转入相应等级战备状态而采取的重要措施。战备等级的转换，通常情况下，应根据命令由平时状态逐级向三级、二级、一级战备状态依次转进。必要时，可以越级直接进入二级战备、一级战备，或者由三级战备越级进入一级战备。

部队一旦进入战备等级状态，要求每一名士兵必须做到：严格遵守保密规定，不泄露部队行动的秘密；外出探亲人员，接到上级的通知后要迅速归队；服从命令，听从指挥，按上级的命令完成各项工作；提高警惕，坚持在岗在位，保持良好的战备状态；进一步落实战备计划，随时做好出动准备。

二、紧急集合

紧急集合是部队或分队在紧急情况下，迅速聚集人员并按规定携带装备物资的应急行动。通常由本级最高军事首长根据上级指示或经上级批准，按照预定或临时确定的紧急集合方案组织实施。紧急集合的程序分四步：着装，整理携行生活器材，装具携带和集合。

（一）着装

通常着作训服。白天进行紧急集合时，一般按当时的训练着装进行。如果上级重新规定着装，人员应立即换装。夜间实施紧急集合时，人员应迅速起床，按照帽子（冬季戴皮、棉帽时，披装后再戴）、上衣、裤子、袜子、鞋子（双层床上层的人员打完背包再穿鞋子）的顺序进行穿戴。

（二）整理携行生活器材

没有装备生活携行具时，应打背包。背包宽 30~35 厘米，竖捆两道，横压三道。米袋捆于背包上端或两侧；雨衣、大衣通常捆于背包上端，大衣袖子捆于背包两侧；鞋子横插在背包背面中央或竖插两侧；锹（镐）竖插在背包背面中央，头朝上。

装备有生活携行具时，应按以下顺序进行：迅速组合背架；按规定将物品分别装入主囊、侧囊和睡袋携行袋；将背架和军需装备携行具结合在一起。

（三）装具携带

全副武装紧急集合时，应着制式服装（佩戴执勤臂章），戴头盔（钢盔），带挎包（内装雨衣、洗漱用具和急救包）和水壶，扎腰带（挎包和水壶前侧背带扎于腰带内），披子弹袋，背背包，携带手中武器。混合着装、轻装着装及装具携带的顺序，参照全副武装，只是不背背包。

（四）集合

集合，通常应逐级集合，逐级报告。士兵披装完毕后，迅速跑步到集合地点，向班长报告。全班人员到齐后，班长带领全班人员迅速赶到上级集合场，并向排长报告。如此依次进行。

人员在紧急集合时要做到：迅速、肃静、完整、安全、便于行动。这就要求每名士兵在平时应按规定放置武器、弹药、装具和衣物，这样在紧急集合时就便于拿取和穿着，行动才不会慌乱。

三、行军拉练

行军是部队沿指定路线进行的有组织的移动。按行动方式，分为徒步行军、摩托化行军和履带行军。这里主要介绍徒步行军。

徒步行军是以步行方式实施的行军，是部队机动的基本手段。通常在行军距离较近、输送工具不足或没有输送工具，以及地形不便于实施摩托化行军时采用。徒步行军的特点是目标小，易指挥，组织简便，利于隐蔽，受地形限制小，但行军速度慢，人员体力消耗大。

（一）行军准备

徒步行军对军人的意志和体能是一种考验。无论是何种天气、地形，只要作战需要，均可实施徒步行军。因此，行军前应做好充分的思想准备工作，明确徒步行军的目的和意义，克服畏难情绪，以饱满的精神状态主动接受考验。

物资器材准备，主要包括武器、弹药、装具、水、食品和药品等。应根据行程、道路和天气情况而定，以既能保证战斗、生活必需品，又不过多增加负荷量为原则。通常携行粮食 3 日份（其中熟食 1 日份），根据季节变换做好防寒、防雨雪、防蚊虫的准备。出发前扎紧腰带、弹袋，扣紧裤脚，系紧鞋带，穿大衣或雨衣时，将衣襟下角扎于腰带上。携行的武器、装具、器材要做好充分的检查、清点，装具、器材固定紧。

（二）行军

行军按时速可分为常行军和急行军。常行军是按正常行走速度实施的行军，乡村道路常行军速度为每小时 4～5 千米，山地道路常行军速度为每小时 3～4 千米。急行军时，乡村道路行军速度为每小时 8～10 千米。

分队徒步行军时，通常在上级的行军序列内成一路或二路纵队，沿道路的右侧或两侧行进。行军途中，应注意随时观察道路及周围情况，确保行军安全；及时调整呼吸和体力，保持行军队形，匀速前进。行军队形由二路纵队变一路纵队时，应跟紧前面人员加速前进，以防后面拥挤；由一路纵队变二路纵队或通过艰险地段时，应适当加大步幅跟上，不宜跑步追赶。发现脚底起泡、身体不适或体力不支时，应及时报告，视情况服用药物、挑破水泡，或在他人的帮助下继续前进；发现走错路时，应首先确定站立点，然后选近路插向原定路线，如无把握应原路返回，选准方向再继续前进。行军中要严守纪律和行动秘密，开展团结互助。

（三）休息

休息分为小休息和大休息。

首次小休息通常在行军 30 分钟后进行，时间为 15～20 分钟，然后约每行军 1 小时休息一次，每次 10 分钟。小休息时，应靠道路右侧（必要时也可在道路两侧），面向路外侧，保持队形，整理鞋袜和装具，做好继续行军的准备。

大休息通常在日行程过半时实施，休息时应离开道路，进入指定地区休息，时间约 2 小时。大休息可以就餐，补充饮水，治疗脚伤，但注意武器、装具始终不能离身。

（四）注意事项

在徒步行军过程中，应掌握正确的行军要领，坚决服从指挥，灵活处置各种情况，确保按时到达目的地。

1. 徒步行军应按照全副武装或轻装的规定携行有关装具。行军前，应检查所带装具是否齐全，佩带是否牢固，尤其是要仔细检查鞋袜是否合适；要认真验枪，枪内不准装填子弹，严禁摆弄武器和随意动用他人武器，严禁枪口对人。

2. 行军过程中，应均匀呼吸，全脚掌着地，调整好步幅，保持正常的行军速度。行军掉队时，应大步跟上，尽量不要跑动，以节省体力；体力好的士兵要主动帮助体力差的同志，搞好体力互助。小休息时，应就地休息，及时调整体力，不要随便走动，并按要求处理脚上打起的血泡。雷雨时，不要站在突出的高处，不要在大树、电线杆和高压线下避雨或逗留。行军中要保持通信联络，注意紧跟队形，不要掉队，要发扬不怕苦、不怕累的精神，坚决走到目的地。

3. 遇敌空中火力袭击时，应就近利用地形进行防护。接到敌核、化学武器袭击警报时，应迅速穿戴防毒面具和防护衣罩，就地隐蔽防护。警报解除后，应迅速抢救伤员，检查武器装备，恢复行军序列。

4. 当道路、桥梁遭敌破坏或者遇到难以通行的地段时，应按命令绕行，无法绕行时，应及时向上级报告。如果是在夜间、山地、沙漠、雪地等特殊环境和地形条件下徒步行军时，要根据特殊环境和地形特点及当时的具体情况，按照命令进行必要的物资器材准备。

四、宿营

宿营是军队在行军、输送或战斗后的住宿。其目的是使部队得到休息和整顿，以便继续行军或做好战斗准备。

（一）宿营方式

宿营方式分为舍营、露营和舍营与露营相结合的方式。舍营是军队在房舍内宿营。露营是在房舍外宿营，通常在不具备舍营条件时采用。露营的方式分为利用制式器材露营和利用就便器材露营。利用制式器材露营，通常是指利用帐篷、装配工事等制式器材进行的露营。利用就便器材露营，通常是指利用车辆、坦克、篷布、雨衣、树木等进行的露营。

（二）宿营地区的选择

野外露营搭帐篷

宿营地区的选择应根据敌情、地形、任务和行军编成而定。平时组织野营训练以能够达到训练目的为标准，通常应符合下列条件：避开城镇、集市、车站、渡口、大的桥梁；避开疫区、传染病流行村落；有适当的地幅；有较好的进出道路，便于车辆、人员通行；露营地域，夏季要尽量选在高处，避开谷地、低地、洪水道和易于坍塌的地方，冬季应选在避风向阳处，土质较黏、便于搭设简易遮棚或挖掘的地方。

（三）宿营准备

组织部（分）队宿营训练时，准备工作通常有宿营常识教育、现地勘察和物资器材准备等。

宿营实施前，应进行群众纪律、民情风俗教育。在少数民族地区进行宿营训练时，应进行少数民族政策和尊重少数民族生活习惯的教育。组织部（分）队学习宿营常识，学会搭设制式、简易帐篷，了解防蚊虫叮咬、防洪、防中暑、防冻伤、防塌方、防煤气中毒、防火灾、预防流行性疾病等基本常识。可以指定连队先试点，组织观摩示范。也可先在驻地附近进行露营尝试训练，掌握露营方法。

宿营前，应先进行现地勘察。重点明确宿营地点，各分队的宿营区域，各级指挥所的位置，进出道路，通信联络的方法，各种信（记）号，完成宿营准备的时限，组织检查的时间、内容，等等。

宿营前，应认真检查个人的着装（衣服、被褥）的携带情况。冬季宿营时应重点检查棉（皮）帽、棉（皮）手套、棉（皮）大衣、棉（皮）鞋的携带情况；夏季宿营时应重点检查雨衣（布）、蚊帐的携带情况。每人都应准备 1～2 套干净的内衣，以备更换。除携带装备以外，还应准备必要的大镐、大锹、钢钎、麻袋等工具和物资。为弥补制式露营器材的不足，部（分）队应视情况购买或租借部分露营所需要的材料，如搭设简易帐篷的塑料薄膜、稻草、支撑木、斧、锯、线绳等。

（四）宿营地工作

为防止敌人突然袭击，也为继续行军做准备，部队到达宿营地后，应立即组织所属人员勘察地形，向有敌情顾虑和即将行动的方向派出侦察员，侦察敌情和行军路线情况。同时，为保障部队安全休息，要周密地组织宿营警戒。为防止敌人航空兵和核、化学武器的袭击，应组织观察警报，确定对空值班分队，组织防空火力体系，划分防空疏散地域，规定隐蔽伪装、灯火管制措施，明确遭敌空袭及核、化学武器袭击时各部（分）队的行动和遭敌袭击后的处置方法。如敌可能在附近地区空降，还应制订反空降作战方案，组织部（分）队构筑必要的防空工事等，以保证部队安全宿营。

第二节　野外生存

野外生存，是指战时部队在荒岛、丛林等生疏复杂的地形环境中、人员食宿无保障的情况下求得生存。野外生存是一项综合性非常强的军事技能，重点解决吃、住、行的问题，需要掌握军事地形学、行军、露营等基本知识。野外生存技能包括复杂地形条件下的行进、露营、猎食、取水、野炊、自救互救等内容。

一、识别和采集野生食物

熟练掌握识别、采集（猎获）野生植（动）物的方法，对于提高野外生存能力，确保部队在复杂险恶的战场环境中保持持久的战斗力有着重要的意义。

（一）常见的可食野生动植物

常见的可食野生植物，包括野果、野菜、藻类、蘑菇等。不但野菜、野果可食，而树皮也可应急食用。如柳树、松树、白杨树新生的树皮或内皮（在硬树皮与树木之间的软皮）都可以吃。

常见的可食野生动物，有野猪、鹿、羊、野鸡、野兔、蛇等，可以根据季节、地域等条件捕捉食用。

（二）野生动植物的识别

1. 鉴别野生植物是否有毒的方法

用手仔细触摸，无毒的植物通常不会使手上皮肤产生发痒、发红、起风疹块等刺激症状。无毒的植物折断枝、叶不会有牛奶样汁液流出，闻之亦无腐败及其他使人感到怪异的气味。将少量食物放入嘴里咀嚼几分钟，无毒植物一般不会有烧灼感，也无辛辣、苦味或滑腻味。将植物割开一个口子，放进一小撮盐，仔细观察口子是否改变原来的颜色，通常变色的植物不能食用。经过以上鉴别后，可以将初步判定无毒的植物采集少量食用。如果食用 8 小时后没有什么特殊感觉，就可适当加大食用量。另外，还可以观察哺乳类动物所食用的植物种类。像老鼠、兔子、猴子、熊等吃过的植物一般可以食用。但鸟类可以食用的植物，人不一定能够食用。

2. 野生动物的识别方法

一般说来，各种长有皮毛的动物、鸟和蛇类可以食用，但必须保证猎获的动物是新鲜、无病菌、无毒的。外形奇特的鱼、贝壳和野生动物的内脏通常有毒，不能食用。

（三）野生植物的采集与食用

1. 野生植物的采集

（1）野果。我国地大物博，南北方的灌木丛中都生长有许多可食的野果。如桃金娘、山桃、胡颓子、余甘子、沙棘、山荆子、稠李、山樱桃、山柿子、酸藤果、茅莓、棠梨等，夏秋两季这些野果都可以生食充饥。

（2）海藻。海藻通常长在海岸和岛屿上，绿藻、红藻、褐藻一般都可以食用，且易于采集。常见的海藻有海带、紫菜、红毛菜、鸡冠菜、刺海松、海紫面、鹅掌菜等。

2. 野生植物的食用

（1）生食。苦菜、蒲公英、小根蒜等，可以生食。将野菜择洗干净，用开水烫过即可加调味品食用。

（2）炒食或蒸食。无毒或无不良苦味的野菜，如刺儿菜、荠菜、野苋菜、扫帚菜、扁蓄、鸭跖草等，将嫩茎叶择洗干净，切碎后即可炒食做菜。

（3）煮浸。对于一些有苦涩味并可能有轻微毒性的野菜都可采用煮浸的方法，如苦叶菜、龙芽草等。采摘嫩茎叶洗净后，在盐水中煮 5 ~ 10 分钟，然后捞出在清水中浸泡数小时，并且不时换水，浸泡时间随野菜的苦味大小而定，然后炒食。

海藻类也可用以上方法进行加工处理后食用。

二、寻找水源和鉴别水质

水是野外生存的重要条件，水在某种程度上比食物更重要。因此，掌握寻找水源、鉴别和改善水质的方法是野外生存的重要内容。

（一） 寻找水源

寻找水源，通常采取观察草木的生长位置和动物的活动范围的方法。

可从特殊植物的生长地点来寻找地下水。在干旱的沙漠、戈壁地区，怪柳、铃铛刺等灌木丛的地表下 6～7 米深有地下水；胡杨生长的地方，地下水位距地表 5～10 米；芨芨草生长的地方，地下水位距地表只有 2 米左右；芦苇生长茂盛的地方，地下水位距地表只有 1 米左右；如果发现马兰花，下挖 1 米左右就能找到地下水。

在南方，叶茂的竹丛不仅生长在河流岸边，也常生长在与地下河有关的岩溶大裂隙、落水洞口的地方。在广西许多岩溶谷地、洼地，竹丛地常常就是有大落水洞的标志。有的在落水洞洞口就能直接看到水，有的在洞口看不到水，但只要深入下去，往往就能找到地下水。

在地下水埋藏浅的地方，泥土潮湿，蚂蚁、蜗牛、螃蟹等喜欢在此做窝聚居；冬天青蛙、蛇类动物喜欢在此冬眠；夏天的傍晚，因其潮湿凉爽，蚊虫通常在此成柱状盘旋飞绕。

在无水源的情况下，也可利用野生植物解渴。如黑桦和白桦的树汁、山葡萄的嫩条、酸浆子的根茎、芭蕉茎、扁担藤等。

（二） 鉴别水质

由于水在自然界的广泛分布和流动，特别是地面水流经地域很广，一般情况下难以保证水源不受污染。在野外没有检验设备时，可以根据水的颜色、味道、温度、水迹概略地鉴别水质的好坏。

1. 通过水的颜色鉴别

纯净的水在水层浅时无色透明，深时呈浅蓝色。鉴别时可以用玻璃杯或白瓷碗盛水观察，通常水越清则水质越好，水越浑则说明水里含杂质多。水色随含污不同而变化，含有腐殖质则呈黄色，含低价铁化合物则呈淡绿蓝色，含高价铁或锰则呈黄棕色，含硫化氢则呈浅蓝色。

2. 通过水的味道鉴别

一般清洁的水是无味的，而被污染的水带有一些异味。如含硫化氢的水有臭鸡蛋味，含铁的水带金属锈味，含硫酸镁的水有苦味，含有机物质的水有腐、臭、霉、腥味。为了准确地辨别水的气味，可以用一个干净的瓶，装半瓶水摇荡数下，打开瓶塞后立即用鼻子闻。也可以把盛水的瓶子放在约 60 摄氏度的热水中，闻到水里有怪味，就不能饮用。

3. 通过水温鉴别

地面水（江河、湖泊）的水温，因气温变化而变化；浅层地下水，受气温影响较小；深层地下水，水温低而恒定。如果水温突然升高，多是有机物污染所致。工业废水污染水源后会使水温升高。

4. 通过水迹鉴别

用一张白纸，将水滴在纸上，晾干后观察水迹。清洁的水是无斑迹的，有斑迹则说明水中杂质多、水质差。

在野外，一般不要饮用从杂草中流出的水，而饮用从断崖裂缝或岩石中流出的清水；饮用河流或湖泊中的水时，可离水边 1～2 米的沙地中挖个小坑，坑里渗出的水比从河湖中直接提取的水清洁。

（三）改善水质

野外的水必须通过洁治、消毒的方式改善水质后才能饮用。

1. 消毒

水的消毒主要是杀灭对人体有害的致病微生物，主要方法有两种：物理法消毒，主要是将水煮沸消毒，这是一种既简单又比较可靠的消毒方法；化学法消毒，利用氯、碘、高锰酸钾、漂白粉、明矾等给水消毒。

2. 洁治

水的洁治就是消除水中的杂质和污物。常用的方法有沉淀、过滤、混凝等。在野外因条件限制，也可以用一些含有黏液质的野生植物净化浑浊的饮用水。如贯众的根和茎，榆树的皮、叶、根，木棉的枝和皮，仙人掌和霸王鞭的全株，水芙蓉的皮和叶，都含有黏液质。这些植物与钙、铁、铅、镁等二价以上的金属盐溶液化合，形成絮状物，在沉淀过程中能吸附悬浮物质，起到净化浑水的作用。植物净水，虽然絮状物沉淀时能除去部分细菌和微生物，但是没有消毒作用。因此，最好再加少许漂白粉或煮沸消毒。

三、野炊

野炊，是指在野外利用制式炊具或就便器材制作热食和熟食的炊事活动。组织野炊时，应选择野炊的位置、方式，明确隐蔽伪装措施、时间、要求及注意事项。

（一）选择野炊位置

野炊位置，通常应选择在隐蔽条件好、附近有良好的水源的地方，如背敌的山坡、沟坎、水渠、森林、居民地等；应注意避开独立明显的物体；卫生状况良好，避开厕所、粪坑和化学沾染地区；有一定的地幅，便于展开和减小敌火力杀伤的地区。

（二）取火

煮烤食物需要火，露营取暖需要火，发求救信号也需要火。野外生存的能力，在某种程度上说，取决于取火的能力。在特殊条件下取火有以下几种方法。

1. 枪弹取火法

取一枚子弹，将弹丸拔出，倒出 2/3 的发射药，撒在干燥易燃的枯草、纸等引火物上，把弹壳空出的地方塞上纸和干草，然后推弹壳入膛，用枪口贴近撒了发射药的引火物射击，引火物即可燃烧。

2. 透镜取火法

一般用放大镜，如果没有放大镜，可用望远镜或瞄准镜、照相机上的凸透镜代替。冬季可用透明的冰块磨制。透过阳光聚焦照射易燃的引火物（布中抽出的线、撕成薄片的干树皮、干木屑等）取火。利用放大镜取火最为迅速的方法是聚焦照射汽油、酒精、枪弹的发射药或导火索。

聚焦取火法

3. 电池取火法

手电筒内电池和电珠也可做成引火工具。在细石上小心磨破电珠，注意不能伤及钨丝，然后把火药填入电珠内，通电后即能取火。

4. 击石取火法

取一块坚硬的石头（黄铁矿石最好）做"火石"，用小刀的背或小片钢铁向下敲击"火石"，使火花落到引火物上燃烧。

5. 钻木取火法

首先用强韧的树枝或竹片绑上鞋带、绳子或皮带，做成一个弓。然后在弓上缠一根干燥的树枝或木棍，用它在干燥、质地较软的木头上迅速地旋转，钻出黑粉末。这些黑粉末冒烟而生出火花，点燃引火物。

（三）锅灶设置

锅灶设置可采取自备野炊灶、就地挖灶和就地垒灶三种方法。

1. 自备野炊灶

使用自备野炊灶，具有展开快、做饭快、撤收快的特点，但容易暴露目标，炊事人员行军负荷大。

2. 就地挖灶

根据不同要求，分为散烟灶和蔽光灶，均由烧火槽、灶门、灶膛和烟道四大部分组成。构筑蔽光灶时应注意：灶门的大小要合理；烧火槽周围应用土加高，使之侧视不易看到火光；烧火槽上方可用就便器材遮盖，防止空中发现火光；烟道可只设置一条，但末端应用松土堵塞，防止火星外冒。

3. 就地垒灶

在挖灶困难或来不及挖灶的情况下，可利用土、石块等就地垒灶。垒灶野炊时，容易暴露目标，因此，应加强观察、警戒，随时做好战斗和转移位置的准备。

第三节　识图用图

一、地图基础知识

（一）比例尺

比例尺是地图上最重要的参数之一。要想学会识图用图，首先应懂得地图比例尺。

1. 比例尺的概念

地球表面积很大，要把它展绘在平面图纸上，就必须予以缩小。缩小时，地图上的长度与相应实地长度必须保持一定的比例关系，以这种比例关系作为两者之间的量算尺度，这个尺度就叫地图比例尺。因此，地图比例尺的定义是：图上某线段的长与相应实地水平距离之比。

$$\text{地图比例尺} = \frac{\text{图上线段长}}{\text{相应实地水平距离}} = \frac{1}{M}$$

2. 比例尺的特点

比例尺是没有单位的比值。式中分子通常用 1 表示，以便了解地图的缩小倍数。M 称为比例尺分母，表示缩小的倍率。地图比例尺的大小，是按其比值的大小来衡量的，比值的大小可按比例尺分母确定。分母小则比值大，比例尺就大；分母大则比值小，比例尺就小。如 1：2500 大于 1：5000 大于 1：10000。

地图比例尺的大小，决定着图上显示地形的详略。地图比例尺越大，地图比实地缩绘的倍数越小，地图综合取舍也越少，所以图上显示的地形越详细，一幅图中所包含的实地范围就越小；地图比例尺越小，地图比实地缩绘的倍数越大，地形综合取舍也越多，所以图上显示的地形就越简略，一幅图中所包含的实地范围就越大。因为地图的精度是随着比例尺的缩小而降低的，所以地图比例尺越大，则误差越小，图上量测的精度越高；比例尺越小，误差越大，图上量测的精度也就越低。

3. 比例尺的形式

比例尺在图上的表示形式一般有三种，通常绘注在南图廓的下方。

（1）数字式

用数字的形式来描述地图缩小比率的比例尺。包括比例式和分数式两种。

比例式：如 1：50000 或 1：5 万

分数式：如 $\frac{1}{50000}$ 或 $\frac{1}{5 \text{ 万}}$

（2）文字式

用文字的形式来描述地图缩小比率的比例尺。如"五万分之一""图上 1 厘米相当于实地 500 米"。

（3）图解式

图上长与实地长的比例关系用线段、图形表示。

4. 图上距离的量算

（1）用直尺量算

用直尺量算距离时，先用直尺从图上量取所求两点间的长度（厘米），然后乘以比例尺分母，即得相应的实地水平距离（米或千米）。其换算公式为：

实地距离 = 图上长 × 比例尺分母

如在 1:5 万地形图上量得某两点间长为 3.4 厘米，则实地水平距离为：

3.4 厘米 × 50000 = 170000 厘米 = 1700 米

若已知实地距离，同样可以算出图上长，其公式为：

图上长 = 实地距离 ÷ 比例尺分母

（2）用指北针量读曲线距离

在图上量取较长的曲线距离时，可使用指北针上的里程表进行作业。里程表由表盘、指针及滚轮三部分组成。如图 9 - 1 所示。表盘按圆周刻划，由内向外分别刻划 1:2.5 万、1:5 万、1:10 万三种里程。量读前，先转动滚轮使指针"归零"（即用手轻轻转动使滚轮指针指向零分划），然后右手持指北针，使滚轮从图上起点开始沿所量之线均匀地向前推至终点。推进时，应始终保持表盘竖平面与地图图面大约垂直。此时指针所指的表盘相应比例尺的位置上的读数，即两点间的实地水平距离。

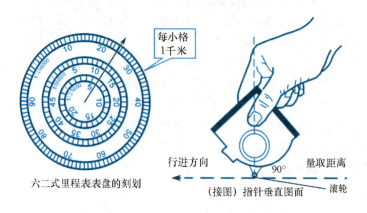

每小格 1 千米

六二式里程表表盘的刻划

行进方向　　量取距离

（接图）指针垂直图面　　滚轮

90°

图 9 - 1　里程表

当没有里程表时，可用线绳沿着弯曲线段逐段比量，然后拉直，到方格网或直线比例尺上量读。只要仔细规范，也可保证作业精度。

5. 图上量算距离应注意的问题

从图上量得的距离，不论是直线还是曲线距离，都是两点间的水平距离。如果实地的地形平坦，图上所量距离接近于实地水平距离；如果实地两点间的地形起伏，则两点间的实际距离大于图上量得的水平距离。因此，在计算行进里程时，须根据地形的起伏情况进行具体分析，将图上量得的距离根据改正系数进行调整。如果对行进里程只求概略的了解，可以参考表9-1的改正系数进行调整。

表9-1 不同地形的改正系数

地形类别	改正系数（%）
平坦地（有轻微起伏）	10～15
丘陵地	15～20
一般山地	20～30

（二）地物符号

地物符号是用以表示、判识地面固定性物体的地形符号。

1. 地物符号分类

（1）点状符号

点状符号是指地物在自身结构和形体上自成一体且相对独立、不依比例尺表示的地物符号。点状符号具有明显的方位意义和精确的位置特征，具体包含测量控制点和独立地物，如电视塔、烟囱、水塔等。

（2）线状符号

线状符号是指地物以线性结构为特征、其宽度不依比例尺表示的符号，如铁路、公路、缆车道、架空索道、水渠路堤、路堑等。

（3）面状符号

面状符号是指实际地物占地面积能依比例尺显示于地形图上的地物符号，如密集式居民地、江河湖泊、水库池塘、森林植被等。

2. 地物符号规定

为使地物符号易读、易辨，且具有理解的唯一性，测量上对其做出了统一的规定。这些规定是制图、用图人员必须共同遵守的，包括定位、方向、颜色、尺寸规定四项。

（1）定位规定

定位规定是指以符号的特定点或特指线来代表地物在图上的中心点或中心线，给图上量测坐标或距离以依据。测量控制点和独立地物符号有定位点规定，半依比例尺表示的线状地物符号有定位线规定。

（2）方向规定

对不依比例尺符号的图上走向所做的规定，称为符号的方向规定。符号的方向规定分为定向符号、真向符号和变向符号三类。

①定向（直立）符号：垂直于南图廓线描绘的符号是地物自身没有方向性的独立地物符号，如测量控制点、水塔、烟囱、各类塔形建筑物、突出树等。

②真向符号：按真实方向描绘的符号是地物自身方向性强的独立地物符号，为便于

用图时判断其方向，做此划分与规定，如独立房屋、窑洞、山洞等。

③变向符号：依赖于其他地物或现象描绘的符号。如城楼、城门依城墙而建，里程碑顺公路而立，西北干旱地区的残丘随当地经常性风向而定等。

（3）颜色规定

颜色规定是依地面地物的自然颜色经抽象后而做出的概括分类区分，以增大地形图容量和提高清晰度，加强地形图的表现力。

①黑色：表示人工地物和部分自然地物，如居民地、道路、独立石、溶洞等。

②蓝色：表示与水、冰雪有关的物体，如湖泊、水渠、冰川、雪山等。

③绿色：表示与植被有关的物体等。

④棕色：表示地貌与土质、公路铺染等。

（4）尺寸规定

符号的尺寸规定，是指对符号大小、线条粗细以及注记字大小等所做的规定。这一规定不仅对测绘人员加以规范，对用图人员也是一种明示。

3. 地形图注记

地形符号包括的地形要素数量、质量和名称，需用文字和数字予以注记，作为符号的补充和说明。地形图注记共有名称注记、说明注记和数字注记三种。

（1）名称注记

①居民地名称。城市居民地用"等线体"字，乡镇居民地用"中等线体"字，农村居民地用"仿宋体"字。山和山脉名称一般用"长中等线体"字，并以水平字列注在山顶的上方；山岭、山脉走向等用"耸肩等线体"字，注在山岭、山脉走向的中心线上。

②水系名称采用蓝色"左斜宋体"字，按地物的面积均匀注出。

③地理单元名称。岛屿、草原、沙漠、滩礁、海角等，均用"宋体"字；群岛名称则用"扁等线体"字，按地形的面积和长度适当注出。

（2）说明注记

说明注记用以说明物体的性质和特征。如采掘场、矿井、管道、塔形建筑物的性质，公路路面质量等，均用"细等线体"字简注在符号内或一旁。

（3）数字注记

数字注记用以说明物体的数量特征。图上注记分为分数式和单个数字两种形式。分数式注记中，分子一般表示地物的长度、宽度和高度，分母表示地物的深度、粗度和载重量。单个数字注记，一般表示地物的高度、深度、比高、流速、里程、编号、月份等。字体一般用"正等线体"或"斜宋体"字，各种数字注记的颜色，均与相应的符号颜色一致。

（三）地貌的表示与识别

地貌，主要是指地球表面高低起伏的自然形态，如山地、丘陵地、平原和谷地等，它和水系一起构成图上其他要素的自然基础。地图上表示地貌的方法很多，主要有等高线法、晕滃法、晕渲法、分层设色法、写景法及组合法（如等高线加晕渲）等。下面重点介绍等高线法。

等高线法，是现代地形图表示地貌的主要方法，虽然缺乏立体效果，但能科学地反映地面起伏、形态及其特征，能准确地量测地面点的高程、斜面的坡度等。

1. 地貌的表示

地形图上通常用等高线表示地貌。地面上高程相等的各点所连成的曲线叫等高线。

（1）等高线表示地貌的原理

设想把一座山，从底（高程起算面）到顶按相等的高度，一层一层地水平切开，这样，在山的表面就形成许多大小不同的截口线，并随地貌的形态不同而呈现不同的弯曲形状。再把这些截口线垂直投影到同一平面图纸上，便形成一圈套一圈的闭合曲线。这些曲线显示了这座山的基本形态，其数量、形态完全与实地地貌的起伏状况相一致，如图 9－2 所示。

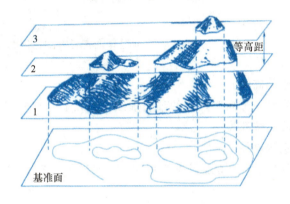

图 9－2　等高线表示地貌

（2）等高线表示地貌的特点

①在同一条等高线上各点的高程相等，并各自闭合（不一定在一幅图内闭合）。所以图上每一条等高线都代表实地一定的高程，并有准确位置。

②在同一幅地形图上，等高线多，山就高；等高线少，山就低。凹地则与此相反。所以通过图上等高线的多和少，能判断出山的高低、凹地的深浅。

③在同一等高距条件下，等高线间隔密，实地坡度陡；等高线间隔稀，实地坡度缓。所以根据图上等高线的疏密变化，可以反映实地坡度的陡缓。

④图上一组等高线弯曲组合，与相应实地地貌相似。

（3）等高距的规定

相邻两条等高线间的实地垂直距离（高程差）叫等高距。等高距的大小，决定着地貌表示的详细程度。等高距大，等高线稀疏，地面起伏形态显示概略；等高距小，等高线密集，地面起伏形态显示详细。因此，正确确定等高距是十分重要的。

（4）等高线的种类和作用

等高线按其作用不同，分为以下四种，如图 9－3 所示。

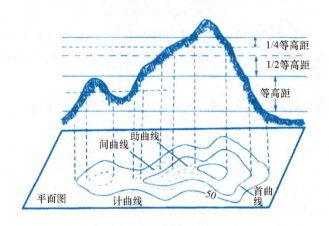

图 9 - 3　等高线的分类

①首曲线（基本等高线）

首曲线是按规定的等高距，由平均海水面起算而测绘的细实线，线粗 0.1 毫米，用以显示地貌的基本形态。

②间曲线（半距等高线）

间曲线是按二分之一等高距描绘的细长虚线。用以显示首曲线不能显示的局部地貌，如小山顶、阶坡和鞍部等。

③助曲线（辅助等高线）

助曲线是按四分之一等高距描绘的细短虚线，线粗 0.1 毫米，用以显示间曲线仍不能显示的局部地貌。

④计曲线（加粗等高线）

计曲线规定从高程起算面起，每隔四条首曲线加粗描绘一条粗实线，线粗 0.2 毫米，用以计算等高线和判读高程。

间曲线和助曲线只用于局部地貌的显示，不像首曲线那样一定要各自闭合。除描绘山顶和凹地的曲线各自闭合外，表示鞍部时一般只对称描绘，并终止于适当位置，表示斜面时一般终止于山脊两侧。

（5）高程起算和注记

以国家规定的高程基准面为基准，高于该面为正，低于该面为负（负值前要加"－"号）。以该面起算的高程叫真高，也叫海拔或绝对高程。地物、地貌由所在地面起算的高度叫比高，它是相对高程的一种，起算面相同的两点的高程之差，叫高差。

地图上高程注记主要有点的地面真高注记（习惯称点的高程注记）、等高线真高注记（习惯称等高线的高程注记）、点的比高注记等三种。

点的高程注记用黑色，字头朝向北图廓。等高线的高程注记用棕色，字头朝向上坡方向。点的比高注记与其所属要素的颜色一致，字头朝向北图廓。

2. 地貌的识别

（1）地貌元素及其识别

地貌形态千姿百态，多种多样，但它们都是由山顶、凹地、山背、山谷、鞍部、山脊和斜面等地貌元素组成的。不管地貌多么复杂，只要掌握了识别地貌元素的基本要领，即能识别各种地貌形态。

①山顶、凹地

山的最高部位叫山顶。山顶依其形状可分为圆山顶、尖山顶和平山顶三种，如图9－4所示。山顶的等高线是一个小环圈，环圈外通常绘有示坡线。若顶部环圈大，从顶部向下等高线由稀变密，为圆山顶；若顶部环圈小，从顶部向下等高线由密变稀，为尖山顶；如果顶部环圈不仅大且有宽阔的空白，向下等高线变密，则为平山顶。

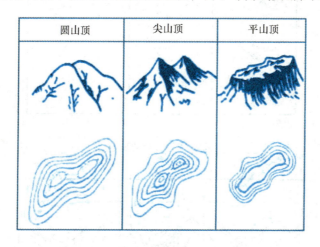

图9－4　山顶的表示

凹地指的是比周围地面低下，且经常无水的地方。大面积的凹地称盆地。表示凹地的等高线是用一个或数个小环圈表示，同时环圈内绘有示坡线。示坡线是指示斜坡降落方向的棕色短线；它与等高线垂直相交，与等高线不连接的一端指向下坡方向。除凹地一定加绘示坡线外，对于独立山顶，不易识别的山顶、不易辨别斜坡方向的等高线，也要加绘示坡线。

②山背、山谷

山背是从山顶到山脚的凸起部分。山背依外形分为尖山背、圆山背和平齐山背三种，如图9－5所示。尖山背，等高线依山背延伸方向呈尖状；圆山背，等高线依山背延伸方向呈弧状；平齐山背，等高线依山背延伸方向呈平齐状。下雨时，雨水落在山背上向两边分流，所以最高凸起的棱线又叫分水线。图9－5表示山背的等高线以山顶为准，等高线向外凸出，各等高线凸出部分顶点的连线，就是分水线。

山谷是相邻两山背之间的低凹部分。图9－6表示山谷的等高线与山背相反，以山顶或鞍部为准，等高线向内凹入（或向高处凸出）。由于山谷经常聚水，所以各等高线凹入部分顶点的连线，就是合水线。

③鞍部、山脊、山脚

相邻两山顶间形如马鞍状的凹部叫鞍部。按照等高线原理，它在地形图上为两组对称的等高线。一组为山背等高线，另一组为山谷等高线。

数个相邻山顶、山背和鞍部所连成的凸棱部分叫山脊。山脊的最高棱线叫山脊线。

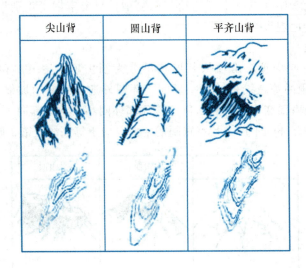

图 9 - 5　山背的表示

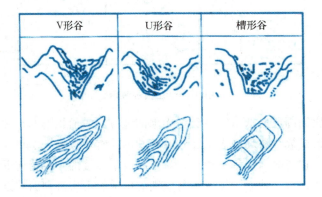

图 9 - 6　山谷的表示

在地形图上，依山脊线上诸山顶、山背和鞍部的不同形态，可以判别山脊的宽窄与坡度的大小，以及翻越鞍部的难易程度。

山脚是山体与平地的交线。它是一条明显的倾斜变换线，由此向上，等高线密集，山背、山谷等高线十分明显；向下，等高线稀疏、平滑，没有明显的谷、背区别。

（2）特殊地貌的识别

凡不能用等高线形象表示的地貌形态，称为特殊地貌。它包括地表因受外力作用改变了原有地貌形态的变形地貌，以及地貌形体较小，用特定符号放大表示的微型地貌。前者如冲沟、陡崖、陡石山、崩崖、滑坡等，如图 9 - 7 所示。

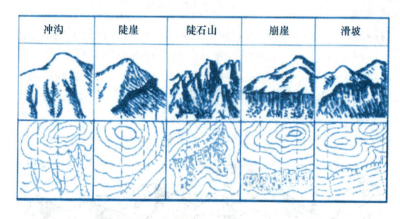

冲沟	陡崖	陡石山	崩崖	滑坡

图 9-7　特殊地貌符号的识别

3. 地貌的判定

（1）高程与高差的判定

地形图上用黑色注出高程的点，称为高程注记点。通常一幅图注记有数个高程注记点。此外，地形图上还按一定密度要求，采用棕色均匀地注出了某些等高线的高程，并规定字头朝向山顶方向。这些高程注记点和注记曲线是判定任意点高程的依据。

①高程的判定

首先在欲判定点近旁寻找高程注记点或高程注记曲线，然后按它们与欲判定点的位置关系向上（或向下）查数其间的等高线条数，再依南图廓外注出的等高距算出最邻近的一条等高线的高程，最后加上（或减去）用目估法或内插法求出的欲判定点至该曲线的高差，即得欲判定点的高程。

若欲判定点在等高线上，则该点的高程等于所在等高线的高程。

若欲判定点在两等高线之间，则应先判明上下相邻两条等高线的高程，再按点位所在两条等高线间的比例关系和等高距，估判出对于下（或上）方等高线的高差，然后加（或减）到下（或上）方等高线的高程上，即为欲判点的高程。

若欲判定点在无高程注记的山顶或凹地，则应先判明最邻近的一条等高线的高程。若是山顶，应再加半个等高距；若是凹地，应再减半。

②高差的判定

起算面相同的两点间的高程之差叫高差。在地面上欲求两点间的高程差，要已知两点各自的高程值。任一点的高程值，通常根据国家统一的水准点，利用水准测量或三角高程测量的方法，求出任一点与附近国家水准点之间的高程差，然后再推算出任一点的高程，用这种方法求得的高程，称为绝对高程。当附近没有国家统一布设的水准点时，也可以选一点并赋以假定高程值，其他任一点高程值皆由此点推算而得。用这种方法得到的高程值，称为相对高程或假定高程。无论这两点采用的是绝对高程或是相对高程，均不影响二者之间的高差值。两点间的高差有正负之分。地物或地貌点由所在地面起算的高度称为比高，是一种相对高程。

（2）起伏判定

在图上判定战斗行动区域或运动方向上的起伏状况时，首先应根据等高线的疏密概况、河流的位置和流向，找出各山脊的分布状况和地形总的下降方向，再具体明确山顶、鞍部、山脊、山谷的分布，详细判明起伏状况。通常，当等高线在河流一侧时，靠近河流的等高线表示下坡方向，反之为上坡方向，当等高线横穿河流时，上游的等高线表示上坡方向，反之为下坡方向，如图9-8所示。1—2为上坡，2—3沿斜面，3—4为下坡，4—5为上坡，5—6为上坡，6—7为下坡。

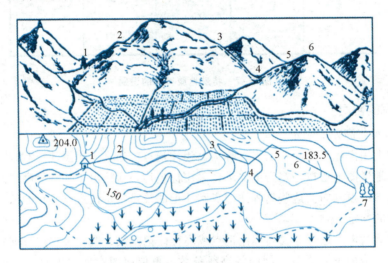

图9-8　起伏状况的判定

（3）坡度的判定

坡度，通常指斜面对水平面的夹角，有时也指斜面上某指定方向对于水平面的夹角。坡度的大小通常用度数表示，有时也用高差和相应水平距离的比值（倾斜百分比）表示。判定坡度，常用以下三种方法。

①用坡度尺量取坡度（见图9-9）

地形图南图廓的下方绘有坡度尺，坡度尺的底线上注有从1°~30°的坡度数值和3.5%~58%的百分数，从下至上有六条线（一条直线，五条曲线），可以分别量取二至六条等高线间的坡度。量取两条等高线间的坡度时，先用两脚规（或直尺等）量取图上两条等高线间的宽度，然后到坡度尺的第一条（最上）曲线与底线间的纵方向上比量，找到与其等长的垂直线，即可在底线上读出相应的坡度。

②计算法

在图上欲量取坡度的方向上判出两端点的高差，再量算出它们的水平距离，根据公式计算。

$$倾斜百分比 = \frac{高差}{水平距离}$$

$$坡度\ \alpha = \arctan\left(\frac{高差}{水平距离}\right)$$

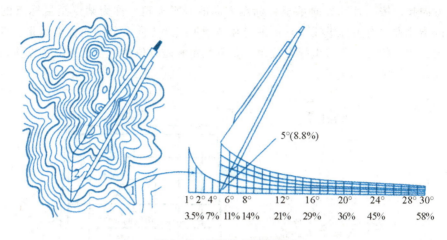

5°(8.8%)

| 1° | 2° | 4° | 6° | 8° | | 12° | 16° | 20° | 24° | | 28° | 30° |

3.5% 7% 11% 14%　21%　29%　36%　45%　58%

图 9 - 9　用坡度尺量取坡度

③根据等高线间隔估算

地形图如果采用统一规定的等高距，那么两条相邻首曲线的间隔为 1 毫米，则相应实地坡度约为 12°，所以，间隔大于或小于 1 毫米，只要用 12°除以间隔的距离（毫米），就可以得出实地坡度。例如，相邻两条首曲线的间隔为 2 毫米，则实地坡度为 $12° \div 2 = 6°$；等高线的间隔为 0.4 毫米，则实地坡度为 $12° \div 0.4 = 30°$。这种方法只适用于 30°以下坡度计算。坡度愈大，误差愈大。如果等高线的间隔太小不便量取，可一次量取几个大致相等的间隔，然后求出每个间隔的平均毫米数，再按上面的方法计算坡度。

（4）判读地貌应注意的问题

判读地貌可以在实地对照判读，也可以在室内从图上进行判读。在室内判读时，应注意以下问题。

①判读地貌形态，量算高程、坡度等，必须在比例尺大于 1∶10 万的地形图上进行才能保证精度。

②由于等高线之间有一定距离，无法表示出两条等高线之间的地貌变化，使得一些微小地貌遗漏在两条等高线之间，甚至一些山顶和鞍部的点位、高程无法准确判读。

③有些山地或陡峻的斜面，由于坡度太陡，使等高线十分密集，图上两条计曲线之间很难画出四条首曲线，因此，制图时采用了合并或略绘首曲线的办法，即两条计曲线间只绘三条、两条或一条首曲线，甚至一条首曲线都不绘。遇到这种情况，切不可产生错觉或误解。

④在地形图上，有时可能出现局部地区等高线与实地不符的情况。此时，应根据附近等高线图形和其他地形特征进行综合分析，以得出正确的判读结果。

根据等高线特性判读地貌，必须勤练多判，反复实践，才能掌握判读技能。

（四）方位角与偏角

1. 方位角

在识图用图中，判定方位、标定地图、保持行进方向等，都离不开方位角。从某点的指北方向起，按顺时针方向量至目标点方向的水平夹角，称为某点至目标点的方位角。点的指北方向有坐标纵线、真子午线和磁子午线北方向，分别简称坐标北、真北和磁北，因此相应的方位角有坐标方位角、真方位角和磁方位角。三北方向及方位角在地形图上的表示如图 9 – 10 所示。

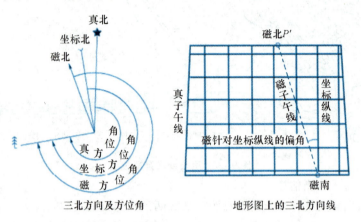

三北方向及方位角　　　　　地形图上的三北方向线

图 9 – 10　三北方向及方位角表示

规定度量角度的单位，称为角制。常用的角制有 360°制、弧度制和密位制。方位角通常用密位制或 360°制量度。

（1）坐标方位角

以坐标纵线北方向为基准方向的方位角，称为坐标方位角，记为 a。由于各点坐标纵线相互平行，故任一直线的正、反坐标方位角恰好差 180°。

（2）真方位角

以真子午线北方向为基准方向的方位角，称为真方位角，通常用 A 表示。由于真子午线互相不平行，故任一直线的正、反真方位角一般不正好相差 180°。在比例尺大于 1：10 万的地形图上量取真方位角时，可把东、西内图廓线看作真子午线的平行线加以利用。现地用图时，常把北极星方向作为真子午线方向看待。

（3）磁方位角

地球是个大磁体，在地面点置一罗针，静止后，其磁针所指方向即为该点的磁子午线方向；它的北方向，称为该点的磁北方向。以磁子午线北方向为基准方向的方位角，称为磁方位角。由于磁子午线收敛于两磁极，故磁子午线互不平行，正、反磁方位角互差不为 180°。但在比例尺大于 1：10 万的地形图上量取磁方位角时，通常把图幅平均磁子午线方向视为磁北方向。利用指北针可以很快找到现地的磁北方向，白天和夜间都可使用，因此磁方位角应用比较广泛。

2. 偏角

偏角是指三北方向线中坐标北、真北和磁北三者之间的夹角，也称为三北方向角。偏角共有三种，通常可构成十种形式。

（1）坐标纵线偏角

任意点的坐标北方向对于真北方向的夹角 γ，称为该点的坐标纵线偏角，或子午线收敛角。在每个高斯－克吕格投影分带内，由于过每个地面点的真子午线方向都向地球两极收敛，而同样过每一地面点的高斯直角坐标的纵线方向都与中央子午线的投影平行，所以位于中央经线以东的点，γ 为正，坐标纵线东偏；位于中央经线以西的点，γ 为负，坐标纵线西偏。

（2）磁偏角

任意点的磁北方向对于真北方向的夹角 δ，称为该点的磁偏角。磁北方向线东偏为正，西偏为负。由于地磁极与地理极不重合，且不断变化其位置，加之受地球内部磁性物质的影响，故磁偏角的大小因地、因时而变。为便于利用指北针标定方位，通常每隔一定年代测定一些地面点的磁偏角，并将它们标在专门的地图上，再把磁偏角相等的点，用光滑曲线（实线）连接起来，构成等磁偏线图。

（3）磁坐偏角

任意点的磁北方向对于坐标北方向的夹角 ε，称为该点的磁坐偏角。它可通过测算求得，其符号选取与磁偏角的规定相同。尽管点位不同，偏角角值各异，但从实用角度出发，在比例尺大于 1:10 万的图幅范围内可视为相同。地形图上以图幅中心点的偏角为准，在南图廓下方，绘有偏角示意图，称为三北方向图，或偏角图，用它可进行不同方位角的换算。

3. 方位角量算

（1）在图上量读坐标方位角

通常用量角器量读坐标方位角，如图 9－11 所示。要量读 171.4 高地至 162.6 高地的坐标方位角，其方法如下。

①将 171.4 高地和 162.6 高地两点连一直线，若两点在同一方格内，应将连线延长至与坐标纵线相交。

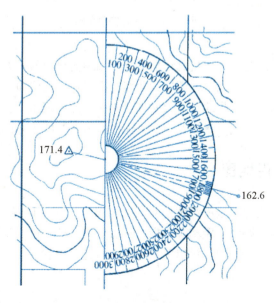

图 9－11　利用量角器量读坐标方位角

②将量角器圆心对准连线与坐标纵线的交点，若方位角值小于 30 – 00（180°），量角器放在坐标纵线右边，以零分划朝北并使它与坐标纵线重合。

③读出两点连线通过量角器边缘的分划数 17 – 40，即为 171.4 高地至 162.6 高地的坐标方位角。若坐标方位角大于 30 – 00（180°），则应将量角器放在坐标纵线的左边，使零分划朝南，再将读出的密位数加上 30 – 00，即为量读的坐标方位角。

（2）在图上量读磁方位角

磁方位角通常用指北针量读，前提条件是处在图幅范围的现地才能实施。如图 9 – 12 所示，量读 AB 方向线磁方位角，其方法如下。

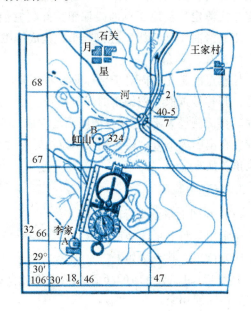

图 9 – 12　磁方位角量测

①在地形图上将 AB 两点连一直线。

②标定地图。标定时，先使指北针准星的一端朝向地图的上方，并使指北针的直尺边切于磁子午线，然后转动地图，使磁针北端对准指标，地图即已标定。

③保持地图不动，再将指北针直尺切于 AB 两点的连线上，并使准星朝向 B 方向，待磁针静止后，其磁针北端所指为 5 – 00 密位，即为 AB 方向线的磁方位角。

二、现地使用地图

现地使用地图是指通过地图与现地对照，明确自己所处位置，了解周围地形情况，确定遂行任务的方向、路线、距离和目标，以及所进行的判读、量算、计划和分析评估等工作，包括判定方位、确定点位以及利用地图行进等内容。

（一）判定方位

方位判定，就是在现地辨明东、西、南、北方向，明确周围地形和关系位置，是现地用图和遂行任务的基础。

1. 利用指北针判定

指北针（指南针），是从我国古代发明的"司南"逐渐改进而成的。指北针携带方便，操作简单，能迅速、准确地判定方位，是现地判定方位的基本工具。

民用的指北针有基板式、拇指式等。军用的指北针，有六二式、六五式、八〇式、九七式等，虽然型号不一，但其构造原理基本相同。基本由罗盘、倾角测量器、距离测量器组成。不管军用指北针还是民用指北针，其寻北的功能都是一样的。六二式指北针是我军使用的一款经典指北针，如图9 – 13所示。

（1）指北针的构造及其用途

六二式指北针是由磁针、刻度盘、方位玻璃框、角度摆、距离估定器、里程表、直尺和反光镜等部件组成，可用来判定方位，测定方位角，量测距离、坡度和测绘略图。

刻度盘，是固定不动的，上面刻有内外两圈分划，内圈为60 – 00密位制，每个小分划为0 – 20密位；外圈为360°，每个小分划为2°，主要用于量度方位。

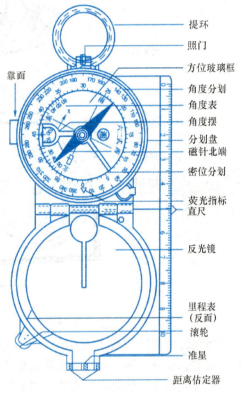

图9 – 13　六二式指北针

提环、照门、方位玻璃框、角度分划、角度表、角度摆、分划盘、磁针北端、密位分划、荧光指标、直尺、反光镜、里程表（反面）、滚轮、准星、距离估定器、靠面

方位玻璃框，位于刻度盘之上，可自由转动，其上面刻有东、南、西、北字样，用来配合刻度盘指示方位。

角度摆和角度表，可用来测定坡度，角度表上的分划单位为度，每个小分划为5°，可测量俯仰角各60°，"＋"表示仰角，"－"表示俯角。

里程表，由指针、表盘、滚轮等部分组成，可量取1∶2.5万、1∶5万、1∶10万比例尺地形图上的量程。

距离估定器，两尖端间的宽度为12.3毫米，照门至准星的长度是123毫米，恰为两尖端间宽度的10倍，可用以测定距离。

八〇式指北针是悬浮式指北针的一个型号，如图9 – 14所示，与六二式指北针相比，有以下不同点。

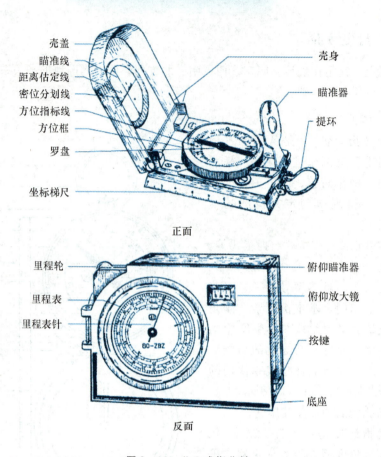

壳盖
瞄准线
距离估定线
密位分划线
方位指标线
方位框
罗盘
坐标梯尺

壳身
瞄准器
提环

正面

里程轮
里程表
里程表针

俯仰瞄准器
俯仰放大镜
按键
底座

反面

图 9 - 14　八〇式指北针

①指北针的磁针与度盘固连在一起，磁针始终对准 0° 和 180°。当转动指北针时，磁针恒指北，表盘外罩上的刻度线随壳身转动而对准不同刻度，便于测磁方位角。

②除可利用距离估定器和瞄准器测定距离外，还可利用密位分划线求取距离。

③可测定目标的俯仰角。先用俯仰瞄准器瞄准所测目标，用手按一下按键，从俯仰角放大镜中即可读取所测之俯仰角。仰角时，显示黑色数字，反之为红色。同理，此法可用于测定坡度。

（2）利用指北针判定方位的方法

判定方位时，将指北针平放，待磁针静止后，磁针涂有夜光剂的一端或黑色尖端所指的方向，就是磁北方向。

使用指北针以前，应检查磁针是否灵敏，方法是用一钢铁物体扰动磁针。若磁针迅速摆动后，仍停在原分划处，则说明磁针灵敏，可以使用；若多次扰动磁针静止时所指分划位置差别较大，则说明该指北针不能用，应进行检修和充磁。

利用指北针判定方位

2. 利用天体判定方位

除利用指北针判定方位外，还可利用天体判定方位。可用于判定方位的天体有太阳、月亮、北极星等。

（1）利用太阳判定方位

①利用太阳升落时刻的位置判定方位

利用太阳东升西落的规律判定方位，是晴天白昼判定方位最便利的方法。其实，太阳在一年中只有春分日和秋分日这两天是从正东升起，从正西落下。在我国，大体上说，春、秋天，太阳出于东方，落于西方；夏天，太阳出于东偏北，落于西偏北；冬天，太阳出于东偏南，而落于西偏南。据此，就能概略地判定东、西、南、北方位。

②利用太阳和时表判定方位

利用太阳和时表判定方位是晴天白昼任意时刻判定方位的一种方法。一般来说，在当地时间 6 时左右太阳升起于东方，12 时位于正南方上空，18 时左右落于西方。根据太阳这一视运动规律，假定时表的时针运动与太阳视运动同步，且时表时针与表盘中心至"12"的连线间的夹角与太阳此刻的视运动方位角相对应，那么只要使这种假定时针指向太阳，则表盘中心至"12"连线方向便为当地的北方向。根据这一推理，便得出利用太阳和时表判定方位的方法，用一句话来概括就是：当地时间折半对太阳，"12"字头指北方。如图 9 - 15 所示。

图 9 - 15　利用太阳和时表判定方位　　　　　　利用太阳和时表判定方位

该方法以地方时为准，我国采用北京（东经 120°）的地方时作为全国的统一标准时，称为北京时。故应按以下公式将标准时转化为地方时。

$$地方时 = 北京时 - \frac{120° - 当地经度}{15°}$$

使用此法时应当注意，时间以 24 小时制计算。在北纬 23°26′（北回归线）以南的地区，夏季中午时，太阳偏于天顶以北，故此季节不宜采用此法。

③利用阴影方向变化判定方位

太阳随时间推移而西移，对地面某一竖立物而言，其阴影则渐渐东移。给定一时间段观察竖立物阴影方向的变动轨迹，即可判定竖立物处的方位。其方法如图 9 - 16 所示。

（2）利用月亮判定方位

太阳每天的零时位置位于正北下方，24 小时转一圈（360°）。所以，任意时刻 t，

太阳的方位角 $\alpha_{日} \approx 15°t$。月亮约 30 天绕地球转一周，每当农历初一，位于日、地之间，地球上的人看不到月亮，叫朔；之后，月亮右侧逐渐亮起来，到农历十五、十六，月亮位于日、地延长线上，此时地球上的人看到一轮明月，叫望；过后月亮从右向左逐渐暗下来，直到农历初一又回到朔。月亮由朔到望，或由望到朔，各约 15 天，在地球上的人看来，月亮对于太阳的夹角变化了 180°。所以农历任何一天月亮对于太阳的夹角为"（月有光面积/月面积）×180°"。按此任意时刻月亮的方位角计算方法如下：

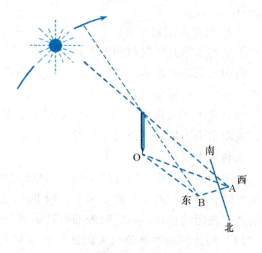

图 9 – 16　利用阴影方向变化判定方位

$$\alpha_{日} = t \times 15°$$

$$\alpha_{月} = \alpha_{日} \pm （月有光面积/月面积）\times 180°$$

式中，t 为以小时为单位的地方时刻（按 24 小时制计算）。月亮右边亮，式中的"±"号取"–"号；反之，取"+"号。

求出 $\alpha_{月}$ 之后，可以用任何一种量角器具（或时表），标出方位角值，并把方位角线（或假定时针）对准月亮，则其零度线（或表盘中心至"12"的连线）方向即为北方向。

例如，某地 19 时看到月亮右侧 7/8 的面积有亮光，则

$$\alpha_{日} = 19 \times 15° = 285°$$

$$\alpha_{月} = 285° – （7/8）\times 180° = 127.5°$$

以时表中心至 4 时 15 分时针的连线对准月亮，则表盘中心至"12"的方向即为北方。

（3）利用北极星判定方位

利用北极星判定方位，是晴朗之夜概略判定方位的简便办法。和利用太阳判定方位一样，适用范围广。

北极星大约位于地轴向北延伸的方向线上，在北方星空，它的视位置可认为不变，故可用来判定方位。面向北极星，前方就是正北方向。

图 9 – 17 表明了北极星与几个易于识别的星座之间的关系。为便于认识星空，人们把天球划分为若干星座，并以人或动物的名称命名。北极星就是小熊星座中的 α 星。

用北极星判定方位的必要条件是识别北极星，有如下三种识别方法。

①由大熊星座识别

大熊星座即我国古代命名的北斗七星。它像一把勺子，顺着勺子口外缘的天璇星和天枢星的连线方向，延伸大约两星距离的 5 倍处，就是北极星的位置。

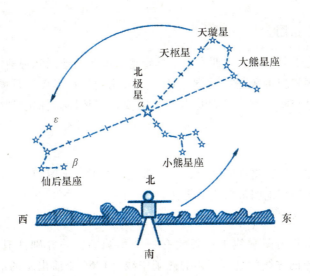

图 9 – 17　依北极星判定方位

②由小熊星座识别

小熊星座也像一把勺子，勺柄的柄端那颗星就是北极星 α。

③由仙后星座识别

仙后星座很像英语字母 W，故也称 W 星座。延长仙后座 W 的两条边有一个交点，这个交点和 W 中间点的连线，向前延伸大约 5 倍处，就是北极星的位置。

由于地球自转，夜间看北方星空时，像以北极星为极，逆时针旋转一样。这样一来，在北半球不同纬度地区的不同季节不同时刻，见到的星空是不同的。有的能看到上述三个星座（北纬 40°以上），有的只能看到其中的某个星座。但只要掌握了以上三种识别北极星的方法，便能很容易地找到北极星。

3. 利用自然特征判定方位

利用自然特征判定方位，是指根据某些具有方向标示性的地物、地貌及某些现象来判定方位。我国北方地区农村住房的正门，多朝南开；古代宫廷殿宇、神庙宝塔均坐北朝南；许多工厂为了保证厂房内的光照条件而又避免阳光直射，将厂房建为锯齿状房顶，窗子向北，例如纺织厂、印染厂。我国西北干旱地区，由于定向风长期作用于地表面，在地面上形成了许多风蚀残丘地。我国南方潮湿地区，常见向阳面的土堤、高顶较干燥，无青苔生长，而背阳面长满青苔。有些植物由于受阳光、气候等自然条件的影响，形成了某些特征，可用来概略地判定方位。例如，独立大树，通常南面的枝叶较茂密，树皮较光滑，北面的枝叶较稀疏，树皮较粗糙。独立树的年轮，通常北面的间隔小，南面的间隔大。突出地面的土堆、土堤、树林和建筑物等，通常南面干燥，北面潮湿，南面积雪融化快，北面积雪融化慢。土坑、沟渠则相反。上述特征只能判出概略方位，有时也可能有反常现象。在判定方位时应多种方法综合运用。

（二）标定地图

地图的方位是上北下南，左西右东。标定地图就是使地图和现地的方位一致，恢复地图与实地成比例相似的关系。地图，特别是大比例尺地形图，反映实地地形详细精确，要使每个符号与实地都一一对应起来，需要标定地图。标定地图通常有以下几种方法。

1. 概略标定

在现地判明方位后，将地图的上方对向现地的北方，地图即已概略标定。这种方法简便迅速，是现地使用地图最常用的方法。

2. 用指北针标定

在地形图的南北内图廓线上，各绘有一个小圆圈，并分别注有磁南（P）、磁北（P'），这两点相连的虚线就是该图幅的磁子午线（1964 年前出版的旧地图没有连线）。在民用定向地图上有很多平行纵线，贯穿整个地图，这些平行纵线就是磁子午线。

标定时，先使指北针准星的一端朝向地图的上方，并使指北针的直尺边切于磁子午线，然后转动地图，使磁针北端对准指标（刻度盘的"0"分划），地图即已标定（如图 9－18 所示）。

3. 利用直长地物标定

直长地物就是既直又长的地物，如公路、铁路、水渠、土堤、通信线等。利用直长地物标定的方法是：先从地图上找到这段直长地物符号；对照两侧地形，使地图和现地的关系概略相符；再转动地图，使图上的直长地物符号与现地直长地物方向一致，地图即已标定（如图 9－19 所示）。

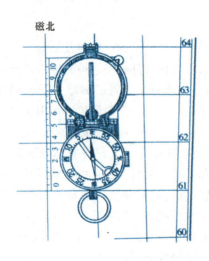

图 9－18 用指北针标定

图 9－19 利用直长地物标定地图

4. 依明显地形点标定

明显地形点是指有突出特征的物体，如山顶、鞍部、烟囱、水塔、桥梁、岔路口、土堆、独立树等。依明显地形点标定的方法是：确定站立点在图上的准确位置；在现地远方选一个图上的明显地形点（突出树、塔、山顶等）作为目标点；地图平放，将指北针直尺（三棱尺）边切于图上站立点和目标点的连线上，然后转动地图，通过照门、准星对准现地目标点，地图即已标定，如图 9 - 20 所示。

图 9 - 20　依明显地形点标定

5. 依北极星标定

夜间视线不良，不便于依据地形点标定地图方位时，这时可以利用北极星标定地图方位。方法是：面向北极星，将地图上方概略朝北，然后转动地图，通过东（西）内图廓线（真子午线）瞄准北极星，地图即已标定。

（三）　地图与实地对照

地图与实地对照，是指在实地把地图上的地形符号与现地的地物、地貌进行对应判读的过程。对照的目的，在于明确周围地形与所处位置关系，以确保能按照正确的方向、正确的路线抵达指定的地点。

1. 地图与实地对照的要求与基本过程

（1）要求

通过将地图与实地进行对照，要求达到：现地与图上都有的地形目标，明确其对应关系；现地有而图上没有的目标，能确定其图上位置；图上有而现地没有的目标，能确定其在现地的原来位置。从而了解地形变化，掌握地形总貌，辨明行动地区的主要位置。

（2）基本过程

实地对照地形通常在标定地图后进行，可分为概略对照和详细对照两个阶段。每到一地，标定地图后，首先要通过实地对照明确一些明显突出的主要地形特征点在图上的位置，以及它们与站立点的关系，进而以这些特征点为基础采取相应方法判定站立点在图上的位置，这一过程为概略对照。判明站立点在图上的位置后，采用判定目标点的图上位置和判定图上点的实地位置的各种方法，详细地、由近及远地一一判明各地形要素在实地和地图间的对应关系，这一过程称为详细对照。实际上概略对照和详细对照是交替、穿插、轮流进行的。

2. 实地对照中应注意的问题

（1）要有比例尺的概念

地图是根据比例尺经过综合取舍而绘制成的。比例尺愈小，表示内容愈概略。因此，一些小的地形细部如小山背、小山谷、小河弯、小路弯等，在图上可能找不到。比例尺决定着实地对照的距离，要清楚地了解图上距离与实地距离的对应关系，具备在实地简易估测距离的能力，这样才能迅速地实施实地对照。当所使用地形图的比例尺变化时（如从1∶5万地图改用1∶10万或1∶2.5万地图），尤其要注意比例的调整。

（2）注意地形要素的分布规律及其相互关系

各地形要素的分布是有一定规律的，各要素间在空间分布上有着相互制约的关系。地貌和水系是构成地形的基础，其他地形要素受人类活动影响而形成或变化。因此，居民地通常依山傍水而立，道路、管线连接着居民地；桥梁位于河流与道路、道路与道路的交汇处；水库与上流的河流、下流的沟渠相联系；独立地物一般离居民地不远，且在道路两侧等。注意总结这些规律，有助于提高现地对照的效率与可靠性。

（3）要有发展变化的观念

由于地图的测制要有一个过程，因此图上表示的内容总是滞后于现地地形。因此，实地用图中要注意总结地形变化规律，指导实地对照。地形变化的一般规律是：地物变化大，地貌变化小；城市郊区变化大，农村地区变化小；公路水渠高压线在增加，低等级道路在减少；村庄外围在扩大，但其主要街道没有变；高等级公路一般取直线新筑路基，一般公路则在原来道路上拓宽、取直等。

（4）抓住本地区特征地形

抓特征地形，一是指在每一用图地区，尤其是起伏地形上，首先识别几个有特征的高大明显的特殊地形目标，以便在本地区活动时，均有参照物。二是注意发现不同地区便于现地对照的特征地形要素。如在人口稠密地区，输电线众多，但到了偏僻地区，输电线可能成为特征地形要素，有利于现地对照。

（5）充分利用等高线的特点及其等高特征

实地对照中，除应充分利用地图图形与实地地形在平面上的相似特征外，还应注意利用等高线的等高特征：在山地、丘陵地对照时，注意对实地高差的观察，对等高线实地走向与图上的高差、等高线形状进行比较。在缺乏其他地形要素时，该方法可收到良好的效果。

（四）判定点位

点位指用图者在实地站立的地点和他所关心的其他点。用图者在实地站立的地点称为站立点，站立点以外用图者所关心的点称为目标点。

实地判定点位指通过地图与实地的对照，采用根据点位判定原理结合不同实际情况所派生出来的各种点位判定方法，判定站立点、目标点的图上位置，确定图上点在实地的位置。

1. 点位判定原理

（1）极坐标定点原理

如图 9 - 21 所示，设 A 为已知点（图上与现地均可确认其位置的点），B 为待定点。为确定 B 点的位置，可以 A 点为极坐标原点，在取得极径 S 以及它对于极轴的极角 m 后，便可在极平面上唯一地确定 B 点。这就是极坐标定点原理。为确定 B 点的图上位置，可在 A 点标定地图，再用指北针的直尺边切准图上 A 点，照准目标 B 点，此时相当于测量并做出角 m；再测出已知点至目标点的距离 S，并在方向线 AB 上，以 A 点起依比例尺缩绘此距离，则此距离的远端点即为目标点 B 的图上位置。

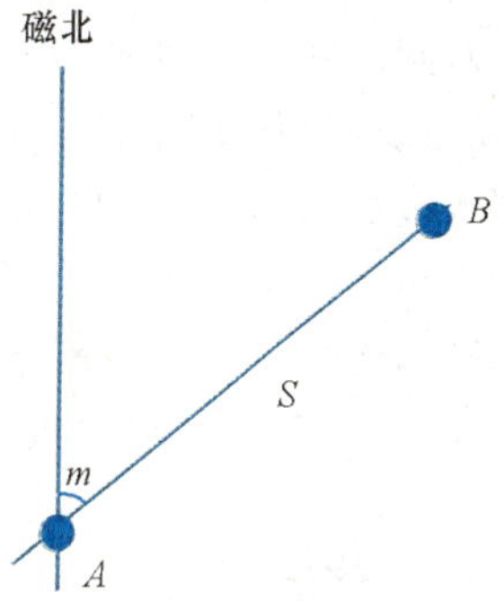

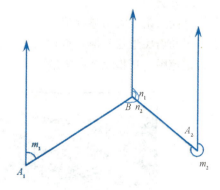

图 9 - 21　极坐标定点原理

（2）交会定点原理

如图 9 - 22 所示，A_1、A_2 为已知点，B 为待定点，为确定 B 点在图上的对应位置，可在 A_1、A_2 点上分别测定 m_1 和 m_2 角后，以两条方向线相交即可在地图平面上唯一地确定 B 点的点位。即交会定点的基本原理。

当 B 点为目标点时，可分别从两已知点上测出磁方位角 m_1 和 m_2，并依此在图上分别从已知点向目标点做出交会方向线 A_1B 和 A_2B；当站立在待定点 B 上时，可在现地分别测定 B 点至 A_1、A_2 点的磁方位角 n_1、n_2，并依此在图上分别从已知点向站立点方向做出两条交会方向线，交会出站立点 B 在图上的对应位置。前一种方法称为前方交会，后一种称为后方交会。

图 9 - 22　交会定点原理

与极坐标定点原理相同，交会定点原理也可用于判定图上点位的实地位置。

2. 确定站立点在图上的位置

判定站立点在图上的位置是现地用图的基础。

（1）地形关系位置法

地形关系位置法是根据站立点与已知点间由方向、距离、高程、特征和关系位置所构成的图形在图上和实地间的相似关系，通过目估比较，确定站立点图上位置的方法，又称目估比较法。

站立点在明显地形点上时，从图上找到该地形点的符号，该符号的定位点即是站立点在图上的位置。

站立点在已知点附近时，可先标定地图，根据站立点与已知点在实地由方向、距离和高差所构成的图形关系，对照已知点在图上所构成的图形关系，通过目估比较即可确定站立点的图上位置。如图9-23所示，用图者在三角点西南方的山背上，根据左侧的冲沟沟尖方向和山背分水线相交的关系，即可确定站立点在图上的位置。

图 9-23　地形关系位置法确定站立点

（2）交会法

交会法是在站立点上，根据交会定点原理交会出站立点图上位置的方法。根据实际情况不同，有以下几种应用形式。

①后方交会法

当站立点附近无明显地形点，但可在较远处判定两个以上已知点（如图9-24中的山顶甲和居民地乙）时，可用后方交会法。步骤如下：

标定地图。用指北针标定地图，一经标定，地图方位就不允许再变动。

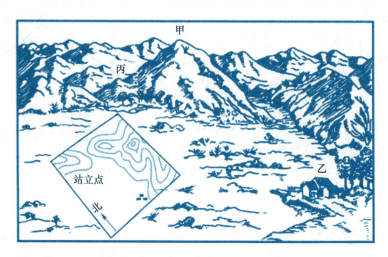

图 9-24　后方交会法确定站立点

绘方向线。用指北针的直尺边或三棱尺的一边切准图上山顶甲定位点并照准实地此山顶，沿直尺边向站立点方向画一直线；再将直尺切准图上的居民地符号，并照准实地相应居民地乙，沿直尺向站立点方向画一直线。此两直线的交点，即站立点在图上的位置。为保证交会精度，两直线的交会角度应为30°～150°。

检查交会结果。另选一已知点，依上述方法作已知方向线，当三条方向线交于一点时，证明所判站立点无误；当交会误差不大（所构成的三角形每一边均小于两毫米）时，可结合站立点附近的地形细部形态或在三角形的中部判定站立点的图上位置；当交会误差较大时，应重新进行交会。

②侧方交会法

当站立点位于已知线状地物上时（图9－25中站立点在直线路段上，分水线、合水线也可视为线状地貌加以利用），图上的线状地物符号，即为已知线段。根据交会法原理，只需再画出一条方向线即可确定站立点。它是后方交会的一种特殊形式，也称为侧方交会法。步骤如下：

图9－25 侧方交会法

标定地图。可利用直长地物标定，使地图上的道路符号与实地道路平行，且注意方向一致。

绘方向线。在线状地物的侧方选择一个已知点，如独立房，在保证地图方位不变的情况下，照准独立房画出方向线，此方向线与图上道路符号的交点即为站立点在图上的位置。

若已知点与站立点的连线垂直于站立点所在的直线地物时，可直接在图上过已知点符号的定位点，作直线地物符号的垂线，垂足即为站立点的图上位置。这是交会法在特殊情况（交会角度为90°）时的简便应用，尤其便于乘车行进中概略确定站立点位置，即垂线法。

③磁方位角交会法

磁方位角交会法，是先在站立点上测出站立点至两个已知点方向的磁方位角，标定地图后，在图上依所测的磁方位角过已知点向站立点方向作方向线，从而交会出站立点在图上位置的方法。这种方法适用于通视性差的遮蔽地区。

磁方位角交会法步骤如下：

现地测定磁方位角。攀登到高处或大树上，选择两个（至少两个）已知点；利用指北针分别测出站立点至两个已知点方向的磁方位角。现地测定磁方位角的方法是（用六二式指北针）：面向目标，平持指北针至眼前，由照门经准星向目标瞄准，并使反光镜略成45°。待磁针静止后，用眼的余光看反光镜，转动方位玻璃框，使玻璃上的"北"字或用夜光剂作的标志与磁针北端对齐。放下指北针，通过玻璃上的指标线读出角度分划盘上的角度值，即为站立点至目标方向的磁方位角，如图9 – 26 所示。

图9 – 26　磁方位角交会法

标定地图。在站立点上，利用指北针标定地图。

绘方向线。在保证地图方位不变的条件下，使直尺边切准第一个已知点的图上位置，旋转指北针，直至角度盘上的读数与测出的第一个磁方位角相等时，沿直尺边向后画直线；同法，切准第二个已知点的图上位置，旋转指北针，直到角度盘上的读数与测出的第二个磁方位角相等时，画一直线。此两直线的交点，即站立点在图上的位置。同样，利用磁方位角交会时，也应利用第三点进行检查。

④距离交会法

距离交会法是根据站立点至两个以上已知点的距离，分别以各已知点为中心，以各相应距离（化为图上距离）为半径作圆弧交出站立点在图上位置的方法，如图9 – 27 所示。这种方法适用于远距离交会，因为近距离时，可用前述更为简便的方法。采用距离交会法时，也应将交会角保持为30° ~ 150°，当交会角为0° ~ 30°或150° ~ 180°时，两圆弧相交重叠段较长，此时不易确定点位，应根据站立点与两已知点的连线关系，正确确定站立点的图上位置。

（3）极坐标法

极坐标法是根据极坐标原理，在标定地图的条件下，根据一个已知点的方向线和距离确定站立点在图上位置的方法。常见形式有极距法和定直线法。

①极距法

当站立点到已知点的距离便于测量时，根据站立点到已知点的方向和距离，即可判定站立点的图上位置。步骤是：

选已知点。标定地图后，选择一个距离较近的已知点，如图9-28中的突出树。

作方向线。在不变动地图方位的情况下，用指北针的直尺边或三棱尺

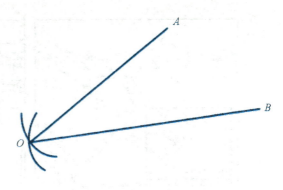

图9-27 距离交会法原理

切图上突出树符号定位点并向实地突出树瞄准，用铅笔沿直尺画一直线。

测距、定点。利用目测或步测等简易测距法，估测站立点至已知点的距离；按地图比例尺从已知点图上位置起，在方向线上，向站立点方向测量相应长度（图9-28中，步测距离为300米，地图比例尺1:2.5万，换算成图上长度为1.2厘米），此长度的端点即为站立点的图上位置。

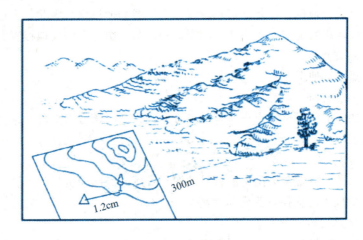

图9-28 极距法

②定直线法

站立点位于两个已知点连线上，如图9-29①，或延长线上，如图9-29②，根据站立点至任一已知点的距离，即可确定站立点的图上位置。步骤是：首先，概略标定地图。画连接图上两已知点的连线。然后，测距。目估或用其他简易测距方法，测定站立点至任一已知点的距离（图中标示站立点至道路交叉点的距离为250米）。接着，确定站立点。依地图比例尺将上述实地距离缩为图上距离后，从图上的道路交叉点起，在连线的站立点方向上截取该距离（1:5万地图上为0.5厘米），此点即为站立点在图上的位置。

极坐标法在地物较多的地区使用是很方便的，特别是把目估比较法和此法结合起来使用时，图上作业少，判定速度快。用图者应善于利用地图上的地形信息（地物、地

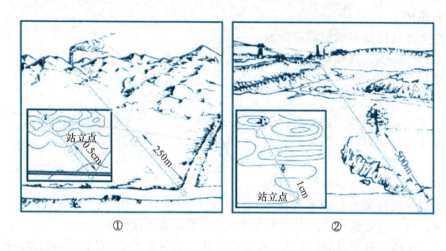

图 9 – 29 定直线法

貌特征点），综合利用各种判定点位的方法判定站立点。

3. 判定图上点的实地位置

判定图上点的实地位置，是判定点位于图上位置的逆过程。因此，上述各种方法均可采用。但实际运用较多的是极距法。利用极距法判定图上点的实地位置的方法如下：

（1）判定站立点

根据站立点附近地形条件，判定站立点和标定地图。

（2）确定目标方向

从站立点的图上位置至突出房屋符号连方向线，并在该方向上的实地找到一明显物体作为方向标记。

（3）量算距离

根据站立点图上位置至突出房屋符号的图上长度和地图比例尺，计算两点间的实地水平距离（起伏较大时应换算为倾斜距离）。

（4）确定实地位置

从站立点起，在目标方向上，根据实地距离寻找相应目标，并将实地目标与周围地形及其关系位置，和图上突出房屋与周围地形符号的关系相对照。关系一致，则可判定该实地目标即为突出房屋的实地位置；若经对照未发现相应目标，应重新检查标定地图、站立点的图上位置、目标方向、所量算的距离及目测距离是否正确，经检查均无误后，可判定是地形发生了变化。

（五）按图行进

按图行进，就是利用地图选定前进路线，通过地图与现地对照，以保持沿选定的路线到达预定地点的行进方法。

1. 行进前的准备

（1）选择行进路线

根据受领的任务、敌情、地形和部队装备等情况，在图上选出最佳行进路线。选择时，应着重考虑和研究路线与行动有关的地形因素，如地貌的起伏、沿途居民地、森林地、山垭口以及桥梁、渡口和徒涉场的状况。如有敌情顾虑时，应注意研究沿道路两侧地形的起伏与隐蔽情况、遇空袭时的疏散区域、与敌遭遇时可能利用的有利地形等。

为便于行进中掌握方向，在路线选定后，还应在沿线选定明显突出、不易变化的目标作为方位物，如行进路线上的转弯点、岔路口、桥梁、居民地的进出口、城市中的广场和突出建筑物，以及沿线两侧的高地等。

（2）标绘行进路线和方位物

标绘行进路线和方位物，就是将选定的行进路线（出发点、调整点和终点）和方位物，用彩色笔醒目地标绘在图上，并进行编号，以便沿途对照检查。

（3）量里程、算时间

在图上量取路线各段和全程的里程，并根据行进的速度计算行进时间，然后将有关数据注记在地图上或工作手册上。如行进路上地貌起伏较大，还应将图上量得的水平距离，按不同的坡度改正为实地距离，为了便于掌握行进速度和时间，可将改正后的各段距离，根据预定行进速度换算为行进时间。

（4）熟记行进路线

熟记行进路线，一般按行进的顺序，把每段的里程、行进时间、经过的居民地、两侧方位物和地貌特征，特别是道路的转弯处、岔路口和居民地进出口附近的方位物及地形特征等都要熟记在脑子里。力求做到"胸中有图，未到先知"。

2. 徒步沿道路行进

徒步沿道路行进是人员机动的方式之一。在行进中，要想准确到达指定位置，必须做到"四明"，即方向明、路线明、位置明、处置方法明。

（1）方向明

方向明就是在出发点上，必须先标定地图，对照地图，判定出发点位置，明确前进的道路和方向，然后计时出发。

（2）路线明

路线明就是在行进中，应根据记忆，边走边回忆，边走边对照，随时明确站立点的图上位置、已走过的路程、前方将要通过的方位物和将到达的位置等，力争做到"人在路上走，心在图中移"。

（3）位置明

位置明就是在行进中，特别是经过岔路口、道路转弯点、居民地进出口时，应及时对照现地地形，明确站立点的图上位置，以保持正确的行进方向。

（4）处置方法明

一是当发现实地地形变化与地图不一致时，应采用多种方法，仔细对照地貌，全面分析地形变化和位置关系，然后准确地判定站立点的位置和行进方向。二是如发现走错了路，应立即对照地形，回忆走过的路程，判明从什么地方开始错的，偏离原定路线有多远，根据情况决定另选迂回路或返回原路，回到正确路线后，再继续前进。

3. 越野行进

在道路稀少地区（沙漠、草原等）或因任务需要，不能沿道路行进时，常采用越野行进。越野行进时，因为地面起伏不平，障碍多，容易偏离方向，所以多采用按地图与方位角相结合的方法行进。行进时应注意下列几点。

（1）行进路线应选择在方位物较多的地形上，特别是转弯点或附近应有明显的方位物，以利于对照检查，保持正确的行进方向。

（2）在起点和各转弯点上都要明确标定地图，明确行进方向和下一点方位物，或按预先测定的各段磁方位角，照准行进方向，找到下一点方位物，选择便于通行的地形前进；如不能直接看到下一点方位物，应选择辅助方位物，这样逐段按方位物方向行进，直到终点。

（3）行进中，要勤对照，多分析，随时判定站立点的图上位置，特别是在复杂地形上行进尤为重要。如果发现走错了方向，应停止前进，查明原因，重新确定站立点的图上位置，尽量选择近道插到原方向上，必要时可原路返回，再按正确方向继续前进。

4. 夜间行进

夜间行进时，视线不良，观察不便，地形重叠，远近难分，高低难辨，地图与现地对照困难，行进容易迷失方向。

（1）准备工作

夜间行进前除一般准备工作外，还应注意下列几点。

①距离短，目标明

夜间行进路线转弯点间距离比白天可适当短些。方位物应选明显、高大、透空、发光的物体，如行进道路上的岔路口、桥梁或者临近路旁的高大突出的目标，透空可见的山顶、鞍部等。需要时，还应按行进方向测出各转弯点间的磁方位角，并标注于图上。

②路线熟，信号清

由于夜间灯火管制严，熟记沿路地形特征、方位物的特点和有关名称更为重要。夜间行进前要准备必要的照明器材（手电筒、白毛巾等），规定联络信号。

（2）行进要领与要注意的问题

夜间一般采用按地图与方位角相结合的方法行进。

①出发前明确行进方向

出发前，在出发点要仔细标定地图，对照地形，确定出发点的图上位置，明确行进方向，计时出发。夜间主要靠指北针保持正确的行进方向，应尽量利用其夜光标志。

②行进中力求做到"三勤"

勤看图。即经常查看地图，防止走错路线。夜间可用指北针或北极星标定地图，也可利用星月作方位物，但时间不能过久。

勤对照。即行进中要随时将地图与现地对照。夜间对照时，因能见度低，一般高大明显的地形容易误近，矮小暗淡的地形容易误远，浅谷容易误深，缓坡容易误陡，所以应采取走近观察，由低处向高处观察，由暗处向明处观察等方法，多找点，勤对照，防止误判。

勤观察。夜间可根据灯光、狗叫声、流水声等判断溪流和居民地的位置，及时确定站立点的位置和判定行进的方向。

③要严格按照预定路线行进

夜间行进不要贪走捷径，以防迷路；经过的地方要留心记特征，以便万一走错了路，可原路返回到发生错误的地方，查明原因后，再继续前进。注意掌握行进速度和时间，必要时，可根据行进的速度、时间判断到达的地点；有敌情顾虑时，要注意隐蔽、肃静，防止声响、发光。

④夜间行进疑难问题的处理

相似地形。若行进到地形相似的地方，不易判断图上站立点时，可在几个相似的疑难点上，对同一方位物测定现地磁方位角，看哪一个磁方位角与图上量得的磁方位角相等，相等的就是站立点在图上的正确位置。

上山下山。夜间翻山越岭，上山容易下山难。上山，因透空明亮，一般不易迷失方向；下山，是向暗处行进，而且大小山背、山谷分支愈来愈多，稍有不慎，就会迷失方向。所以夜间在山区行进，尤其下山时要特别小心，一定要仔细对照，或测定磁方位角判定，选准方向再下山。

穿行居民地。夜间通过较大居民地时，由于居民地进出口地方交叉路多、房屋拆除与新建，以及制图时的取舍与综合等原因，图上表示的符号与实地相差较大。所以，夜间行进应尽量避开穿行居民地，若必须穿过居民地，在进出口处要仔细对照，认真分析，切勿弄错方向走错路。

第四节　电磁频谱监测

电磁频谱监测是实施电磁频谱管理的重要手段和依据。通过频谱监测可以获得大量电磁用频装备、设备的工作状态以及无线电频谱信息和特征技术参数，为制订战场电磁频谱管理和用频保障计划，研制和发展各类用频装备提供重要的技术依据。

一、电磁频谱监测的基本知识

（一）电磁频谱监测的定义

电磁频谱监测是指探测、搜索、截获无线电信号，并对信号进行分析、识别、监视并获取其技术参数、工作特征和辐射源位置等技术信息的活动。它是有效实施电磁频谱管理的重要手段和依据，也是电磁频谱管理的重要分支。

（二）电磁频谱监测的分类

根据不同的分类标准，电磁频谱监测有不同的分类方法。

按工作频段划分，可分为长波监测、中波监测、短波监测、超短波监测、微波监测等。凡是军用用频装备工作的频段，也是开展频谱监测的频段。在很长的时间内，频谱监测主要是在短波和超短波频段展开，到目前为止，这两个频段仍然是频谱监测的主要频段。随着微波频段军用装备的日益增多，微波监测在频谱监测中日益占有重要的地位。

按频谱监测的技术参数划分，分为无线电技术监测和无线电方位监测。

按监测任务的不同，分为常规监测、电磁环境监测和特种监测。

（三）电磁频谱监测的特点

电磁频谱监测是获取被测无线电信号技术信息的重要手段。它依赖被测用频台站辐射的信号获取有关技术信息，而频谱监测设备本身不辐射电磁信号。与其他设备工作方式相比，具有以下特点：

1. 监测覆盖范围对电波传播等特性依赖性强

频谱监测的距离与被测辐射源的辐射功率、电波传播条件及频谱监测设备的灵敏度等因素有关。在短波、超短波频段采用地面波传播的条件下，监测距离一般为几千米到几十千米。在短波频段采用天波传播的条件下，频谱监测距离为几百千米到几千千米。对卫星通信而言，频谱监测距离可达上万千米。

2. 隐蔽性好

频谱监测设备不辐射电磁波，不易被敌方的无线电侦察设备发现。

3. 实时性好

监测设备可以长时间不间断地连续工作，只要辐射源发射信号在我方监测设备的作用范围（包括地域、空域、频域）之内，就能及时地被发现，所以，这种监测方式是实时的。由于信号处理技术与计算机技术在监测设备中的广泛应用，对信号进行分析处理的实时性大大提高。

4. 受被监测辐射源的工作条件制约大

被监测辐射源的工作条件包括被监测无线电设备的性能、辐射信号格式、电波传播条件、通信联络时间、应用场合等。如果监测设备不具备监测信号所需要的工作条件，则无法监测。

5. 监测频段宽

频谱监测不仅从地域、空域上可以覆盖较大的范围，从频域上也可以覆盖较宽的频段。目前，频谱监测主要集中在 HF 频段和 VHF/UHF 频段，随着无线电业务的增长和技术的发展，中长波频段和 3 吉赫以上的微波频段的监测也引起了人们的关注，并且已经开发出了相应的设备。

6. 对搜索速度要求高

频谱监测要在很宽的频段内对大量的无线信号进行搜索测量，而很多无线信号是不断变化的，因此频谱监测必须具有很高的速度，否则监测结果就无法真实反映频谱的使用情况。

（四）　电磁频谱监测的方法

电磁频谱监测的主要方法是，通过采用先进的频谱监测测试仪表和设备探测、搜索、截获无线电信号，对信号进行测量、统计、分析、识别、监视，以及对正在工作的用频台站进行测向和定位，获取用频台站位置、通信方式、通联特点、网络结构和属性等技术信息。

二、电磁频谱监测的基本环节

频谱监测的内容和步骤是随着监测设备技术水平的不断提高而变化的。随着科学技术的迅速发展，现代战争中的军事通信大量采用快速通信技术、加密技术、反侦察抗干扰技术等各种先进技术。为适应这种变化，现代的频谱监测以监测无线电信号的技术特征为主。

（一）　对无线电信号的搜索与截获

由于无线电辐射源发射的无线电信号是未知的，或者通过事先监测已知无线电辐射源某些信号频率而不知其工作时间，因此，需要通过搜索寻找来发现无线电辐射源发射的无线电信号是否存在，以及是否有新出现的无线电信号。

截获无线电信号必须具备三个条件：一是频率对准，即监测设备的工作频率与被测无线电信号频率要一致；二是方位对准，即监测天线的最大接收方向要对准被测无线电信号的来波方向（全向天线例外）；三是被测无线电信号电平不小于监测设备的接收灵敏度。由于被测无线电信号的频率和来波方向是未知的，所以，在寻找被测无线电信号时，需进行频率搜索和方位搜索。上述三个条件是对一般情况而言的，实际监测中，对于不同的信号体制，以及不同类型的信号，要区别对待。由于短波和超短波这两个频段的电磁辐射采用弱方向性或无方向性天线，因此一般只进行频率搜索，而不进行方位搜索。由于接力通信、卫星通信、对流层散射通信和雷达信号这四种通信体制都采用强方向性天线，要求监测设备不仅具有频率搜索功能，还必须具有方位搜索功能。总之，截获不同类型的无线电信号，需要满足的条件往往是不同的。

（二）　测量无线电信号的技术参数

无线电信号有许多技术参数，有些是各种无线电信号共有的参数，有些是不同无线电信号特有的参数。

各种无线电信号共有的技术参数主要有：信号载频，或者信号的中心频率；信号电平，通常用相对电平表示；信号的频带宽度，可根据信号的频谱结构测量信号的频带宽度；信号的调制方式，根据信号的波形和频谱结构一般可分析得到信号的调制方式；电波极化方式（必要时测量）。

不同的无线电信号一般具有自身特有的技术参数，例如，调幅信号的调幅度，调频信号的调制指数，数字信号的码元速率或码元宽度，移频键控信号的频移间隔，跳频信号的跳频速率。

以上技术参数的测量对于无线电信号的识别分类是十分重要的。除了技术参数外，信号的出现时间、频繁程度以及工作时间等，也是很有意义的技术信息资料。

实时测量无线电信号技术参数是十分必要的，这对于频谱监测尤为重要。当不能实时测量时，可利用音频录音、视频录像、射频信号存储等手段，详细记录或存储截获的无线电信号，以便事后进一步分析和处理。

（三）测向定位

利用无线电测向设备测定信号来波的方位，并确定目标电台的地理位置。测向定位可以为判定无线电设备属性、通信网组成、实施电磁频谱管理提供重要依据。

（四）对信号特征进行分析、识别

信号特征包括通联特征和技术特征。技术特征是指信号的波形特点、频谱结构、技术参数以及无线电辐射源的位置参数等。分析信号特征可以识别信号的调制方式，判断无线电辐射源的工作体制和无线电装备的性能，判断无线电通信网的数量、地理分布以及各通信网的组成、属性及其应用性质等。

（五）控守监视

控守监视是指对已截获的无线电辐射源信号进行严密监视，及时掌握其变化及活动规律。实施电磁频谱管理时，控守监视尤为重要，必要时可以及时转入即时式管理。

电磁频谱监测中，需要建立电磁频谱管理技术信息数据库，并根据技术资料的变化及时更新数据库的内容。

三、无线电测向的组织与训练

（一）组织准备

进行无线电测向之前，须做好日常准备工作。平时要注意对测向设备的电池进行充电维护，确保在任何时候充电电池都有足够的电量，保证测向设备正常工作。测试人员要尽可能多地掌握、汇集有关频率和既设无线电台站资料，熟悉各频段无线电波传播特性，学会看军用地图，达到在进行干扰分析时能熟练使用和运用。在接到干扰投诉和发现干扰时，要对干扰情况进行登记，写明干扰时间、地点、现象，初步确定干扰信号的频率、干扰区域，并将干扰情况向领导汇报，拟定干扰监测方案。

测试人员应根据干扰信号的频率、性质，选择匹配的监测天线，携带测向设备及取电连接设备和相关频率台站资料、地图出发。出发时要对测向设备进行开机检查，确定设备正常工作，同时对干扰出现的频率和频段进行测试，获得一个基本的场强参考点。在赴干扰目的地的行程中，对干扰登记情况进一步分析，依靠频率台站资料和军用地图，了解干扰区域的电磁环境、地形地貌以及行进的路程，估计干扰源可能出现的地方和查找中可能出现的情况，多考虑几种应对方案和解决问题的方法。在移动车上，测向设备应尽可能通过逆变器使用汽车电源。若无法取电，在不需测试时应及时关机，以减少电池能量的损耗。

（二）选定测向场地

为了保证较好的测向精度，将测向台周围环境对电波传播的不良影响减小到最低程度，需要将测向台配置在符合要求的地域内。测向台位置的选择应该遵循测向台选址规范严格进行。测向台址应平坦开阔，地表电导率高，周围无障碍物。应尽量选择高点，并尽可能避开电线、铁丝网、建筑物、铁轨、水塔、烟囱、高树、河、溪、湖、海岸线等，远离大功率辐射源，台址的地磁场应无异常等，尽量避免反射波及其他电磁波干扰。这样才能保证电波在行进中减少干扰，使波前不失真，从而依据波前指向判定来波方向。

（三）实施测向

顺利完成以上两个步骤后，就可以根据特定的战斗任务对目标电台进行测向。测向时根据任务不同，可以对某个重点频率进行测向，也可以对多个重点频率进行测向。无线电测向的实质过程是测定（特定频率）电波的等相位面方向的过程，其等相位面的法线方向就是来波方向，或者是测定来波在天线阵中各阵元上（特定频率）的相位、幅度、时延大小，并且依据传播方向及其确定的关系，确定来波方向，实施定位。

 思考题

1. 战备等级按照戒备程度分为哪几级？
2. 野外生存的主要技能有哪些？
3. 如何利用指北针判定方位？
4. 标定地图有哪些方法？
5. 电磁频谱监测的基本环节有哪些？

参考文献

[1] 马克思，恩格斯. 马克思恩格斯选集:第 1 卷[M]. 北京:人民出版社,1995.

[2] 马克思，恩格斯. 马克思恩格斯选集:第 3 卷[M]. 北京:人民出版社,1995.

[3] 毛泽东. 毛泽东选集:第 1 卷[M]. 北京:人民出版社,1991 年.

[4] 军委政治工作部. 习主席国防和军队建设重要论述读本[M]. 北京:解放军出版社,2016.

[5] 全军军事术语管理委员会,军事科学院. 中国人民解放军军语[M]. 北京:军事科学出版社,2011.

[6] 中华人民共和国国务院新闻办公室. 中国的军事战略[M]. 北京:人民出版社,2015.

[7] 中华人民共和国国务院新闻办公室. 新时代的中国国防[M]. 北京:人民出版社,2019.

[8] 全国干部培训教材编审指导委员会. 加快推进国防和军队现代化[M]. 北京:人民出版社,党建读物出版社,2015.

[9] 赵荣. 军事理论导论[M]. 北京:国防工业出版社,2012.

[10] 木勤朴,周同喜. 军事技能[M]. 北京:国防工业出版社,2012.

[11] 张秦洞. 军制学基础[M]. 北京:国防工业出版社,2012.

[12] 郑宗辉. 信息化战争概论[M]. 北京:国防工业出版社,2012.

[13] 王伟. 军事理论概要[M]. 北京:解放军出版社,2004.

[14] 薛国安. 智胜韬略与孙子兵法[M]. 广州:广东经济出版社,2003.

[15] 寿晓松. 党的创新军事指导理论教程[M]. 北京:军事科学出版社,2013.

[16] 吴温暖. 军事理论与军事训练教程[M]. 福建:厦门大学出版社,2013.

[17] 李有祥. 军事高技术与信息化战争[M]. 南京:东南大学出版社,2010.

[18] 阎理. 军事高技术概论[M]. 北京:海潮出版社,2006.

[19] 王兆耀. 军事航天技术[M]. 北京:中国大百科全书出版社,2008.

[20] 宋方敏,张文元. 高技术战争经济论[M]. 北京:军事科学出版社,2003.

[21] 冯国超. 孙子兵法[M]. 北京:商务印书馆,2009.

[22] 葛东升. 国家安全战略论[M]. 北京:军事科学出版社,2006.

[23] 彭光谦,姚有志. 战略学[M]. 北京:军事科学出版社,2001.

[24] 杨毅. 国家安全战略理论[M]. 北京:时事出版社,2008.

[25] 洪兵. 国家利益论[M]. 北京:军事科学出版社,1999.

[26] 李少军. 国际战略学[M]. 北京:中国社会科学出版社,2009.

[27]　王玮. 地缘政治与中国国家安全[M]. 北京:军事谊文出版社,2009.

[28]　阎学通,孙学峰. 中国崛起及其战略[M]. 北京:北京大学出版社,2005.

[29]　高金钿. 国际战略学概论[M]. 北京:国防大学出版社,2001.

[30]　康绍邦,宫力. 国际战略新论[M]. 北京:解放军出版社,2010.

[31]　中国军事百科全书编审委员会. 中国军事百科全书[M]. 2版. 北京:中国大百科全书出版社,2008.

[32]　谭东风. 武器装备系统概论[M]. 北京:科学出版社,2015.

[33]　刘丙海. 雷霆咆哮:精确制导武器的历史[M]. 北京:金盾出版社,2015.

[34]　匡兴华. 高技术武器装备与应用[M]. 北京:解放军出版社,2011.

[35]　宋华文,耿艳栋. 信息化武器装备及其运用[M]. 北京:国防工业出版社,2010.

[36]　军事科学院世界军事研究部. 世界军事革命史[M]. 北京:军事科学出版社,2012.

[37]　汪维余. 信息化战争哲理[M]. 北京:国防大学出版社,2011.

[38]　军事科学院战争理论和战略研究部. 马克思主义战争观与当代战争[M]. 北京:军事科学出版社,2007.

[39]　苏锦海. 军事信息系统[M]. 北京:电子工业出版社,2010.

[40]　童志鹏,刘兴. 综合电子信息系统[M]. 北京:国防工业出版社,2008.

[41]　李恒劭,秦立富. 战场信息系统[M]. 北京:国防工业出版社,2003.

[42]　李跃,邱致和. 导航与定位[M]. 北京:国防工业出版社,2008.

[43]　尹作诚,李军. 军事电磁频谱管理基础[Z]. 武汉:通信指挥学院,2009.

[44]　高浪. 军事高技术教程[Z]. 西安:通信指挥学院,2009.

[45]　李根安,王玉琢. 中国人民解放军新兵入伍训练[Z]. 北京:中央军委训练管理部,2018.

[46]　苗雨丰. 20世纪机械化战争的兴衰及其启示[J]. 中国军事科学,1999(2).

[47]　孙强银,张帆,潘莹磊. 信息化战争"以劣胜优"制胜机理探析[J]. 石家庄机械化步兵学院学报,2015(2).

[48]　杨建宇. 信息化战争的本质属性[J]. 国防大学学报,2010(12).

[49]　刘爱民. 信息化战争的主要特征[J]. 指挥学报,2011(5).

[50]　王少军. 中国古代军事思想的特色[J]. 武警工程学院学报,2002(3).

[51]　黄朴民. 古代兵学为当代军事文化提供历史智慧[N]. 中国社会科学报,2012 - 03 - 12(6).